संस्कृत वाङ्मय में शिल्पकलाएँ

ŚILPAKALĀS IN SANSKRIT LITERATURE

KALIDASA ACADEMY OF SANSKRIT MUSIC & FINE ARTS SERIES NO.12

ŚILPAKALĀS

IN

SANSKRIT LITERATURE

DR. ILA GHOSH
Principal
Govt. Girls Degree College
Seoni (M. P.) 480661

EASTERN BOOK LINKERS
DELHI :: (INDIA)

Published by
EASTERN BOOK LINKERS
5825, New Chandrawal, Jawahar Nagar
Delhi-110007
Phone : 23970287
E-mail : easternbook@mantraonline.com

First Edition : 2004

Kalidasa Academy of Sanskrit Music & Fine Arts Series No. 12

Price : Rs. 1200.00

ISBN : 81-7854-019-3

Printed at
Sham Printing Agency
Delhi-110009

Type Setting:
Ajay Printing Works
New Delhi-110085

कालिदास संस्कृत सङ्गीत कला एकेडमी ग्रन्थमाला संख्या 12

संस्कृत वाङ्मय में शिल्पकलाएँ

डॉ० (श्रीमती) इला घोष

प्राचार्या, शासकीय कन्या महाविद्यालय
सिवनी, म०प्र०-480661

ईस्टर्न बुक लिंकर्स

दिल्ली : : (भारत)

प्रकाशक :
ईस्टर्न बुक लिंकर्स
5825, न्यू चन्द्रावल, जवाहर नगर
दिल्ली-110007
दूरभाष : 23970287
E-mail : easternbook©mantraonline.com

प्रथम संस्करण : 2004

कालिदास संस्कृत सङ्गीत कला एकेडमी ग्रन्थमाला संख्या 12

मूल्य : 1200.00

ISBN : 81-7854-020-7

मुद्रक :
शाम प्रिंटिंग एजेन्सी
विजय नगर, दिल्ली-110009

टाईप सैटिंग :
अजय प्रिंटिंग वर्क्स
नई दिल्ली-110085

पूज्य माता-पिता
श्रीमती तारासुन्दरी
एवं
श्री तारापद दास
की पावन स्मृति में
समर्पित यह शिल्प-सुमनाञ्जलि

इला घोष

प्ररोचना

यह सृष्टि षोडशकलासम्पन्न ब्रह्म का लीलाकलाविलास है। यह सम्पूर्ण सृष्टि, हमारा ब्रह्माण्ड, यह चराचर जगत् देवशिल्प है क्योंकि उस दिव्य परमपुरुष की विशिष्ट रचना है। इसे जानने और समझने की मानवीय जिज्ञासा ने ही ज्ञान विज्ञान की अनन्त शाखाओं को जन्म दिया है। भारतीय चिन्तकों ने इस सृष्टि को दिव्य कला के रूप में देखा। षोडशकलासम्पन्न ब्रह्म के चार पाद क्रमशः चार-चार कलाओं से युक्त हैं। प्रथम का नाम है— प्रकाशवान्। पूर्व, पश्चिम, उत्तर और दक्षिण ये चार दिशाएँ इसकी चार कलाएँ हैं। द्वितीय पाद का अभिधान है— अनन्तवान्। पृथ्वी, अन्तरिक्ष, द्युलोक और समुद्र इसकी चार कलाएँ हैं। तृतीय पाद की संज्ञा है—ज्योतिष्मान्। अग्नि, सूर्य, चन्द्र और विद्युत् इसकी चार कलाएँ हैं। चतुर्थ पाद की अभिख्या है— आयतनवान्। यह प्राण, चक्षु, श्रोत्र और मन इन चार कलाओं से युक्त है।

मानुषी प्रतिभा एवं वैदुषी से इन्द्रियों के विषयों-शब्द, स्पर्श, रूप, रस और गन्ध को आत्मिक आनन्द के लिए मनोभिराम, हृदयावर्जक तथा अतिशय कमनीय रूप में प्रस्तुत करना ही कला है। भारतीय परम्परा में कलाओं की परिनिष्ठित संख्या चतुष्षष्टि (चौंसठ) मानी गई है। महर्षि वात्स्यायन ने 'कामसूत्र' में गीत, वाद्य, नृत्य, आलेख्य (चित्र), माल्यग्रन्थन, तिलकरचना, गन्धयुक्ति, शयनरचन, निमित्तज्ञान प्रभृति इन चतुष्षष्टि कलाओं का परिगणन किया है, कलाशिक्षण के प्रयोजन का निरूपण किया है एवं कलाभ्यास के माहात्म्य का सङ्कीर्तन किया है।

शिव की उपलब्धि के लिए सत्य की सौन्दर्यमयी अभिव्यक्ति का नाम ही कला है। परमानन्द की उपलब्धि को ही जीवन का चरम लक्ष्य मानने वाली भारतीय संस्कृति चतुष्षष्टि कलाओं के माध्यम से दैनन्दिन जीवन में भी आनन्द की उपासना करती रही है। कला के लिए संस्कृत वाङ्मय में प्रयुक्त प्रथम शब्द 'शिल्प' है। परवर्ती संस्कृत साहित्य में 'शिल्प' और 'कला' का पर्याय रूप में प्रयोग हुआ है। 'शिल्प' और 'कला' में कोई विभाजन रेखा नहीं है। आधुनिक युग में 'ललितकला' या 'चारुशिल्प' तथा 'उपयोगी कला' या 'कारुशिल्प', इन दो वर्गों में कला को वर्गीकृत किया जाता है। प्रस्तुत ग्रन्थ में 'कारुशिल्प' को ही 'शिल्पकला' कहा गया है। शिल्पकलाएँ करतीं हैं— अपूर्ण को पूर्ण, असुन्दर को सुन्दर, अशिव को शिव-मङ्गलमय। शिल्प जीवन का छन्द है, प्राणों का सरस उच्छलन है, सृष्टि का मूल मन्त्र है और दिव्य आनन्द का अक्षय उत्स है।

शिल्पकला के जो असंख्य रूप; वास्तु, भास्कर्य, चित्र और तक्षणकला के प्रतिमानों के रूप में समग्र विश्व में इतस्ततः विकीर्ण हैं अथवा जो मानव जीवन में रच-बस गए हैं; उनमें सौन्दर्य, अर्थवत्ता और माङ्गल्य की दृष्टि से भारतीय शिल्प सर्वोपरि है। भारत राष्ट्र और भारतीय संस्कृति को महान् बनाने वाले तत्त्वों में शिल्पकलाओं का भी उतना ही योगदान रहा है जितना कि साहित्य और दर्शन का क्योंकि भारतीय शिल्पसाधना सदा से ही उस परमपुरुष को प्राप्त करने का माध्यम रही है।

इस सृष्टि को ब्रह्म की कला मानने वाली भारतीय शिल्पसाधना चिरन्तन काल से ही विश्व को अभय और अमृत का संदेश देती आई है। इस देश की सहस्रों वर्ष पुरातन महीयसी शिल्पपरम्परा को संस्कृत वाङ्मय ने सहेजा और सँवारा है। प्राचीन भारत के नागरकों ने (नागरिकों ने भी) इन शिल्पकलाओं तथा चतुष्षष्टि कलाओं के माध्यम से अपने दैनन्दिन जीवन में ही सौन्दर्य की उपासना की थी, शिव को साधा था और अमङ्गल को मङ्गल बनाया था। संस्कृत वाङ्मय भारत की इस शिल्पसाधना और कलासाधना का साक्षी भी है और प्रवक्ता भी।

प्रो० इला घोष द्वारा सुग्रथित कलाविषयक प्रस्तुत अप्रतिम ग्रन्थ आपके करकमलों में विराजमान है। इस ग्रन्थ में शिल्पकलाओं की समृद्ध परम्परा को संस्कृत वाङ्मय के माध्यम से देखने-परखने का मनोरम प्रयास किया गया है। ईसा पूर्व दस सहस्र वर्ष की रचना ऋग्वेद से प्रारम्भ कर मध्ययुग द्वादशवीं शताब्दी में श्रीहर्ष द्वारा प्रणीत नैषधीयचरित तक रचे गए विपुल संस्कृत वाङ्मय में बिखरी हुई शिल्पकलाविषयक सामग्री की विधिवद् अधीति, उनके अर्थबोध एवं परीक्षण के अनन्तर शिल्पकलाओं का प्रामाणिक शास्त्रीय विवेचन यहाँ सोदाहरण प्रस्तुत है। ग्रन्थ में कुल पाँच अध्याय हैं। प्रथम अध्याय में शिल्प के अर्थ, स्वरूप, प्रयोजन, शिल्पकलाओं की संख्या, उनके प्रकार एवं वैशिष्ट्य को प्रस्तुत किया गया है। द्वितीय अध्याय में प्रसाधनोपयोगी निम्नाङ्कित द्वादश शिल्पकलाओं का सनिदर्शन विवेचन प्रस्तुत है— माल्यग्रथनविकल्प, शेखरकापीडयोजन, विशेषकच्छेद्य, गन्धयुक्ति, भूषणयोजन, कर्णपत्रभङ्ग, सूचीवानकर्म, रूप्यरत्नपरीक्षा, मणिरागाकरज्ञान, दशनवसनाङ्गराग, नेपथ्ययोग (प्रसाधन) एवम् उत्सादनसंवाहनकेशमर्दनकौशल (संवाहन)। तृतीय अध्याय में भवनसज्जासम्बद्ध निम्नलिखित नौ कलाओं का साङ्गोपाङ्ग सोदाहरण निरूपण किया गया है— तण्डुलकुसुमबलिविकार, पुष्पास्तरण, मणिभूमिकाकर्म, शयनरचन, पट्टिकावानवेत्रविकल्प, तक्षणकला, तक्षकर्माणि, धातुवाद एवं वृक्षायुर्वेदयोग। चतुर्थ अध्याय में निम्नाङ्कित नौ मनोरञ्जनात्मक कलाओं का मनोरम विवेचन प्रस्तुत है— इन्द्रजाल, मेषकुक्कुटलावकयुद्धविधि, शुकसारिकाप्रलापन, उदकवाद्य, उदकघात, पुस्तकवाचन, सम्पाठ्य, नाटकाख्यायिकादर्शन एवम् अक्षरमुष्टिकाकथन। अन्तिम पञ्चम अध्याय में निम्नलिखित छः विविध शिल्पकलाओं का सोदाहरण विवेचन उपन्यस्त है— चित्रशाकयूषभक्ष्यविकारक्रिया, पानकरसरागासवयोजन, निमित्तज्ञान, देशभाषाविज्ञान, म्लेच्छितविकल्प एवम् अभिधानकोष।

इस प्रकार मुनिवात्स्यायननिर्दिष्ट चतुष्षष्टिकलाओं में से 36 शिल्पकलाओं का शास्त्रीय परिचय प्रथम अध्याय में, तदनन्तर संस्कृत वाङ्मय की प्रतिनिधिभूत रचनाओं से उनके अगणित सन्दर्भों को विदुषी रचयित्री ने अग्रिम चार अध्यायों में महती चातुरी के साथ उपन्यस्त किया है। संस्कृत वाङ्मय को उपजीव्य बनाकर कलासम्बद्ध अद्यावधि प्रणीत ग्रन्थों में डॉ० इला घोष की यह कृति अद्वितीय है, यह विश्वासपूर्वक कहा जा सकता है। शिल्पकलाविवेचनपरक यह कलाकृति स्वयम् एक शास्त्र है। हमारे प्राचीन ऋषि तथा अश्वघोष, दीपशिखा कालिदास, भारवि, माघ, श्रीहर्ष प्रभृति महाकविगण कितने कलाप्रवीण तथा कलामर्मज्ञ थे, यह इस कृति से स्पष्ट है। इसके प्रायः सभी अध्यायों में उन सभी तत्वों एवं तथ्यों को उद्घाटित किया गया है, जो समझ में न आने के कारण साहित्य अध्येताओं एवं रसिकों को रसव्याघात से पीडित करते रहे हैं।

प्रो० इला घोष मेरी अन्तरङ्ग सखी हैं। मैं साक्षी हूँ, वह विगत एकादश वर्षों से कलासम्बद्ध शास्त्रीय ग्रन्थों एवं संस्कृत वाङ्मय के प्रतिनिधिभूत ग्रन्थों के पठनविवेचनादि की अजस्र साधना में

सतत संलग्न रही हैं। उनकी इसी महीयसी साधना का अद्भुत सुफल है यह मनोभिरामा कलाकृति। कलानिपुणा विदुषी प्रो० इला का संस्कृतनिष्ठ हिन्दी भाषा पर असाधारण अधिकार है। उनकी विषयप्रस्तुति की शैली नितरां मनोहारिणी है। इतनी गम्भीर, सरस तथा पाण्डित्यपूर्ण कलाव्याख्यानकृति प्रस्तुत करने के लिए मैं प्रो० इला घोष को हार्दिक बधाई देती हूँ। मुझे पूर्ण विश्वास है, उनकी इस कृति का विद्वत्समाज में, कलारसिकों में, नागरकों (नागरिकों में भी) में तथा शोधार्थियों में अभिनन्दन एवं समादर होगा। इस कृति को आद्यन्त पढ़कर पाठकगण आनन्दसागर में अवश्य अवगाहन करेंगे। मेरा अनुरोध है कि निकट भविष्य में प्रो० इला घोष चतुष्षष्टि कलाओं में से अवशिष्ट अष्टाविंशति कलाओं पर भी इसी प्रकार कलाव्याख्यानकृति प्रस्तुत कर साहित्य की श्रीवृद्धि करें।

सुषमा कुलश्रेष्ठ
निदेशिका
कालिदास संस्कृत संगीत
कला एकेडमी, दिल्ली

मणिका-धवल, के. सी./12 बी
अशोक विहार, दिल्ली-110052
श्रीकृष्ण-जन्माष्टमी
20 अगस्त, 2003

पुरोवाक्

अरा इव रथनाभौ कला यस्मिन् प्रतिष्ठिताः।
तं वेद्यं पुरुषं वेद मा वो मृत्युः परिव्यथा।।

'रथ की नाभि में अरों की भाँति समस्त कलाएँ जिनमें प्रतिष्ठित हैं, उन परमपुरुष (ब्रह्म) को जान लेने से मृत्यु का भय नहीं रहता।'

इस सृष्टि को ब्रह्म की कला मानने वाली भारतीय शिल्प साधना चिरन्तन काल से ही विश्व को अभय और अमृत का संदेश देती आई है। भारतीय शिल्पकारों की सौन्दर्य चेतना ने शिल्प सर्जन के माध्यम से जीवन के सत्य की अभिव्यक्ति करते हुए उस परमानन्द की ही उपासना की है। इस देश की सहस्रों वर्ष पुरातन महान शिल्प-परम्परा को संस्कृत वाङ्मय ने सहेजा और सँवारा है। 'शिल्प' की सबसे सुन्दर व्याख्या ऋग्वेद में हुई है।

संस्कृत वाङ्मय में 'कला' और 'शिल्प' शब्द का प्रयोग पर्याय रूप में हुआ है। वात्स्यायन के कामसूत्र में चौंसठ कलाओं की सूची में नृत्य, गीत, वाद्य, आलेख्य (चित्र) आदि के साथ माल्यग्रथन, तिलक-रचना, सूचीकर्म, गन्धयुक्ति, शयनरचना, निमित्तज्ञान आदि को भी कला कहा गया है।

वात्स्यायन के मत में-''मानवीय प्रतिभा और नैपुण्य से इन्द्रियों के विषयों-शब्द, स्पर्श, रूप, रस और गन्ध को; आत्मिक आनन्द के लिए; मनोरम, हृद्य और कमनीय रूप में प्रस्तुत करना ही कला है।''

भारतीय परम्परा में कलाओं की परिनिष्ठित संख्या चौंसठ (चतुष्षष्टि) मानी गई है। चौंसठ कलाओं का बीज हम उपनिषदों में पाते हैं जहाँ ब्रह्म की सोलह कलाओं का उल्लेख हुआ है। प्राचीन भारत के नागरिकों ने इन चौंसठ कलाओं के माध्यम से अपने दैनन्दिन जीवन में ही सौन्दर्य की उपासना की थी; शिव को साधा था और अमङ्गल को मङ्गलमय बनाया था। संस्कृत वाङ्मय भारत की इस शिल्प साधना का साक्षी भी है और प्रवक्ता भी। अतः प्रस्तुत ग्रन्थ में शिल्पों की समृद्ध परम्परा को संस्कृत वाङ्मय के माध्यम से देखने-परखने का प्रयास किया गया है।

यह कार्य विश्वविद्यालय अनुदान आयोग के 'लघुशोध परियोजना' के अन्तर्गत सम्पादित हुआ है। इस विषय पर शोध की प्रेरणा एवं बहुमूल्य सुझाव पूज्य गुरुवर डॉ. कृष्णकान्त चतुर्वेदी; भूतपूर्व अध्यक्ष, संस्कृत विभाग, रानी दुर्गावती विश्वविद्यालय, जबलपुर एवं वर्तमान निदेशक, कालिदास अकादमी, उज्जयिनी तथा मेरी अन्तरङ्ग मित्र डॉ. उर्मिला प्रकाश मिश्रा; अध्यक्ष, इतिहास विभाग, शा. महारानी लक्ष्मीबाई महिला महाविद्यालय, भोपाल से प्राप्त हुए। इनके ऋण से उऋण होना सम्भव नहीं है।

इस कार्य को सम्पन्न करने की सतत ऊर्जा और उत्साह प्रो० (डॉ०) सुषमा कुलश्रेष्ठ, अध्यक्ष, संस्कृत विभाग, दौलतराम कॉलेज, दिल्ली विश्वविद्यालय; संस्थापिका एवं निदेशिका, कालिदास

एकेडमी ऑफ़ संस्कृत म्यूज़िक एण्ड फ़ाइन आर्ट्स, दिल्ली से प्राप्त होता रहा। यह ग्रन्थ उन्हीं की कृपा और प्रेरणा का फल है। ग्रन्थ के प्रकाशन में उनके सहयोग एवं मूल्यवान् सुझावों के लिए उनके प्रति मैं अन्तःकरण से कृतज्ञ हूँ।

यह सारस्वत साधना मेरे पति श्री एस.के. घोष के हार्दिक सहयोग के बिना कथमपि सम्भव नहीं थी; अतः मैं उनके प्रति एवं अपने उन सभी शुभचिन्तकों के प्रति हृदय से आभारी हूँ जिन्होंने प्रत्यक्ष या अप्रत्यक्ष रूप से इस कार्य में सहयोग दिया है।

कोई भी मानवीय रचना अपने आप में पूर्ण नहीं है। पुरातन की यह अपूर्णता ही नूतन की प्रेरणा है। इस प्रयास की न्यूनताओं और त्रुटियों को दूर करने के लिए सुधीजनों के विचारों एवं सुझावों का स्वागत है।

इस ग्रन्थ की सार्थकता सहृदयों के आनन्द में ही मानती हूँ।

21, आदित्य कॉलोनी
नर्मदा रोड, जबलपुर, (म०प्र०)
15 अगस्त, 2003

इला घोष
प्राचार्या
शा० कन्या महाविद्यालय
सिवनी, (म०प्र०)

विषयानुक्रमणिका

पृष्ठ

चतुर्थ अध्याय
मनोरञ्जनात्मक शिल्पकलाएँ

पञ्चम अध्याय
विविध कलाएँ

प्रथम अध्याय – विषय प्रवेश

1. शिल्प का अर्थ, स्वरूप एवं प्रयोजन
2. शिल्पकलाओं की संख्या एवं प्रकार
3. संस्कृत वाङ्मय में शिल्पकलाओं का वैशिष्ट्य

1. शिल्प का अर्थ, स्वरूप एवं प्रयोजन

यद्येकवृषोऽसि सृजारसोऽसि—
यदि दशवृषोऽसि सृजारसोऽसि
यद्येकादशोऽसि सोपोदकोऽसि।।[1अ]

"तुममें एक वृष के समान सर्जन शक्ति हो अथवा दस वृष के समान; सर्जन आवश्य करो अन्यथा तुम 'अरस' हो, इस सृष्टि के लिए तुम्हारा कोई प्रयोजन नहीं है।"

अथर्ववेद के इस मन्त्र में सर्जन में ही मानव जीवन की सार्थकता मानी गई है अत:समग विश्व में प्रागैतिहासिक काल से अद्यतन युग तक **शिल्पकलाओं** की एक समृद्ध परम्परा देखी जाती है।

शिल्पकला के जो असंख्य **रूप; वास्तु, भास्कर्य, चित्र** और **तक्षणकला** के प्रतिमानों के रूप में समग्र विश्व में इतस्तत: विकीर्ण हैं या जो मानव जीवन में रच-बस गए हैं; उनमें सौन्दर्य, अर्थवत्ता और माङ्गल्य की दृष्टि से भारतीय शिल्प सर्वोपरि है। भारत राष्ट्र और भारतीय संस्कृति को महान बनाने वाले तत्वों में **शिल्पकलाओं** का भी उतना ही योगदान रहा है जितना कि साहित्य और दर्शन का; क्योंकि भारतीय शिल्प साधना सदा से ही उस **परमपुरुष** को, प्राप्त करने का माध्यम रही है।[1]

वस्तुत: शिव की उपलब्धि के लिए सत्य की सौन्दर्यमयी अभिव्यक्ति का नाम ही कला है। **शिल्पकलाएं** करती हैं— अपूर्ण को पूर्ण, असुन्दर को सुन्दर, अशिव को शिव— मङ्गलमय। शिल्प जीवन का **छन्द** है, प्राणों का सरस उच्छलन है, सृष्टि का मूल मंत्र है और दिव्य आनन्द का अक्षय उत्स है।

भारतीय शिल्पकलाओं की सहस्त्रों वर्ष पुरातन वह महान धरोहर जो वर्तमान कला स्मारकों में सुरक्षित नहीं रह पाई हैं; उन्हें संरक्षित करने का महनीय कार्य हमारे प्राचीन वाङ्मय ने किया है। संस्कार संपन्न समृद्ध संस्कृत भाषा में ही आत्मा का संस्कार करने वाले शिल्पों की सर्वाधिक सशक्त अभिव्यंजना हुई है अत: ईसा पूर्व दस सहस्त्र वर्ष (ऋग्वेद) से लेकर मध्ययुग (12वीं श.— नैषधीयचरितम्) तक रचे गए विपुल संस्कृत वाङ्मय में शिल्पकलाओं

का अध्ययन निश्चय ही महत्वपूर्ण है। संस्कृत वाङ्मय ने ही ज्ञान-विज्ञान की विविध शाखाओं, जीवन के महानतम आदर्शों और अध्यात्म के उन उच्चतम शिखरों को निबद्ध किया है जिसके कारण भारतीय संस्कृति 'विश्व-वरणीय' (सा प्रथमा संस्कृतिर्विश्ववारा), भारत देश समग्र मानव जाति के लिए 'एक नीड' (यत्र विश्वं भवत्येकनीडम्) तथा इस देश की संतान 'विश्वगुरु' (स्वं स्वं चरित्रं शिक्षेरन पृथिव्याः सर्वमानवाः) के पद पर प्रतिष्ठित हुई है।

संस्कृत वाङ्मय में शिल्प सम्बन्धी सामग्री तीन रूपों में प्राप्त होती है—

(1) शिल्प ग्रंथों के रूप में—

यथा-विश्वकर्मप्रकाश, मयमत, मानसार, समराङ्गणसूत्रधार, अपराजितपृच्छा, अभिलषितार्थचिन्तामणि, मानसोल्लास, प्रासादमण्डन, रूपमण्डन, शिल्परत्न, शिल्पदीपिका, वास्तुरत्नाकर, पाकदर्पण, सङ्गीतरत्नाकर, नृत्याध्याय आदि शिल्प ग्रंथ।

(2) अन्य शास्त्रों में गौण रूप से निबद्ध विषयों के रूप में—

यथा-कामसूत्र की कलासूची, विष्णुधर्मोत्तर पुराण का चित्रसूत्र, भविष्य, मत्स्य, गरुड, स्कन्द, अग्नि आदि पुराणों में वास्तुशिल्प, नाट्यशास्त्र में नेपथ्यकला सम्बन्धी विवेचन, अमरकोश में शिल्पसूची; बृहत्संहिता में वृक्षायुर्वेद, प्रासादलक्षण, प्रतिमालक्षण, गंध युक्ति, रत्न परीक्षा, शाकुन रुत आदि शिल्प, शुक्रनीति में कलाओं का परिगणन एवं लक्षण।

(3) साहित्यिक कृतियों में प्राप्त संदर्भों के रूप में—

यथा— रामायण, महाभारत, नाट्य, महाकाव्य, खण्डकाव्य, कथा, आख्यायिका, चम्पू आदि साहित्य में विकीर्ण विपुल शिल्प सन्दर्भ। लौकिक संस्कृत साहित्य में कालिदास, बाणभट्ट एवं राजशेखर की रचनाओं में शिल्पकला सम्बन्धी सर्वाधिक सामग्री प्राप्त होती है।

इन सन्दर्भों के सङ्कलन एवं विवेचन से प्राप्त तथ्यों के आधार पर ही भारतीय शिल्प की महनीय परंपरा को समझने का प्रयास किया गया है।

शिल्प का अर्थ एवं स्वरूप

'शिल्प' शब्द का प्रथम प्रयोग हम विश्व के प्रथम वाङ्मय ऋग्वेद में पाते हैं—

सुशिल्पे बृहती मही पवमनो वृषण्यति।

नक्तोषासा न दर्शते।[2]

"पवमान सोम ऐसी रात्रि एवं उषा की कामना करते हैं जो सुशिल्प (सुरूप), बृहत्, महान और दर्शनीय हैं।

ऋग्वेद के भाष्यकार सायण के अनुसार यहाँ सुशिल्प का अर्थ है— सुरूप। यह पद रात्रि और उषा के विशेषण के रूप में आया है। दोनों ही सुरूप हैं, (रात्रि सुधारसवर्षी चन्द्र से, ज्योतिष्मान् नक्षत्रों से, धवल कुमद पुष्पों से, रजनीगन्धा की मधुगन्ध से, गहन नीरवता से, शय्या

और प्रिया के मृदु स्पर्श से तो उषा बाल अरुण की स्वर्णिम आभा से, प्रस्फुटित शतदल पर मुक्तावत् नीहार कणों से, विहगों के कलरव और सुरभित पवन के कोमल स्पर्श से) अतः दर्शनीय और कमनीय हैं। इस प्रकार शिल्प शब्द का यह प्रथम प्रयोग शिल्प के सम्बन्ध में निम्न सूत्र देता है–

1. शिल्प सुन्दर रूप की सृष्टि है।
2. शिल्प दर्शनीय होता है।
3. शिल्प चिरन्तनकाल से काम्य रहा है।
4. शिल्प सृष्टि आकार में छोटी होते हुए भी मूल्य में बड़ी होती है।
5. वह रचना महती अर्थात् किसी महान भाव की अभिव्यञ्जक होती है।

शिल्प शब्द का प्रयोग हम पुनः शुक्ल यजुर्वेद में पाते हैं– यहाँ दो सन्दर्भ प्रस्तुत हैं–

(1) **ऋक्सामयोः शिल्पे स्थस्ते।**[3]

"हे कृष्ण अजिन की धारियाँ; तुम ऋक् और साम की प्रतिकृति (शिल्प) हो।"

टीकाकार उव्वट के अनुसार यहाँ शिल्प का अभिप्राय है–'प्रतिरूप'। (प्रतिरूपे प्रतिभूते भवथः)।

टीकाकार महीधर शतपथ ब्राह्मण का प्रमाण देते हुए कहते हैं–

यद्वै प्रतिरूपं तच्छिल्पम्।[4] **शिल्पे चातुर्ये तद्रूपे भवतः।**

अर्थात्–

1. प्रतिरूप को ही शिल्प कहते हैं।
2. शिल्प तद्रूप होता है।
3. शिल्प में चातुर्य या कौशल निहित होता है।

यजुर्वेद के द्वितीय सन्दर्भ में शिल्प शब्द का प्रयोग 'विचित्र वर्णों' के अर्थ में हुआ है–

(2) **शिल्पा वैश्वदेव्यो . . .।**[5]

'विश्वदेवियों के लिए नाना वर्णों के (शिल्पा) पशु समर्पित करने चाहिए।' अभिप्राय यह हुआ कि शिल्प बहुवर्णी होता है।

शिल्प के सम्बन्ध में सर्वाधिक महत्वपूर्ण सन्दर्भ ऐतरेय ब्राह्मण में प्राप्त होता है–

शिल्पानि शंसन्ति। देवशिल्पान्येतेषां वै शिल्पानामनुकृतीह शिल्पमधिगम्यते– हस्ती कंसो वासो हिरण्यमश्वतरीरथः शिल्पम्।[6]

शिल्प दो प्रकार के हैं– देवशिल्प और मानुषशिल्प देवशिल्पों की अनुकृति पर इस

मनुष्य लोक में शिल्प सृष्टि देखी जाती हैं, जैसे— (मिट्टी आदि से रचित) हाथी, (काँसे से बना चमकता) कंस (दर्पण), (तन्तुवाय रचित) वस्त्र, हिरण्यमय आभूषण, रथ आदि शिल्प।

वैदिक वाङ्मय में प्राप्त इन महत्वपूर्ण सूत्रों के आधार पर शिल्पकला की निम्न विशेषताओं का ज्ञान होता है।

(1) शिल्प अनन्त रूपों की सृष्टि है—

शिल्पी का कार्य नाना प्रकार के रूपों की सृष्टि करना है—

विश्वा रूपाणि प्रतिमुञ्चते कविः।[7]

इन नाम रूपात्मक जगत् में दृश्यमान रूप कई प्रकार के हैं जिन्हें ग्रह-नक्षत्रों की ज्योति प्रकट करती है—

ज्योतिः पश्यति रूपाणि रूपञ्च बहुधा स्मृतम्।
ह्रस्वो दीर्घस्तथा स्थूलश्चतुरश्रोऽनुवृत्तवान्।।
शुक्लः कृष्णस्तथा रक्तः पीतो नीलोऽरुणस्तथा।
कठिनश्चिक्कणः श्लक्ष्णः पिच्छिलो मृदुदारुणः।।[8]

ये रूप हैं— ह्रस्व, दीर्घ, स्थूल, चतुष्कोण, गोल शुक्ल, कृष्ण, पीत, रक्त . . . कठोर, चिकने, स्निग्ध, फिसलन वाले, मृदु और भयङ्कर।

वाह्य प्रकाश में मनुष्य अपनी चक्षुरिन्द्रिय से इन रूपों का अवलोकन करता है किन्तु शिल्पी अपनी आत्मा की अंतर्ज्योति में अंतश्चक्षु से रूप के मर्म को देखकर उसे अपने शिल्प में रूपायित करता है। जिस प्रकार इस सृष्टि में रूपों की अनन्तता है उसी प्रकार शिल्प सृष्टि में भी रूपों की अनन्तता होती है यहाँ तक कि एक ही वस्तु, विषय अथवा भाव के कई रूप हो सकते हैं। कहीं नदी का विशाल पाट और अथाह जलराशि शिल्पी की तूलिका का विषय बनते हैं तो कहीं वन-कन्या के समान पर्वत की गोद में अठखेलियाँ करती, चट्टानों के हर मोड़ पर लुका-छिपी खेलती, फेन राशि से शुभ्रहास की छटा बिखेरती अल्हड़ किशोरी रूप। निसर्ग का जो रूप, जो भाव कलाकार के मन को छू लेता है वही कला-कृति के रूप में साकार हो उठता है अतः आनन्द और उल्लास शिल्प सृजन के विषय हो सकते हैं तो दैन्य और करुणा भी। वाह्य और अन्तः प्रकृति की यह अंतहीन विविधता ही कला-सृजन का अक्षय स्रोत है।

इस रूप सृष्टि के कई माध्यम हो सकते हैं— वर्ण, रेखा, गति, शब्द और स्पर्श। यह रूप चाक्षुष भी हो सकता है और मानस भी, मूर्त भी हो सकता है और अमूर्त भी। वस्तुतः सभी श्रेष्ठ कलाएँ रूप से अरूप की ओर ही ले जाती हैं।

(2) शिल्प प्रतिरूप (प्रतिच्छन्द) होता है—

कलाकार जिस रूप की सृष्टि करता है वह प्रतिरूप होता है— **यद्वै प्रतिरूपं तच्छिल्पम्।**

क्या है यह प्रतिरूप? इस प्रतिरूप को समझने के लिए पुनः ऋग्वेद पर दृष्टि डालते हैं—

रूपं रूपं प्रतिरूपो बभूव।[9]

प्रतिरूप अर्थात् प्रत्येक का रूप या नाना रूपों का प्रतिनिधि रूप। जैसा कि भाष्यकार सायण कहते हैं– अयमिन्द्रः प्रतिरूपो रूपाणां प्रतिनिधिः। जैसे इन्द्र देवता अग्नि, वरुण, आदि देवों के प्रतिरूप हैं उसी प्रकार उत्तम शिल्प अपने देश, काल, प्रकृति, मानवसमाज, स्त्री-पुरुष आदि का प्रतिनिधि रूप होता है जैसे कि भारत की शालभञ्जिका प्रतिमाएं किसी स्त्री विशेष का रूप न होकर विधाता की अनुपम सृष्टि नारी जाति की ललित भंगिमाओं का प्रतिरूप हैं। इसे विश्वरूप या सर्वरूप भी कहा जा सकता है–

ये धेनुं विश्वजवं विश्वरूपाम्।[10]

अथवा प्रतिरूप का अर्थ वह रूप है जिसमें मूल रूप प्रतिबिम्बित हो रहा है अतः शिल्प विधाता की रूप सृष्टि का प्रतिरूप है क्योंकि शिल्प में सृष्टि के नाना रूप — सूर्य चंद्र नक्षत्र, पृथिवी और आकाश, समुद्र-नदी-निर्झर, लता-पादप, कीट-पतङ्ग, पशु-पक्षी सभी रूप पाते हैं या प्रतिबिम्बित होते हैं। महाकवि कालिदास इसे प्रतिच्छन्द कहते हैं–

न खल्वस्याः प्रतिच्छन्दात्परिहीयते मधुरता।[11]

अर्थात् विधाता की सृष्टि में सर्जन का जो छन्द है उसी छन्द के अनुकूल रची गई शिल्प सृष्टि।

(3) यह रूप सृष्टि अभिव्यञ्जना के लिए है—

ऋग्वेद के ऋषि कहते हैं– तदस्य रूपं प्रतिचक्षणाय।[12] यह रूप कुछ कहने के लिए हैं। अदादिगण की 'चक्ष्' धातु कथन और दर्शन दोनों अर्थों में प्रयुक्त होती हैं।[13] शिल्प एक शब्द हीन भाषा है जो कुछ कहना चाहती हैं। प्रत्येक उत्तम कलाकृति के मूल में कोई न कोई अर्थ, भाव, या रस होता है जिसे शिल्पकार अपने शिल्प के माध्यम से व्यक्त करता है। जैसे कि तक्षण शिल्प के उदाहरण यूप आज भी वैदिक युग की यज्ञ संस्कृति को कह रहे हैं तो अशोक के स्तम्भ चक्रवर्ती सम्राट् की धर्मप्राणता को। स्तूपों के अलङ्करण निसर्ग के प्रति भारतीय शिल्पी के अनन्य प्रेम और विराट् दृष्टि को अभिव्यक्त करते हैं तो पुष्पसज्जा, गन्धयुक्ति आदि शिल्प; सौन्दर्य बोध को। इस अभिव्यञ्जना में ही शिल्प का उत्कर्ष है।

(4) शिल्प दर्शनीय होता है—

शिल्प सृष्टि की सार्थकता उसके दर्शन में है। जैसा कि महाकवि कालिदास ने कहा है–

प्रियालोक फलो हि वेशः।[14]

यदि प्रसाधन शिल्प की सफलता प्रिय के द्वारा अवलोकन किए जाने में है तो चक्षु

की सार्थकता भी दर्शनीय के दर्शन में है—

अहो! लब्धं नेत्र निर्वाणम्।[15] (नेत्रों को तो मानों मोक्ष का परम आनन्द ही मिल गया); **अनवाप्त चक्षुफलोऽसि यत् त्वया दर्शनीयं न दृष्टम्।**[16] (तुमने चक्षु का फल नहीं पाया क्योंकि दर्शनीय को नहीं देखा)।

जैसे सन्दर्भ सुन्दर रूप वाले शिल्प की दर्शनीयता को प्रमाणित करते हैं। अतः कहा गया है कि—

'तदस्य रूपं प्रतिचक्षणाय' रूप प्रतिचक्षण अर्थात् दर्शन के लिए है।

यही कारण है कि सभी पुरातन और नवीन कला स्थान पवित्र तीर्थ और पर्यटन स्थलों के रूप में विकसित हुए हैं; जिन्हें देखकर दर्शक विस्मय विमुग्ध और आनन्द से अभिभूत होते हैं।

(5) शिल्प बहुवर्णी होता है—

शिल्प सृष्टि अनेक प्रकार की वर्णच्छटाओं को लिए होती है। वर्ण शब्द का एक अर्थ है 'रङ्ग'। रञ्जित (रङ्गने या आनन्दित) करने की क्षमता के कारण इन्हें रङ्ग कहा जाता है। विधाता की सृष्टि में हम रक्त, पीत, हरित, नील, अरुण, पाटल, कृष्ण-कर्बुर न जाने कितने ही रंगों की अनुपम शोभा देखते हैं। शिल्पकार की तूलिका इन वर्णों के समुचित संयोजन और स्पर्श से कोरे कागज या भित्ति पर रूप सृष्टि करती है, जैसा कि कहा गया है—

वर्णा भित्तिगता भित्तौ चित्रं नानाविधं यथा।[17]

केवल चित्र या आलेख्य कला में ही नहीं अपितु नेपथ्यकला, पुष्पसज्जा, मणिराग, पत्रावली रचना, दशन-वसन-अंगराग, माल्यग्रथन आदि कितनी ही कलाएं वर्ण ज्ञान और वर्ण संयोजन के कौशल की अपेक्षा रखती हैं। वर्ण केवल वाह्य वस्तुओं से ही सम्बद्ध नहीं है, उनका सम्बन्ध मानवीय जीवन के रसों और भावों से भी है भरत के नाट्यशास्त्र में इनका विशद विवेचन हुआ है।

वर्ण शब्द का प्रयोग किसी भी भाषा के वर्णों के लिए भी होता है इस प्रकार वर्ण अर्थ के व्यञ्जक भी होते हैं अर्थात् शिल्प अनेक प्रकार की अर्थच्छटाओं को भी स्वयं में सञ्जोए होते हैं— राष्ट्र या जाति का इतिहास, संस्कृति और सभ्यता, भौगोलिक संरचना और प्राकृतिक परिवेश और इन सबसे भी बढ़कर मानवीय सुख-दुःख, हास-अश्रु, मानव और प्रकृति का घनिष्ठ आत्मीय सम्बन्ध आदि। जिस शिल्प में वर्णन की, प्रकाशन की, अभिव्यञ्जन की, उन्मीलन की क्षमता होती है वही शिल्प देश काल की सीमाओं से ऊपर उठकर सार्वभौम और चिरन्तन रूप को प्राप्त करता है।

(6) मानव शिल्प देवशिल्प की अनुकृति अथवा अनुकीर्तन है—

जैसा कि ऐतरेय ब्राह्मण में कहा गया है— **देवशिल्पान्येतेषां वै शिल्पानामनुकृतीह**

शिल्पमधिगम्यते।

देवशिल्प के अनुकरण पर इस मनुष्य लोक में शिल्परचना देखी जाती है; अतः सर्वप्रथम हम देवशिल्प की चर्चा करते हैं।

देवशिल्प—

यह सम्पूर्ण सृष्टि, हमारा ब्रह्माण्ड, यह चराचर जगत् देवशिल्प है क्योंकि उस दिव्य परम पुरुष की विशिष्ट रचना है, इसे जानने और समझने की मानवीय जिज्ञासा ने ही ज्ञान विज्ञान की अनन्त शाखाओं को जन्म दिया है। ऋग्वेद के नासदीय सूक्त में यह भाव स्पष्ट है—

को अद्धा वेद क इह प्रवोचत् कुत आजाता कुत इयं विसृष्टिः।
यो अस्याध्यक्षः परमे व्योमन् त्सो अङ्ग वेद यदि वा न वेद।।[18]

"कौन निश्चितरूप से जानता है? कौन बताएगा— यह सृष्टि कहाँ से आई? परम व्योम में अधिष्ठित जो इसका अध्यक्ष है, वही इस रहस्य को जानता है।"

भारतीय चिन्तकों ने इस सृष्टि को दिव्य कला के रूप में देखा। ऐतरेय ब्राह्मण के इस सूत्र की सर्वोत्तम व्याख्या हुई छान्दोग्य उपनिषद् में—

(1) प्राची दिक्कला प्रतीची दिक्कला दक्षिणा दिक्कलोदीची दिक्कलैष वै सोम्य चतुष्कलः पादो ब्रह्मणः प्रकाशवान्नाम।।

(2) पृथिवी कलान्तरिक्षं कला द्यौः कला समुद्रः कलैष वै सोम्य चतुष्कलः पादो ब्रह्मणोऽनन्तवान्नाम।।

(3) अग्निः कला सूर्यः कला चन्द्रः कला विद्युत्कलैष वै सोम्य चतुष्कलः पादो ब्रह्मणो ज्योतिष्मान्नाम।।

(4) प्राणः कला चक्षुः कला श्रोत्रं कला मनः कलैष वै सोम्य चतुष्कलः पादो ब्रह्मण आयतनवान्नाम।।[19]

ब्रह्म के चार पाद क्रमशः चार-चार कलाओं से युक्त हैं। प्रथम का नाम है— प्रकाशवान्। पूर्व, पश्चिम, उत्तर और दक्षिण ये चार दिशाएँ इसकी चार कलाएँ हैं। द्वितीय पाद हैं— अनन्तवान्। पृथ्वी, अन्तरिक्ष द्युलोक और समुद्र इसकी चार कलाएँ हैं।

तृतीय पाद का अभिधान है— ज्योतिष्मान्। अग्नि, सूर्य, चन्द्र और विद्युत् इसकी चार कलाएँ हैं।

चतुर्थ पाद की संज्ञा है— आयतनवान्। यह प्राण, चक्षु, श्रोत्र और मन इन चार कलाओं से युक्त हैं। इस प्रकार चार पादों वाला ब्रह्म षोडश (सोलह) कलाओं का अधिष्ठाता और सृष्टिकर्ता है। पञ्चदशी में संपूर्ण ब्रह्माण्ड की संकल्पना एक पटचित्र के सदृश की गई है—

ब्रह्माद्याः स्तम्बपर्यन्ता प्रणिनोऽत्र जडा अपि।
उत्तमाधमभावेन वर्तन्ते पटचित्रवत्।[20]

मानव इस देवशिल्प को देखकर ही शिल्प रचना करता है अतः मानवशिल्प को देवशिल्प की अनुकृति कहा गया है। चाहे वह नृत्त हो, चित्र हो अथवा नाट्य—

यथा नृत्ते तथा चित्रे त्रैलोक्यस्यानुकृतिः स्मृता।[21]
अवस्थानुकृतिर्नाट्यम्।[22]

अनुकृति से अभिप्राय हू-बहू नकल या अनुकरण नहीं है जैसा कि यूनानी विचारकों ने भी प्रतिपादित किया। प्लैटो के शिष्य एवं प्रसिद्ध दार्शनिक अरस्तू ने कला को अनुकरण मानते हुए भी प्रकारान्तर से कलाकार की रचनाशक्ति या प्रतिभा को स्वीकार किया—"अनुकरण करते हुए भी कवि को इन तीन विषयों में से किसी एक का अनुकरण करना चाहिए—

वस्तु जैसी थी या है, वस्तु जैसी होने योग्य सोची या कही गई है, अथवा वस्तु को जैसा होना चाहिए।[23]

भरत मुनि ने अपने नाट्य शास्त्र में अनुकृति को अनुकीर्तन कहा अर्थात् इस देवसृष्टि को देखने के अनु (पश्चात्) जो भाव कलाकार के मन में उठते हैं उनका कीर्तन कला है—

त्रैलोक्यस्य सर्वस्य नाट्यं भावानुकीर्तनम्[24]

वस्तुतः शिल्प मूल के सदृश कृति है जैसा कि चित्रसूत्र में भी प्रतिपादित किया गया है—

चित्रे सादृश्यकरणं प्रधानं परिकीर्तितम्।

अतः सायण ने अनुकृति की व्याख्या करते हुए कहा —

एतेषाम् एव देवशिल्पानामनुकृति सदृशरूपम् इह मनुष्यलोके प्रतीयते।

अर्थात् देव शिल्प के सदृश रूप की सृष्टि मानुष शिल्प है।

आचार्य राजशेखर भी शिल्प में सादृश्य को आवश्यक मानते हैं—

तन्मन्ये क्वचिदस्त्यसौ . . .
यत्सादृश्यपरिग्रहादिह दृशौ दीर्घे समावासिते।।[25]

वह सुन्दर कन्या कहीं अवश्य है जिसके सादृश्य से इस प्रतिमा में दीर्घ आँखें बनाई गई हैं।

महाकवि कालिदास का भी यही अभिमत है— शिल्प को मूल का सम्वादी होना चाहिए यदि वह विसंवादी है तो शिल्प की अपरिपक्वता या असम्पूर्णता ही समझनी चाहिए—

चित्रगतायामस्यां कान्तिविसंवादशङ्कि में हृदयम्।[26]

इस सादृश्य को शिल्प के रूपभेद, प्रमाण, लावण्य आदि षडंगों में पारिगणित किया गया है—

रूपभेदाः प्रमाणानि भाव लावण्ययोजनम्।
सादृश्यं वर्णिकाभङ्ग इति चित्रं षडङ्गकम्।।[27]

कलागुरु अवनीन्द्रनाथ ठाकुर ने 'भारतीय शिल्प के षडङ्ग'[28] शीर्षक लेख में इस शिल्प तत्व की मनोरम व्याख्या की है। उनकी दृष्टि में **भाव सादृश्य ही उत्तम सादृश्य है।**

आचार्य शंकुक ने इस अनुकरण की व्याख्या भिन्न प्रकार से की— **''सम्यङ्मिथ्या-संशयसादृश्य-प्रतीतिभ्यो विलक्षणा चित्रतुरगादिन्यायेन यः सुखी रामः, असावयमिति प्रतीतिरस्ति।**[29]

शिल्प की प्रतीति सम्यक्, मिथ्या, संशय और सादृश्य इन चार प्रकार की प्रतीतियों से विलक्षण होती है। इसलिए शिल्प केवल रूप सृष्टि नहीं है वह रससृष्टि भी है। कलागुरु अवनीन्द्र नाथ ठाकुर कहते हैं—

''शिल्पी की अनुसंधित्सु दृष्टि केवल वाह्य रूप से ही टकरा कर नहीं लौटा आती, वह उसके आंतरिक रहस्य का भी पता लगाना चाहती है। सभी कलासाधकों की दृष्टि अज्ञान, अज्ञेय और अगोचर से आँख मिलाने की दुर्निवार इच्छा लेकर साधना पथ पर अग्रसर होती है। शिल्प के इस रहस्य को हृदयंगम कर जब कोई प्रतिभावान शिल्पी रचना करता है तब वह रस-सृष्टि का अधिकारी होता है। मानव शिल्पी के जीवन काल में ऐसी घटना विरल होने पर भी समय-समय पर नहीं घटती, ऐसी बात नहीं।''

मानव— शिल्प को देवशिल्प की अनुकृति कहने का अभिप्राय यह है कि यह देवशिल्प ही मानवीय शिल्प की प्रेरणा है। शिल्प के विषय और उपादान मानव इस देवशिल्प से ही प्राप्त करता है। देवशिल्प के रहस्य को जानने वाला ही शिल्पी हो सकता है जैसा कि महीदास ऐतरेय कहते हैं—

शिल्पं हास्मिन्नधिगम्यते य एवं वेद।[30]

यह देवशिल्प ही मनुष्य में शिल्पी बननें के लिए आवश्यक सौंदर्य बोध जगाता है। सृष्टि का जो रूप शिल्पी के अंतःकरण में प्रतिबिम्बित होता है उसे वह अपने शिल्प में बाँध लेता है—

यथादर्शे तथात्मनि।[31]

(7) शिल्प कौशलपूर्ण अलौकिक कर्म है—

शिल्प कर्म अथवा क्रिया है। वैदिक निघण्टुकोश में शिल्प शब्द को कर्म के— 26 नामों में गिना गया है।[32]

यास्क के अनुसार कर्म का अर्थ है— क्रिया,— कर्म कस्मात् क्रियते इति सतः।[33]

शिल्पी का कर्म या क्रिया ही शिल्प है, किन्तु यह सोना-जागना, खाना-पीना, हँसना-रोना आदि के समान मानव का सामान्य कर्म नहीं है अपितु सुनिपुण हाथों से साधित, बुद्धि से परिचालित कर्तृत्वशक्ति से संपादित सुकर्म— सुन्दर कर्म या सुकृत्य है। ऋग्वेद में 'ऋभु' नामक देवशिल्पियों के लिए प्रयुक्त विशेषण एवं उनका कौशल शिल्प के इस वैशिष्ट्य को प्रतिपादित करते हैं—

अपो ह्येषामजुषन्त देवा। वाजो देवानामभव सुकर्मा।[34]

इन ऋभुओं के कर्म को देवताओं ने स्वीकार किया। अपने सुकर्म (सुशिल्प) से वाज नामक ऋभु देवों का प्रिय बन गया।

सुकृत्यया यत् स्वपस्यया च एकं विचक्र चमसं चतुर्धा।[35]

अपनी कुशलता और कर्तृत्व शक्ति से ऋभुओं ने एक चमस (पान पात्र) को चार प्रकार से बनाया। सायण ने भी शिल्प को कौशल के रूप से परिभाषित किया है—

'शिल्पं' कौशलं नानाविधं प्राप्यते।[36]

जिस प्रकार एक वैज्ञानिक की दृष्टि रहस्यान्वेषिणी होती है उसी प्रकार शिल्पी की दृष्टि को भी मर्मान्वेषिणी होना चाहिए अतः अमरकोश विज्ञान को इस प्रकार परिभाषित करता है—

मोक्षे धीर्ज्ञानमन्यत्र विज्ञानं शिल्पशास्त्रयोः।[37]

शिल्प और शास्त्रों को धारण करने वाली मेधा विज्ञान है। परवर्ती युग में सामान्य रूप से किस भी कर्म में विशेष कौशल को शिल्प कहा जाने लगा। मृच्छकटिक का चोर शर्विलक सेंध लगाते हुए कहता है— मैं किस स्थान पर अपना शिल्प दिखाऊँ, विकसित कमल के समान, सूर्यमण्डल के समान, अर्द्धचन्द्र के समान विस्तीर्ण तडाग के समान स्वस्तिक के समान या पूर्ण कुम्भ के समान सेंध लगाऊँ जिसे देखकर विस्मित पुरवासी भले ही मेरे चौर्य कर्म की निन्दा करें किन्तु कौशल की प्रशंसा करेंगे—

पद्मव्याकोशं भास्करं बालचन्द्रं
वापी विस्तर्णं स्वस्तिकं पूर्णकुम्भम्।
तत् कस्मिन् देशे दर्शयाम्यात्मशिल्पं
दृष्ट्वा श्वो यं यद्विस्मयं यान्ति पौराः।।
दोषांश्च मे वदति कर्मणि कौशलञ्च।।[38]

भले ही यह कर्म निन्दित हो किन्तु इससे इतना तो स्पष्ट है कि श्रेष्ठ शिल्प में भी

कौशल अपेक्षित था साथ ही सौंदर्य बोध भी, तभी कौशल जनसामान्य में विस्मय की सृष्टि करता था अतः सायण ने शिल्प को 'आश्चर्यकर कर्म[39] कहा है। महान शिल्प अवाक करता है, विस्मित करता है, अभिभूत करता है, अनिर्वचनीय आनन्द और अनुभूति की ऐसी भाव-भूमि पर ले जाता है जहाँ हृदय संतृप्त और वाणी मौन हो जाती है।

8. शिल्प तक्षण (तराशने) की क्रिया है—

ऋग्वेद में सामन्य रूप से शिल्प रचना के लिए तक्ष् धातु का प्रयोग हुआ है। वैदिक ऋषियों ने द्युलोक और पृथिवी लोक को एक उत्तम तक्षणशिल्प के रूप में देखा जिसे किसी महान वृक्ष को तराशकर बनाया गया है—

किं स्विद्वनं क उ स वृक्ष आस यतो द्यावापृथिवी निष्टतक्षुः।[40]

यह तक्षण कहीं भौतिक होता है तो कहीं मानसिक। श्रेष्ठ शिल्प में यह तराशने का कार्य हृदय से होता है—

हृदा तष्टेषु मनसो जवेषु।[41]

वस्तुतः शिल्पी देवशिल्प के रूप को यथावत् प्रस्तुत नहीं करता अपितु अपनी कल्पना से तराश-छील कर नूतन रूप में रचता है। तराशने और गढ़ने की यह क्रिया शिल्पी के अंतःकरण में अनवरत चलती रहती है। मानवीय शिल्प की प्रथम यात्रा इस तक्षण क्रिया से ही प्रारंभ होती है जिसके उदाहरण प्रागैतिहासिक युग के पत्थरों के औजार हैं।

9. शिल्प छन्दोमय होता है—

ऐतरेय ब्राह्मण के सन्दर्भ से ही शिल्प की इस विशेषता का भी ज्ञान होता है—

छन्दोमयं वा एतैर्यजमान आत्मानं संस्करोति।

यजमान शिल्प से अपने जीवन को छन्दोमय बनाता है क्योंकि शिल्प छन्दोमय है। अर्थात् शिल्प के लिए आवश्यक है— सौंदर्य, लय, संतुलन, अनुपात और सुसंगति।

इस प्रकार ऐतरेय ऋषि के शब्दों में शिल्प को इस प्रकार परिभाषित किया जा सकता है—

''देवशिल्प की प्रेरणा से; मानवीय कौशल से रचित वह प्रत्येक वस्तु शिल्प है जो शोभा, लय, संतुलन, अनुपात और सुसंगति को संजोए होती है।

शिल्प-सृष्टि

इस प्रकर भारतीय चिंतन में— शिल्प एक सृष्टि है सर्जन या रचना है। यह शिल्पी की अदम्य सिसृक्षा (सर्जन की इच्छा) का परिणाम है। वह सृष्टिकर्ता पुरुष अपनी कला के माध्यम से स्वयं को व्यक्त करना चाहता है। वह एक से अनेक होना चाहता है। 'एकोऽहं बहुस्याम्' ही कला सृष्टि का मूल है।

कैसे करता है वह ब्रह्म कला की सृष्टि? इसका सबसे सुन्दर उत्तर है— तैत्तिरीय उपनिषद् में—

ब्रह्म ने इच्छा की — "मैं अनेक हो जाऊँ, मैं सृष्टि करूँ।"

उसने तप किया। तप के द्वारा उसने संपूर्ण जगत् की सृष्टि की। इस जगत् की रचना कर वह इस रचना में ही प्रविष्ट हो गया—

सोऽकामयत्। बहु स्यां प्रजायेयेति। स तपोऽतप्यत्। स तपस्तप्त्वा इदं सर्वमसृजत्। यदिदं किञ्च। तत्सृष्ट्वा तदेवानु प्राविशत्।[42]

ब्राह्मी सृष्टि में सर्जन की जो तीव्र लालसा और भावावेग अनवरत क्रियाशील है, शिल्पी के अंतःकरण में भी उसी का सतत स्पन्दन है। इसी सर्जनशीलता से प्रेरित होकर कलाकार कलासृष्टि के लिए तप करता है। वह उस रूप और भाव का ध्यान करता है जिसकी प्रतिमा उसे गढ़नी है। वह अपने शिल्प के विषय से प्रार्थना करता है कि वह अपने रूप को उन्मीलित करे; अपने आवरण को हटा ले; ठीक वैसे ही जैसे उपनिषद् का ऋषि प्रार्थना करता है—

हिरण्यमयेन पात्रेण सत्यस्यापिहितं मुखम्।
तत्त्वं पूषन्नपावृणु सत्यधर्माय दृष्टये।।[43]

उसकी यह साधना तब तक चलती रहती है जब तक कि रूप स्वयं को अनावृत नहीं कर देता, अपने रहस्यों को प्रकट नहीं कर देता। जब समाधिलीन कलाकार की अन्तर्दृष्टि मन की आँखों से उस रूप को देखती है जिसे सामान्य मनुष्य की आँखें नहीं देख पातीं, तब शिल्पी के मन में रूप का एक ऐसा सजीव छन्द सृजित होता है जो विश्व व्यापी समष्टि छन्द से मिलकर शब्द, नाद, रेखा, वर्ण गति और अभिनय से अभिव्यक्त हो कर काव्य, गीत, मूर्ति, चित्र, नृत्य और नाट्य बन जाता है। सुदीर्घ साधना और अभ्यास से ही कलाकार को वह दृष्टि मिलती है जिस दृष्टि से वस्तु की ओर देखते ही वस्तु और नेत्रों के मध्य का आवरण हट जाता है और स्रष्टा मन उस सत्य को; उस छन्द को पकड़ लेता है जो उसकी सृष्टि में जीवन्त होकर कालजयी कृति बन जाती है। कला सर्जन के क्षणों में शिल्पी अपने ध्यान की वस्तु; रस व्यंजना के उस विषय के साथ एकात्म हो जाता है। अपनी सृष्टि में प्राण से प्रविष्ट होकर कलाकार भी अमरता को प्राप्त करता है। जिस कला में कलाकार के प्राणों का प्रवेश नहीं होता वह केवल विस्मय या वैचित्र्य की सृष्टि करती है; आनन्द की नहीं। शिल्पसृष्टि के इस रहस्य को महाकवि कालिदास ने भी उद्घाटित किया है—

सृष्टि पहले कलाकार के मन में होती है फिर रूपसृष्टि के सभी उपादान जुटाए जाते हैं—

रूपोच्चयेन मनसा विधिना कृता नु।[44]

यह मानसी सृष्टि समाधि दशा में होती है। समाधि के शिथिल होने पर शिल्प उत्तम नहीं होता—

संप्रति शिथिलसमाधिं मन्ये येनेयमालिखिता।[45]

प्रसिद्ध शिल्पाचार्य नन्दलाल बसु भी शिल्प सृष्टि के इस वैशिष्ट्य को प्रतिपादित करते हैं—

योगसाधना और शिल्पसाधना में समानता है। अध्यात्म साधना में सृष्टि के समस्त वैचित्र्य के अन्तराल में ऐक्य को ढूँढना है— जिसके जानने से सब कुछ को जाना जाता है। शिल्प भी ठीक उसी प्रकार 'विराट् एक' के दर्शन की अभिलाषा लेकर चल रहा है ··· साधक की जो धारा है, वही शिल्पी की भी धारा है ··· काली की मूर्ति या नटराज शिव की मूर्ति जिसके ध्यान में पहले आई थी वह व्यक्ति शिल्पी है, साधक होने पर भी वह शिल्पी है, जिसके हाथों पहले साकार हुई थी वह शिल्पी होने पर भी साधक है ··· क्योंकि उसका सर्जन दोनों ही के मन में हुआ है।[46]

शिल्पी के मन का संकल्प रेखाओं के रूप में; शिल्प में अवतरित होता है—

संकल्पकृतश्चकास्ति मनसैव रेखाक्रमः।[47]

शिल्प सर्जन की प्रक्रिया के साथ ही शिल्प वस्तु के स्वरूप पर भी संस्कृत वाङ्मय में पर्याप्त विचार हुआ है। कैसी होती है वह सृष्टि?—

"सच्च त्यच्चाभवत्। निरुक्तं चानिरुक्तं च। निलयनं चानिलयनं च। विज्ञानं चाविज्ञानं च। सत्यं चानृतं ह सत्यमभवत्। . . . तत्सत्यमिति आचक्षते।[48]

वह सत्य भी है और असत्य भी, वह वाणी द्वारा व्याख्या योग्य भी है और अव्याख्येय भी। वह व्यक्त भी है अव्यक्त भी। वह ज्ञात भी है और अविज्ञात भी। घूँघट के झीने आवरण में ढके हुए वधू के रूप के समान आकर्षित करने और आनन्द देने की क्षमता उसी कला में होती है जिसका रूप न तो बहुत उन्मीलित होता है और न ही बहुत गूढ़। जो न तो नग्न यथार्थ होता है और न ही कल्पनाओं का मात्र माया जाल।

सत्य-असत्य, यथार्थ-आदर्श, वस्तुस्वभाव-कवि कल्पना, धूप-छाँह, उतार-चढ़ाव, श्वेत-श्याम, तार-मन्द्र, गति-स्थिति, वाणी-मौन, इन दोनों की ही; उत्तम कला को आवश्यकता होती है।

नदी की धारा के समान कला सृजन की धारा भी दोनों कूलों का स्पर्श करते हुए बहती है। वस्तुतः सृजन प्रक्रिया या सृष्टि के मूल में ही यह 'द्विधा' भाव है। सृष्टि एक से नहीं होती; उसके लिए दो चाहिए-शिव-शक्ति, द्यावा-पृथिवी, माता-पिता, स्त्री-पुरुष के समान।

कला की यह विशिष्टता ही उसे अनिर्वचनीय बनाती है। एक महान् शिल्प-सृष्टि के सम्बन्ध में वाणी द्वारा जितना कहा जा सकता है उससे अधिक कहने के लिए शेष रह जाता है। आँखें जितना देखती हैं, कान जितना सुनते हैं, उससे अधिक हृदय अनुभव करता है। कलाकार वाणी से इशारे से, अभिधा से व्यञ्जना से, रूप से अरूप से, सत्य से असत्य से, यथार्थ से अयथार्थ से एक शाश्वत कला का सर्जन और उसके माध्यम से चिर सत्य का उन्मीलन कर जाता है—

सत्यं चानृतं ह सत्यमभवत्।

शिल्प का प्रयोजन—

इस संसार में कोई भी कर्म या सृष्टि निष्प्रयोजन नहीं है अतः शिल्प का भी प्रयोजन है। संस्कृत वाङ्मय में शिल्प के प्रयोजनों पर भी विचार हुआ है।

(1) शिल्प आत्मा का संस्कार करता है—

शिल्प का यह महनीय प्रयोजन ऐतरेयब्राह्मण में इस प्रकार रेखाङ्कित हुआ है—

आत्मसंस्कृतिर्वाव शिल्पानि च्छन्दोमयं वा एतैर्यजमान आत्मानं संस्कुरुते।[49]

शिल्प आत्मा का संस्कार करते हैं। यज्ञ में जब नाभानेदिष्ठ आदि सूक्त (नाभाक ऋषि द्वारा दृष्ट ऋ., 10/61/1-27) पढ़े जाते हैं तब उस शिल्प से यजमान छंदोमय रूप में अपना संस्कार करता है।

भारतीय संस्कृति संस्कार को विशेष महत्व देती है क्योंकि यह शुद्धि, परिमार्जन और परिष्करण के साथ ही जीवन को उदात्त, विशद, मंगलमय और परिपूर्ण बनाने की क्रिया है। संस्कार शोभा और श्री का संपादक है—

प्रयुक्तसंस्कार इवाधिकं बभौ।[50]

भरतीय समाज व्यवस्था के अंतर्गत; मानव जीवन में यह संस्कार धर्मशास्त्र प्रतिपादित (गर्भाधान से अंत्येष्टि पर्यन्त) षोडश संस्कारों के माध्यम से सम्पन्न होता है। किन्तु धर्मशास्त्र की इन संस्कार विधियों में रस, छन्द, लालित्य या सौंदर्य नहीं है। ये प्रायः प्रतीकात्मक हैं एवं प्रतीकात्मक अर्थ को न जानने वालों के लिए कर्मकाण्डपरक हैं। इसके विपरीत शिल्प बिना किसी विपुल आयोजन के अनायास ही छन्दोमय अभिराम रूप में मानव जीवन का संस्कार करता है क्योंकि शिल्प का सम्बन्ध सौन्दर्य, लालित्य, रस और छन्द से होता है। शिल्प मानवीय रुचि को परिष्कृत करता है, मानव में सौन्दर्य बोध जगाता है, हृदय की सङ्कीर्ण परिधियों को तोड़कर 'भूमा' की ओर ले जाता है, उस विराट् की ओर इङ्गित करता है। कोई भी सुन्दर शिल्प केवल मनुष्य के बाह्य कक्ष को ही सौन्दर्य से उद्भासित नहीं करता अपितु अन्तर्मन को भी

भारतीय अलङ्करणों में निसर्ग की शोभा भी है और वर्ण संयोजना भी। श्वेत गङ्गा की तरङ्गों में प्रतिबिम्बित श्यामल मेघ के समान धवल मुक्तामाला के मध्य इन्द्रनील का मनका या दमकते सूर्य के समान चमकती हुई पद्मरागमणि।

जीवन और निसर्ग का घनिष्ठ संबंध तथा आत्मीयता जितनी अधिक भारतीय शिल्पों में अभिव्यक्त हुई है उतनी विश्व में कहीं नहीं। यहाँ मनुष्य समष्टि प्रकृति का एक अङ्ग है अतः व्यक्ति चित्र अथवा उपयोज्य वस्तु निसर्ग चित्र के बिना अपूर्ण है। पत्र-पुष्प, लता-विहग, मत्स्य-मकरादि के अलङ्करण के रूप में यह निसर्ग हमारी प्रत्येक कलाकृति को परिपूर्ण करता है। चाहे वह मूर्तिशिल्प हो या चित्रशिल्प, वस्त्रों की कसीदकारी हो या अल्पना, कपड़ों की छपाई हो या शरीर की रङ्गाई। यहाँ तक कि पत्रावली रचना के शिल्प में इन्हें, स्वयं अपने शरीर पर नाना रङ्गों से सजा लिया गया है।

देश काल के अनुरूप शिल्प योजना भारतीय जीवन शैली का वैशिष्ट्य है अतः लाट देश की अंगनाओं का नेपथ्य रत्नमय है तो कुन्तल की कामिनिओं का मुक्तामय।[26] ग्रीष्म में शीतल वंशी की सुरीली तान[27] तो वर्षा में घन-गम्भीर मृदङ्ग की थाप . . . सब कुछ प्रकृति के छन्द से छन्द मिलाते हुए। क्योंकि इन शिल्पों के पीछे ऋषियों की दिव्य दृष्टि है, शिल्पी की अन्तः प्रज्ञा और सतत साधना है।

वात्स्यायन ने इन कलाओं को कामसूत्र की अङ्गविद्याएं कहा है। अर्थात् ये काम नामक पुरुषार्थ की सिद्धि में सहायक होती हैं।

यहाँ उल्लेखनीय यह है कि वात्स्यायन द्वारा काम की जो परिभाषा दी गई है वह अत्यंत व्यापक है यहाँ काम केवल स्त्री-पुरुषों का शारीरिक संबंध मात्र नहीं है (जैसा कि प्रायः समझा जाता है)।

मन से अधिष्ठित श्रोत्र, त्वक्, चक्षु, जिह्वा, घ्राणादि इन्द्रियों की अपने-अपने विषयों में प्रवृत्ति से प्राप्त आनंद काम है।[28]

सनातन सृष्टि प्रक्रिया और आनन्द का कारण होने के कारण 'काम' भी भारत में पुरुषार्थ के रूप में सम्मानित एवं पूज्य हुआ है।[29]

काम सृष्टि का वह प्रथम बीज है जो परम पुरुष के मन में उत्पन्न हुआ—

कामस्तदग्रे समवर्तताधि मनसो रेतः प्रथमं यदासीत्।[30]

उपनिषद् कहते हैं—

"वह ब्रह्म आनन्दित नहीं हुआ क्योंकि वह एकाकी था। उसने चाहा कि मैं सृष्टि करूँ।"

सृष्टि के इस सनातन बीज को परिपुष्ट कर फ़लप्राप्ति में सहायक होती हैं—ये

शिल्पकलाएँ। रूप, रस, शब्द और स्पर्श के माध्यम से मानव मन को आनन्द और विश्रान्ति देते हुए जीवन को सुन्दर और आनन्दमय बनाती हैं। अतः प्राचीन भारत में कलाएं जीवन का अङ्ग थीं। प्रातः काल से रात्रि तक सम्पादित होने वाले क्रियाकलापों और जीवन शैली में रची बसी थीं। सम्पन्नता के आभव में भी; न केवल वेश-भूषा अपितु नागरक की गृहसज्जा में भी शिल्पों का सौंदर्य उद्भासित होता था अतः मृच्छकटिक का चोर चारुदत्त के गृह की सज्जा को देखकर कहता है— अरे! यह मृदङ्ग है, यह दर्दुर है, यह वीणा है, ये बाँसुरियाँ रखी हुई हैं, ये पुस्तकें हैं; क्या यह नाट्याचार्य का घर है?

'सुरभिसञ्चारधूपे' (धूप से सुगन्धित) प्रसाधित वासगृहों में जीवन का आनन्द ही कुछ और होता था।

जिस देश में उद्यान, लता नर्तकियों के रङ्गमञ्च के समान प्रतीत हों, पिकों का कण्ठस्वर रागराज हो, मेघों के स्वन से मन-मयूर नाच उठता हो यहाँ तक कि भोज्य पदार्थ भी निसर्ग की शोभा में घुल-मिल जाएं[31] जीवन का हर दिन उत्सव हो, प्राथमिक आवश्यकताएं भी शिल्प के स्पर्श से ललित और शिव हों जाएं उस देश की शिल्प परम्परा निश्चय ही प्रशंसनीय है।

संस्कृत वाङ्मय में निबद्ध शिल्पकलाएं पुरातन भारतीय जीवन, सभ्यता, संस्कृति, ध
र्म और दर्शन को समझने तथा वर्तमान को संवारने की दृष्टि देती हैं। राजशेखर ने कहा है— जैसा नेपथ्य उस सारस्वतेय काव्य-पुरुष का था वैसा ही नेपथ्य लोगों ने धरण किया।''[32]

अर्थात् साहित्य यदि लोक का दर्पण है तो लोक भी साहित्य से अनुप्राणित होता है वर्तमान युग की कितनी ही शिल्पकलाएं पुरातन अलंकरण, डिज़ाइन और प्रविधि का अनुकरण कर रही हैं।

सन्दर्भ-सङ्केत

1. पेश इति रूप नाम। निरुक्त. - 8.2.11
2. आरोह सूर्ये अमृतस्य लोकम् . . .। ऋग्वेद - 1.85.2
3. वही - 1.92.4
4. वही - 10.85.33-35
5. वही - 10.85.20
6. एवं वां स्तोमम्. . . अकर्मा तक्षाम भृगवो न रथम्। वही - 10.39.14
7. वही - 3.8.4
8. रूपं हिरण्यम्। यशो वै हिरण्यम्। ऐतरेय ब्रा. - 33.1.6
9. तेजो वा एतदक्ष्योर्यदञ्जनम्। वही, 1.3
10. मयि क्षत्रं पर्णमणे धारयताद्रयिम्। अथर्ववेद - 3.5.2

11. (i) त्वष्टास्मै वज्रं स्वर्यं ततक्ष। ऋग्वेद - 1.32.2
    (ii) कारुरहं ततो भिषग्। वही - 9.112.3
12. कारु-स्तोमानां कर्ता-सायण।
13. कारुः शिल्पी। अमरकोश - 2.10.5
14. अथर्ववेद - 3.5.6-7
15. ततः परं गन्धमाल्यधान्यरसपण्याः प्रधानकारवः . . . पूर्वां दिशमधिवसेयुः। अर्थशा. - 2.5.13
16. कारुशिल्पिनो विंशतिशतिकाः वही - 5.3.18
17. उषितां सर्वशिल्पिभिः। रामा., बालकाण्ड - 5.10
18. मणिदर्पण इवातिनिर्मले तस्मिन् सञ्चक्राम सकलः कलाकलापः। कादम्बरी - पृ. 232
19. मालविका. - 1.6
20. समानविद्येभ्याः शिल्पं शास्त्रचक्षुष्मतां च। अथशा. - 1.9.4
21. तत्र चैषां काव्यसमस्या कलासमस्या वा। कामसूत्र - 1.4.20
22. काव्यमीमांसा, अ. 10, राजचर्या - पृ. 133
23. वही - अ. 18, पृ. 252
24. बालभारत - 1.27
25 मेघदूत - 2.2
26. लाटीचम्पकपिञ्जरैरवयवैर्दूर्वानिभैः कुन्तली
    पूर्वा रत्नमयीं बिभर्ति रचनामन्त्या तु मुक्तामयीम्। विद्धशा. - 4.14
27. हरन्ति हृदयानि यच्छ्रवणशीतला वेणवो। वही - 4.4
28. कामसूत्र - 1.2.11
29. धर्मार्थकामेभ्यो नमः। वही - 1.1.1
30. ऋग्वेद - 10.129.4
31. भात के ढेर के समान सिन्दुवार पुष्पों, तत्काल तैयार किए गए घृत के समान ईषद् रक्त अशोक पुष्पों, मसूर जैसे मनोहर वासन्ती पुष्पों, दधि जैसे श्वेत नवमल्लिका पुष्पों से शोभित प्रमदोद्यान . . .। कर्पूरमंजरी, जवनिका - 1 पृ. 17
32. यादृङ्नेपथ्यः स सारस्वतेय आसीत् तद्देशाश्च पुरुषा बभूवुः। काव्यमी. - अ. 3, पृ. 18

卐 卐 卐

द्वितीय अध्याय— प्रसाधन उपयोगी शिल्पकलाएँ

1. पुष्पमाला एवं पुष्पाभूषण बनाने की कला
2. शिर पर पुष्पमालाओं की योजना
3. तिलक एवं पत्रावली रचना
4. सुगन्ध की योजना
5. आभूषणों की योजना
6. कर्णपत्र की रचना
7. सिलाई एवं कसीदाकारी
8. सोना-चाँदी एवं रत्नों की परीक्षा
9. मणियों को रङ्गना एवं उनके उद्‌गम स्थान को जानना
10. दाँत-वस्त्र एवं अङ्गों को रंगना
11. प्रसाधन-कला
12. संवाहन-कला

1. पुष्पमाला एवं पुष्पाभूषण बनाने की कला

(माल्यग्रथनविकल्पाः)

विभिन्न प्रकार के पुष्पों से अलङ्करण बनाने की कला प्राचीन भारत की एक मनोरम कला थी। ललितविस्तर की शिल्पसूची में **'माल्यग्रथनम्'** के रूप में तथा शुक्रनीतिसार में **'पुष्पादिग्रथनम्'** के रूप में इस कला का उल्लेख हुआ है।

संस्कृत साहित्य में माल्य शब्द का प्रयोग दो अर्थों में हुआ है—

प्रथम-पुष्प के अर्थ में, यथा रामायण में —

'विटपी माल्यधारिणः' 'तानि माल्यानि जातानि मुनीनां तपसा तदा' जैसे सन्दर्भ[1]।

द्वितीय-पुष्पों से रचित माला के अर्थ में, यथा कुमारसम्भव का निम्नलिखित सन्दर्भ —

माल्येन तां निर्वचनं जघान।[2]

अतः 'माल्यग्रथनविकल्पाः' से अभिप्राय पुष्पों को सुन्दर कलात्मक ढंग से गूँथकर या बाँधकर माला, करधनी, कर्णाभूषण, शिरोभूषण आदि बनाने की कला है। मानवीय सभ्यता के उस प्रथम चरण में जब मनुष्य ने स्वर्णादि धातुओं का प्रयोग नहीं सीखा था तब माल्य ही मानव के प्रथम प्रसाधन बने। पुष्पों के उज्ज्वल वर्ण, मादक गन्ध, कोमल स्पर्श एवं सर्वसुलभता ने ही इन्हें अलंकरण के रूप में सर्वप्रिय बनाया।

प्राचीन भारत में माल्य, देवता और मनुष्य दोनों के ही नेपथ्य विधान (वेशभूषा धारण) का अनिवार्य अङ्ग था।[3] नागरक प्रातःकाल प्रसाधनविधि के अंतर्गत माल्य धारण करने के पश्चात् ही अपने दैनिक कर्तव्यों को प्रारम्भ करता था। रात्रि में सम्मर्दन आदि से शीघ्र म्लान न होने वाली कुरण्ट पुष्प की माला अधिक प्रयोग में लाई जाती थी।।[4] स्त्री पति के पास अभिगम करते समय अंगराग आदि के साथ पुष्पमाला भी धारण करती थी।[5]

दैनन्दिन जीवन में पुष्प-अलङ्करणों का उपयोग इतना अधिक था कि 'माल्यग्रन्थन' एक स्वतन्त्र शिल्प या कला के रूप में विकसित हुआ।

माला—

माल्य अर्थात् पुष्पनिर्मित आभूषणों में प्रमुख है– माला। कलाकार की कोमल कल्पना के साथ क्रमशः एक के बाद एक सूत्र में पिरोए गए पुष्पों से रचित होने के कारण ही इसकी संज्ञा माला है; जो परवर्ती युग में पंक्ति या परम्परा का वाचक बन गया। दृष्टि को या मन को हर लेने के कारण यह 'हार'; शिल्पी की मनोरम कल्पना और सौन्दर्य चेतना का सर्जन होने के कारण 'स्रज्' तथा बाँधने के लिए फीते या रस्सी का कार्य करने के कारण 'दाम' कहा गया है।

वैदिककाल से लेकर वर्तमान युग तक रचित सम्पूर्ण संस्कृत साहित्य में शायद ही कोई ऐसी कृति हो जिसमें किसी न किसी प्रसंग में माल्य का उल्लेख न हुआ हो।

ऋग्वेद में अश्विनी कुमारों को कमल-पुष्प की माला (पुष्करस्रज/10/184/2) धारण करने वाला कहा गया है। रामायण में अयोध्या की समृद्धि का वर्णन करते हुए आदिकवि लिखते हैं कि अयोध्या में ऐसा कोई भी नागरिक नहीं था जो गन्धमाला का उपभोग न करता हो–

नाकुण्डली नामुकुटी नास्रग्वी नाल्पभोगवान्।[6अ]

कमलों की माला धारण करती हुई वनवासिनी सीता की उपमा पद्मिनी से दी गई है–

कमलानां च शुभां मालां पद्मिनीव च बिभ्रती।[6ब]

संस्कृत साहित्य में वर्णित कतिपय विशिष्ट मालाओं के सन्दर्भ इस प्रकार हैं–

(1) सिर पर धारण की जाने वाली मालाएँ

अमरकोश के अनुसार ऐसी मालाओं की सामान्य संज्ञा– माल्य, माला और स्रज् है। केशमध्य में धारण की गई माला की विशिष्ट संज्ञा **गर्भक**, शिखा से लटकती हुई माला की **प्रभ्रष्टक** और सामने की ओर रखी गई माला की **ललामक** है।[7]

ये मालाएँ एक ही जाति के पुष्पों से या भिन्न वर्ण और गन्ध वाले पुष्पों की मिश्रित संयोजना से बनाई जाती थीं। कालिदास के अनुसार वर्षा ऋतु में स्त्रियाँ कदम्ब, केसर और केतकी की सुन्दर आयोजना से रचित मालाओं को सिर पर धारण करती थीं–

मालाः कदम्बनवकेसरकेतकीभिरायोजिताः शिरसि बिभ्रति योषितोऽद्य।[8]

कुछ हरापन लिए हुए बकुल के साथ खिले हुए श्वेत मालती पुष्पों और किञ्चित् रक्तिम जूही की कलियों का संयोजन निश्चय ही मनोज्ञ होता था–

शिरसि बकुलमालां मालतीभिः समेतां।

विकसितनवपुष्पैर्यूथिकाकुड्मलैश्च ।।[9]

सिर पर धारण किए जाने वाले माल्य-आभरण 'शेखरक' और 'आपीड' कहे जाते थे। इनकी सुरुचिपूर्ण योजना एक स्वतन्त्र कला मानी गई थी।

स्त्रियाँ अपनी लम्बी वेणी को भी पुष्प माल्य से अलंकृत करती थीं। ऐसी मालाओं या गजरों को 'वेणीस्रक्'[10] कहा जाता था।

आखेट आदि के प्रसंग में केशों को वनमाला से बाँध लिया जाता था—

ग्रथित मौलिरसौ वनमालया।[11]

विवाह के अवसर पर वधू के केशों को दूर्वायुक्त मधूक दाम (महुये की माला) से बाँधा जाता था—

पर्याक्षिपत्काचिदुदारबन्धं दूर्वावता पाण्डुमधूकदाम्ना।[12]

(2) कँधे से लटकती हुई लम्बी मालाएँ—

ऐसी मालाएँ कालिदास को अत्यन्त प्रिय हैं, वे प्रायः पुरुषों के प्रसङ्ग में इन मालाओं का वर्णन करते हैं यथा—

अंसार्पितलम्बहार को धारण किए हुए पाण्ड्य देश के राजा (रघुवंश - 6.60); **अंसलम्बिकुटजार्जुनस्रज** से शोभित अग्निवर्ण (रघुवंश - 19.37) आदि।

(3) कण्ठ में धारण की जाने वाली मालाएँ

ये मालाएँ अनेक प्रकार की होती थीं—

(क) वक्षःस्थल को सुशोभित करने वाले पुष्पहार

ग्रीष्म ऋतु में स्त्रियों के चन्दन चर्चित वक्षःस्थल पर लटकते हुए तुषार— गौर पुष्पहार कालिदास को अत्यन्त प्रिय हैं—

पयोधराश्चन्दनपङ्कचर्चितास्तुषारगौरार्पितहारशेखराः।[13]

अंगनाओं के वक्षःस्थल पर अर्पित हारयष्टि सोये हुए मन्मथ को जगा देती है।[14]

अमरकोश के अनुसार कण्ठ से वक्षस्थल तक सीधी लटकती हुई मालाओं की संज्ञा **प्रालम्ब** है।[15]

महाकवि कालिदास ने रघुवंश में अज के वक्षःस्थल पर लम्बमान स्वयम्वर माला का सुन्दर वर्णन किया है जो इन्दुमती के बाहुपाश के समान शोभित हो रही थी—

तया स्रजा मङ्गलपुष्पमय्या विशालवक्षःस्थललम्बया सः।
अमंस्त कण्ठार्पितबाहुपाशां विदर्भराजावरजां वरेण्यः।।[16]

(ख) घुटनों तक लटकती मालिकाएँ

अपेक्षाकृत पतली और जानु तक लटकने वाली मालाओं को बाणभट्ट ने 'मालिका' कहा है। पारिजात पुष्पों और बीच-बीच में पल्लवों को गूँथकर बनाई गई ऐसी मालिकाओं को धारण करने वाली वन देवी का सुन्दर वर्णन कादम्बरी में हुआ है—

पारिजातकुसुमपल्लवग्रथिताभिराजानुलम्बिनीभिः कण्ठमालिकाभिराच्छादितविग्रहया।[17]

मालाओं की भी माला अर्थात् एक साथ कई लड़ियों को धारण करने के कारण भी सम्भवतः इन्हें मालिका कहा जाता था। ये मालिकाएँ क्रमशः कण्ठ से स्कन्ध प्रदेश तक के भाग को सुशोभित करते हुए शरीर को आच्छादित कर देती थीं।

(ग) घुटनों तक लटकती हुई 'वैकक्षक' मालाएँ

महाकवि बाणभट्ट श्वेत कुसुमों से गूँथी गई; घुटनों तक लटकती हुई उन लम्बी मालाओं का वर्णन करते हैं, जिनकी विशेष संज्ञा वैकक्षक थी। यौवराज्याभिषेक के अवसर पर चन्द्रापीड ऐसी ही वैकक्षक मालाएँ पहने हुए थे—

सितकुसुमग्रथिताभिराजानुलम्बिनीभिरिन्दुकरकलापकोमलाभिः वैकक्षकस्रग्भिः निरन्तरनिचितशरीरतया ....।[18अ]

विवाह के अवसर पर वर को भी इन मालाओं से सज्जित किया जाता था। वर वेश में ग्रहवर्मा वैकक्षक मालाओं को धारण किए हुए थे। बाणभट्ट ने इस माला की उपमा कामदेव के धनुष से दी है—

कार्मुकेणेव कौसुमेन दाम्ना विरचितवैकक्षकविलासः।[18ब]

अमरकोश के अनुसार कण्ठ से उरःस्थल तक यज्ञोपवीत के समान तिरछी लटकने वाली माला को वैकक्षक कहा जाता था।[19]

वासुदेव शरण अग्रवाल के मत में— वे लम्बी मालाएँ जो बाँये कन्धे से दाहिनी ओर एवं दाहिने कंधे से बाईं ओर जाती हुई बीच में स्वस्तिकाकार दिखाई देती थीं, वैकक्षक कही जाती थीं।[20]

(घ) पैरों का स्पर्श करती हुई 'आप्रपदीन' माला

चरणों तक लटकती हुई या धरणितल का स्पर्श करने वाली अत्यन्त लम्बी मालाएँ बाणभट्ट को विशेष प्रिय हैं। ऐसी मालाओं से अधिष्ठित देवी लक्ष्मी का एक चित्र—

धरणितलचुम्बिनीभिः कण्ठकुसुममालाभिः अधिष्ठिताम्।[21]

हर्ष की माता यशोमती ने भी सती होते समय ऐसी ही लम्बी माला धारण की थी—

आप्रपदीनां कण्ठे गुणकुसुममालां यमदोलामिवारूढाम्।[22]

इनके अतिरिक्त विशेष अवसरों के लिए कुछ विशिष्ट मालाएँ इस प्रकार थी—

(अ) कौतुकमालिका—

महाकवि भास ने विवाह के अवसर पर वधू द्वारा धारण की जाने वाली माला को **कौतुक मालिका** कहा है इसमें पुष्पों के साथ **अविधवाकरण सपत्नीमर्दन** नामक औषधियाँ भी गूँथ दी जाती थीं। इसे गूँथने का कार्य इस कार्य में कुशल कुलीन स्त्रियाँ ही करती थीं।[23]

(ब) मधूकमाला—

विवाहादि अवसरों पर मांगलिक पुष्पों से ही मालाएँ बनाई जाती थीं। इन्दुमती ने अज को जो स्वयंवरमाला पहनायी थी उसमें दूर्वा के साथ मधूकपुष्प गुँथे हुए थे—

किञ्चिद्विस्त्रंसिदूर्वाङ्कमधूकमाला।[24]

तया स्रजा मङ्गलपुष्पमय्या।।[25]

(स) बकुलमाला—

अपनी मादक गन्ध के कारण बकुल या केसर पुष्प की मालाएँ विलासी स्त्री-पुरुषों को विशेष प्रिय थी। बकुल मालाएँ लम्बे समय तक ताजी और सुगंधित बनी रहती थीं। अनसूया ने शकुन्तला की विदाई के लिए बहुत पहले से ही ऐसी माला गूँथ कर सुरक्षित रख दी थी—

एतन्निमित्तमेव कालान्तरक्षमा निक्षिप्ता मया केसरमालिका।[26]

हर्ष के जन्मोत्सव पर कन्नौज के युवकों ने केसर मालाएँ ही धारण की थीं—

स्कन्धावलम्बमानकेसरमाला . . . युवानः।[27]

आचार्य कवि राजशेखर के अनुसार म्लान हो जाने पर भी बकुल मालाएँ त्यागी नहीं जाती थीं—

म्लानापि मोच्या न केसरस्रग्।[26]

'मालतीमाधवम्' में माधव द्वारा गूँथी गई और मालती द्वारा धारण की गई बकुलमाला दीर्घकाल के बाद भी माधव के लिए; मालती के अभिज्ञान का चिह्न बन जाती है।[29]

(ङ) करवीरमाला—

मृच्छकटिक में रक्तवर्णी करवीर पुष्पों से ग्रथित करवीरमाला का उल्लेख हुआ है। जो वध से पूर्व चारुदत्त को पहनाई गई थी।[30] शव साधना में शव को लाल पुष्पों की माला से अलंकृत किया जाता था।[31]

(च) वन्दनमाला—

गृह-प्रवेश, विजयोत्सव, वरयात्रा आदि के प्रसंग में स्वागत और अभिनन्दन के लिए तोरणों की आधी ऊँचाई पर बाँधी गई मांगलिक मालाओं को वन्दनमाला कहा जाता था—

तोरणार्द्धे च माङ्गल्यं दाम वन्दनमालिका।

इसमें पुष्पों के साथ आम्रपल्लव गूँथे जाते थे अथवा यह पूर्ण रूप से हरित आम्रपल्लवों

से ही रचित होती थी।

कादम्बरी में कुमार चन्द्रपीड के लिए निर्मित भवन के गृहप्रवेश के अवसर पर इस वन्दनमाला का उल्लेख हुआ है—

आबद्धहरितवन्दनमालम् . . . उपपादिताशेषगृहप्रवेशमङ्गलं भवनं जगाम।[32अ]

मेखला—

मालाओं की भाँति ही पुष्पों को गूँथकर छोटी-छोटी मालिकाओं की लड़ियों से मेखला या करधनी भी बनाई जाती थीं। लड़ियों की संख्या के अनुसार इनकी विशिष्ट संज्ञाएं थीं। एक लड़ वाली करधनी को 'काञ्ची', आठ लड़ वाली को 'मेखला', सोलह लड़ वाली को 'रसना', पच्चीस लड़ वाली को 'कलापक' कहा जाता था।[32ब]

मेखला के लिए मादक गन्ध वाले बकुल पुष्प ही अधिक रुचिकर थे। समाधिलीन शिव को मुग्ध करने के लिए पार्वती ने जब शिव के आश्रम में प्रवेश किया तब वे केसर काञ्ची पहने हुए थीं-

स्रस्तां नितम्बादवलम्बमाना पुनः पुनः केसरदामकाञ्चीम्।[33]

कई लड़ों वाली मेखला को गूँथना निश्चय ही एक समय सापेक्ष कला थी। प्रायः प्रेमी स्त्री-पुरुष मिल-जुलकर ऐसी विलासमेखलाओं को गूँथते थे-

असमाप्य विलासमेखलाम्।[34]

कालिदास के ही समान बाणभट्ट ने भी बकुल मालिकाओं से रचित मेखला को धारण करने वाली नन्दन वन की देवी का सुन्दर चित्र प्रस्तुत किया है।[35]

इन सूत्र ग्रथित माल्यों के साथ ही सूत्र में अग्रथित कई सुन्दर अलङ्करणों की रचना भी इस कला के अन्तर्गत होती थी। राजप्रासादों के कन्यान्तःपुर में कला निपुण स्त्रियाँ पुष्पाभरणों की रचना करती थीं।[36] कुसुमप्रसाधन प्रायः ऋतुपुष्पों से बनाए जाते थे।

रचितं रतिपण्डित त्वया स्वयमङ्गेषु ममेदमार्तवम्।
ध्रियते कुसुमप्रसाधनम् . .।[37]

ऐसे अलङ्करणों का सर्वाधिक वर्णन कालिदास साहित्य में हुआ है। उनकी नायिकाओं के ऋतुओं के अनुसार प्रिय पुष्प अलङ्करण है—

शरद् ऋतु में हाथ में लीलाकमल, हेमन्त में केशपाश में ताजे कुन्द के पुष्प, वसन्त में चूड़ापाश में नव कुरबक, ग्रीष्म में कानों में कोमल शिरीष के पुष्प तथा वर्षा में सीमन्त को सुशोभित करता हुआ कदम्ब का पुष्प।[38]

वसन्तु ऋतु में पार्वती द्वारा धारण किए जाने वाले पुष्पाभरण, पद्मरागमणि, स्वर्ण और मुक्ताकलाप की शोभा को भी हर लेते हैं—

अशोकनिर्भर्त्सितपद्मरागमाकृष्टहेमद्युति कर्णिकारम्।
मुक्ताकलापीकृतसिन्दुवारं वसन्तपुष्पाभरणं वहन्ती।।[39]

कतिपय प्रसिद्ध पुष्प अलङ्करण इस प्रकार हैं—

अवतंस—

सामान्य रूप से अलङ्कार अर्थ का वाचक होते हुए भी अवतंस शब्द विशेष रूप से कर्णाभूषण के अर्थ में ही प्रयुक्त हुआ है। संस्कृत साहित्य में कानों को अलंकृत करने वाले पुष्पावतंसों के अनेक उदाहरण प्राप्त होते हैं।

अत्यन्त सुकुमार शिरीष पुष्प का अवतंस कालिदास को विशेष प्रिय है—

अवतंसयन्ति दयमानाः प्रमदाः शिरीषकुसुमानि।[40]

ग्रीष्म ऋतु में यह अलका की वधुओं का भी कर्णभूषण बनता है।[41]

सम्भवतः इन्हें सूत्र में गूँथकर या बाँधकर कानों में बाँध लिया जाता था यथा शकुन्तला द्वारा धारण किया जाने वाला **आगण्डविलम्बिकेसर कर्णार्पितबन्धन शिरीष पुष्प का आभरण।**[42]

स्तबक (गुच्छे) या मंजरियों में खिलने वाले पुष्पों से रचित अवतंस कानों से बाँधकर पहने जाते थे अतः इनकी संज्ञा 'निबन्धनीय' थी। सूत्र में बाँधकर लटका लिए जाने के कारण ये बाह्य गति के साथ हिल उठते थे—

स्ववाहनक्षोभचलावतंसाः।[43]

ककुभ-मञ्जरियों से भी इच्छानुकूल अवतंस बनाए जा सकते थे।[44]

नमेरु पुष्प[45] एवं **तमाल-प्रवाल**[46] के अवतंसों का वर्णन भी कालिदास ने किया है तथापि सुगन्धित पुष्पों के अवतंस ही अङ्गनाओं को अधिक प्रिय थे।[47]

कर्णपूर—

कानों को पूरी तरह से आच्छादित कर देने या सौन्दर्य से पूर्ण कर देने के कारण ही इनकी संज्ञा कर्णपूर थी। कर्णपूर की रचना पुष्पस्तबक और पुष्प दोनों से ही की जाती थी। बाणभट्ट ने हर्ष के जन्मोत्सव पर नृत्य करती हुई स्त्रियों द्वारा कानों में धारण किए गए शिरीषस्तबक के कर्णपूरों से सुनहली धूप के भी हरित हो जाने का वर्णन किया है।

समुल्लसद्भिः शिरीषकुसुमस्तबककर्णपूरैः शुकपिच्छमय इव हरिच्छायोऽभूदातपः।[48]

वर्षा ऋतु में नवीन कदम्ब के पुष्प नववधुओं के कर्णपूर बनते थे—

विकचनवकदम्बैः कर्णपूरं वधूनां
रचयति जलदौघः कान्तवत्काल एषः।[49]

तो वसन्त में कर्णिकार के स्वर्णिम पुष्प।[50]

कर्णपूर पुरुषों के कानों को भी अलंकृत करते थे। हर्षचरित में बाणभट्ट द्वारा धारण किए गए; दूब की नाल में गूँथकर बनाए गए गिरिकर्णिका पुष्प के कर्णपूर का वर्णन हुआ है।

कानों को छेदकर पहने जाने वाले ये आभरण 'आवेध्य' वर्ग के अन्तर्गत आते थे। कुछ पुष्प अलङ्करणों को कानों के ऊपर या स्वर्णाभूषणों के ऊपर खोंस लिया जाता था। ऐसे अलङ्करणों की संज्ञा 'निवेश्य' थी; यथा—

कर्णेषु च प्रवरकाञ्चनकुण्डलेषु
नीलोत्पलानि विविधानि निवेशयन्ति।[51]

कर्णपूर के रूप में उत्पल[52] और कुवलय[53] का वर्णन कालिदास ने विशेष अभिरुचि के साथ किया है।

अग्रथित आभूषणों में वे पुष्प अलङ्करण भी आते हैं जो केशों को अलंकृत करते थे। इन्हें निवेश्य वर्ग में रखा जा सकता है क्योंकि इन्हें वेणी या जूड़े में खोंस लिया जाता था—

निवेशितान्तःकुसुमैः शिरोरुहैः।[54]

घननील कुञ्चित केशों में नवमालती की शोभा अपूर्व होती थी—

केशान्नितान्तघननीलविकुञ्चिताग्रा-
नापूरयन्ति वनिता नवमालतीभिः।[55]

खिले हुए मल्लिका-पुष्प भी वेणी में गूँथ लिए जाते थे जो कन्दुक क्रीड़ा आदि के समय वेणी के तीव्र गति से हिलने के कारण गिरने लगते थे।[56]

वसन्त ऋतु में चञ्चल नील अलकों को कभी अशोक के लाल पुष्प[57] अलंकृत करते थे तो कभी चम्पक के सुगन्धित पुष्प।[58] मानव शरीर, देवप्रतिमा आदि के अलङ्करण के साथ ही पुष्पमाल्य भवनों[59], तोरणद्वारों[60], वेदिकाओं, सभामण्डपों, शयनगृहों, शय्याओं, वाद्ययंत्रों[61] और मङ्गलकलशों[62] को भी अलंकृत करते थे।

रामायण में श्वेत मालाओं से अलंकृत राजभवनों का एक चित्र देखा जा सकता है—

सितमेघनिभं चापि राजवेश्म सुतोरणम्।
शुक्लमाल्यकृताकारं दिव्यगन्धसमुक्षितम्।।[63]

पुष्पमाल्य भारतीय पूजा-अर्चना का भी अभिन्न अङ्ग था। पुत्र-प्राप्ति के लिए नन्दिनी गाय की सेवा करने वाले राजा दिलीप की पत्नी सुदक्षिणा प्रतिदिन गन्धमाल्य से नन्दिनी की अर्चना करती थीं।[64]

प्राचीन भारत में नागरक के गृह में अतिथि-मित्रों का सत्कार पुष्पमालाओं से होता था।[65] माल्योपहार आंतरिक सौहार्द और प्रेम को तो अभिव्यक्त करता ही था, साथ ही यह विशिष्ट

सत्कार और सम्मान का भी प्रतीक था। देवराज इन्द्र द्वारा राजा दुष्यन्त को पहनाई गई मन्दारमाला इसका उदाहरण है—

राजा— **स खलु मनोरथानामप्यभूमिर्विसर्जनावसरसत्कारः।**
मन्दारमाला हरिणा पिनद्धा।[66]

वस्तुतः माला **'माति मानहेतुर्भवति'** इस निरुक्ति[67] के अनुसार मान का ही प्रतीक थी। माला श्री और सौभाग्य की वृद्धि करने वाली समझी जाती थी अतः **'मां शोभां लाति'** इस व्युत्पत्ति के अनुसार यह एक अन्वर्थ संज्ञा थी। चरक के अनुसार गन्धमाल्य का सेवन सौभाग्य, आयुष्य, पुष्टि और बल को प्रदान करने वाला, चित्त को प्रसन्न करने वाला तथा काम्य होता है—

वृष्यं सौभाग्यमायुष्यं काम्यं पुष्टिबलप्रदम्।
सौमनस्यमलक्ष्मीघ्नं गन्धमाल्यनिषेवणम्।।[68]

अतः स्नान के पश्चात् स्त्री-पुरुष प्रतिदिन अंगराग आदि के साथ ही पुष्पमाल्य भी धारण करते थे—

अपि स्नातो जामातेति। सुमनोवर्णकमानयामि।[69]

नागरक के बहिः प्रकोष्ठ में एक वेदिका पर अनुलेप, सौगन्धिकपुटिका (सुगंध की पिटारी) आदि के साथ माल्य भी सर्वदा सुलभ होते थे।[70अ]

यद्यपि प्रसंग और अभिरुचि के अनुसार सभी प्रकार के ऋतु पुष्पों की मालाएँ उपयोग में लाई जाती थीं तथापि ग्रीष्म में कमल और उत्पल (नीलकमल) की मालाएँ विशेष शीतल मानी जाती थीं—

स्रजः सकमलोत्पलाः।[70ब]

श्वेत पुष्पों का भी विशेष महत्व था। इनसे आभिजात्य सात्त्विकता तथा पवित्रता का भाव अभिव्यक्त होता था। गोष्ठी-विहार आदि के समय स्त्रियाँ परिमित आभूषणों के साथ केशों में प्रायः श्वेत पुष्प गूँथती थीं।[71]

राज्याभिषेक के अवसर पर अभिषिच्यमान राजा श्वेत पुष्प मालाएँ ही धारण करते थे।[72] सत्कार के लिए श्वेत पुष्प उपहार में दिए जाते थे—

सितकुसुम . . . सत्कृतैः सूत्रधारैः।[73]

इस प्रकार दैनन्दिन जीवन में माल्य के बहुविध उपयोग ने 'माल्यग्रथन' को एक शिल्पकला के रूप में विकसित किया। यद्यपि स्त्री और पुरुष दोनों ही इस कला में नैपुण्य प्राप्त करते थे तथापि प्रायः नायक अपनी प्रिया को प्रसन्न करने के लिए सुन्दर मालाओं को रचकर उनका प्रसाधन करते थे—

शिरसि बकुलमालां मालतीभिः समेतां
विकसितनवपुष्पैर्यूथिकाकुड्मलैश्च ।
विकचनवकदम्बैः कर्णपूरं वधूनां
रचयति जलदौघः कान्तवत् काल एषः।।[74]

महाकवि भवभूति के 'मालतीमाधव' में इस कला के सम्बन्ध में कई महत्वपूर्ण सन्दर्भ प्राप्त होते हैं—

यह एक सुन्दर हस्तशिल्प था जिसमें अन्य कलाओं की भाँति ही विदग्धता की अपेक्षा रहती थी—

माधवश्रीहस्तनिर्माणमनोहरा बकुलमाला।[75]
विदग्धरचनामनोहरां स्रजमभिनिर्मातुमारब्धवान्।।[76]

सुन्दर रचना के लिए चित्त की एकाग्रता आवश्यक थी इसके अभाव में वह विरचना हो जाती थी—

मालतीमुखावलोकनविहस्ततया विषमरचितैकभागाम् एकपार्श्वविषमप्रतिबद्धेयं विरचना।[77]

इस मनोरम कला सृष्टि की सार्थकता प्रिया की प्रसन्नता में ही समझी जाती थी—

तद्भवतु कृतार्थता वैदग्ध्यस्य। फलतु निर्माणरमणीयता।
समासादयतु एष भर्तृदारिकायाः कण्ठावलम्बनमहार्घताम्।[78]

माल्यग्रथन की अनेक व्यक्तिगत शैलियाँ थीं। विशिष्ट प्रकार का गुम्फन कलाकार की पहचान का कारण होता था। 'कुन्दमाला' नाटक इसका एक सुन्दर उदाहरण है। गोमती नदी के जल में बहकर आई हुई, विशिष्ट रचनाविन्यास वाली कुन्द पुष्पों की माला को देखकर श्रीराम निर्वासिता सीता का स्मरण कर रोमांचित हो उठते हैं—

रामः -(निर्वर्ण्य रोमाञ्चमभिनीय)
वत्स! दृष्टपूर्वमिदं कुसुमरचनाविन्यासकौशलम्। . . . क्व वान्यत्रेदृशस्यावस्थानम्![79]

महाकवि राजशेखर पुष्पमाल्य के सम्बन्ध में कई महत्वपूर्ण रहस्यों को उद्घाटित करते हैं। यथा— मालतीमाला विमर्दन के योग्य नहीं है। म्लान होने पर भी केसर माला का परित्याग नहीं किया जाता।[80]

कोरण्ड पुष्प की माला जैसे-जैसे सूखती है अधिक लाल होती जाती है आदि।[81]

संस्कृत साहित्य में पुष्प माल्य महाकवियों की कोमल कल्पना से जुड़कर अनेक मनोरम भावों का अभिव्यञ्जक हुआ है। श्रीहर्ष के अनुसार दमयन्ती के अंगों की रचना कमल, कुवलय, चम्पक आदि पुष्पों से करते हुए, विधाता ने मानों कामदेव के अर्चन के लिए कुसुमस्रज्

की ही रचना की है।[82]

क्योंकि पुष्प कामदेव के बाण बनकर दमयन्ती के हृदय को वेधते हैं अत: उसकी सखियाँ माला गूँथते हुए सुई की नोक से पुष्पों को व्यथित करती हैं।[83]

काव्य और नाट्य के साथ ही शास्त्रों में भी माल्य संबंधी उल्लेख प्राप्त होते हैं। भरत मुनि आहार्य अभिनय के अन्तर्गत आभरण और वस्त्र के साथ माल्य का भी परिगणन करते हैं।[84] उनके अनुसार संरचना की दृष्टि से माल्य पाँच प्रकार के होते हैं[85]—

(1) वेष्टिम - बीच-बीच में दूर्वा आदि लगाकर या लपेट कर बनाए गए माल्य अथवा ऐसे माल्य जो शरीर के अंग विशेष को घेर लें।

(2) वितत - फैला कर धारण की गई एक जैसी अनेक मालाएँ जिनसे शरीर का वह भाग पूरी तरह आच्छादित हो जाए। बाणभट्ट को ऐसी मालाएँ विशेष प्रिय हैं।

(3) संघात्य - जो अनेक पुष्पों के समूह से खचित हों या कई लड़ों को बीच-बीच में मिलाकर एक लड़ बना दी गई हो।

(4) ग्रन्थिमत् - जो सुई से धागे में पिरोकर नहीं अपितु पुष्प नाल में गाँठ लगाकर रचे गए हों।

(5) प्रलम्बित - जो दूर तक लटकने वाले हों।

राजानक रुय्यक ने इनके अतिरिक्त—

(6) मुक्तक - जो केवल एक पुष्प से बना हो;

(7) मञ्जरी - अनेक छोटे-छोटे पुष्पों से युक्त शाखा तथा

(8) स्तबक - पुष्पगुच्छ का भी उल्लेख किया है।

माल्य भारतीय चित्रकला और मूर्तिशिल्प का भी विषय बना है। रामायण के एक महत्वपूर्ण सन्दर्भ के अनुसार लङ्का के राजप्रासाद की भित्तियों पर गजलक्ष्मी के ऐसे सुन्दर चित्र रचे गए थे जिनमें देवी लक्ष्मी के दोनों ओर चित्रित गज अपनी सूँड में नीलकमलों की माला लिए हुए थे—

नियुध्यमानाश्च गजा: सुहस्ता:
तथैव पद्मोत्पलदामहस्ता:।
लक्ष्मीस्तथा पद्मवितानहस्ता
गृहान्तरे राजति तस्य संस्था।।[86अ]

प्राचीन भारतीय मन्दिरों और प्रासादों में माल्य आकृतियों को स्तम्भों और तोरणद्वारों पर उकेरा गया है। देव, गन्धर्व और यक्ष प्रतिमाएँ माल्यों से अलंकृत हैं। देवगढ़ के दशावतार मन्दिर तथा खजुराहो के मन्दिरों में अधिकांश स्त्री प्रतिमाएँ पुष्प माल्यों से शोभित हैं। बिड़ला संग्रहालय भोपाल में विद्यमान सिंह वाहिनी दुर्गा प्रतिमा के केशों को कदम्ब एवं कुमुदिनी पुष्पों से सजाया गया है।

संस्कृत साहित्य में 'माल्य' शब्द का प्रयोग पुष्प निर्मित माला और पुष्प अलङ्करण दोनों के लिए ही हुआ है। पुष्पमाल्य अपने रूप, वर्ण, सुरभि और मार्दव से चक्षु, घ्राण और त्वक् तीनों इन्द्रियों को एक साथ तृप्त करता हुआ जीवन की ताजगी, स्फूर्ति, आनन्द, उल्लास और उत्सव का सूचक था अतः विषाद के अवसरों पर इसका उपयोग नहीं होता था यथा–

श्रीराम के वनगमन पर अयोध्या के नागरिकों ने बहुवर्णी पुष्प मालाओं का परित्याग कर अपना शोक व्यक्त किया था।[86ब] महाराजा दशरथ की मृत्यु पर सम्पूर्ण नगर ही पुष्पसज्जा से रहित[87] और माल्य-आपण माल्यरहित हो गए थे–

माल्यापणेषु राजन्ते नाद्य पण्यानि वै तथा।[88]

सीता के विरह में श्रीराम को पुष्प ही निष्प्रयोजन प्रतीत होने लगे थे–

पश्य लक्ष्मण पुष्पाणि निष्फलानि भवन्ति मे।[89]

वस्तुतः 'माल्यग्रथन विकल्पाः' जीवन के शृङ्गार की कला है। यह प्रेम की ऐसी मूक भाषा है जिसे मानव ने कोमल पुष्पों के बहुवर्णी वैविध्य के माध्यम से मुखर किया है।

सन्दर्भ-सङ्केत

1. रामायण-अरण्यकाण्ड - 73.20, 25
2. कुमारसम्भव - 7.19
3. माल्यानां मुण्डमालादीनां देवतापूजनार्थं ग्रथनं विकल्पाः।
   कामसूत्र - 3.15 पर यशोधर की टीका, पृ. 88
4. कामसूत्र - 1.4.4
5. कामसूत्र - 4.1.24

6अ. रामायण, बालकाण्ड - 1.6.10

6ब. वही, अरण्यका. 46.16

7. माल्यं माला स्रजौ मूर्ध्नि केशमध्ये तु गर्भकः।
   प्रभ्रष्टकं शिखालम्बि पुरोन्यस्तं ललामकम्।। अमरकोश-काण्ड, 2, मनुष्यवर्ग, 6.135
8. ऋतुसंहार - 2.21
9. ऋतुसंहार - 2.25

10. विद्धशालभञ्जिका - 2.13
11. रघुवंश - 9.51
12. कुमारसम्भव - 7.14
13. ऋतुसंहार - 1.6
14. ऋतुसंहार - 1.7
15. प्रालम्बमृजुलम्बि स्यात्। अमरकोश - 2.6.136
16. रघुवंश - 6.84
17. कादम्बरी - पृ. 435
18अ. कादम्बरी - पृ. 339
18.ब हर्षचरित - उ. 4, पृ. 249
19. वैकक्षकं तु तत् यत्तिर्यक् क्षिप्तमुरसि। अमरकोश - 2.6.136
20. कादम्बरी एक सांस्कृतिक अध्ययन - पृ. 124
21. हर्षचरित - उच्छ्वास 4, पृ. 224
22. हर्षचरित - उच्छ्वास 5, पृ. 195
23. स्वप्नवासवदत्ता - अंक, 3
24. रघुवंश - 6.25
25. रघुवंश - 6.84
26. अभिज्ञानशाकुन्तल - अंक 3
27. हर्षचरित - उच्छ्वास 4, पृ. 223
28. विद्धशालभञ्जिका - 3.5
29. मालतीमाधव - अंक 9, पृ. 429
30. मृच्छकटिक - 10.21
31. रक्तस्रगाभरणस्य. . . शवस्य, हर्षचरित - उ. 3
32अ. कादम्बरी - पृ. 297
32ब. एकयष्टिर्भवेत् काञ्ची मेखला त्वष्टयष्टिका।
रसना स्यात् षोडशभिः कलापः पञ्चविंशकः।। अमरकोश, काण्ड - 2.6.108 पर रत्नप्रभा टीका।
33. कुमारसम्भव - 3.55
34. रघुवंश - 8.64
35. कादम्बरी - पृ. 435
36. मधुकरिके! विरचय कुसुमाभरणकानि। कादम्बरी - पृ. 533
37. कुमारसम्भव - 4.18
38. मेघदूत - 2.2
39. कुमारसम्भव - 3.53
40. अभिज्ञानशाकुन्तल - 1.4

41. मेघदूत - 2.2
42. अभिज्ञानशाकुन्तल - 6.18
43. कुमारसम्भव - 7.38
44. ऋतुसंहार - 2.21
45. कुमारसम्भव - 1.55
46. रघुवंश - 13.49
47. कृतावतंसैः कुसुमैः सुगन्धिभिः। ऋतुसंहार - 2.18
48. हर्षचरित - उ. 4, पृ. 227
49. ऋतुसंहार - 2.25
50. ऋतुसंहार - 6.6
51. ऋतुसंहार - 3.19
52. मेघदूत - 1.28
53. मेघदूत - 1.48
54. ऋतुसंहार - 5.8
55. ऋतुसंहार - 3.19
56. अविरलवेणिवेल्लिदभल्लवलनधुदविअसिदमल्लिअं। विद्धशालभञ्जिका - 2.7
57. चलेषु नीलेष्वलकेष्वशोकम्। ऋतुसंहार - 6.6
58. सुवासितं चारु शिरश्च चम्पकैः। ऋतुसंहार - 6.3
59. माल्यदामभिराकीर्णम्। रामायण-सुन्दरकाण्ड - 4.53
60. ऋज्वायतां हि मुखतोरणलोलमालाम्। स्वप्नवासवदत्तम् - 5.3
61. रघुवंश - 8.34
62. पल्लवललामहेमकलशे बद्धवनमालादाम्नि . . .। हर्षचरित - उ. 7, पृ. 361
63. रामायण-सुन्दरकाण्ड - 4.53
64. रघुवंश - 2.1
65. कामसूत्र - 4.1.36
66. अभिज्ञानशाकुन्तल - 7.2
67. शब्दकल्पद्रुम - माला शब्द
68. चरकसंहिता - सूत्रस्थान - 5.93
69. स्वप्नवासवदत्तम् - अंक 4
70अ. कामसूत्र - 1.4.4
70ब. अष्टाङ्गहृदय-सूत्रस्थान - 4, 35
71. कामसूत्र - 4.1.25
72. रामायण, अयोध्या - 3.9

73. हर्षचरित - उ. 4, पृ. 242
74. ऋतुसंहार - 2.25
75. मालतीमाधव - 6, पृ. 281
76. मालतीमाधव - अंक 1, पृ. 45
77. मालतीमाधव - अंक 1, पृ. 66; अंक 2, पृ. 88
78. मालतीमाधव - अंक 1, पृ 64-65
79. कुन्दमाला - अंक, 3, पृ. 67
80. विद्धशालभञ्जिका - 3.5
81. कोरण्डकुसुममाला ग्लायन्ती सुष्ठु रक्तत्वं दर्शयति। विद्धशालभञ्जिका - अंक 3, पृ. 81
82. नैषधीयचरित - 2.96
83. नैषधीयचरित - 6.67
84. नाट्यशास्त्र - 23.10
85. नाट्यशास्त्र - 23.11
86अ. रामायण-सुन्दरकाण्ड - 5-18
86ब. रामायण-अयोध्याकाण्ड - 114.23
87. रामायण-अयोध्याकाण्ड - 72.28
88. रामायण-अयोध्याकाण्ड - 72.41
89. रामायण-किष्किंधाकाण्ड - 1.44

卐 卐 卐

2. शिर पर पुष्पमालाओं की योजना

(शेखरकापीडयोजनम्)

वात्स्यायन ने शेखरक और आपीड योजना को चतुष्षष्टि कलाओं के अन्तर्गत एक स्वतन्त्र कला माना है। शेखरक और आपीड शिर पर धारण किए जाने वाले दो पुष्प रचित अलङ्कार हैं अतः यह कला 'माल्यग्रथन' का ही अंग है तथापि स्वतन्त्र कला के रूप में इसके परिगणन का अभिप्राय टीकाकार यशोधर के अनुसार इस प्रकार है—

ग्रथनविकल्प एवायं किन्तु योजनं कलान्तरम्।[1]

सुन्दर ढंग से इसकी योजना में भी एक प्रकार की कलात्मकता है; अतः यह एक स्वतन्त्र कला मानी गई है।

कोश ग्रन्थों में 'शेखर' और 'आपीड' दोनों शब्द ही शिखा स्थित माल्य के अर्थ में प्रयुक्त हैं—

शब्दरत्नावली के अनुसार—

शिखाविन्यस्तमालायामापीडः शेखरोऽपि च।

अमरकोश के अनुसार दोनों एक दूसरे के पर्याय हैं—

आपीडः शिखास्थितमाल्यं तत्पर्यायः शेखरः।[2]

यशोधर के अनुसार दोनों में सूक्ष्म भेद है—शेखर शिखास्थान में अवलम्बन्यास से पहना जाता है। (सम्भवतः इसकी रचना शिखराकार होती है।) आपीड मण्डलाकार गूँथा जाता है। इसे समग्र सिर को घेरते हुए काष्ठिका (काँटे) आदि की सहायता से पहना जाता है।[3]

ये दोनों ही नागरक के नेपथ्यविधान (वेशभूषाधारण) के प्रमुख अंग थे।

महाकवि कालिदास ने कुसुम-शेखर और कुसुम-आपीड का शब्दशः उल्लेख न करते हुए भी शिर पर धारण की जाने वाली मौलिमालाओं का अनेकशः वर्णन किया है।[4] उर्वशी को शिखाभरण के रूप में रक्त कदम्ब का पुष्प प्रिय है[5] तो महाराज दशरथ की अन्तःपुरिकाओं को रंगबिरंगे पुष्पों की मालाएँ।[6]

समग्र संस्कृत साहित्य में कुसुम-शेखर का सर्वाधिक वर्णन बाणभट्ट की रचनाओं में हुआ है। महाराज शूद्रक के मस्तक को **आमोदित-मालती-कुसुम-शेखर** अलंकृत करते हैं;[7] तो राजकुमार चन्द्रापीड की पहचान ही चन्द्रमा की किरणों के समान उज्ज्वल मालती-कुसुम-शेखर से होती है—

शशिकरकलापो मालतीकुसुमशेखरोऽभिलक्ष्यते।[8]

महाकवि बाणभट्ट सम्राट हर्ष द्वारा धारण की गई मुण्डमाला का भी वर्णन करते हैं जो मुखचंद्र को परिवेशमण्डल की भाँति अलंकृत करती थी—

उत्फुल्लमालतीमयेन मुखशशिपरिवेषमण्डलेन मुण्डमालागुणेन परिकल्पितकेशान्तम्।[9]

मुण्डमाला ऐश्वर्य और राजशक्ति का प्रतीक मानी जाती थी—

परमेश्वरचिह्नभूतां शशिकलामिव कल्पयित्वा सितकुसुममुण्डमालिकां शिरसि।[10अ] मुण्डमाला और शेखर दोनों का एक साथ संयोजन भी होता था। विवाह के अवसर पर ग्रहवर्मा ने मुण्डमाला के मध्य कुसुम-शेखर धारण किया था।—

उत्फुल्लमुण्डमालामध्याध्यासितकुसुमशेखरेण शिरसा।[10ब]

कुसुमशेखर का अतिशययुक्त काव्यात्मक वर्णन भी कादम्बरी में हुआ है—

जिस समय राजा शूद्रक की सभा भंग होती है तब एक साथ उठे हुए राजाओं के मालती कुसुम-शेखरों के हिलने से भौंरों के झुण्ड उड़ने लगते हैं।[11]

चन्द्रापीड की दिग्विजय यात्रा के समय सैन्य प्रस्थान से उठी हुई धूल; राजाओं के शेखरों से गिरी हुई कुसुम-रज से मानों और अधिक बढ़ जाती है—

प्रोत्साह्यमान इव नरपतिकुसुमशेखरसहस्त्रपरिच्युतैः कुसुमशेखररजोभिः।[12]

अधीनस्थ राजाओं और सामन्तों के शेखररज से कथानायक सम्राट् के चरणों का रञ्जित होना भी संस्कृत कवियों का प्रिय विषय रहा है, यथा— रघुवंश में महाराज रघु के चरणों का वर्णन—

प्रस्थानप्रणतिभिरङ्गुलीषु चक्रुर्मौलिस्त्रक्च्युतमकरन्दरेणुगौरम्।[13]

इस प्रकार संस्कृत साहित्य में प्राप्त सन्दर्भों से इस कला के सम्बन्ध में निम्न तथ्यों का ज्ञान होता है—

शेखरक और आपीड की योजना प्राचीन भारत की एक कमनीय कला थी। इसकी रचना और कल्पना कलात्मक अभिरुचि की परिचायक थी। राजा, महाराजा, सामन्तों और सम्भ्रान्त नागरिकों की दैनन्दिन साज-सज्जा का यह अभिन्न अंग थी। कालिदास के युग में मौलि-माला या मौलिस्त्रक् का ही अधिक प्रयोग होता था। बाणभट्ट के युग में इसने शेखर या

मुकुट का रूप ले लिया। शेखर की रचना पुष्प-मालाओं से की जाती थी। प्रतिदिन स्नान के पश्चात् राजा गण अपने मस्तक पर सुगन्धित पुष्पों से रचित शेखर धारण करते थे। यथा महाराज शूद्रक के वर्णन प्रसंग में—

विरचितामोदिमालतीकुसुमशेखरः।[14]

विशिष्ट अतिथि के प्रति सम्मान और आत्मीयता की अभिव्यक्ति सिर पर शेखरक की रचना द्वारा की जाती थी। कादम्बरी की सखी मदलेखा ने स्वयं चन्द्रापीड के मस्तक पर मालती-भालाओं से शेखर की रचना की थी—

मालतीकुसुमदामभिरारचितशेखरं कृत्वा।[15]

विवाह के अवसर पर वर-वधू को भी शेखर और आपीड से सज्जित किया जाता था। राजशेखर; स्वयंवर के प्रसंग में द्रौपदी द्वारा धारण किए गए शेखर[16] का और महाकवि भवभूति मालती के विवाह नेपथ्य में कुसुम-आपीड[17] का वर्णन करते हैं।

शेखर और आपीड की रचना के लिए श्वेत, खिले हुए मालती पुष्प ही अधिक प्रयुक्त होते थे। इनसे केशों की शोभा वैसे ही निखर उठती थी जैसे नक्षत्र खचित आकाश की। अभिसारिकाएँ रात्रि में अभिसार के अनुकूल नीलवेश के साथ ही नील कमलों के शेखर धारण करती थीं।[18] नर्तकियाँ कभी-कभी रक्त कुरण्ट पुष्प के शेखर भी धारण करती थीं जो उनकी लम्बी वेणी के साथ नितम्ब देश तक लटकते रहते थे—

नितम्बबिम्बलम्बिविकचकुरण्टकशेखराः प्रदीप्ता इव रागाग्निना।[19]

ग्रीष्म ऋतु में खिले हुए चम्पे की मालाएँ सिर पर धारण की जाती थीं—

स्रजश्च मौलौ सितचम्पकानां ग्रीष्मेऽपि सोऽयं शिशिरावतारः।[20]

वर्षा ऋतु में स्त्रियाँ कदम्ब तथा केसर मालाएँ सिर पर धारण करती थीं; तथापि शेखर और मुण्डमाला (आपीड) की रचना मालती पुष्पों की माला से ही होती थी।

आपीड के सम्बन्ध में वाल्मीकि ने एक महत्वपूर्ण तथ्य का निर्देश किया है तदनुसार यह दाक्षिणात्यों का विशिष्ट शिरोभूषण था—

कुर्वन्ति कुसुमापीडाञ्शिरःसु सुरभीनमी · · · दाक्षिणात्या नरा यथा।।[21]

वर्तमान समय में शेखरक और आपीड विवाह के अवसर पर वर द्वारा धारण किए गए सेहरे के रूप में दिखाई देता है।

सन्दर्भ-सङ्केत

1. कामसूत्र - 1.3.15 पर यशोधर की टीका, पृ. 88
2. शब्दकल्पद्रुम - शेखर शब्द के प्रसंग में उद्धृत।

3. शेखरकस्य शिखास्थानेऽवलम्बन्यासेन परिधापनात्। आपीडस्य च मण्डलाकारेण ग्रथितस्य काष्ठिकायोगेन परिधापनात्। कामसूत्र - 1.3.15 पर यशोधर की टीका।

4. रघुवंश - 17.23; ऋतुसंहार - 2.21, 25

5. विक्रमोर्वशीय - 4.61

6. रघुवंश - 9.67

7. कादम्बरी - पृ. 27

8. कादम्बरी - पृ. 260

9. हर्षचरित - उ. 2, पृ. 126-27

10अ. हर्षचरित - पृ. 360

10ब. हर्षचरित - उ. 4, पृ. 249

11. कादम्बरी - पृ. 41

12. कादम्बरी - पृ. 353

13. रघुवंश - 4.88

14. कादम्बरी - पृ. 49

15. कादम्बरी - पृ. 579

16. बालभारत - 1.27

17. एष सितकुसुमापीड इति। मालतीमाधव - अंक 6, पृ. 267

18. नीलाब्जैः शेखरश्रीः। विद्धशालभञ्जिका - 3.7

19. हर्षचरित - उ. 4, पृ. 224

20. काव्यमीमांसा - अ. 18, पृ. 255

21. रामायण-अयोध्याकाण्ड - 93.13

卐 卐 卐

3. तिलक एवं पत्रावली रचना

(विशेषकच्छेद्यम्)

चौंसठ कलाओं के अंतर्गत विशेषकच्छेद्य की भी गणना हुई है। विशेषकच्छेद्य— अर्थात् कस्तूरी, अगरु, चंदन आदि से तिलक रचना एवं तिलक रचना के लिए छेद्य (खाके) बनाने की कला। भ्रूरचना, केश रचना आदि के ही समान विशेषक की रचना भी अनादिकाल से ही स्त्री-शृङ्गार का प्रमुख अंग रही है। प्राचीन भारत में विशेषक की रचना के लिए भूर्जपत्रादि को विभिन्न आकृतियों में काट कर खाके बनाए जाते थे या उन पत्रकृतियों को ही चिपका लिया जाता था अतः इस कला को विशेषकच्छेद्य या पत्रच्छेद्य भी कहा गया है।[1] ललितविस्तर की शिल्प-सूची में भी 'पत्रच्छेद्य' का उल्लेख हुआ है।

अन्य अनेक कलाओं की भाँति यह कला भी मनुष्य ने प्रकृति से ही सीखी। जब उसने गौर वर्ण चन्द्रमा के मुख पर कृष्ण वर्ण कलंक को देखा;तब 'मलिनमपि हिमांशोर्लक्ष्म लक्ष्मीं तनोति' का अनुभव कर अपनी प्रिया के गोरे मुख पर काले विशेषक की रचना कर डाली या फिर वसंत ऋतु में काजल के समान काले भौंरों से अंकित फूलों की शोभा को जब देखा तब प्रिया के कपोलों पर पत्रवाली की रचना कर डाली—

अलिभिरञ्जनबिन्दुमनोहरैः कुसुमपंक्तिनिपातिभिरङ्कितः।
न खलु शोभयति स्म वनस्थलीं न तिलकस्तिलकः प्रमदामिव।।

विशेषक का सामान्य अर्थ है— तिलक। अमरकोश के अनुसार विशेषक के तीन पर्याय हैं— तमालपत्र, तिलक एवं चित्रक। तिलक रचना के दो नाम हैं— पत्रलेखा एवं पत्राङ्गुलि।[2] शब्दरत्नावली में पत्ररचना, पत्रबन्ध एवं पत्रभंग इन तीन पर्यायों का प्रयोग हुआ है।

संस्कृत साहित्य में पत्रलता, पत्रप्रपञ्च, पत्रविशेषक, पत्रभक्ति, भक्तिचित्र, भक्तिच्छेद, विच्छित्ति आदि पद भी प्रयुक्त हुए हैं। प्राप्त संदर्भों के आधार पर क्रमशः इनका विवेचन इस प्रकार है—

विशेषक—

ललाट पर लगाए जाने वाले तिलक की विशेष संज्ञा विशेषक है। यशोधर के अनुसार विलासिनियों को अत्यंत प्रिय होने के कारण विशेष आदर की अभिव्यक्ति के लिए इसे

विशेषक नाम दिया गया है—

विशेषकग्रहणमादरार्थम् विलासिनीनामतिप्रियत्वात्।[3]

माघ के अनुसार वधू के उज्ज्वल मुख पर स्निग्ध अञ्जन के समान श्याम कांति वाले सुन्दर गोल विशेषक की शोभा अद्वितीय होती है। मुख शोभा को कुछ विशिष्ट बना देने के कारण ही यह विशेषक है—

स्निग्धाञ्जनश्यामरुचिः सुवृत्तो वध्वाः।
विशेषको वा विशिषेष यस्याः श्रियम्।[4]

मृच्छकटिक के सूत्रधार की दृष्टि में लोहे की कड़ाही की रगड़ से चित्रित भूमि विशेषक से सजी युवती के समान अधिक शोभित होती है—

लौहकटाहपरिवर्तनकृष्णसारा कृतविशेषका इव युवती अधिकतरं शोभते भूमिः।[5]

महाकवि बाणभट्ट को आकाश में अगस्त्य नक्षत्र का उदय दक्षिण दिशारूपी वधू के मुख पर विशेषक के समान प्रतीत होता है।[6]

विशेषक के कई प्रकर हैं—

पत्रविशेषक—

महाकवि कालिदास को पत्रविशेषक विशेष प्रिय हैं। पत्ते के समान कटावदार आकृति में रचे जाने के कारण इसकी अन्वर्थ संज्ञा पत्र विशेषक है। शची के मुख को ऐसे ही पत्रविशेषक शोभित करते हैं। शचीपति के इन पत्र विशेषकों की छाप से अंकित भुजाओं पर पराक्रमी रघु ने अपने बाणों के चिह्न बना दिए थे—

भुजे शचीपत्रविशेषकाङ्किते स्वनामचिह्नैर्निचखान सायकम्।[7]

केवल देवाङ्गनाएं ही नहीं किन्नराङ्गनाएं भी अपने मुख को पत्रविशेषकों से अलंकृत करती हैं—

स्वेदोद्गमः किम्पुरुषाङ्गनानां चक्रे पदं पत्रविशेषकेषु।[8]

वसंत ऋतु में खिले हुए कुरबक पुष्प के रूप में मधुमास मानों उपवन लक्ष्मी के मुख पर अभिनव पत्रविशेषक की रचना करता है—

विरचिता मधुनोपवनश्रियामभिनवा इव पत्रविशेषकाः।[9]

तिलक—

तिल अथवा तिलक पुष्प की मञ्जरी के समान आकार में रचे जाने के कारण विशेषक की एक संज्ञा तिलक भी है। वाल्मीकि के अनुसार स्त्रीमुख की शोभा तिलक से ही है—

विहीनतिलकेव स्त्री नोत्तरदिक् प्रकाशते।[10अ]

महाकवि कालिदास को वसंत ऋतु में खिले हुए तिलक पुष्प वसन्तश्री के मुख पर शोभित तिलक के समान प्रतीत होते हैं।[10ब] निश्चय ही उदार निसर्ग की तिलक रचना का यह सौंदर्य स्त्रियों की तिलक रचना की शोभा को तुच्छ बना देता है—

आक्रान्ता तिलकक्रिया च तिलकैर्लग्नद्विरेफाञ्जनैः
सावज्ञेव मुखप्रसाधनविधौ श्रीर्माधवी योषिताम्।[11]

तिलक की रचना दोनों भौंहों के बीच ललाट पर की जाती है अतः भ्रूभङ्ग से तिलक रचना भिन्न हो जाती है। महाकवि कालिदास इस 'भिन्नतिलक' के सौंदर्य से भी अभिभूत हैं। क्रोधवश किए गए भ्रूभङ्ग से मालविका का कुछ टूटा हुआ तिलक अग्निमित्र की दृष्टि को बाँध लेता है[12] तो प्रिय समागम से पुँछा हुआ पार्वती का तिलक भगवान शिव के नेत्रों को—

रागवान्प्रेक्ष्य भिन्नतिलकं प्रियामुखम्।[13]

तमालपत्र—

स्निग्ध, कृष्णवर्ण तमाल पत्र को विभिन्न आकृतियों में काटकर तिलक रचना किए जाने के कारण विशेषक की एक संज्ञा तमालपत्र भी है। श्री हर्ष के अनुसार ब्रह्मा ने सरस्वती के दोनों भौंहों की रचना प्रणव (ऊँ) के दोनों दलों से तथा भालस्थित तमालपत्र (तिलक) की रचना प्रणव के बिन्दु से की थी—

तद्बिन्दुना भालतमालपत्रम्।[14]

पत्ररेख अथवा पत्रलेख—

पत्रलता की आकृतियाँ अत्यंत बारीक रेखाओं में बारीक तूलिका या लेखनी से ललाट, कपोल, चिबुक, वक्षःस्थल आदि पर लिखी जाती थीं अतः विशेषक रचना का एक नाम पत्रलेख है। पत्रलेख का प्रचलन रामयण काल से ही प्राप्त होने लगता है। महाकवि वाल्मीकि सेवार से शोभित नदियों की उपमा पत्ररेखा से शोभित वधू मुखों से देते हैं—

सपत्ररेखा सरोचनानि वधूमुखानीव नदीमुखानि।[15अ]

कालिदास के अनुसार हेमंत ऋतु में स्त्रियाँ सुरतोत्सव के लिए अपने मुखकमलों को पत्रलेखों से अलंकृत करती हैं—

सपत्रलेखानि मुखाम्बुजानि
कुर्वन्ति नार्यः सुरतोत्सवाय।[15ब]

पत्रलेख की रचना के लिए अनुकूल ऋतु हेमन्त और वसन्त है। कालिदास ने इन्हीं दो ऋतुओं में पत्रलेखों का वर्णन किया है। वसन्त ऋतु में पत्रलेखों के बीच छलकती हुई स्वेद बिन्दुओं की शोभा पर भी कवि मुग्ध हैं। स्वेदोद्गम से किञ्चित उच्छ्वसित पत्र लेखों से मुख की शोभा मानों और बढ़ जाती है। प्रिया मुख की इस शोभा को देखकर प्रिय अपने आप को रोक नहीं पाते—

गीतान्तरेषु श्रमवारिलेशैः किञ्चित् समुच्छ्वसितपत्रलेखम्।
पुष्पासवाघूर्णितनेत्रशोभि प्रियामुखं किम्पुरुषश्चुचुम्ब।।[16]

चमकीले लाल, पीले, श्याम आदि वर्णों से रचित पत्रलेखों के बीच स्वेद-बिन्दु रत्नों के बीच गुँथे मोतियों के समान प्रतीत होते हैं।[17]

कालिदास ने स्त्रियों के कपोलों या गण्डस्थल पर ही पत्रलेख की रचना का उल्लेख किया है। गण्डस्थल पर लिखे जाने के कारण इसे 'गण्डलेख' भी कहा गया है।

राजा ककुत्स्थ ने अपने बाणों से असुरों का संहार करते हुए असुराङ्गनाओं के गण्डस्थल को पत्रलेखों से रहित कर दिया था—

चकार बाणैरसुराङ्गनानां गण्डस्थलीः प्रोषितपत्रलेखाः।[18]

इसी प्रकार महाराज दशरथ ने दैत्य स्त्रियों के गण्डलेख की लालिमा को ही लुप्त कर दिया था—

दैत्यस्त्रीगण्डलेखानां मदरागविलोपिभिः।[19]

पत्र में कटी हुई आकृतियों को चिपका कर भी पत्रलेख की रचना की जाती थी अतः जलक्रीड़ा के समय पत्रलेखों के च्युत होने का वर्णन भी कालिदास ने किया है।[20]

पत्रलता—

पत्रबहुल लता का अलंकरण ही अधिक प्रयुक्त होने के कारण पत्रलेख को पत्रलता भी कहा गया है। बाणभट्ट ने पयोधरों पर पत्रलताओं के अंकन का विशेष रूप से वर्णन किया है; यथा— कादम्बरी में विलासवती के वर्णन प्रसंग में—

आलिखितकृष्णागुरुपङ्कपत्रलतयोः पयोधरयोः।[21]

पत्रभंग—

भङ्ग शब्द का एक अर्थ है—विच्छेद; अतः अनेक विच्छिन्न रेखाओं में पत्राकृति रचना को पत्रभंग कहा गया है। भंग का अर्थ तरंग भी है; अतः लहरों के समान ऊँची नीची घुमावदार रेखाओं में पत्राकृति रचना भी पत्रभंग है।

महाकवि बाणभट्ट को पत्रलेख या पत्रलता की तुलना में 'पत्रभङ्ग' ही अधिक प्रिय है। प्रतीत होता है कि बाणभट्ट के काल में पत्रलता की रचना अधिक घुमावदार; जटिल, वक्र रेखाओं में होती थीं; जैसा कि उन्होंने स्वयं उल्लेख किया है—

आभङ्गिनीभिः. . . पत्रभङ्गकुटिलाभिः मञ्जरीभिः जटिलीकृत।[22]

वक्षःस्थल पर पत्रभङ्ग रचना का प्रचलन इतना अधिक था कि शालभञ्जिकाओं के पयोधरों पर भी; अंतःपुर की कन्याएँ पुष्प-रस से पत्रभङ्ग की रचना करती थीं—

निपुणिके! लिख मणिशालभञ्जिकास्तनेषु कुङ्कुमरसपत्रभङ्गान्।[23]

पत्रप्रपञ्च–

पत्ररचना में रेखाओं की जटिलता इतनी अधिक बढ़ गई थी कि राजशेखर ने इसे पत्र-प्रपञ्च कहना अधिक उचित समझा। रात्रि के समय अभिसारिकाएं अपने नीलवेश के अनुकूल मृगमद (कस्तूरी) से मुख पर पत्र प्रपञ्च की रचना करती थीं–

मृगमदरचितो वक्त्रपत्रप्रपञ्चः।[24]

प्रत्रभङ्गी–

पत्र रचना की अलग-अलग भङ्गिमाओं को पत्रभङ्गी कहा गया है। श्री हर्ष ने वक्षःस्थल तथा कपोलों पर लिखी जाने वाली इस पत्रभङ्गी में मकर की आकृति को भी जोड़ दिया–

आलिख्य सख्याः कुचपत्रभङ्गीमध्ये सुमध्या मकरीं करेण।[28]

पत्रच्छेद्य–

पत्र रचना के लिए बनाई जाने वाली कटावदार पत्राकृतियों की संज्ञा पत्रच्छेद्य थी। मृच्छकटिक के एक महत्वपूर्ण संदर्भ के अनुसार पत्रच्छेद्यों में पत्रलताओं के अतिरिक्त अन्य अनेक आकृतियाँ भी बनाई जाती थीं; यथा– परस्पर संसक्त चक्रवाक मिथुन, उड़ते हुए हंस, एक दूसरे से गुँथे हुए मत्स्य एवं मकर समूह आदि–

संसक्तैरिव चक्रवाकमिथुनैर्हंसैः प्रडीनैरिव
व्याविद्धैरिव मीनचक्रमकरैः . . .
तैस्तैराकृतिविस्तरैरनुगतैर्मेघैः . . .
पत्रच्छेद्यमिवेह भाति गगनं विश्लेषितैर्वायुना।[26]

पत्रभक्ति-पत्रविभक्ति–

महाकवि कालिदास ने पत्रावली रचना के लिए पत्रभक्ति, पत्र-विभक्ति, भक्ति-रचना आदि पदों का भी प्रयोग किया है। संगम स्थल पर गंगा से मिली यमुना श्वेत; चंदन की पृष्ठभूमि पर काले अगरु से रची गई पत्रभक्ति के समान प्रतीत होती है–

कालागुरुदत्तपत्रभक्तिर्भुवश्चन्दनकल्पितेव।[27]

विवाह के अवसर पर पार्वती के शरीर पर पत्रविभक्ति की रचना की जाती है।[28]

भक्तिचित्र–

वसन्त ऋतु में भ्रमरों की पंक्ति वसंतश्री के मुख पर काजल से रचे गए भक्ति चित्र के समान प्रतीत होती हैं–

लग्नद्विरेफाञ्जनभक्तिचित्रम्।[29]

भक्तिच्छेद–

विंध्यपाद में अनेक धाराओं में बँटी हुई नर्मदा हाथी के शरीर पर भक्तिच्छेद से रची

गई भूति के समान प्रतीत होती है।[30]

विशेषक-भक्ति–

महाकवि माघ ने विलासिनिओं द्वारा चन्दन से चित्रित की गई विशेषक-भक्ति का उल्लेख किया है।[31]

संस्कृत साहित्य में शोभा या सजावट के लिए रेखाओं के माध्यम से पुष्प-पत्र-लता आदि की आकृति (डिजाइन) रचना हेतु 'भक्ति' (हिन्दी में भाँत) शब्द का प्रयोग प्राचीन काल से होता रहा है। रामायण में श्री राम की भवन भित्तियों पर भक्ति रचना का उल्लेख हुआ है।[32] इसी प्रकार पुष्पभक्ति से शोभित लङ्कापुरी[33] तथा काञ्चन तोरणों[34] का वर्णन हुआ है। गजों के शरीर पर गवाक्ष के आकार की भक्ति रचना का वर्णन भी वाल्मीकि ने किया है।[35]

इस प्रकार भक्ति रचना या पत्रावली रचना प्राचीन काल से ही स्त्रियों की प्रसाधन विधि का एक प्रमुख अङ्ग रही है। इसमें भी सर्वोपरि हैं– तिलक। भरत ने तिलक और पत्रलेख को गण्डस्थल का विभूषण माना है–

तिलकाः पत्रलेखाश्च भवेद् गण्डविभूषणम्।[36अ]

तिलक के लिए हरिताल और मनः शिला का विशेष रूप से प्रयोग होता था। इन धातुओं को जल में भिगोकर गाढ़ा द्रव या घोल बना लिया गया था। पार्वती के विवाह के अवसर पर स्वयं माता मेना ने अपनी अंगुलियों से पार्वती के ललाट पर यह तिलक लगाया था–

अथाङ्गुलिभ्यां हरितालमार्द्रं माङ्गल्यमादाय मनः शिलां च।
. . . विवाहदीक्षातिलकं चकार।।[36ब]

वर के ललाट को भी हरिताल का पीला तिलक अलंकृत करता था।[37] कादम्बरी का ललाट पट्ट भी मन:शिला के लाल तिलक बिन्दु से शोभित होता था–

मन:शिलापङ्कलिखितेन . . . तिलकबिन्दुना विद्योतितलालाटपट्टाम।[38]

तिलकरचना गोरोचना से भी की जाती थी।[39] ये धातुएं मांगलिक समझी जाती थीं। बाणभट्ट ने इनके साथ तीर्थमृदा (तीर्थ की मिट्टी) का भी उल्लेख किया है–

तीर्थमृदा गोरोचनया च रचिततिलकः पुस्तकवाचकः सुदृष्टिः . . .।[40अ]

श्री हर्ष ने अभ्रक से रचे गए चमकते हुए चंद्राकार तिलक का वर्णन किया है जिसमें स्वयं प्रसाधिका का मुख चन्द्र प्रतिबिम्बित होता था।[40ब]

राजशेखर ने कस्तूरी के चमकते हुए तिलक में सूर्य के प्रतिबिम्ब का वर्णन किया है–

सौभाग्यमेणतिलकाद्भजतेऽर्कबिम्बम्।[40स]

सोने आदि धातुओं और रत्नों से भी तिलक रचना होती थी–

मुखे च तिलकं चित्रं जातरूपमयं शुभम्।[41अ]

पत्रविशेषक या पत्रलता की रचना काले रङ्ग से की जाती थी। गौर त्वचा पर स्निग्ध अञ्जन के समान श्याम कान्ति वाले विशेषक ही विलासिनियों को अधिक प्रिय थे। सामान्य रूप से पत्रलता की रचना कृष्ण अगुरु के पङ्क के समान गाढ़े घोल से की जाती थी–

आलिखित कृष्णागुरुपङ्कपत्रलतयोः।[41ब]

सुगंधित मृगमद (कस्तूरी)[42] एवं काजल[43] से भी पत्रलता की रचना होती थी। विशिष्ट अवसरों पर गोरोचना एवं कुंकुमरस से भी यह रचना की जाती थी[44] या बीच-बीच में कुंकम से लाल रंग भरे जाते थे।[45]

पत्रावली रचना से पूर्व तैलीय त्वचा को लोध्रकषाय से रुक्ष बना लिया जाता था–

(क) **तां लोध्रकल्केन हृताङ्गतैलाम्।**[46]

(ख) **लोध्रकषायरुक्षे तस्याः कपोले।**[47]

शुक्ल अगुरु या चन्दन के लेप से त्वचा को और अधिक गौर बना लिया जाता था। उसके ऊपर गोरोचना से पत्रलताओं की रचना से शरीर की शोभा चक्रवाकमिथुनों से शोभित सैकततट वाली गंगा की शोभा को भी अतिक्रान्त कर देती थी–

विन्यस्तशुक्लागुरु चक्रुरङ्गं गोरोचनापत्रविभक्तमस्याः।
सा चक्रवाकाङ्कितसैकतायास्त्रिस्त्रोतसः कान्तिमतीत्य तस्थौ।।[48]

गौर त्वचा पर काले य लाल रङ्ग से पत्रलेख की रचना की जाती थी तो कृष्णवर्ण त्वचा पर श्वेत चंदन से।[49]

विशेषक की रचना के लिए कृष्ण, श्वेत और रक्त इन तीन वर्णों का ही मुख्यतः प्रयोग होता था अतः कालिदास को श्याम-अवदात-अरुण कुरबक पुष्प वसन्तश्री की विशेषक रचना के समान प्रतीत होते हैं।[50]

कादम्बरी के एक सन्दर्भ से ऐसा प्रतीत होता है कि शिशुओं के कपोलों को भी पत्ररेखाओं से सजाया जाता था–

कृष्णागुरुपङ्कलिखित मदलेखालंकृतगण्डस्थलकः।[51अ]

पुरुष शरीर पर भी पत्ररचना की जाती थी– कालिदास ने अभिषेक के अवसर पर अतिथि के शरीर पर पत्ररचना किए जाने का उल्लेख किया है।[51ब]

हर्षचरित में शबर युवा की भुजाओं पर मयूर पित्त से चित्रित पत्रलता के गुदने का वर्णन हुआ है।[52]

विशेषक रचना की कला भारतीय मूर्तिशिल्प का भी विषय बनी है। खजुराहो के विश्वनाथ मन्दिर एवं चित्रगुप्त मन्दिर के बहिर्भाग में हाथ में दर्पण लेकर तिलक लगाते हुए स्त्री प्रतिमाओं का अङ्कन हुआ है। भुवनेश्वर के लिङ्गराज मन्दिर के गर्भगृह में भी विशेषक

रचना करते हुए स्त्री प्रतिमाएँ उत्कीर्ण हैं। नृत्यकला में यह ललित मुद्रा नृत्य के 108 करणों में ललाटतिलकम् के रूप में गिनी गई है।[53अ]

पत्रलता की भक्ति (डिजाइन) विलासिनियों के ललाट, कपोल एवं वक्ष:स्थल को तो अलंकृत करती ही थीं शोभा एवं मांगल्य की दृष्टि से उनके अन्य प्रयोग भी थे। शय्या के आस-पास पत्रलता की रचना अनिष्ट निवारक एवं शुभ मानी जाती थी अत: कादम्बरी में आपन्नसत्वा विलासवती की शय्या के चारों ओर पत्रलता की रचना की गई थी—

भूमिलिखितपत्रलताकृतरक्षापरिक्षेपम्।[53ब]

पत्रभङ्ग के अलङ्करण धनुष, ढाल, हाथी के हौदे आदि पर भी शोभा के लिए प्रयुक्त होते थे[54] इसके लिए सोने के पत्तरों में पत्रलता की आकृतियाँ काटी जाती थीं।

पत्रलता की रचना एवं उसमें रङ्ग भरने के लिए चित्रकटाव (छेद) युक्त खाकों (छेद्य या स्टेन्सिल्स) की भी सहायता ली जाती थी। इन्हें ही वात्स्यायन ने विशेषकच्छेद्य और यशोधर ने पत्रच्छेद्य कहा है।

विशेषकच्छेद्य की रचना एक सुरुचिपूर्ण कला थी, इसके लिए पहले भूर्जपत्र अदि पर आकृति की रेखाएं उत्कीर्ण कर ली जाती थीं फिर उन्हें काटा जाता था। राजकुमार भी इस कला को सीखते थे। कादम्बरी में राजकुल वर्णन के प्रसंग में पत्रभंग को उत्कीर्ण करते हुए राजाओं का वर्णन हुआ है।[55]

पत्रच्छेद्यों पर विभिन्न प्रकार की मिथुन आकृतियों को अंकित कर प्रेमी युवा अपनी प्रेमिकाओं को उपहार देकर अपने मनोभाव की अभिव्यक्ति करते थे।[56]

पत्र विशेषक की रचना के लिए, रेखांकन की कुशलता एवं वर्ण योजना का ज्ञान अपेक्षित था अत: चित्रकला का ज्ञान भी आवश्यक था। इस कार्य में निपुण प्रसाधिकाएं पत्रलता की रचना करती थीं। अन्त:पुर की कन्याएँ भी इस कला में निपुण होती थीं। पुरुष पत्रलता की रचना कर अपनी प्रियायों का शृङ्गार करते थे।[57]

वस्तुतः विभिन्न प्रकार की सुन्दर कलात्मक पत्राकृतियों को काटना एवं उनके माध्यम से या उनके बिना ही पत्रावली या विशेषक की रचना दोनों की सम्मिलित संज्ञा ही विशेषकच्छेद्य थी। पत्रलेख सौभाग्य और श्री के व्यञ्जक थे अत: शोक के अवसर पर अन्य शृङ्गार प्रसाधनों के साथ पत्र रचना का भी परित्याग किया जाता था, यथा—कादम्बरी में संतानहीनता से दु:खी विलासवती के वर्णन में—

न लिखितः कृष्णागुरुपत्रभङ्गपयोधरभारे।[58]

महाकवि कालिदास ने असुरांगनाओं के पत्रलेख से रहित कपोलों का वर्णन करते हुए अपने नायकों के पराक्रम की व्यञ्जना की है। महाकवियों ने इस कला को विषय बनाकर कई सुन्दर उत्प्रेक्षाएँ भी की हैं— श्री हर्ष को दमयन्ती के वक्ष:स्थल पर पत्रावलिरचना शिव से पराजित कामदेव की पर्णशाला के समान प्रतीत होती है[59] तो कपोल पर मकर की आकृति

कामदेव की ध्वजा के समान।[60]

समग्र संस्कृत साहित्य में विशेषकच्छेद्य या भक्ति रचना की कला का सुंदरतम वर्णन महाकवि कालिदास की कृतियों में हुआ है। वे इसे 'विच्छित्ति' (वर्ण वैचित्र्य)[61] कहते हैं। पत्र विशेषक की शोभा कवि की दृष्टि में ऐसी रच-बस गई है कि गङ्गा की श्वेत धारा से मिलती हुई यमुना की श्यामल धारा उन्हें धरती के चन्दन से लिप्त श्वेत शरीर पर; कृष्णागुरु से रचित पत्रभक्ति के समान प्रतीत होती है। वे विशेषकच्छेद्य के स्थान पर अधिक व्यापक शब्द—'भक्तिच्छेद'[62] का प्रयोग करते हैं। 'भज्' धातु से 'क्तिन्' प्रत्यय लगकर निष्पन्न भक्ति शब्द का अर्थ है— विभाजन, पृथक्करण, अनुरक्ति, श्रद्धातिशय, विन्यास, अलङ्करण एवं किसी विशेष अवस्था को प्राप्त होने का भाव।

भक्ति रचना भूति के लिए, सौंदर्य, मंगल और श्री के लिए की जाती थी। इसका एक उद्देश्य स्त्री अथवा पुरुष शरीर के ललाट— कपोल— वक्षस्थल आदि विशिष्ट अंगों को अन्य अंगों से विभक्त कर विशेष रूप से दर्शनीय बनाना भी था।

शरीर पर स्थाई रूप से चित्र रचना के लिए; गुदना गुदवाने की प्रथा विश्व के कई देशों में रही है। वर्तमान समय में गुदने का चलन धीरे-धीरे समाप्त हो रहा है क्योंकि यह कष्टसाध्य है और इसमें वैविध्य नहीं है। इसके विपरीत पाश्चात्य देशों में बॉडी पेंटिंग का प्रचलन बढ़ रहा है। रंगों और ब्रश के स्ट्रोक से शरीर पर आकर्षक डिजाइनें बनवाकर लोगों को आकर्षित करते हुए युवक-युवतियों ने 'बॉडी पेंटिंग' को फैशन का हिस्सा बना दिया है। आज से कम से कम दो हजार वर्ष पूर्व भारत वर्ष में यह कला विशेषकच्छेद्य या भक्तिच्छेद्य के रूप में शरीर को सुन्दर बनाने की एक कमनीय कला के रूप में विकसित हुई थी। यह निसर्ग के सुन्दर चित्रों को उज्ज्वल वर्णों से; स्वयं अपने शरीर पर सजा लेने की कला थी।

सन्दर्भ-सङ्केत

1. विशेषकस्तिलको यो ललाटे दीयते, तस्य भूर्जादिपत्रस्य अनेकप्रकारं छेदनमेव छेद्यम् पत्रच्छेद्यमिति वक्तव्यम्। कामसूत्र - 1.3.15, पर यशोधर की टीका
2. अमरकोश - 2.122-123
3. कामसूत्र - 1.3.15 पर यशोधर की टीका
4. शिशुपालवध - 3.63
5. मृच्छकटिक - अंक 1, पृ. 12
6. कादम्बरी - पृ. 62
7. रघुवंश - 3.55
8. कुमार - 3.33
9. रघुवंश - 9.29

10अ. रामायण - अरण्यकाण्ड - 15.18

10ब. कुमार - 3.20
11. मालविका. - 3.5
12. वही - 4.9
13. कुमारसंम्भव - 8.88
14. नैषधीयचरितम् - 10.86
15अ. रामायण-किष्किन्धाकाण्ड - 30.56
15ब. ऋतुसंहार - 4.5
16. कुमार - 3.38
17. ऋतुसंहार - 6.8
18. रघुवंश - 6.72
19. वही - 10.12
20. वही - 16.67
21. कादम्बरी - पृ. 215
22. वही - पृ. 369
23. वही - पृ. 532
24. विद्धशालभञ्जिका - 3.7
25. नैषध. - 6.69, 7.60
26. मृच्छकटिक - 5.5
27. रघुवंश - 13.55
28. कुमारसंभव - 7.55
29. वही - 3.30
30. मेघदूत - 1.20
31. शिशु. - 10.84
32. उत्कीर्णं भक्तिभिस्तथा/रामा/अयो. - 15.35
33. वही, सुन्द. - 4.53
34. वही, सुन्द. - 1.19
35. सौवर्णैः राजतैस्ताम्रैर्देशे देशे तथा शुभैः।
गवाक्षिता इवाभान्ति गजाः परमभक्तिभिः।। वहीं, अरण्य. - 15.15
36अ. नाट्यशास्त्र - 23.227
36ब. कुमा. - 7.23-24
37. वही - 7.33
38. कादम्बरी - पृ. 543
39. अच्छश्रमजललुलितगोरोचनातिलकपत्रमभङ्गम्। वही - पृ. 181
40अ. हर्षचरित - उ. 3, पृ. 145
40ब. नैषध. - 6.62
40स. काव्यमीमांस, अ. 18, पृ. 250

41अ. रामा. अयोध्याकाण्ड - 9.49
41ब. काद. - पृ. 215
42. विद्धशाल. - 3.7
43. कुमार. - 3.30
44. वही - 7.15
45. कुङ्कुमपत्रलतं कपोलयुगलम्, काद. - 190
स्तनेषु कुङ्कुमरसपत्रभंगान् - पृ. 532
46. कुमार. - 7.9
47. वही - 7.17
48. वही - 7.15
49. शिशुपालवध - 10.84
50. मलवि. - 3.5
51अ. काद. - पृ. 215
51ब. रघुवंश - 17.24
52. प्रचुरमयूरपित्तपत्रलताचित्रितत्वचि, हर्षचरित - उ. 8, पृ. 415
53अ. नाट्यशास्त्र - 4.111
53ब. कादम्बरी - पृ. 210
54. हर्षचरित - उ. 7, पृ. 367, 369, 386
55. कादम्बरी - पृ. 270
56. पत्रच्छेद्यक्रियायां च स्वाभिप्रायसूचकं मिथुनमस्या दर्शयेत्। कामसूत्र - 3.4.4
57. नैषध. - 3.118
58. कादम्बरी - पृ. 190
59. नैषध. - 3.128
60. वही - 7.60
61. अभिज्ञानशाकुन्तल - 7.15
62. मेघदूत - 1.20

卐 卐 卐

4. सुगन्ध की योजना

(गन्धयुक्ति)

वात्स्यायन-वर्णित चौंसठ कलाओं में एक महत्त्वपूर्ण कला है– 'गन्धयुक्ति' अर्थात् सुगन्ध की योजना। ललितविस्तर की शिल्प सूची में भी इसकी गणना हुई है। विभिन्न प्रकार के सुगन्धित द्रव्यों का निर्माण एवं उनका प्रसङ्गानुकूल सुरुचिपूर्ण उपयोग प्राचीन भारत की एक कमनीय कला थी।

गन्ध् धातु से अच् प्रत्यय लगकर निष्पन्न 'गन्ध' शब्द का सामान्य अर्थ है– आमोद। सुरभि-असुरभि भेद से स्थूल रूप से यह दो प्रकार का होता है। महाभारत में गन्ध दस प्रकार के कहे गए हैं– इष्ट, अनिष्ट, मधुर, अम्ल, कटु, निर्हारी, संहत, स्निग्ध, रुक्ष एवं विशद।[1अ] इष्ट गन्ध को सुगन्ध, नासिका को तृप्त करने वाली गन्ध को सुरभि, आकर्षक गन्ध को निर्हारी, अति आकर्षक को आमोद और जगन्मनोहर गन्ध को परिमल कहते हैं।[1ब]

गन्ध पृथ्वी का गुण है। औषधियाँ एवं जल इसी गन्ध को धारण करते हैं। प्रत्येक पार्थिव तत्त्व में यही गन्ध बसी हुई है। वैदिक ऋषि की वाणी में–

(i) **यस्ते गन्धः पृथिवि संबभूव**
यं बिभ्रत्योषधयो यमापः।

(ii) **यस्ते गन्धः पुरुषेषु स्त्रीषु पुंसु भगो रुचिः।**
यो अश्वेषु वीरेषु यो मृगेषूत हस्तिषु।
कन्यायां वर्चो यद् भूमे ······ ।[1स]

प्रकृति ने मानव को उपहार के रूप में पुष्प, चंदन, केसर, कुंकुम जैसे अनेक सुगन्धित द्रव्य प्रदान किए हैं। निसर्ग का ऋतुचक्र वर्ष भर नानाविध सुमनों की सुगन्ध बिखेरता रहता है तो ऋतुराज वसंत 'सुरभिमधुनिषेक' से समग्र चराचर को ही गन्धमय कर देता है। निसर्ग के ही इन उपादानों का बहुविध संयोजन कर मानव ने गन्धयुक्ति की कला विकसित की है।

जिस प्रकार सुन्दर रूप मनुष्य की चक्षु इन्द्रिय को तृप्ति देता है; उसी प्रकार सुन्दर गन्ध भी नासिका को तृप्त करते हुए आनन्द देती है; जैसा कि रामायण में स्वयं आदिकवि ने

कहा है—

गुहासमीरणो गन्धान्नानापुष्पभवान् वहन्।
घ्राणतर्पणमभ्येत्य कं नरं न प्रहर्षयेत्।।[2अ]

सुगन्ध में एक अद्‌भुत आकर्षण होता है। गन्ध के साथ यौन आवेग भी सम्बद्ध होते हैं। अतः चिरन्तन काल से ही स्त्री-पुरुष यौन आकर्षण हेतु अपने शरीर की गन्ध को बढ़ाने के लिए भी सुगन्धित द्रव्यों का प्रयोग करते आए हैं। कलाप्रेमी भारत के नागरक-नागरिकाओं को सम्भवतः सर्वाधिक प्रेम सुगन्धित द्रव्यों से ही रहा है। वाल्मीकि का साक्ष्य इसका प्रमाण है। अयोध्या के नागरिकों में ऐसा कोई भी व्यक्ति नहीं है, जो सुगन्ध का उपयोग न करता हो।

नामृष्टो न न लिप्ताङ्गो नासुगन्धश्च विद्यते।[2ब]

भारतीय संस्कृति में सुगन्ध मानव के दैनन्दिन जीवन का अभिन्न अङ्ग रही है जिसके सन्दर्भ वैदिक युग से ही प्राप्त होते हैं। देवता, अप्सराएं और गन्धर्व इस गन्ध के प्रथम उपभोक्ता हैं। शतपथ ब्राह्मण में गन्धर्व शब्द की व्युत्पत्ति ही गन्ध से की गई है।[2स] छान्दोग्य उपनिषद् में मानवीय एषणाओं में 'गन्धमाल्य लोक' भी गिना गया है।[3]

क्रमशः बढ़े हुए गन्ध प्रेम का परिणाम यह हुआ कि नागरक के प्रायः सभी क्रिया-कलाप एवं उपयोग में आने वाली वस्तु किसी न किसी सुवास से वासित होने लगी। यही कारण है कि सौगन्धिकपुटिका, माल्य एवं अनुलेप नागरक की गृहसज्जा के अनिवार्य अंग बन गए जो बाह्य प्रकोष्ठ में शय्या के सिरहाने सर्वदा उपलब्ध रहते थे।[4] वस्तुतः प्राचीन भारत में गर्भाधान से लेकर अन्त्येष्टि पर्यन्त सम्पूर्ण जीवन में गन्ध रची बसी थी।

धर्मशास्त्र गर्भाधान संस्कार के समय स्त्री के लिए सुगन्धित अंगराग का विधान करते हैं,[5] तो कामशास्त्र के अनुसार स्त्रियों का आभिगमिक वेश **विविधकुसुमानुलेपनं विविधाङ्गराग-समुज्ज्वलं** होना चाहिए।[6] अन्तिम संस्कार के समय सुगन्धित पदार्थों के उपयोग का एक महत्वपूर्ण सन्दर्भ रामायण में इस प्रकार प्राप्त होता है—

चन्दनागुरुनिर्यासान् सरलं पद्मकं तथा
देवदारुणि चाहृतय क्षेपयन्ति तथापरे।
गन्धानुच्चावचांश्चान्यांस्तत्र गत्वाथ भूमिपम्
तत्र संवेशयामासुश्चितामध्ये तमृत्विजः।।

बाली का अन्तिम संस्कार चन्दन, अगुरु, सरल, देवदारु आदि सुगन्धित काष्ठों एवं द्रव्यों से सम्पन्न होता है।

मानव के इसी सुगन्ध प्रेम ने प्राचीन भारत में गन्धयुक्ति की कला को जन्म दिया। क्रमशः ज्ञान के विकास के साथ इसका स्वतन्त्र शास्त्र बना। आनुषङ्गिक रूप से अन्य शास्त्रों में भी इसका विवेचन हुआ। सुगन्धित पदार्थों को तैयार कर जीविका उपार्जन करने वाले

शिल्पियों को रामायण में 'गन्धोपजीवी' कहा गया है।[7] कौटिल्य के अनुसार अन्य शिल्पियों की भाँति गन्धजीवी भी राजमण्डल से आजीविका प्राप्त करते थे।[8] सुगन्धित द्रव्य बेचने वालों को 'गान्धिक' कहा जाता था।[9] स्त्री और पुरुष दोनों ही गन्धयुक्ति की कला को सीखते थे। कुमार चन्द्रपीड ने जिन कलाओं की शिक्षा प्राप्त की थी; उनमें गन्धशास्त्र भी था।[10] यह अनङ्गविद्या का अंग माना जाता था। गणिकाएं नृत्य-गीतादि के साथ इस गन्ध कला को भी सीखती थीं।[11]

गन्धयुक्ति केवल कला ही नहीं विज्ञान भी था। मूलतः पांच प्रक्रियाओं या माध्यमों से गन्ध प्राप्त की जा सकती थी—

(i) चूर्ण से; यथा—लोध्रचूर्ण, पारिजात चूर्ण, पत्र चूर्ण आदि।

(ii) घर्षण से; यथा— चन्दन, अगुरु पङ्क आदि को; घिस कर प्राप्त किया जाता था।

(iii) दाहाकर्षण से, यथा—विभिन्न प्रकार की धूप, गुग्गुल आदि को जलाकर सुगन्ध पाई जाती थी।

(iv) सम्मर्दन से—करबी, विल्व, गन्धिनी, केतकी, तिलक आदि के पत्र-पुष्पों के निष्पीडन से सुगन्धित रस निकाला जाता था।

(v) प्राणि के अंग से; यथा-मृगनाभि से उत्पन्न कस्तूरी से।

कौटिल्य के अर्थशास्त्र में चन्दन, अगुरु, तैलपर्णिक, भद्रश्रीय (कपूर), कालेयक आदि सुगन्धित द्रव्यों के उत्पत्ति स्थान, प्रकार एवं गुणों का विस्तृत वर्णन हुआ है।[12] तदनुसार चन्दन नौ रङ्गों का तथा छह प्रकार की गन्ध वाला होता है। देवसभ नामक स्थान में उत्पन्न चन्दन रक्त वर्ण और पद्मगन्धि होता है। उत्तम चन्दन लघु, स्निग्ध, हृद्य गन्ध वाला, वर्ण विकार से रहित, शीतल और संतापहारी होता है।

अगुरु असम के जोङ्गक और दोङ्गक नामक स्थानों में अधिक उत्पन्न होता है। समुद्र के पास सिंहलादि देशोत्पन्न अगर खश अथवा नवमालिका की गन्ध वाला होता है। उत्तम अगर के निम्न गुण हैं—

गुरुस्निग्धं पेशलगन्धिनिर्हार्यग्निसहमसंप्लुतधूमं विमर्दसहमित्यगुरुगुणाः।

इन सुगन्धित द्रव्यों की विशेषता यह है कि पीसने, पकाने, आग में जलाने या अन्य द्रवों के साथ मिलाने पर भी इनकी गन्ध बनी रहती है।[13]

वराहमिहिर की बृहत्संहिता में 'गन्धयुक्ति' अध्याय 77 के अन्तर्गत निम्नलिखित सुगन्धित यौगिकों की निर्माण-विधि एवं उपयोग का वर्णन हुआ है—गन्धोदक, गन्धद्रव्य, गन्धधूप, गन्धतेल, शिरःस्नान, स्नानचूर्ण, पटवास एवं मुखवास। गन्धार्णव एवं सर्वतोभद्र जैसे विशिष्ट गन्ध द्रव्यों का भी वर्णन प्राप्त है। वराहमिहिर के अनुसार गणित के प्रकार एवं प्रस्तार भेद से गन्धों की संख्या एक लाख चौहत्तर हजार सात सौ बीस तक हो सकती है। बकुल, चम्पक, अतिमुक्तक, उत्पल आदि के समान कृत्रिम गन्ध भी बनाई जा सकती है।[14]

संस्कृत साहित्य में इस कला से निर्मित द्रव्यों के दैनन्दिन उपयोग के असंख्य सन्दर्भ प्राप्त होते हैं जिन्हें निम्न शीर्षकों में विवेचित किया जा सकता है–

(1) गन्धोदक–

यह जल में सुगन्धित द्रव्यों को मिलाकर तैयार किया जाता था। प्राचीन भारत में नागरक की दिनचर्या ही सुगन्ध के उपयोग से प्रारम्भ होती थी। दन्तधावन के लिए वह जिस दातून का प्रयोग करता था, वह गन्धोदक से सुवासित होती थी। दन्तधावन का उल्लेख रामायण काल से ही प्राप्त होने लगता है।[15] लगभग एक सप्ताह पूर्व से ही सुगन्धकारी भृत्यों द्वारा उसे सुवासित करने की प्रक्रिया प्रारम्भ हो जाती थी। हर्रे के चूर्ण से मिश्रित गोमूत्र में सात दिन तक डूबे हुए दन्तकाष्ठ को, समभाग में इलायची, दालचीनी, तेजपत्र, अञ्जन, मधु, नागकेसर और कूठ के मिश्रण से बने हुए गन्धोदक में भिगो कर सुवासित किया जाता था। तत्पश्चात् चार भाग जायफल, दो भाग तेजपत्र, एक भाग इलायची और एक भाग कर्पूर के मिश्रण से बने बारीक, गन्धचूर्ण दन्तकाष्ठ पर मसलकर इन्हें धूप में सुखाकर रखा जाता था।[16] वराहमिहिर के अनुसार इस विधि से निर्मित दन्तकाष्ठों के सेवन से स्वास्थ्य, सौन्दर्य और माङ्गल्य की वृद्धि होती है।[17]

राजा-महाराजाओं एवं सम्भ्रान्त नागरकों के स्नानार्थ बनाए गए सुगन्धित जल के रूप में भी गन्धोदक का उपयोग होता था। रामायण के अनुसार महाराज दशरथ के लिए प्रतिदिन स्नानविधि के ज्ञाता भृत्यों द्वारा, काञ्चन घटों में, हरिचन्दन से सम्पृक्त जल प्रस्तुत किया जाता था–

हरिचन्दनसम्पृक्तमुदकं काञ्चनैर्घटैः।
आनिन्युः स्नानशिक्षाज्ञा यथाकालं यथाविधि।।[18]

यह गन्धोदक प्रातः काल प्रस्तुत किए जाने वाले मांगलिक आभिहारिक का अभिन्न अङ्ग था।

महाकवि भास भी गणिका वसन्तसेना के शरीर से निकलती हुई सुरभिस्नान की दूर तक फैलने वाली सुगन्ध का उल्लेख करते हैं।[19]

बाणभट्ट ने कादम्बरी में; महाराज शूद्रक को गन्धोदक से स्नान कराए जाने का एक सुन्दर चित्र प्रस्तुत किया है। स्नानभूमि के मध्य एक कनक द्रोणी में गन्धोदक भरा जाता था; जिसमें स्नान से पूर्व शूद्रक कुछ समय तक अवगाहन करते थे। एक ओर कलशों में अति सुगन्धित जल भरा रहता था जिसकी परिमल से आकृष्ट भ्रमर-समूह से कलशों का मुख भाग अन्धकार पूर्ण हो जाता था। यह गन्धोदक चन्दन-रस एवं केसर के पृथक्-पृथक् मिश्रण से तैयार किया गया था।[20]

कादम्बरी के कन्यान्तःपुर में उन कनक दीर्घिकाओं का वर्णन है जो गन्धोदक से भरी जाती थीं।[21अ]

क्रीडा वापियों को मकरमुख प्रणाली से बहकर आए हुए गन्धोदक से पूर्ण किया जाता था।[21ब]

राजप्रासादों एवं सम्पन्न नागरकों के हर्म्यतलों को ग्रीष्म ऋतु में शीतल, सुवासित करने के लिए भी गन्धोदक का उपयोग होता था। रामायण[22], ऋतुसंहार[23] एवं परवर्ती संस्कृत साहित्य[24] में इसके सन्दर्भ प्राप्त होते हैं।

बाणभट्ट चन्दनरस में कस्तूरी के मिश्रण से बनाए गए सुगन्धित जल से आस्थान मण्डप की मणि भूमि एवं स्वर्ण स्तम्भों को धोए जाने का उल्लेख करते हैं।[25]

हिमगृहों को भी शीतल-सुगन्धित करने के लिए गन्धोदककूपों से जल निकाल कर हिमगृह की जल द्रोणिकाओं में भरा जाता था।[26]

आचार्य कवि राजशेखर श्वेत चन्दन रस से प्रक्षालित सौध तलों पर समय बिताना अति सुखद मानते हैं।[27]

विरहदशा में ताप शान्ति के लिए भी यह लाभकारी था। कादम्बरी में हिमगृह के मध्य कादम्बरी की कुसुमशय्या के चारों ओर पतली नालियों से कर्पूर रस प्रवाहित किए जाने का उल्लेख हुआ है।[28]

दशकुमारचरित में शीतोपचार के लिए हरिचन्दन, उशीर और कर्पूर जैसे शीतल द्रव्यों के मिश्रण से स्नान जल तैयार किए जाने का वर्णन हुआ है।[29]

(2) सुगन्धित कल्क, कषाय-चूर्ण एवं शिरःस्नान–

स्नान से पूर्व विभिन्न प्रकार के सुगन्धित कल्क एवं कषाय चूर्णों का प्रयोग किया जाता था। सम्भवतः आँवला आदि कुछ कषैले पदार्थों से बनने के कारण इसे कषाय कहा जाता था। रामायण में इनका नामतः उल्लेख है।[30] कालिदास ने शरीर के तैलीय अंश को दूर करने के लिए स्नान पूर्व लोध्रकषाय[31], लोध्रकल्क एवं कालेयक मिश्रित अंगराग[32] के प्रयोग का वर्णन किया है।

स्नान से पहले सिर पर कषाय चूर्ण का लेप किया जाता था तत्पश्चात् सुगन्धित जल से केश धोए जाते थे अतः इसकी संज्ञा शिरःस्नान थी। बृहत्संहिता के अनुसार नृपतियोग्य शिरःस्नान-दालचीनी, कूठ, रेणुका, नालिका, स्पृक्का, बोल, तगर, नेत्रवाला, नागकेसर एवं गन्धपत्र को समभाग में पीस कर बनाए जाते थे।

स्त्रियाँ ग्रीष्म ऋतु में निदाघ का शमन करने के लिए अपने केशों को स्नान कषाय से वासित करती थीं।[33]

कादम्बरी में शिरःस्नान के रूप में सुगन्धित आमलक के प्रयोग का उल्लेख है।[34अ]

(3) अङ्गराग अनुलेप एवं सुगन्धित चूर्ण–

स्नान पूर्व एवं पश्चात् शरीर को रंगने के लिए प्रयुक्त अङ्गराग में भी सुगन्धित द्रव्यों

का प्रयोग होता था। रघुवंश के अनुसार अत्रि ऋषि की पत्नी अनसूया ने सीता को उपहार में जो अङ्गराग दिया था; उसकी सुगन्ध से वन के भ्रमर भी आकर्षित हो जाते थे—

अनसूयातिसृष्टेन पुण्यगन्धेन काननम्।
सा चक्रुरङ्गरागेण पुष्पोच्चलितषट्पदम्।। (12.17)

स्नान के पश्चात् सम्पूर्ण शरीर अथवा वक्षःस्थल एवं मस्तक पर सुगन्धित लेप का प्रयोग प्राचीन प्रसाधन विधि का अनिवार्य अङ्ग था। स्नान पश्चात् यह कार्य होने के कारण ही सम्भवतः इसे अनुलेप कहा जाता था।

शरीर की त्वचा को स्निग्ध, उज्ज्वल, कांतियुक्त एव सुवासित करने के लिए अगुरु, केसर, चन्दन आदि के मिश्रण से सुगन्धित लेप तैयार किए जाते थे। ग्रीष्म एवं वसन्त में शीतल, स्निग्ध एवं हल्का होने के कारण चन्दन का लेप ही अधिक रुचिकर होता था। इसे और अधिक सुगंधित करने के लिए कभी-कभी कस्तूरी मिला दी जाती थी—

प्रियङ्गुकालीयक कुङ्कुमाक्तं स्तनेषु गौरेषु विलासिनीभिः।
आलिप्यते चन्दनमङ्गनाभिर्मदालसाभिर्मृगनाभियुक्तम्।।

(ऋतुसंहार - 6.14)

हर्षचरित में बलाशना नामक औषधि को घी में पकाकर कुंकुम कल्क के मिश्रण से अंगराग और मुखलेप तैयार किए जाने का वर्णन हुआ है। (उ. 4, पृ. 244)

नैषधीयचरित में 'यक्षकर्दम' नामक सुगन्धित द्रव्य का उल्लेख है जिसका प्रयोग स्नान से पूर्व किया जाता था। यह कर्पूर, अगुरु, कस्तूरी, चन्दन और कक्कोल इन पाँच सुगन्धित द्रव्यों के योग से बनाया जाता था। (नैषधचरित - 21.7. मल्लिनाथ की टीका)

राजभवनों में एक विशेष कक्ष अनुलेप के लिए होता था जिसे 'विलेपनभूमि' कहा जाता था। कादम्बरी में ऐसी विलेपन भूमि का मनोरम वर्णन हुआ है, जहाँ मृगमद, कर्पूर तथा कुङ्कुम से वासित चन्दन का अनुलेप प्रस्तुत रहता था, जो परिमलाकर्षित अलिकुलों से निरन्तर झङ्कृत होता रहता था।[34] तापशान्ति के लिए उशीरानुलेप की भी चर्चा हुई है।[35]

पुष्प, पुष्प-रेणु एवं कर्पूर आदि से बने हुए सुगन्धित चूर्ण से मुख वर्ण को उज्ज्वल किया जाता था। कालिदास ने अलकापुरी की वधुओं द्वारा इस प्रसाधन द्रव्य के प्रयोग का सुन्दर वर्णन किया है।[36]

(4) गन्धतेल—

गन्धतेल का उपयोग मुख्यतः शिर की मालिश और केशों को सुवासित करने के लिए होता था। हर्षचरित में सहकार तेल का उल्लेख है।[37] सहकार एक प्रकार का सुगन्धित आम था जिससे तेलादि सुगन्धित द्रव्य बनते थे।[38]

कृष्णागुरु का तेल मोटी बाँस की नलियों में भरकर पत्तों में लपेटकर सुरक्षित रूप से

सुदूर प्रान्तों में भेजा जाता था।[39] राजभवनों में दीपक भी सुगन्धित तेल से जलाए जाते थे। रामायण[40अ] और कादम्बरी में गन्ध तेल से वासित 'सुरभिगन्धोद्गारिणी दीपिकाओं' का वर्णन हुआ है[40ब] और अधिक सुगन्ध के लिए दीपों की बत्तियाँ 'कामशर' नामक धूप से बनाई जाती थीं–

क्वापि कामशरवृत्तवर्तयो यं महासुरभितैलदीपिकाः।[40स]

(5) गन्धद्रव्य, पटवास, मुखवास आदि–

सुगन्धित पत्र-पुष्प, कर्पूर आदि के रस से बनाए गए गन्धद्रव्य का उपयोग शय्या, वस्त्र, अलङ्कार, पात्रादि को अधिवासित करने के लिए होता था। वस्त्रों को वासित करने के लिए प्रयुक्त गन्धद्रव्य की विशेष संज्ञा पटवास थी। बृहत्संहिता के अनुसार दालचीनी, खश तथा गन्धपत्र के तीन भाग एवं छोटी इलायची के आधे भाग का चूर्ण बनाकर कस्तूरी और कर्पूर का बोध देने से उत्तम पटवास तैयार होता है।[41]

उत्तरीय वस्त्रों को बहुमूल्य गन्ध से वासित करने के उल्लेख भास के 'चारुदत्त'[42] एवं शूद्रक के 'मृच्छकटिक'[43] में प्राप्त होते हैं।

आभूषणों को भी सुरभित किया जाता था जैसे कि कादम्बरी द्वारा कानों में पहनी गई कर्पूर से वासित केतकी की कली[44], हर्ष के जन्मोत्सव पर उपहार में लाई गईं स्नानीय चूर्ण से अवकीर्ण पुष्पमालाएं[345] वसन्तसेना द्वारा धारण की गई सौरभ्यानुविद्ध माला[46] आदि। सुगन्ध प्रेम की चरम सीमा तो यह थी कि सुगन्धि रखने के पात्रों को भी पहले अधिवासित कर लिया जाता था।[47] हर्षचरित में कुङ्कुम से अधिवासित मणिमय पात्रों का उल्लेख है।[48] वायु को सुगन्धित करने के लिए गवाक्षों की जालियों में चन्दन और कर्पूर चूर्ण रख दिया जाता था।[49अ]

मुख को सुगन्धित करने वाला गन्धद्रव्य मुखवास कहा जाता था। इसका प्रयोग प्रायः ताम्बूल के साथ होता था। बृहत्संहिता के अनुसार– कक्कोल, पूग (सुपारी), लवली फल और पारिजात से आमोदित ताम्बूल मद और मोद के साथ ही निम्न गुणों को उत्पन्न करता है–

कामं प्रदीपयति रूपमभिव्यनक्ति
सौभाग्यमावहति वक्त्रसुगन्धितां च।
ऊर्जं करोति कफजांश्च निहन्ति रोगां-
स्ताम्बूलमेवमपरांश्च गुणान् करोति।।[49ब]

वात्स्यायन के अनुसार प्राचीन भारत का नागरक प्रातःकाल प्रसाधन विधि को सम्पन्न कर; मुखवास युक्त ताम्बूल खाकर ही अपने दैनिक कार्यों को प्रारम्भ करता था। कामसूत्र के टीकाकार यशोधर के अनुसार गन्धयुक्ति की प्रक्रिया से प्रस्तुत मुखवास गुटिका का भी प्रयोग होता था।[49स]

हर्षचरित में 'पारिजातपरिमल' नामक गन्धद्रव्य का अनेकशः उल्लेख हुआ है—

गुञ्जन्मधुकरकुलपीयमानपारिजातपरिमलानि।[49द]

यह पाँच सुगन्धित द्रव्यों से बना सुगन्धित मसाला या मुखशोधक था—

अतिसुरभिसहकारकर्पूरकक्कोललवङ्गपारिजातकपरिमलमुचा मुखेन ...।[49इ]

इसमें इलायची और चम्पक का मिश्रण भी होता था।[50]

(6) धूप—

धूप वह सुगन्धित द्रव्य है जो जलने पर निस्ताप धूम के साथ सुगन्ध बिखेरता है। बृहत्संहिता में अनेक प्रकार के मनोहारी धूपों; यथा— पिण्डधूप, नरेन्द्रधूप आदि की निर्माण विधि वर्णित है।[51]

भारत में धूप-धूम के बहुविध प्रयोग प्रचलित थे। रामायण में श्रीराम के राज्याभिषेक के अवसर पर पुरवासियों द्वारा राजमार्ग को धूपगन्ध से अधिवासित किए जाने का वर्णन है।[52] विशिष्ट अवसरों पर अन्तःपुर तथा नगरद्वारों पर धूप जला दिए जाते थे[53]; जो बहुत दूर से ही आगन्तुक को उत्सव की सूचना देते थे। धूप तैयार करने वाले शिल्पियों की विशेष संज्ञा 'धूपक' थी।[54]

धूप-धूम का उपयोग शिरःस्नान से आर्द्र केशों को सुखाने के लिए भी होता था।[55] हेमन्त और शिशिर में स्त्रियाँ सुरतोत्सव के लिए अपने केशों को कालागुरु धूप से धूपित करती थीं। कालिदास के अनुसार उज्जयिनी में सौध गवाक्षों से निकलती हुई केशसंस्कार की धूम इतनी अधिक होती थी कि आषाढ़ के प्रथम मेघ उससे पोषण प्राप्त करते थे।[57] कादम्बरी में यही धूप-धूम सघन अन्धकार की सृष्टि करती थी।[58]

कालिदास ने धूप-धूम से वस्त्रों को अधिवासित करने का भी उल्लेख किया है।[59अ]

इस प्रकार सुगन्ध प्राचीन भारत के सम्भ्रान्त जीवन का एक अभिन्न अंग थी। गन्ध उत्सवों को आमोदित करते हुए मानवीय आनन्द को अभिव्यक्ति देते थे तो दुःख और शोक की व्यञ्जना सुगन्ध के परित्याग से होती थी; यथा रामायण में महाराज दशरथ के निधन का प्रसङ्ग—

चन्दनागुरुसम्पृक्तो धूपसम्मूर्च्छितोऽमलः।
प्रवाति पवनः श्रीमान् किं नु नाथ यथा पुरा।।[59ब]

राजभवनों में सुगन्धित द्रव्य इतनी अधिक मात्रा में संचित होते थे कि वे 'गान्धिक भवन' के समान प्रतीत होते थे।[60अ]

वाल्मीकि के अनुसार मनोज्ञ गन्ध को निःसृत करते हुए ये राजभवन चन्दनगिरि के समान प्रतीत होते थे।[60ब]

कौटिल्य के अनुसार चन्दनादि सुगन्धित द्रव्यों की विशेष संज्ञा सार थी। राजकोशों में इनका संग्रह किया जाता था।[61अ] गणिकाओं के भवन भी गन्धयुक्ति के केन्द्र होते थे—

सुक्खविअन्ति ओलविदकुङ्कुमपत्थरा सालिअदि कत्थूरिआ,
विसेसेण घिस्सदि चन्दणरसो, संजोईअन्ति गन्धजुत्तीयो।[61ब]

श्रीहर्ष के एक महत्त्वपूर्ण उल्लेख के अनुसार सुगन्धित द्रव्यों के क्रय-विक्रय हेतु पृथक् बाजार थे; जिनकी संज्ञा 'विलेपन आपण' थी। सन्ध्या काल यहाँ बड़ी चहल-पहल दिखाई देती थी। भीड़-भाड़ और कोलाहल के कारण कस्तूरी के साथ तुल जाते हुए भौरों को भी ग्राहक नहीं जान पाते थे।[62] केसर की पण्यवीथियों (गलियों) में मार्ग केसर से लाल होकर ऐसे प्रतीत होते थे मानों सूर्य की; भूमि पर गिरी हुई किरणें हों।[63]

अन्तःपुर की परिचारिकाएँ सर्वदा सुगन्धित द्रव्यों को साथ लेकर चलती थीं; यथा— महाश्वेता के साथ ताम्बूलकरङ्कवाहिनी तरलिका[64], चन्द्रापीड के साथ पत्रलेखा आदि।

गन्ध भारतीय पूजा-अर्चना का भी अभिन्न अंग थी।[65] भिन्न-भिन्न प्रकार की गन्ध भिन्न-भिन्न देवताओं को प्रिय मानी जाती थीं।[66]

गन्ध भाव सम्प्रेषण का भी माध्यम थी। सुगन्धित वस्तुएँ प्रियजनों को उपहार में दी जाती थीं। वाल्मीकि के अनुसार अनसूया ने सीता देवी को दिव्य माला, अङ्गराग और अनुलेप प्रीतिदान के रूप में दिए थे।[67अ]

वात्स्यायन प्रेम सम्बन्धों को बढ़ाने के लिए ऐसे उपहारों के आदान-प्रदान को विशेष महत्त्व देते हैं—

तत्र महार्हगन्धमुत्तरीयं . . . स्पृहणीयं . . . दद्यात्।
वाससि च कुङ्कुमाक्तम् . . . ।[67ब]

कादम्बरी ने चन्द्रापीड को अभिज्ञान के रूप में जो वस्तुएँ भेजी थीं उनमें— हरचन्द्रखण्डस्थूलशकलञ्च कर्पूरम्, अतिबहलमृगमदामोदमनोहरञ्च मलयजविलेपनम् (कर्पूर और चन्दन का लेप) भी था।[67स]

प्राग्ज्योतिष्पुर के कुमार ने हर्षवर्धन को उपहार में निम्न सुगन्धित द्रव्य प्रेषित किए थे—

सहकार लता का रस, कृष्णागुरु का तेल, काले अगुरु के ढेर, गोशीर्ष नामक चन्दन की राशियाँ, कर्पूर, कस्तूरी, कक्कोल फल, लवंगपुष्प की मञ्जरियाँ एवं जायफल के गुच्छे।[68]

राजभवनों में पुत्रजन्मादि शुभ अवसरों पर ऐसे उपहारों के ढेर लग जाते थे। हर्ष के जन्म पर सामन्त स्त्रियों द्वारा लाए गए उपहारों की सूची इस प्रकार है—

स्नानीय चूर्णों से अवकीर्ण पुष्पमालाएँ, स्फटिक मणि के टुकड़ों के समान कर्पूर के खण्ड, कुंकुम से वासित मणिमय पात्र, सहकार तैल से सिक्त खदिर, पारिजात परिमल से भरी हुई थैलियाँ, सिन्दूर पात्र, पटवास चूर्ण से भरे पात्र एवं ताम्बूल के छोटे पौधे।[69]

अभ्यागत बन्धुओं एवं आत्मीय जनों की सुगन्धित पदार्थों से सपर्या भारतीय संस्कृति की पहचान ही बन गई थी।[70अ]

न केवल जन समाज अपितु उसका चित्रण करने वाला कवि भी पवित्र सुगन्धित वेश से युक्त होता था। राजशेखर की दृष्टि में सुगन्ध शुचिता का ही अङ्ग थी। यह पवित्रता वस्तुतः सरस्वती का ही सम्मान था–

नित्यं शुचिः स्यात्। . . . सविलेपनमात्रं वपु:; . . . सकुसुमं शिर इति।
शुचिशीलनं हि सरस्वत्याः संवननमामनन्ति।[70ब]

संस्कृत कवियों को गन्ध द्रव्यों से इतना अधिक प्रेम था कि वे अपनी नायिकाओं की सृष्टि भी गन्धद्रव्यों से ही कर लेते थे यथा दण्डी की नायिका अवन्तिसुन्दरी की रचना–

समस्तमकरन्दकस्तूरिकासम्मितेन मलयजरसेन प्रक्षाल्य कर्पूररागेण सम्मृज्य निर्मितेव रराज।[70स]

यह मनोज्ञ कला चित्रकार की तूलिका का भी विषय बनी है। अजन्ता में कुमार गौतम के स्नान का एक मनोहर दृश्य अंकित है। कुमार एक स्फटिक की चौकी पर बैठे हैं। समीप ही एक परिचारिका थाली में सुगन्धित द्रव्य लिए खड़ी है। पार्श्वभाग से एक परिचारक सुगन्धित जल से भरा कलश लेकर आ रहा है। एक परिचारिका प्रसाधन सामग्री लेकर स्नान-भूमि की ओर आ रही है। यह अजन्ता के विश्व प्रसिद्ध चित्रों में से एक है।

भारतीय मूर्तिशिल्प भी इस गन्ध से अछूता नहीं है। खजुराहो के मन्दिरों में दर्पण हाथ में लेकर कपोलों पर सुगंधित चूर्ण लगाती हुई नारी मूर्तियों का मनोरम अङ्कन हुआ है।[71]

इस प्रकार गन्धयुक्ति प्राचीन भारत की एक समुन्नत कला थी। गन्ध द्रव्यों का निर्माण अधिकांशतः नैसर्गिक उपादानों से ही होता था। तत्काल गन्ध पाने के लिए पत्रपुष्प को हाथ से मसलकर रस निकाल लिया जाता था[72] या सीधे पुष्पों के प्रयोग से शय्या आदि को वासित किया जाता था।[73] गन्धद्रव्य बनाने के लिए यन्त्र से दबाकर रस निकाला जाता था।[74] किसी वस्तु की नैसर्गिक गन्ध को बदलने या बढ़ाने के लिए उसमें अन्य द्रव्य मिला दिए जाते थे।[75]

हजारों प्रकार के गन्धों के निर्माण में कला का कौशल तो था ही इसके साथ ही सुरुचिपूर्ण पद्धति से अवसर के अनुकूल गन्ध का उपयोग भी कलात्मक अभिरुचि, आभिजात्य एवं सौन्दर्यबोध का परिचायक था। वात्स्यायन के अनुसार अनुलेप का प्रयोग उचित मात्रा में ही होना चाहिए। लेप की प्रभूत मात्रा अनागरकता का परिचय देती है। स्त्री-पुरुषों को विहार के लिए जाते समय भी हल्के अनुलेप एवं मृदु सुगन्ध का ही प्रयोग करना चाहिए।[76]

स्वच्छता, ताजगी, स्फूर्ति, स्वास्थ्य और श्रीवृद्धि के साथ ही इनके अन्य प्रयोजन भी थे। इस मनोवैज्ञानिक तथ्य से सभी भली-भाँति परिचित थे कि दुर्गन्ध विराग का कारण होती है तो सुगन्ध कामोद्दीपन का। अतः शय्या गृहों को बहुल सुगन्ध से आमोदित किया जाता था।[77]

देववाणी संस्कृत में निबद्ध साहित्य, कला की अधिष्ठात्री देवी सरस्वती का वह मणिदर्पण है, जिसमें प्राचीन भारतीय कलाएँ अपने उज्ज्वलतम रूप में प्रतिबिम्बित हुई हैं। गन्धयुक्ति के सन्दर्भ वैदिक साहित्य से ही प्राप्त होने लगते हैं। रामायण के कवि भी यथाप्रसङ्ग

इनका वर्णन करते हैं। महाकवि कालिदास को पुष्पों की नैसर्गिक गन्ध अधिक प्रिय है। 'पुष्पावतंस- सुरभीकृतकेशपाशाः', 'सुवासितं चारु शिरश्च चम्पकैः' से मुग्ध होते हुए भी कवि गन्धयुक्ति की महिमा को भी जानते हैं। इस सन्दर्भ में कवि का वैशिष्ट्य यह है कि वे गन्धद्रव्यों के वर्णन के साथ ही उनके निर्माण की प्रक्रिया, प्रयोजन एवं वैशिष्ट्य को भी रेखाङ्कित करते चलते हैं; यथा— लोध्र कषाय के प्रयोग से तैलीय त्वचा रुक्ष हो जाती है, धूप-धूम की ऊष्मा केशों के आर्द्रभाव को दूर करती है; अगरबत्ती अगरु-सार से बनती है; धूप की गन्ध धूम के साथ ऊपर की ओर उठती हुई अधिक देर तक और अधिक दूर तक फैलती है—

संचारिते चागुरुसारयोनौ धूपे समुत्सर्पति।[78अ]

बाणभट्ट की रचनाओं में सुगन्ध का संभार अधिक है, जो तत्कालीन सामन्ती विलास और सम्भ्रान्त वर्ग के कृत्रिम गन्धद्रव्यों के प्रति क्रमशः बढ़ते हुए प्रेम को सूचित करता है।

इस प्रकार गन्धयुक्ति जीवन के उमङ्ग, आनन्द और उल्लास की सूचक थी। यह यौवन के अनुदासीनत्व का प्रतीक थी[78ब]; जीवन को सुन्दर कलात्मक ढंग से जीने एवं आनन्द के सम्पूर्ण उपभोग की कला थी। प्राचीन भारत के स्त्री-पुरुष बड़े ही मनोयोग के साथ; अन्य कलाओं के साथ इसे भी अधिगत करते थे। जीवन के मधुर रतिफल का आस्वाद लेते हुए अन्त में 'सर्वगन्धः सर्वरसः' उस परम पुरुष को प्राप्त करने का प्रयत्न करते थे।[79]

सूर्या के विवाह में जिस पुष्कर गन्ध का देवताओं ने उपयोग किया था; पृथ्वी की उसी मधुगन्ध से; अनुराग और प्रेम से; सौमनस्य और सद्भाव से जीवन और जगत् को आमोदित, वासित करने की कला है—'गन्धयुक्ति'—

यस्ते गन्धः पुष्करमाविवेश
यं संजभ्रुः सूर्याया विवाहे।
अमर्त्याः पृथिवी गन्धमग्रे तेन मा
सुरभिं कृणु मा नो द्विक्षत कश्चन।। [80]

सन्दर्भ-सङ्केत

1अ. महाभारत -14.50.40-42
1ब. अमरकोश - 1.5, 10-11
1स. अथर्ववेद - 12.1.23; 25
2अ. रामायण - अयोध्याकाण्ड - 94.14
2ब. वही - बालकाण्ड - 6.10
2स. गन्धेन वै रूपेण च गन्धर्वाप्सरश्चरन्ति/शतपथ ब्रा., 9.4.1.4
3. अथ यदि गन्धमाल्यलोककामो भवति - छान्दो. उप., 8.2.6
4. कामसूत्र/अधिकरण-1/नागरकवृत्तप्रकरण/अ. 4.4
5. बैखानस स्मार्त सूत्र, 3.9

6. कामसूत्र - 4.1.24
7अ. रामायण - अयोध्याकाण्ड - 76.16-17
7ब. रामा./अयोध्याकाण्ड - 83.13
8. अर्थशास्त्र 7.2.37-41
9. कादम्बरी - पृ. 279
10. कादम्बरी - पृ. 232
11. दशकुमारचरितम् - मध्य पीठिका, उ. 2 - पृष्ठ 20
12. अर्थशास्त्र - 2.11.44-76
13. अर्थशास्त्र - 2.11.75
14. तुल्यैः पत्रतुरुष्कबालतगरैर्गन्धः स्मरोद्दीपनः।
सव्यामो बकुलोऽयमेव कटुकार्हिगुप्रधूपान्वितः।।
कुष्ठेनोत्पलगन्धिकः समलयः पूर्वो भवेच्चम्पको।
जातीत्वक्सहितोऽतिमुक्तक इति ज्ञेयः सकुस्तुसम्बुरुः।। बृहत्संहिता - 77.7
15. शुक्लानंशुमतश्चापि दन्तधावनसंचयान्। रामायण - अयोध्या. - 91.75
16. बृहत्संहिता - 77.31-33
17. बृहत्संहिता - 77.34
18. रामायण-अयोध्या - 65.8
19. विटः-सुरभिस्नानधूपानुविद्ध इव गन्धः। चारुदत्त - अं. 1
20. कादम्बरी-कथामुख - पृ. 45-47
21अ. कादम्बरी - पृ. 532
21ब. हर्षचरित - उ. 4, पृ. 243
22. पुष्पसंचयचित्रेषु चन्दनागुरुगन्धिषु।
प्रासादवरवर्येषु शीतलासु सुगन्धिषु ।। रामायण-अयोध्याकाण्ड - 88.7
23. ऋतुसंहार - 1.3
24. क्षालिताश्च हिमवालुकाम्बुभिः। रेजुः · · · · मणिकुट्टिमा भुवः।। नैषधीयचरित - 18.7
25. कादम्बरी-कथामुख - पृ. 50
26. कादम्बरी-कथामुख - पृ. 613
27. श्रीखण्डद्रवधौतसौधतलको रम्यः क्षणः वर्तते। विद्धशालभञ्जिका - 2.23
28. कादम्बरी - पृ. 617
29. दशकुमारचरित - पूर्वपी., उ. 5, पृ. 121
30. कल्कांश्चूर्णकषायांश्च स्नानानि विविधानि च। रामायण-अयोध्याकाण्ड - 91/74
31. कुमारसम्भव - 7.17
32. कुमारसम्भव - 7.9
33. ऋतुसंहार - 1.4
34अ. कादम्बरी-कथामुख - पृ. 45
34ब. कादम्बरी-कथामुख - पृ. 49
35. अभिज्ञानशाकुन्तल - अं. 3
36. नीता लोध्रप्रसवरजसा पाण्डुतामानने श्रीः। मेघदूत - 2.2

37. हर्षचरित - उ. 2, पृ. 221
38. सहकार-सुगंधद्रव्यभेदः सहकारफलेनैव क्रियते। हर्षचरित - शंकरकृत संकेतटीका, पृ. 38
39. हर्षचरित - उ. 7, पृ. 387
40अ. रामायण - सुन्दरकाण्ड - 4.53
40ब. कादम्बरी - उत्तर भाग, पृ. 10
40स. नैषधीयचरित - 18.6
41. बृहत्संहिता - 77/12
42. चारुदत्त - अं. 1
43. मृच्छकटिक - अ. 1
44. कादम्बरी - पृ. 619
45. हर्षचरित - उ. 4, पृ. 221
46. मृच्छकटिक - अं. 1
47. कर्पूरपल्लवरसेनाधिवासय गन्धपात्राणि। कादम्बरी - पृ. 532
48. हर्षचरित - उ. 4, पृ. 221
49अ. जालधृतचन्द्रचन्दनक्षोदमेदुरसमीरशीतलम्। नैषधीयचरित - 18.5
49ब. बृहत्संहिता - 77.33
49स. कामसूत्र - 1.4.5 पर जयमङ्गला टीका
49द. हर्षचरित - उ. 4, पृ. 221
49इ. हर्षचरित - उ. 1, पृ. 39
50. चूतचम्पकलवलीलवङ्गककक्कोलवन्तेलालता-
मिश्रितानि ससहकाराणि कर्पूरपूरितानि पारिजातकवनानि। हर्षचरित - उ. 2, पृ. 112-113
51. हरीतकीशंखघनद्रवाम्बुभिर्गुडोत्पलैः शैलकमुस्तकान्वितैः।
नवान्तपादादिविवर्धिताः क्रमाद्भवन्ति धूपा बहवो मनोहराः।। बृहत्संहिता - 77.10
52. रामायण-अयोध्याकाण्ड - 7.17
53. रामायण-अयोध्याकाण्ड - 3.13
54. रामायण-अयोध्याकाण्ड - 83.14
55. धूपोष्मणा त्याजितमार्द्रभावं
केशान्तमन्तः कुसुमं तदीयम्। कुमारसम्भव - 7.14
56. ऋतुसंहार - 4.5;5.12
57. मेघदूत - 1.36
58. कादम्बरी, उज्जयिनी वर्णना - पृ. 163
59अ. ऋतुसंहार - 6.15
59ब. रामायण-अयोध्याकाण्ड - 72-28
60अ. कादम्बरी - राजकुलवर्णन, पृ. 279
60ब. रामायण-अयोध्याकाण्ड - 15-34
61अ. कोशाध्यक्षः कोशप्रवेश्यं रत्नं सारं कुप्यं वा . . . प्रतिगृह्णीयात्। अर्थशास्त्र - 2.11.1
61ब. मृच्छकटिक - अं. 4, पृ. 239
62. नैषधीयचरित - 2.92

63. रुचयोऽस्तमितस्य भास्वतः स्खलिता यत्र निरालयाः खलु।
अनुसायम्भुर्विलेपनापणकश्मीरजपण्यवीथयः ।। नैषधीयचरित - 2.90

64. (i) गृहीतविविधकुसुमताम्बूलाङ्गरागपटवासचूर्णया। कादम्बरी - पृ. 474
(ii) कुसुमपटवासताम्बूलतालवृन्ताङ्गरागभृङ्गारधारिणा उपास्यमानाम् . . . । कादम्बरी - पृ. 289

65. अपरिमितकुसुमधूपविलेपन . . . अम्बादेवीसपर्य्यामाततान। कादम्बरी - 201

66. गन्धो मलयजो यस्तु दैवे पैत्र्ये च सम्मतः।
तत्पङ्को वा रसो वापि चूर्णो वा विष्णुतुष्टिदः।।
कृष्णागुरुसकर्पूरः सहितो मलयोद्भवैः।
वैष्णवीप्रीतिदो गन्धः कामाख्याश्च भैरव।। कालिकापुराण - अ. 68

67अ. रामायण-अयोध्याकाण्ड - 118.18-21

67ब. कामसूत्र - 5.2.22; 5.4.38

67स. कादम्बरी - पृ. 601

68. हर्षचरित - उ. 7, पृ. 386

69. हर्षचरित - उ. 4, पृ. 221

70अ. (i) नायकमित्राणां च स्रगनुलेपनताम्बूलदानैः पूजनं न्यायतः। कामसूत्र - 4.1.36
(ii) गन्धकुसुमाक्षतघनसारताम्बूलादिनानाजातिवस्तुनिचयेन पूजां तस्मै कारयामास।
दशकुमारचरित - पूर्वपीठिका - पृ. 114

70ब. काव्यमीमांसा - अं. 10, पृ. 121

70स. दशकुमारचरित -पू.पी. उ. 5, पृ. 109

71. कंदरिया महादेव मंदिर, वाम वहिरंग, वामनमंदिर, वामवहिरंग

72. कादम्बरी - पृ. 614

73. कादम्बरी - कथामुख - पृ. 51

74. विद्धशालभञ्जिका - 3.14

75. केतकीकुसुमवासितस्य खदिरस्यान्यो गन्धोद्गारः। विद्धशालभञ्जिका - 3, पृ. 70

76. (i) गृहीतमात्रयानुलेपः। कामसूत्र - 1.4.5
(ii) प्रभूतानुलेपनादिग्रहणादनागरकः स्यात्। कामसूत्र -जयमंगला टीका
(iii) परिमिताभरणं सुगन्धिता नात्युल्बणमनुलेपनम्। . . . इति वैहारिको वेशः। कामसूत्र - 4.1.25

77. उत्तरकादम्बरी - पृ. 111

78अ. (i) अनुदासीनं यौवनमस्य पटवासगन्धः सूचयति। चारुदत्त - अं. 1
(ii) यः पण्यस्त्रीरतिपरिमलोद्गारिभिर्नागराणाम्
उद्दामानि प्रथयति शिलावेश्मभिर्यौवनानि।। मेघदूत - 1.27

78ब. रघुवंश - 6.8

79. गन्धेन लभते कामं गन्धो धर्म्मप्रदः सदा।
अर्थानां साधको गन्धो गन्धे मोक्षः प्रतिष्ठितः।। कालिकापुराण।

80. अथर्ववेद - 12.1.24

卐 卐 卐

5. आभूषणों की योजना

(भूषणयोजनम्)

शरीर के विभिन्न अंगों को भूषित करने वाले आभूषणों की योजना भी एक कला है। कामसूत्र के टीकाकार यशोधर ने इसे 'अलंकार-योग' कहा है। शरीर को रत्नों की आभा से भर देने के कारण आभूषणों को 'आभरण' सौन्दर्य की वृद्धि; अलं-करण या पर्याप्तीकरण के कारण 'अलंकार' तथा विशेष रूप से मण्डित करने के कारण 'विभूषण' या 'मण्डन' भी कहा गया है।

मानव के अत्यधिक अलंकरण-प्रेम, जीवन के प्रति कलात्मक दृष्टिकोण एवं प्राचीन भारत की भौतिक समृद्धि ने ही भूषण-योजनम् की कला को जन्म दिया है।

इस कला के दो रूप हैं-प्रथम विभिन्न अंगों में इस प्रकार कलात्मक ढंग से आभूषणों की योजना करना कि वे संपूर्ण शरीर एवं उसके माध्यम से समग्र व्यक्तित्व को ही मण्डित करने वाले हो जायें। कला का यह रूप नेपथ्यविधि का ही अंग है। द्वितीय-आभूषणों में इस प्रकार मणि, मुक्ता, रत्नादि की योजना करना कि वे स्वयं एक ललित-कला बन जायें। इस प्रकार इस शिल्प का सम्बन्ध आभूषण रचना या निर्माण की कला से है। शुक्रनीतिसार में इसे **सुवर्णाद्यलंकारकृतिः** कहा गया है। वस्तुतः इन दोनों की सम्मिलित संज्ञा ही भूषण-योजनम् है।

भूषणों को शरीर पर धारण करने के प्रकार की दृष्टि से आभूषण चार प्रकार के होते हैं-'

(1) आवेध्य - जो शरीर के अंगों को वेध कर पहने जाते हैं, यथा कानों में छेद कर पहने जानेवाले कुण्डलादि।

(2) बन्धनीय - जो अङ्गों पर बांधकर पहने जाते हैं - यथा - श्रोणिसूत्र (करधनी) अङ्गद आदि।

(3) क्षेप्य-जिन्हें ऊपर से शरीर में स्थापति किया जाये; यथा-नुपुर आदि।

(4) आरोप्य - जो ऊपर से आरोपित किये जायें, यथा - हेमसूत्र हार आदि।

यह वर्गीकरण शरीर पर भूषण-योजना की दृष्टि से है।

आभूषण-रचना या निर्माण की दृष्टि से आभूषण दो प्रकार के हैं-

1- संयोज्य, 2- असंयोज्य।[2]

मणि प्रवाल आदि से जड़े गये कण्ठिका, इन्द्रच्छद आदि संयोज्य आभूषण हैं कटक-कुण्डलादि स्वर्णाभूषण जिनमें मुक्ता-मणि आदि की योजना नहीं है; असंयोज्य आभूषण हैं। आभूषणों के व्यापक अर्थ को दृष्टि में रखकर आभूषण रचना की *उपादन सामग्री की दृष्टि से* एक अन्य प्रकार का वर्गीकरण भी किया गया है-

(i) पत्रकल्प - पत्रों से रचे गये अथवा पत्राकृति आभूषण।

(ii) चित्रकल्प - मीनाकारी आदि से रचित आकृतियों से चित्रसदृश आभूषण।

(iii) रत्नकल्प - विशुद्ध रत्नरचित,

(iv) मिश्रकल्प -रत्नस्वर्णादि से मिश्रित आभूषण।

भरत के नाट्यशास्त्र में शिर से नख तक धारण किये जाने वाले भूषणों का विस्तार से वर्णन आहार्य अभिनय के द्वितीय अंग 'अलंकार' के अंतर्गत हुआ है।[3] तदनुसार शरीर के विभिन्न अंगों में स्त्री पुरुषों द्वारा धारण किये जाने वाले अलंकार निम्न हैं-

मस्तक पर धारण किये जाने वाले आभूषण-

(1) चूडामणि-

अमर और भरत ने शिरोभूषण के रूप में चूड़ामणि का उल्लेख किया है।[4] अभिनव गुप्त के मत में **'चूडामणिः शिरोमध्ये'**[5] अर्थात् मस्तक के बीच में धारण की जाती थी।

स्त्री और पुरुष दोनों ही चूड़ामणि धारण करते थे। यह अपने प्रभा मण्डल से संपूर्ण, मस्तक, केश एवं मुखमण्डल को उद्भासित करने वाला रत्न होता था। इसकी योजना मौलि के बीच में की जाती थी।

रामायण में सीता द्वारा वेणी के ऊपर गुंथे हुये दिव्य चूड़ामणि को अभिज्ञान चिह्न के रूप में दिये जाने का वर्णन हुआ है।[6]

अभिषेक नाटक में भास ने 'मणिविरचित मौलि' रावण एवं वरुण[8] का वर्णन किया है। रघुवंश में भी महाराज अतिथि के अभिषेक नेपथ्य में, प्रसाधकों द्वारा मौलि को पद्मरागमणि की शोभा से भर देने का वर्णन है।[9] इन्दुमती स्वयंवर के प्रसंग में सामन्तों द्वारा धारण की जाने वाली शिखामणि[10] का उल्लेख हुआ है। विवाह के अवसर पर शिवजी द्वारा मस्तक पर धारण की गई चंद्रकला के द्वारा ही चूड़ामणि[11] का प्रयोजन सिद्ध होने तथा संगमनीय मणि

की लाल प्रभा से उर्वशी के मुखकमल के उद्भासित होने का वर्णन भी कालिदास ने किया है–

स्फुरता विच्छुरितमिदं रागेण मणेर्ललाटनिहितस्य।
श्रियमुद्वहति मुखं ते बालातपरक्तकमलस्य॥[१२]

बाणभट्ट ने भी चूड़ामणि का उल्लेख अनेक प्रसंगों में किया है, यथा - शूदक की राजसभा में उपस्थित नृपतिगण मस्तक पर धारण की गई चूड़ामणि में पड़ते हुये प्रतिहारी के प्रतिबिम्ब के व्याज से मानों राजाज्ञा को ही शिरोधार्य किये हुये थे।[13]

कादम्बरी के सीमन्त (माँग) को शोभित करने वाली चूड़ामणि अपनी किरणों से उसके दीर्घ केशों को मानों मदिरा रस से प्रक्षालित कर रही थी -

पाटलीकृतललाटेन सीमन्तचुम्बिनश्चूडामणेः क्षरतांशुजालेन मदिरारसेनेव प्रक्षाल्यमान-दीर्घकलापाम्।[14]

प्राग्ज्योतिषेश्वर के कुमार द्वारा हर्ष को भेजे गये बहुमूल्य उपहारों में उज्जवल चूड़ामणि भी थी।[15]

सम्राट हर्ष द्वारा धारण की गई अरुण चूड़ामणि उनके आयत ललाट तट को लोहित बना देती थी, मानों लक्ष्मी का प्रसाद रूप; चरण–अलक्तक लगा हो।[16]

(2) **मुकुट-**

शिरोभूषणों में मुकुट का उल्लेख भी संस्कृत साहित्य में बहुलता से हुआ है। चूड़ामणि की योजना शिर के मध्य भाग में होती थी तो मुकुट की ललाट के ऊर्ध्वभाग पर। भरत के अनुसार मुकुट कई प्रकार के होते हैं[17]–

(1) पार्श्वगत - देव, गंधर्व, यक्ष, नाग तथा राक्षसों के मुकुट पार्श्वमौलि (वर्तुलाकार) होते हैं।

(2) किरीट - उत्तम देवताओं के मुकुट किरीटी होते हैं।

(3) मस्तकी - राजाओं के मुकुट मस्तकी होते हैं।

(4) अर्द्धमुकुट - सेनापति और युवराज अर्द्धमुकुट धारण करते हैं।

संस्कृत साहित्य में राजाओं के रत्नजटित मुकुटों की प्रभा का अनेकशः वर्णन हुआ है। यथा - रघुवंश में - जब अधीनस्थ राजाओं ने दशरथ के चरणों में प्रणाम किया तब उनके मुकुट की रत्नप्रभा महाराज के चरण-नख-प्रभा से समृद्ध हुई।[18] ऐसा ही वर्णन कादम्बरी में हुआ है-

सकलगन्धर्वमुकुटमणिशलाकाशिखरोल्लेखमसृणितचरणनखचक्रस्य।[19]

मुकुट; मकर-पत्र-लता आदि के अलंकरणों से भी अलंकृत होते थे।[20]

कालिदास ने इन्दुमती स्वयंवर में एक राजा द्वारा मस्तक पर धारण किये गये किरीट का भी वर्णन किया है जिसमें हीरे जड़े हुये थे।[21] बाणभट्ट ने राजाओं के मणिशलाका से दन्तुरित किरीट[22] और सम्राट हर्ष द्वारा धारण किये गये **शिखण्ड-आभरण** (मुकुट के ऊपर लगाई जाने वाली कलगी) का भी वर्णन किया है जिसमें जड़े हुये मोती और मरकत मणि गंगा-यमुना के संगम की शोभा उत्पन्न करते थे।[23]

(3) **पट्टबन्ध-**

यह केवल राजा, राजमहिषी, युवराज और सेनापति द्वारा सिर पर बाँधा जाने वाला शुद्ध स्वर्ण से निर्मित आभूषण था।[24] क्रमशः इनकी चौड़ाई आठ, सात, छह और चार अंगुल होती थी।

कालिदास ने जाम्बूनद (स्वर्ण) पट्ट से शोभित ललाट वाले राजा सुदर्शन का वर्णन किया है।[25]

वाणभट्ट ने सम्राट हर्ष के अधीनस्थ राजाओं द्वारा उष्णीष के ऊपर धारण किये गये **उष्णीष पट्ट**[२६] एवं महारानी यशोमती द्वारा पहने जाने वाले **'महादेवी पट्ट बन्ध'**[27अ] का उल्लेख किया है। देवी प्रतिमाओं के ललाट को भी पट्टबन्ध से अलंकृत किया जाता था, **'चारु चामीकर (स्वर्ण) पट्ट'** से अलंकृत ललाट वाली चण्डिका प्रतिमा का वर्णन भी कादम्बरी में हुआ है।[27ब]

स्त्रियों द्वारा शिर पर धारण किये जाने वाले आभूषण-भरत के अुनसार निम्न आभूषण केवल स्त्रियाँ ही अपने मस्तक पर धारण करती थीं-

शिखापाश, शिखा व्याल (नागों के जोड़े से बनाया गया अलंकार), पिण्डी पत्र (शिखा व्याल के मध्य में ही पत्रों की भी योजना), चूड़ामणि मकरिका, मुक्ताजाल, गवाक्ष और विभिन्न प्रकार के शीर्ष जालक।

(4) **शिखा पाश-**

यह केशों को संयमित करने या बाँधने के लिये धारण किया जाने वाला क्लिप के समान आभूषण था।

अमरकोश में 'बालपाश्या' और 'पत्रपाश्या दो प्रकार के शिखा पाशों का उल्लेख है। पत्रपाश्या को 'ललाटिका' भी कहा गया है।[28] यह संभवतः ललाट पर धारण किया जाने वाला 'पत्राकृति' आभूषण होता था।

कालिदास ने **'रतिविगलित बन्धे केशपाशे प्रियायाः।'**[२९] के द्वारा संभवतः इसी शिखापाश या बालापाश नामक आभूषण की ओर संकेत किया है।

बाणभट्ट ने हर्षचरित में 'बालपाश' से केशों को संयत किये हुये राजाओं का वर्णन किया है।[30] यह सोने की लंबी पत्ती होती थी जिसमें सामने की ओर मोतियों की झालर लटकती रहती थी।

(5) **चूड़ामणि मकरिका-**

बाणभट्ट ने मालती द्वारा धारण किये गये चूड़ामणि मकरिका[31] का वर्णन किया है। यह आभूषण एक दूसरे की ओर मुख किये हुये दो मकराकृतियों के मध्य मणि जड़कर बनाया जाता था।

इसी प्रकार का एक अन्य आभूषण था- 'पत्रभङ्गमकरिका'। दुर्वासा ऋषि की सिकुड़ी हुई भृकुटि की उपमा इस आभूषण से दी गई है-**अन्तःपुरमण्डन 'पत्रभङ्गमरिकां भृकुटिमाबध्नन्**।[32]

इसमें दो मकराकृतियों के साथ ही पत्र-पुष्पादि के अलंकरणों की भी योजना होती थी। गुप्तकालीन शिल्प में प्रायः इस आभरण का अङ्कन हुआ है।

ललाट पर धारण किये जाने वाले आभरण-

नानाशिल्प से रचित **तिलक** और पुष्प के आकार का **गुच्छ** ललाट के आभूषण थे।

संस्कृत साहित्य में तमाल पत्र, मृगनाभि, कुंकुमादि से रचित तिलकों का वर्णन ही अधिक हुआ है।

बाणभट्ट ने एक स्थान पर मालती द्वारा धारण किये गये '**ललाट लासक-सीमन्त चुम्बी-चटुला तिलकमणि** का वर्णन किया है।[33] यह ललाट पर शोभित होने वाली (ललाट लासक) चंचल (हिलती हुई, चटुला) तिलक के आकार की रक्तवर्ण मणि थी जो स्वर्णसूत्र आदि की सहायता से लटकाकर धारण की जाती थी। इसका ऊपरी पार्श्व सीमन्त (मांग) का स्पर्श करता था। यहाँ 'चटुला' पद विशेष महत्वपूर्ण है, 'चटुल' अर्थात् चंचल। अमरकोश में हार की मध्यमणि को तरल (2/6/102) कहा गया है। वर्तमान समय के 'लौकेट' के समान यह मणि ललाट पर लटकती हुई मानों नृत्य करती हुई सी प्रतीत होती थी अतः कवि ने इसे 'ललाट लासक' कहा है। इससे विच्छुरित होने वाली रक्तवर्ण किरणें रक्तांशुक (लाल ओढ़नी) से किये गये अवगुण्ठन (घूँघट) के समान प्रतीत होती थीं।

कर्णाभूषण-

आभूषणों द्वारा कर्णपल्लवों को भूषित करने की प्रवृत्ति अत्यंत प्राचीनकाल से ही रही है। ऋग्वेद में स्त्री-पुरुष द्वारा धारण किये जाने वाले कर्णशोभन (8-78-3) नामक अलंकार का उल्लेख है संस्कृत साहित्य में सामान्य रूप से कर्णाभूषण के लिये 'अवतंस' या 'उत्तंस' शब्द का प्रयोग हुआ है। आचार्य भरत के अनुसार स्त्रियों द्वारा कानों में धारण किये जाने वाले विशिष्ट आभूषण हैं-

कुण्डक, शिखिपत्र, वेणीगुच्छ, मोचक, कर्णिका, कर्णवलय, पत्रकर्णिका, कुण्डल, कर्णमुद्रा, कर्णपूर, कर्णोत्कीलक तथा अनेक रत्नजटित दन्तपत्र।[34]

इनमें से कुण्डल, मोचक और कीला पुरुष के भी भूषण कहे गये हैं।[35] संस्कृत साहित्य में निम्न कर्णाभरणों के संदर्भ प्राप्त होते हैं-

(1) **कुण्डल-**

रामायण के अनुसार अयोध्या का ऐसा काई भी नागरिक नहीं था जो कुण्डल न धारण करता हो।[36] रघुवंश में अश्वारोही दशरथ के चंचल कुण्डलों का उल्लेख है।[37] कुण्डल के कई प्रकार थे-

(i) **काञ्चन कुण्डल**-शुद्ध सोने से गढ़े गये कुण्डल।[38]

(ii) **मणि कुण्डल**-कालिदास ने स्त्रियों द्वारा धारण किये जाने वाले मणिकुण्डलों,[39] तथा बाणभट्ट ने महाश्वेता के **'अंसदेश दोलायितमणिकुण्डल'**[40] एवं राजाओं द्वारा धारण किये गये चंचल मणिकुण्डलों[41] का वर्णन किया है।

(iii) **रत्न कुण्डल**-मणि कुण्डल में जहाँ माणिक्य (पद्मरग मणि) की योजना होती थी वहीं रत्नकुण्डलों में वैदूर्य, मरकत, प्रावाल आदि रत्नों की। राजशेखर ने कर्पूरमञ्जरी को रत्नकुण्डल से मण्डित किये जाने का वर्णन किया है।[42]

(iv) **पत्रमकरमाणिक्य कुण्डल**-इसमें स्वर्ण घटित मकर एवं पत्रावली के बीच माणिक्य की योजना की जाती थी। बाणभट्ट ने कादम्बरी के कर्णपाश में दोलायमान इस कुण्डल का वर्णन किया है-

दोलायमानपत्रमकरमाणिक्यकुण्डलं दधतीम्।[43]

(2) **बालिका-**

कुण्डल से अपेक्षाकृत पतले वलयाकार कर्णाभूषण की संज्ञा बालिका है। हर्षचरित् में मालती की वेश-भूषा के वर्णन प्रसंग में बालियों का वर्णन हुआ है, जिसमें वकुल फल के समान लम्बे आकार के तीन-तीन मोती लगे हुये थे-

'बकुलफलानुकारिणीभिस्तिसृभिर्मुक्ताभिः कल्पितेन बालिकायुगलेन।'[44]

(3) **कर्णपूर-**

यह पुष्पाकृति आभूषण था जो श्रवण पुटों में धारण किया जाता था कर्णकुहर को पूरी तरह से ढक देने के कारण ही संभवतः इसे कर्णपूर कहा गया है। कर्णपूर के निम्न प्रकार थे-

(i) **पत्र-पुष्पादि-रचित कर्णपूर-**

कालिदास की नायक-नायिकाओं को विशेष प्रिय हैं[45] मुनि कुमार पुण्डरीक के श्रवणशिखर पर आरोपित **'अवतंस-विलास-दुर्ललित परिजात मञ्जरी' के कर्णपूर**[46] से भी हम

परिचित हैं।

(ii) **मणि कर्णपूर,**

(iii) **रत्न कर्णपूर,**

महाराज शूद्रक के कर्णपाश को शोभित करने वाले कर्णपूर बाणभट्ट द्वारा वर्णित हुये हैं।[47]

(iv) **चामीकर-पत्राङ्कुर-कर्णपूर-**

स्वर्ण निर्मित, नव किसलयों (पत्तों) की डिजाइन से अलंकृत इस कर्णपूर का वर्णन बाण ने सभा में उपस्थित राजाओं के प्रसंग में किया है।

(4) **कनक कमल-**

यह स्वर्ण निर्मित कमल की आकृति का आभूषण था। कालिदास ने रात्रि के समय अभिसारिकाओं द्वारा धारण किये गये कनक कमलों के मार्ग में गिरने का वर्णन किया है।[48] संभवतः इनमें कर्णपूर के समान पेंच न होकर काँटा (हुक) रहता था जिससे ये कानों से निकलकर गिर जाते थे।

कर्णपूर जहाँ पूरी तरह से कान से चिपके होते थे कनक-कमल कुछ नीचे लटकते रहते थे; यथा-कादमबरी में महाराज शूद्रक के **'ईषदालम्बि कर्णोत्पल'**।[49]

(5) **अवतंस-**

यह झुमके के समान आभूषण था जो नीचे की ओर झूलता रहता था। इसके निम्न रूपों का उल्लेख हुआ है-

(i) **पुष्पावतंस**- कालिदास को पुष्परचित अवतंस ही अधिक प्रिय हैं; यथा वर्षा ऋतु में अंगनाओं के सुगन्धित कुसुम अवतंस,[50] रति के कानों में नीलोत्पल का अवतंस[51] आदि।

(ii) **जाम्बूनद-अवतंस**-मात्र एक स्थान पर ही पार्वती के अवतंस जाम्बूनद अर्थात् स्वर्ण रचित कहे गये हैं। इनके भी हिलने और अपने स्थान से स्रस्त होने का वर्णन हुआ है।[52] संभवतः ये भी कनक-कमल के समान हुक युक्त आभूषण थे।

(iii) **शिखिपत्र**-अभिनवभारती के अनुसार यह अनेक वर्णो के रत्नों से रचित मयूर पिच्छ के आकार का कर्णावतंस था।[53]

संभवतः कालिदास इस आभरण से परिचित थे। उन्होंने भवानी द्वारा मयूर वर्ह को कर्णाभूषण बनाने का वर्णन किया है-

ज्योतिर्लेखावलयिगलितं यस्य वर्हं भवानी।

पुत्रप्रेम्णा कुवलयदलप्रापि कर्णे करोति॥[54]

राजशेखर ने भी अभिसारिकाओं द्वारा केकिपिच्छ को अवतंस बनाये जाने का उल्लेख किया है-

उत्तंसः केकिपिच्छैः।[55]

(6) **त्रिकण्टक-**

बाणभट्ट ने त्रिकण्टक नामक कर्णाभूषण का अनेकशः वर्णन किया है। युवा दधीच[56] हर्ष के जन्मोत्सव पर नृत्य करती हुई राजमहिषियाँ[57] और हर्ष के ममेरे भाई भण्डि[58] इस कर्णाभूषण को पहने हुये थे। यह कदम्ब की कलियों के समान लंबे दो बड़े मोतियों के मध्य मरकतमणि को जड़कर बनाया जाता था- (कदम्बमुकुलस्थूलमुक्ताफलयुगलमध्याध्यासितमरकतस्य-त्रिकण्टककर्णाभरणस्य)

(7) **चित्र श्रवणाभरण-**

यह कई रंगों के रत्नों से जड़े हुये कर्णाभूषण थे। शूद्रक की राजसभा में उपस्थित चाण्डालकन्या इस प्रकार के आभरण पहने हुये थी।[59]

(8) **तरंगक-**

यह बहुमूल्य पद्मराग मणि से जटित संभवतः तरंगाकार आभूषण था जिसे सम्राट हर्ष ने प्राग्ज्योतिषेश्वर के दूत हंसवेग को उपहार दिया था।[60]

(9) **हेमतालीपत्र-**

यह स्वर्णघटित ताल-पत्र के आकार का आभूषण था कादम्बरी के कर्णपाश में इस आभूषण का उल्लेख हुआ है।[61]

(10) **दन्तपत्र**

यह हाथी दाँत से बनने वाला पत्राकृति आभूषण था। इनकी रचना एक स्वतंत्र कला थी जिसका विस्तार से वर्णन 'कर्णपत्रभङ्गाः' के अंतर्गत हुआ है।

कण्ठाभूषण-

भरत के अनुसार पुरुषों द्वारा कण्ठ में धारण किये जाने वाले आभूषण हैं- मुक्तावली, हर्षक और सूत्र। स्त्रियों के आभरण हैं- मुक्तावली, व्यालपंक्ति, मञ्जरी, रत्नमाला, रत्नावली, रत्नसूत्र और दो, तीन या चार सरों से गुँथी हुई जंजीर (शृङ्खलिका)।[62]

कण्ठ एवं वक्षःस्थल को स्वर्णरत्नादि आभरणों से शोभित करने की प्रथा अत्यंत प्राचीन काल से ही रही है। ऋग्वेद में स्त्री-पुरुष द्वारा धारण किये जाने वाले निष्क (1/33/10) (स्वर्ण मुद्राओं की माला); कण्ठ में मणियों का कण्ठा-**'मणिग्रीव'** (3/122/4); वक्षःस्थल पर पदक- **'रुक्मा'** (/1/166/10) आदि आभूषणों का उल्लेख हुआ है।

साहित्य में निम्न कण्ठाभरणों के संदर्भ प्राप्त होते हैं-

(i) **हार-**

कण्ठ में धारण की जाने वाली माला की सामान्य संज्ञा हार है। यदि स्त्रियों के पीन-उन्नत वक्षःस्थल की शोभा हार से है तो राजाओं का राजत्व भी **वक्षःस्थलप्रेंखोलित**-हारलता से ही सूचित होता है। हारों के अनेक प्रकार है-

(1) **मुक्ता हार-**

सामान्य रूप से 'हार' शब्द का प्रयोग 'मुक्ताहार' के लिये ही हुआ है[63] यष्टि (लड़ी) भेद से इसके कई भेद हैं।

कौटिल्य के अनुसार - एक हजार आठ लड़ियों की माला इन्द्रच्छन्द, सौ लड़ियों की देवच्छन्द, चौंसठ लड़ियों की अर्द्धहार, बत्तीस की गुच्छक, बीस की माणवक और दस लड़ियों की माला अर्द्धमावणक कही जाती है।[64]

साहित्य में मुक्ताहार के निम्न रूपों का वर्णन हुआ है-

(i) **एकावली-**

सूत्र में सघन भाव से (घनमुक्तां/हर्षच./उ. 8) पिरोई गई मोतियों की [65] एक लड़ वाली[66अ] माला को एकावली कहा जाता है। वराह के अनुसार एक हाथ लम्बी मणिरहित मोतियों की माला एकावली कही जाती है-

एकावली नाम यथेष्टसंख्या हस्तप्रमाणा मणिविप्रयुक्ता।[66ब]

इसी को **'मुक्तावली'** भी कहा गया है। मुक्तावली की शोभा कालिदास की दृष्टि में ऐसी रच बस गई है कि उन्हें चित्रकूट के उपकण्ठ से बहती हुई मन्दाकिनी पृथ्वी के कण्ठ में शोभित मुक्तावली के समान प्रतीत होती है[67]; तो उर्वशी के वक्षःस्थल पर गिरती हुई आँसुओं की लड़ मुक्तावली की पुनर्रचना के सदृश।[68]

कामदेव को अर्पित लीला पुष्पांजलि के समान एकावली का मनोरम वर्णन कादम्बरी में हुआ है।[69] इसे ही **मुक्तालता**[70] भी कहा गया है जो छोटे-छोटे मोतियों से जनित सुकुमारता और कमनीयता को सूचित करता है। प्राचीनकाल से वर्तमान युग तक एकावली स्त्री-पुरुषों का प्रिय आभूषण रहा है।

(ii) **हारयष्टि–**

कौटिल्य के अनुसार यदि एकावली के मध्य एक मणि की योजना कर दी जाये तो वह हारयष्टि कही जाती है-

सैव मणिमध्या यष्टिः।[71]

यथा कर्पूरमञ्जरी की नायिका मृगांकावली के कण्ठ में शोभित मध्यरत्न की कुंकुमी प्रभा से उद्भासित हारयष्टि-

यन्मध्यरत्नं छुरयति ककुभः कौङ्कुमीभिः प्रभाभिः।[72]

बाणभट्ट ने इस मध्यमणि को नायक कहा है। इस प्रकार के चमकदार नायक युक्त मुक्ताहार स्त्रियों को अत्यंत प्रिय थे-

भास्वन्मध्यनायकमनेकमुक्तानुयातम् हारमुद्वहन्ती।[73]

कालिदास इस प्रकार की मुक्तामाला के लिये 'मुक्तागुण' शब्द का प्रयोग करते हैं-

मुक्तागुणमिव भुवः स्थूल मध्येन्द्रनीलम्।[74]

गुप्तकालीन मूर्तिशिल्प एवं चित्रकला में इन्द्रनील की मध्य मणि के साथ मोतियों को एकावली का अनेकशः अंकन हुआ है-

डॉ. मोतीचन्द्र के अनुसार - अनेक लड़ियों की माला जो ऊपर जाकर एक हो जाती है हारयष्टि है।[75]

कालिदास पार्वती के द्वारा धारण की गई-**'विलोलयष्टि प्रविलुप्त चन्दन' हार**[76] के द्वारा संभवतः इसी प्रकार की अनेक लड़ियों वाली माला की ओर संकेत करते हैं जिसकी चंचल लड़ियों से पार्वती के वक्षःस्थल का चंदन पुँछ जाया करता था।

संभवतः इसे ही राजशेखर **'मौक्तिक मालिका'**[77] कहते हैं। ग्रीष्म ऋतु में अंगनाओं के वक्षः स्थल पर अर्पित हारयष्टि सोये हुये मन्मथ को जगा देती है।[78]

(iii) **तारहार**-

स्थूल मुक्ताओं के हार को तार कहा गया है। रघुवंश में गन्धर्व कुमार प्रियम्बद के द्वारा उरःस्थल पर धारण किये गये तारहार का उल्लेख हैं।[79]

कादम्बरी ने; अमृतफेन-पिण्ड के समान धवल सभी रत्नों में श्रेष्ठ मुक्ताओं से रचित 'अतितार हार' चंद्रापीड़ को उपहार में भेजा था।[80]

स्थूल मुक्ताओं का हार स्त्रियाँ भी पहनती थीं। ये हार तारहार से कम लम्बे और कण्ठ से लगे होते थे। हर्षचरित में मालती के कण्ठ में स्थूल मुक्ता हार और वक्षः स्थल पर रत्नप्रालम्ब का वर्णन हुआ है-

हारेणामलकीफलनिस्तलमुक्ताफलेन।[81]

कृष्णवर्ण कण्ठ-देश में 'अतिस्थूल मुक्ता फल-घटित हार इस प्रकार शोभित होता था मानों गंगा ने यमुना का आलिंगन किया हो।[82]

(iv) **शेषहार**-

बाणभट्ट ने कादम्बरी द्वारा चन्द्रापीड को उपहार में दिये गये अति तार हार को ही शेष हार कहा है।

तदयममृतमथनसमुद्भूतानां सर्वरत्नानामेकः शेष इति शेष नामा हारः।[83]

सम्राट् हर्ष द्वारा स्कन्ध प्रदेश पर धारण किये गये; अतिस्थूलमुक्ताफल की किरणों से वक्ष:स्थल को व्याप्त करने वाले हार दण्ड को श्लेष से शेष नाग के समान कहा गया है।[84] संभवतः यह भी शेष हार ही थी।

डॉ. वासुदेवशरण अग्रवाल के मत में-शेष हार उस युग के विशिष्ट पुरुषों का आभरण था। यह ऊपर से पतला और नीचे से मोटा होता था; सामने शरीर पर पड़ा हुआ साँप सा लगता था।[85]

(v) **महाहार-**

बाणभट्ट ने सम्राट हर्ष द्वारा धारण किये गये 'महाहार' का भी वर्णन किया है। यह भी मुक्ता-हार ही था क्योंकि इसकी श्वेत किरण समूहों से दिशाओं को चामर किये जाने का वर्णन हुआ है।

स्फुरन्महाहारमरीचिचक्रवालानि चामराणीव दिशोऽपि ग्राहयन्।[86]

(vi) **नक्षत्रमाला-**

यह सत्ताईस मोतियों का छोटा हार था। महाराज शूद्रक के वर्णन प्रसंग में श्लेष से नक्षत्रमाला का उल्लेख हुआ है-

नक्षत्रमालयेव हारलतया कृत मुखपरिवेशम्[87]

(vii) **मुक्ताकलाप-**

यह संभवतः मोतियों के गुच्छे से बना; कई लड़ियों का कण्ठ से लगा हुआ हार था। इस हार और पार्वती के कण्ठ में परस्पर भूषण-भूष्य भाव का उल्लेख कालिदास ने किया है-

कण्ठस्य तस्याः स्तनबन्धुरस्य मुक्ताकलापस्य च निस्तलस्य
अन्योन्य शोभाजननाद् बभूव साधारणो भूषण-भूष्यभावः।[88]

(2) **प्रालम्ब हार-**

कंधे से लटकते हुए लम्बे हारों को प्रालम्ब कहा गया है। ये प्रालम्ब तीन प्रकार के थे-

(i) स्वर्ण रचित- अमरकोश में स्वर्ण रचित लंबे हारों को ही प्रालम्ब कहा गया है।[89] कालिदास ने इंदुमती स्वयंवर में उपस्थित किसी राजा के द्वारा, कंधे से खिसक कर अंगद की कोटि में फँसे हुये प्रालम्ब को पुनः यथास्थान निवेशित करते हुए अपने मनोभावों को व्यक्त करने का वर्णन किया है।[90]

(ii) **रत्न प्रालम्ब-**

यह वक्ष:स्थल को शोभित करने वाली पद्मराग, मरकतमणि आदि रत्नों से निर्मित कुछ लम्बी रत्न माला थी- जिसे मालती ने धारण किया था-

कुचपूर्णकलशयोरुपरि रत्नप्रालम्बिकामरुणहरितकिरणकिसलयिनीं . . . बद्धां धारयन्तीम्।[91]

(iii) **मुक्ताप्रालम्ब-**

कादम्बरी द्वारा धारण किये जाने का वर्णन है जिसे अपनी दोनों तर्जनियों से घुमाती हुई वह मानों चंद्रापीड़ के प्रति अपनी हार्दिक उत्कण्ठा को व्यक्त कर रही थी।[92]

(3) **रत्नावली-**

'हेममणिचित्रा रत्नावली' कौटिल्य के इस कथन के अनुसार - मोती की माला के बीच यदि सोने के मणि (मनके) गुथें हो तो उसकी संज्ञा रत्नावली होती है।[93] या स्वर्ण और मणि के संयोग से निर्मित माला को भी रत्नावली कहा जा सकता है। मृच्छकटिक में आर्य चारुदत्त की पत्नी धूता के द्वारा वसन्तसेना को रत्नावली दिये जाने का वर्णन है। इसे **'चतु:समुद्रसारभूता'** अर्थात् चारों समुद्रों से उत्पन्न श्रेष्ठ रत्नों से निर्मित रत्नमालिका भी कहा गया है।[94]

कालिदास ने इन्द्रनीलमणि और मुक्ता के संयोग से रचित माला से; गंगा-यमुना के संगम की उमपा दी है-

क्वचित् प्रभालेपिभिरिन्द्रनीलैः
मुक्तामयी यष्टिरिवानुविद्धा।[95]

(4) **कण्ठसूत्र-**

कण्ठ में धारण की जाने वाली सोने की पतली जंजीर को कण्ठ सूत्र कहा जाता था। भास ने मध्यमव्यायोग में घटोत्कच को विद्युत के समान चमकीले कण्ठसूत्र से युक्त कहा है-

सतडिदिव घनः सकण्ठसूत्रः।[96]

मृणाल सूत्र-कमल नाल के सूक्ष्म तंतुओं से निर्मित चन्द्र-कोमल विस-सूत्र मुनि कन्याओं का प्रिय कण्ठाभूषण था (अभि./6/18)

साहित्य में प्राप्त इन सन्दर्भो के अतिरिक्त कौटिल्य ने **सोपानक** (स्वर्ण सूत्र में गुँथे हुये मोतियों की माला) और **मणि सोपानक** (सोपानक के मध्य; मणि से युक्त माला) का भी उल्लेख किया है।[97]

(5) **कराभूषण-**

अंगद, वलय, केयूर, कटक और अंगुलीयक इन पाँच आभूषणों का प्रयोग स्त्री-पुरुष दोनों ही करते थे।

(1) **अंगद** - यह बाहु मूल में बाँध कर पहना जाने वाला आभूषण था। कालिदास ने कुश की अंत:पुरिकाओं द्वारा पहने जाने वाले अंगद[98] एवं इन्दुमती स्वयंवर में उपस्थित राजा द्वारा पहने गये **रत्नानुविद्ध अंगद**[99] का उल्लेख किया है। बाणभट्ट मकर एवं पत्रलता के अलंकरण से युक्त **'पत्रभंगमकराकृति'** अंगद का वर्णन करते हैं।[100]

(2) **केयूर** - केयूर भुजा पर धारण किये जाने वाले नोकयुक्त आभूषण थे। साहित्य में प्राय:, केयूरों के परस्पर घर्षण से उत्पन्न ध्वनि[101] और उनकी नोक से अंशुक वस्त्रों के फटने का वर्णन हुआ है।

कनककेयूरकोटिविपाट्यमानपट्टांशुकोत्तरीयेन।[102]

बाणभट्ट ने महाराज शूद्रक द्वारा धारण किये गये **इन्द्रनीलमणि जटित केयूर**[103] एवं सम्राट हर्ष के **रत्न केयूर**[104] का वर्णन किया है जिसके भास्वर रत्नों से निकलती हुई किरणें दो बालभुजाओं के समान प्रतीत होती थीं।

(3) **वलय-**

हस्ताभूषण के रूप में वलय का उल्लेख वैदिक काल से ही प्राप्त होने लगता है। यह मणिबन्ध या कलाई में धारण किया जाने वाला कड़ा था।[105] पुरुष वर्ग केवल बाँये हाथ में ही एक वलय पहनते थे।[106] इनके कई प्रकार थे-

(i) काञ्चन वलय (अभि./6/6)

(ii) मणिजटित काञ्चन वलय (वही/3/11)

(iii) कुलिश वलय- नोकदार या हीरे की कनी से जड़े हुये (मेघ./1/65)

(iv) शिञ्जावलय-(घुंघरूदार) जिसे बजाकर यक्षिणी मयूरों को नचाया करती थी (मेघ./2/19)

राजशेखर ने भी शिञ्जावलय की मधुर ध्वनि का वर्णन किया है-

विलोलवलयावलीजनितमञ्जुशिञ्जारवम्।[107]

(v) प्रचलित रत्नवलय-यह हाथ के अनुपात से अपेक्षाकृत कुछ बड़ा जड़ाऊ कङ्कन होता था जो ढीला होने के कारण झूलता हुआ सा प्रतीत होता था अत: इसे **'दोलायमानमणि वलय'** या **'दोलावलय'** भी कहा गया है।

वामप्रकोष्ठार्पितदोलायमानमाणिक्यवलय।[108]

(vi) शङ्ख वलय-शङ्खों को काटकर उसमें स्वर्ण-पुष्प, रत्नादि जड़ कर सुंदर वलय बनाये जाते थे। माघ ने यादवाङ्गनाओं द्वारा पहने गये इस प्रकार के वलय का उल्लेख किया है। (शिशु./10/43)

(vii) मृणाल वलय-चंद्रमा की किरणों के समान कोमल-धवल कमल नाल से बने वलय-काम पीड़ियों द्वारा धारण किये जाने वाले आभरण थे। (अभि./अं. 3/7)

(4) **कटक-**

यह भी एक हाथ में पहना जानेवाला, वलय से अपेक्षाकृत मोटा और भारी कड़ा था। कालिदास ने अग्निमित्र के हाथ में कटक का उल्लेख किया है-

इति राज्ञो हस्तात् कटकमाकर्षति।[109]

बाणभट्ट ने मालती के हाथ में 'मकरमुखी हाटक कटक' का वर्णन किया है जिसके सिरों पर मरकतमणि जड़ी हुई थी।

प्रकोष्ठनिविष्टैकहाटककटकस्य मरकतमकरवेदिकासनाथस्य।[110]

वर्तमान युग में भी मकरमुखी कड़े फैशन में है तथा एक हाथ में कड़ा पहनने का प्रचलन है।

(5) **कंकण-**

यह कटक की तुलना में कुछ पतला और अधिक नक्काशी वाला या जालीदार डिजाइनों में बनने वाला हस्ताभूषण था जो दोनों हाथें में एक से अधिक भी पहने जाते थे। राजशेखर ने मृगांकावली के हाथों में कङ्कणावलि (कई कंकणों) का वर्णन किया है-

इंद तरलकङ्कणावलिविशेषवाचालितम्।[111]

अंगुलीयक (अंगूठी)-

हस्ताभरणों में अङ्गुलियों को शोभित करने वाले 'अंगुलीयक' का विशेष महत्व है। अभिज्ञान चिह्न के रूप में शाकुन्तल के कथानक को गति देने में, तथा कृति के अभिधान में इसकी विशेष भूमिका रही है। अंगुलीयकों के कई प्रकार हैं-

(i) **रत्न जटित-**

जैसे कादम्बरी की रक्त वर्ण अंगुली में धारण किया गया मरकत मणि जटित अंगुलीयक जो हाथ में पकड़े गये ताम्बूल (पान) का भ्रम उत्पन्न कर रहा था।[112]

(ii) **नामाङ्कित-**

नाम के अक्षरों से अङ्कित अङ्गुलीयक की विशेष संज्ञा 'मुद्रा' है[113] जो दुष्यन्त द्वारा शकुन्तला को पहनाई गई थी। दुष्यन्त को इस बात का दुःख है कि वह अँगूठी शकुन्तला

के, अरुण नख मनोहर, बन्धुर-कोमल अंगुलि जैसे सुन्दर स्थान को प्राप्त करके भी गिर कैसे गई?[114]

संस्कृत नाटक 'मुद्राराक्षस' का संपूर्ण कथानक ही राक्षस की नामाङ्कित मुद्रा पर केन्द्रित है।

(i) **विशेष चिह्न या आकृति से अंकित-**

इन्हें भी मुद्रा कहा गया है। ऐसी अंगूठियाँ विशेष प्रयोजन से बनाई जाती थीं तथा इनका उपयोग राजादेश आदि के रूप में होता था।

मालविकाग्निमित्र में नागमुद्रा से अंकित अंगुलीयक का उल्लेख है जिसकी विच्छुरित किरणों से हाथ पुष्पित के समान प्रतीत होता था-

इंद नागमुद्रासनाथमङ्गुलीयकं. . . अनेनोद्भिन्नकिरणकेसरेण कुसुमित इव मेऽग्रहस्तः प्रतिभाति।[115]

(iv) **शङ्खरचित-**

बाणभट्ट ने सावित्री की तर्जनी में शङ्खनिर्मित अंगुलीयक 'ऊर्मिका' का वर्णन किया है।[116] अमरकोश में ऊर्मिका को अंगुलीयक का पय्र्याय माना गया है। (अङ्गुलीयक-मूर्मिका/2/6/107) संभवतः यह छोटी-ऊर्मि (लहर) के आकार की अंगूठी थी।

कटि एवं श्रोणि (जघन) देश को शोभित करने वाले आभूषण–

काञ्ची, मेखला, रशना, तलक और कलाप स्त्रियों द्वारा कटि पर धारण किये जाने वाले आभरण थे। अमरकोश में एक अन्य आभरण 'सप्तकी' का भी नाम है।[117] ये विभिन्न प्रकार की करधानियाँ थीं। लड़ियों के आधार पर इनके अलग-अलग नाम थे।

पुरुष -**शृङ्खला** या **कटिसूत्र** नामक आभूषण पहनते थे।

(1) **काञ्ची-**

भरत ने एक लड़ी वाली करधनी को काञ्ची कहा है (नाट्य 26/37) साहित्य में तीन प्रकार की काञ्ची का उल्लेख है-

(i) काञ्चन काञ्ची[118]

(ii) क्वणितकनक काञ्ची - कलहंस के समान ध्वनि करती हुई[119]

(iii) रत्नचित्रित काञ्चनकाञ्ची[120]

(iv) पद्मरागमणि काञ्ची[121]

(2) **मेखला-**

श्रोणिमण्डल को चारों ओर से घेरकर शोभित करने वाले आभूषण को सामान्य रूप से मेखला कहा गया है। भरत के अनुसार-आठ लड़ वाली करधनी का नाम मेखला है। कालिदास ने जल में स्नान करती हुई पार्वती को चारों ओर से घेर लेने वाली मत्स्य पंक्ति

को दूसरी मेखला के समान कहा है।

मीनपंक्तिपुनरुक्तमेखला।[122]

अर्थात् मेखला पर्याप्त चौड़ी करधनी को कहा गया है। मेखला के लिये प्रायः 'दाम' शब्द का प्रयोग हुआ है जबकि काञ्ची के साथ 'गुण' का। कहीं-कहीं मेखला गुण से कृतापराध प्रिय को बाँधने का भी वर्णन हुआ है।[123] संभवतः चौड़ी और पतली दोनों प्रकार की मेखलायें पहनी जाती थीं।

कालिदास ने **हेममेखला** (ऋतु./1/6) और **मणिमेखला** - **श्रोणिविलम्बिमणिमेखलैः** (रघु./19/45) का उल्लेख किया है। कभी-कभी मेखला के बीच एक बड़ी सी नीलमणि भी जड़ दी जाती थी- **'मेखलामध्यमणेरिवार्चिः'।**[124]

मेखला में छोटी-छोटी किंकिणियों घँघरूरुओं की योजना भी की जाती थी। कालिदास ने **शिञ्जित मेखला**[125] तथा राजशेखर ने **कलक्वणितकिङ्किणीमुखरमेखला**[126] का वर्णन किया है। बाणभट्ट ने वारविलासिनियों की बजती हुई **रत्न-मलिकाओं से रचित मेखला** की मनोहर झंकार का वर्णन किया है।[127]

बाणभट्ट ने नक्षत्रमाला के समान मोतियों से गुँथी हुई मेखला का भी उल्लेख किया है।

नक्षत्रमालायमानेन.............मेखलादाम्ना परिगतजघनस्थलाम्।[128]

(3) **रशना-**

भरत ने सोलह लड़ी की करधनी को रशना कहा है। रशना की मुख्य विशेषता है उसकी रसित या ध्वनि अतः जहाँ रशना का वर्णन रव के साथ ही हुआ है; वही उसके मौन होने का वर्णन भी अत्यंत दुःख के साथ किया गया है।[129] रशना के घुँघरुओं या रत्नों को सूत्र में गूँथा जाता था, अतः जलक्रीड़ा के समय सूत्रमार्ग में जल भर जाने के कारण रशनाकलाप के मौन हो जाने का वर्णन है-

जलपूरितसूत्रमार्गा मौनं भजन्ते रशनाकलापाः।[130अ]

कालिदास ने हेमरशना (रघु. 19/41); रशनाकलाप (वही/16/65); एवं क्वणितरशना (पूर्व मेघ/39) का वर्णन किया है।

(4) **मुक्ताजाल-**

कालिदास ने मोतियों से गुँथी हुई करधनी 'मुक्ताजाल' का उल्लेख किया है; जो यक्षिणी को अत्यंत प्रिय थी-

मुक्ताजालं चिरपरिचितं त्याजितो दैवगत्याः।[130ब] इसे ही भरत ने 'कलाप' कहा है।

(5) **कटि-सूत्रः-**

भरत ने पुरुष के कटि-भूषण के रूप में शृङ्खला (सोने की जंजीर) का उल्लेख किया

है; किन्तु इसके उदाहरण विरल ही हैं। बाणभट्ट ने स्थूल मुक्ताओं के गुच्छे से रचित परिवेश नामक कटिसूत्र का वर्णन किया है-

शरत्तारकाकारतारमुक्तास्तबकितं पदं परिवेशं नामकटिसूत्रकम्।[131]

पादाभूषण

ऋग्वेद में पैरों में धारण किये जाने वाले खादि[132] (खडुवे) नामक आभूषण का उल्लेख हुआ है। नाट्यशास्त्र के अनुसार स्त्रियों के चरण कमलों को अलंकृत करने वाले आभूषण हैं- नूपुर, किंकिणीका, घण्टिका, रत्नजालक और कटक। पैरों की अंगुलियों में अंगुलीय और अंगुष्ठ में तिलक।

साहित्य में निम्न अलंकारों के संदर्भ प्राप्त होते हैं-

(1) **नूपुर-**

संस्कृत साहित्य में नूपुरों के वर्णन प्रसङ्ग में नूपूर-ध्वनि का भी वर्णन हुआ है। इनकी ध्वनि की उपमा कलहंस की ध्वनि से दी गई है।[133] शिञ्जित नूपुर[134] मणिनूपुर[135] भास्वत कलनूपुर[136] (चमकते हुए स्वर्ण नूपुर); मणि की लाल प्रभा बिखेरने वाले नूपुर[137] शिञ्जित मणिनूपुर[138] आदि कितने ही प्रकार के नूपुर अंगनाओं के चरणों को अलंकृत करते रहे हैं।

मञ्जीर-

नूपुर का ही दूसरा नाम मञ्जीर है[139] राजशेखर के अनुसार कर्पूरमञ्जरी के चरणों में जब मरकतमणि जटित मञ्जीर पहनाये गये तब उनकी शोभा भ्रमरमाला से परिगत अधोमुख कमल के समान हुई।[140]

(2) **पादहंसक**-हंस के आकार के बाँके (मुड़े हुये) कड़े भी पैरों में पहने जाते थे; जिनकी विशेष संज्ञा पादहंसक थी।[141]

ये संभवतः एक साथ दो या अधिक पहने जाते थे क्योंकि नृत्य करती हुई वारविलासिनियों के रव मुखर ललित पादहंसक की उत्प्रेक्षा शृङ्गार-रस-सागर की लहरों से की गई है।[142]

इस प्रकार सुरुचिपूर्ण ढंग से शरीर के भिन्न-भिन्न अंगों में आभूषणों की योजना भी एक कला थी। देश, काल, प्रकृति और अवस्था के अनुरूप आभूषण योजना ही कला का रूप लेती थी।[143] भरत की दृष्टि में अलंकार अंगशोभाकर तभी हो सकते हैं; जब वे विभक्त हों-अर्थात् प्रत्येक अंग पर उनकी स्वतंत्र अभिव्यक्ति हो, एक आभूषण दूसरे की प्रभा या शोभा को अभिभूत करने वाला न हो।[144]

संस्कृत काव्य शास्त्र में भी वनिता के भूषण रूप इन अलंकारों की चर्चा हुई है। इन्हें काव्यशोभा की वृद्धि करने वाले उपमादि अलंकारों के समान माना गया है।

यद्यपि प्राचीन भारत में अलंकारों के प्रति स्त्री-पुरुषों की अत्यधिक अभिरुचि थी तथापि उद्यानविहार, यात्रा आदि के प्रसंग में 'स्वल्प-आभरण' को ही उचित माना जाता था तो पति के प्रवास की अवस्था में 'मंगलमात्र-आभूषण' को।

भूषण-योजनम् की कला का दूसरा पक्ष आभरण की रचना से संबंधित है। प्राचीन भारत में ही यह कला एक व्यवसाय का रूप ग्रहण कर चुकी थी। कौटिल्य के अनुसार सुवर्णाध्यक्ष नामक शासकीय अधिकारी के नियंत्रण और देख-रेख में खान से निकाले गये स्वर्ण को शुद्ध किया जाता था। इसके लिये सब ओर से सुरक्षित एक भवन बनाया जाता था जिसकी संज्ञा 'अक्षशाला' थी; यहाँ बिना अनुमति के प्रवेश निषिद्ध था। अक्षशाला में स्वर्णाभूषण निर्माण संबंधी तीन प्रकार के कार्य होते थे।

(i) क्षेपण - आभूषणों में रत्न जड़ने की क्रिया क्षेपण कही जाती थी।

(ii) गुण - स्वर्ण सूत्रों (तार) को बनाने की क्रिया गुण कहलाती थी।

(iii) छुद्रक - भरे या पोले घुँघरु मनके आदि बनाने के कार्य को छुद्रक कहा जाता था।

अक्षशालामनायुक्तो नोपगच्छेत्। अभिगच्छन्नुछेद्यः।[145]

क्षेपणो गुणः क्षुद्रकमिति कर्माणि।। क्षेपणः काचार्पणादीनि।

गुणः सूत्रवानादीनि। घनं सुषिरं पृषतादियुक्तं क्षुद्रकमिति।।[146]

स्वर्ण को विभिन्न प्रकियायों से शुद्ध करने के बाद ही उसमें विभिन्न वर्णों की मणियाँ जड़ी जाती थीं-

तपनीयं ज्येष्ठं सुवर्णं सुरागं समसीसातिक्रान्तं पाकयन्त्रपक्वं सैन्धविकयोज्ज्वालितं नीलपीतश्वेतहरितकपोतवर्णानां प्रकृतिर्भवति।[147]

साहित्य में भी कला के इस पक्ष पर प्रकाश डालने वाले कई महत्वपूर्ण संदर्भ प्राप्त होते हैं।

स्वर्णभूषण बनाने वाले शिल्पी को हेमकार; स्वर्णकार अथवा कलाद (हर्ष., उ. 1/34) और आभूषण निर्माण की क्रिया को 'हाटक घटना' कहा जाता था। विवाहादि के अवसर पर स्वर्णकारों का दल राजकुल में आकर गहने गढ़ता था। हर्षचरित् में राज्यश्री के विवाह के अवसर पर गहने गढ़े जाने की खट्-खट् ध्वनि का मनोरम वर्णन हुआ है-

हेमकारचक्रप्रकान्तहाटकघटनटङ्कारवाचालितालिन्दकम्।[148]

एक दूसरा दृश्य 'मृच्छकटिक' में वसन्तसेना के भवन के छठे प्रकोष्ठ का है, जहाँ-

सोने में मणि बाँधी जा रही है, स्वर्णालङ्कार रक्तसूत्र में जोड़े जा रहे हैं, मोती के आभूषण गूँथे जा रहे हैं, वैदूर्यमणि धीरे-धीरे घिसी जा रही है, शंख काटे जा रहे हैं। प्रवाल

(मूँगा) शाण पर चढ़ाकर चमकाये जा रहे हैं।[149]

संपन्न वर्ग में शुद्ध स्वर्ण की अपेक्षा मणि जटित आभूषणों का प्रचलन ही अधिक था। आभूषण सात प्रकार के थे-

(i) विशुद्ध स्वर्ण घटित - यथा - हेम-काञ्ची

(ii) विशुद्ध मुक्तारचित - यथा - एकावली

(iii) विशुद्ध रत्न रचित - यथा - चूड़ामणि

(iv) स्वर्ण एवं रत्नों की योजना से रचित- रत्नावली, मणिकुण्डल, मणिनूपुर आदि।

(v) स्वर्ण एवं मुक्ता की योजना से रचित-सोपानक नामक हार

(vi) स्वर्ण, मुक्ता एवं मणि की योजना से रचित - त्रिकण्टक

(vii) हाथी दाँत में रत्न जड़कर रचित - दन्तपत्र नामक कर्णाभूषण।

मणि का स्वतंत्र उपयोग केवल चूड़ामणि के रूप में ही था। यह अरुण आभा को विच्छुरित करने वाली पद्मराग मणि से रचित होती थी।

उत्तम जाति के रत्नों की सार्थकता भी स्वर्ण से संयुक्त होने में ही मानी जाती थी।[150] मणि या रत्न को स्वर्ण में जड़ा जाता था अथवा छिद्र करके पट्टसूत्र या रत्न-सूत्र में पिरोया जाता था। मणि में छेद करने के लिए हीरे की कनी प्रयोग में लाई जाती थी।[151] मणि को आभूषण में जड़ने से पूर्व शाण पर चढ़ाकर तराशा जाता था इससे मणि का आकार छोटा हो जाता था किन्तु चमक बढ़ जाती थी-

संस्कारोल्लिखितमहामणिरिव क्षीणोऽपि नालक्ष्यते।[152]

रत्नों को तराशना भी एक कला थी असावधानी आदि के कारण रत्न के नष्ट हो जाने पर कलाकार को कठोर दण्ड का पात्र होना पड़ता था। बाणभट्ट ने इसके लिये मृत्युदण्ड तक का उल्लेख किया है-

कुवैकटिका इव तेजस्विरत्नविनाशकाः कस्य न वध्याः।[153]

रत्नों की योजना में कई प्रकार की वर्णच्छटायें थीं- या तो मरकत और मणि का संयोग - हरित् और अरुण की मनोरम छटा, या फिर मुक्ता और पद्मराग का संयोग - श्वेत-रक्त की अनुपम शोभा, या फिर दुग्ध धवल मुक्ता के बीच एक स्थूल इन्द्रनील मणि का मनका।

एक साथ कई रंगों की आभा बिखेरने वाले रत्नों की संयोजना से इन्द्रधनुषी वर्णच्छटा की भी सृष्टि की जाती थी-

कर्णाभरणमणेर्विप्रकीर्यमाणमधोमुखकिरणेन्द्रायुधजालम्।[154]

आभूषणों के प्रमाण, स्वरूप, निर्माण विधि आदि का विवेचन करने वाला शास्त्र भी था, जिसे भरत ने विश्वकर्मा रचित शास्त्र कहा है। कभी-कभी आभूषणों का प्रयोग करने

वाले प्रयोक्ता भी अपनी बुद्धि और कल्पना के अनुसार डिजाइनों की रचना करते थे-

आगमश्च प्रमाणश्च रूपनिर्वर्णनं तथा।

विश्वकर्ममतात् कार्य सुबुद्ध्यापि प्रयोक्तृभिः॥[155]

सुन्दर स्वर्ण आभूषण के निम्न आठ गुण माने गये थे-

(i) समरागम् - एक सा रंग,

(ii) समद्वन्द्वम् - एक जोड़ी के दोनों आभूषणों का रंग, आकार, माप, डिजाइन आदि का समान होना,

(iii) अशक्तम् - गाँठ आदि का न होना;

(iv) सुविमृष्टम् - भलीभाँति चमकाया गया;

(v) संस्थानमधुरम् - सुंदर संरचना वाला;

(vi) धारणे सुखम् - धारण करने में सुखकर;

(vii) प्रभायुक्तम् - कांति युक्त तथा;

(viii) मनोनेत्राभिरामम् - मन और नेत्रों के लिये रमणीय होना।[156]

काव्य में वर्णित इस 'भूषण-योजनम्' की कला को भारतीय चित्रकला एवं मूर्तिशिल्प ने दृश्य बनाया है। अजन्ता के भित्तिचित्रों में किरीट, मुकुट, एकावली, यष्टि आदि अलंकरणों की वर्ण योजना साकार हुई है तो गुप्तकालीन विष्णु प्रतिमाओं में पत्रभंगमकरालंकृत मुकुट एवं शेष हार की रूप योजना। अहिच्छत्रा में प्राप्त मृण्मूर्तियों में दोलावलय मूर्त हुआ है तो खजुराहो और भुवनेश्वर के मंदिरों पर उत्कीर्ण स्त्री प्रतिमाओं में कितने ही प्रकार के शिरोभूषण, हार, मेखला और मणिनूपुर।

भूषण-योजनम् की कला से रचित ये आभूषण; आज भी अपने रत्नों की जगमग आभा से मानव को मुग्ध किये हैं।

सन्दर्भ-सङ्केत

1. नाट्यशास्त्र - 23.12-14
2. यशोधर, कामसूत्र - 1.3.15 की टीका
3. नाट्यशास्त्र - 23.10-42
4. चूडामणि: शिरोरत्नम् - 2.6.102, नाट्यशा. - 23.16
5. अभिनवभारती, भाग 3, पृ. 111
6. वेणीं मुक्त्वा ददौ तस्मै दिव्यं चूडामणिं शुभम्-रामा.-सुन्द. - 35.31
7. अभिषेकनाटकम् - 2.9

8. वही - 4.15
9. रघुवंश - 17.23
10. वही - 6.33
11. कुमारसं. - 7.35
12. विक्रमो. - 4.74
13. चूडामणिसंक्रान्तप्रतिबिम्बच्छलेन राजाज्ञेव मूर्तिमती राजभिः शिरोभिरुह्यमाना - कादम्बरी - पृ. 22
14. कादम्बरी - पृ. 543
15. हर्षचरितम् - उ. 7, पृ. 387
16. वही - उ. 2, पृ. 126
17. नाट्यशास्त्र - 23.134-140
18. रघुवंश - 9.13
19. कादम्बरी - पृ. 443
20. सुरासुरमुकुटमकरपत्रकोटिचुम्बित . . . - वही, पृ. 62
21. रघुवंश - 6.19
22. कादम्बरी - पृ. 42
23. हर्षचरित उ. 2, पृ. 127
24. सर्वे च शुद्धकाञ्चनविनिर्मिताः श्रेयसो वृद्धये - बृहत्संहिता - 49.2-4
25. रघुवंश - 18.44
26. हर्षचरित - उ. - 7, पृ. 369
27अ. वही - उ. 2, पृ. 122
27ब. कादम्बरी - पृ. 641
28. अमरकोश - 2.6.103
29. रघुवंश - 9.67
30. हर्षचरित - उ. 7, पृ. 368
31. चूडामणिमकरिका सनाथा मकरकेतु पताकेव, हर्षचरित - उ. 1, पृ. 58
32. वही - उ. 1, पृ. 12
33. वही - उ.1, पृ. 58
34. नाट्यशास्त्र - 23.24-26
35. वही - 23.16
36. रामायण-बालकाण्ड - 6.10
37. रघुवंश - 9.15
38. ऋतुसंहार - 3.19
39. ऋतुसंहार - 2.20

40. कादम्बरी - पृ. 429
41. वही - पृ. 186
42. कर्पूरमंजरी - 2.18
43. कादम्बरी - पृ. 543
44. हर्षचरित - उ. 1, पृ. 57
45. रघुवंश - 7.27, कुमारसम्भव - 8.62; ऋतुसंहार - 2.25
46. कादम्बरी - पृ. 435
47. रत्नकर्णपूरमात्राभरण: - कादम्बरी - पृ. 49; झणझणायमानमणिकर्णपूर:, पृ. 20
48. मेघदूत - 2.11
49. कादम्बरी - पृ. 26
50. ऋतुसंहार - 2.18
51. कुमारसम्भव - 4.8
52. कुमारसंभव
53. अभिनवभारती, भाग 3, पृ. 113
54. मेघदूतम् - 1.48
55. विद्धशालभंजिका - 3.7
56. हर्षचरित् - उ. 1, पृ. 39
57. वही - उ. 4, पृ. 266
58. त्रिकण्टकमुक्ताफलालोकधवलितेन - वही - उ. 4, पृ. 230
59. कादम्बरी - पृ. 33
60. अतिमहार्हपद्मरागालोकलोहितीकृतदिवसं च तरङ्गकं नाम कर्णाभरणम्/हर्षचरितम् - उ. 7, पृ. 390
61. उत्कृष्टहेमतालीपट्टाभरणमयं........कर्णपाशम् - वही, पृ. 543
62. नाट्यशास्त्र - 23.17, 31-32
63. हारोऽयं केरलस्त्रीविहसितशुचिभि: पंक्तिभिर्मौक्तिकानाम्-विद्धशा. - 1.7
64. अर्थशास्त्र - 2.11.7-16
65. सूत्रमेकावली शुद्धा-अर्थशास्त्र - 2.11.22

66अ. एकावल्येकयष्टिका-अमर. - 2.6.106

66ब. बृहत्संहिता - 81.36

67. रघुवंश - 13.48
68. विक्रमो. - 5.15
69. मकरध्वजलास्यारम्भलीलापुष्पाञ्जलिमेकावलीम् - कादम्बरी - पृ. 440
70. वही - पृ. 445
71. अर्थशास्त्र - 2.11.23

72. विद्धशा. - 1.17
73. हर्षच. उ. 1, पृ. 14
74. मेघ. - 1.50
75. प्राचीन वेशभूषा - पृ. 72
76. कुमार. - 5.8
77. विद्धशा. - 3.16
78. ऋतुसं. - 1.88
79. रघु. - 5.53
80. काद. - पृ. 583
81. हर्ष. - उ. 1 पृ. 56
82. कादम्बरी - पृ. 33
83. वही. - पृ. 582
84. हर्षच. - उ. 2, पृ. 124
85. हर्षचरित् एक सांस्कृतिक अध्ययन - पृ. 47
86. हर्षच. - उ., 7, पृ. 370
87. कादम्बरी - पृ. 26
88. कुमार. - 1.42
89. स्वर्णैः प्रालम्बिकः। अमर. - 2.6.104
90. रघु. - 6.14
91. हर्षचरित् - उ. 1, पृ. 57
92. कादम्बरी - पृ. 585
93. अर्थशास्त्र - 2.11.24
94. मृच्छकटिक - अं. 3, पृ. 183, 184, 187
95. रघु. - 13.54
96. मध्यमव्यायोग - 1.4
97. सुवर्णसूत्रान्तरं सोपानकम्-मणिमध्यं वा मणिसोपानकम्।। अर्थशास्त्र - 2.11.26-27
98. गाढाङ्गदैर्बाहुभिः - रघु. - 16.60
99. रत्नानुविद्धाङ्गदकोटिलग्नम् - रघु. - 6.14
100. कादम्बरी - पृ. 41
101. अन्योन्यकेयूरविघट्टिनीभिः कुमार. - 16.56
102. हर्षच. - उ. 2, पृ. 226
103. कादम्बरी- पृ. 26
104. हर्षचरित् - उ. 2, पृ. 124
105. कनकवलयभ्रंशरिक्तप्रकोष्ठः-मेघ. - 1.2

106. वामप्रकोष्ठार्पितं बिभ्रत काञ्चनं वलयमेकम् - अभि. 6.6
107. विद्धशाल. - 2.32
108. कादम्बरी - पृ. 520
109. मालविका. - अं. 2
110. हर्षच. - उ. 1, पृ. 57
111. विद्धशा. - 2.6
112. कादम्बरी - पृ. 554
113. साक्षराङ्गुलिमुद्रा। अमर. - 2.6.108
114. अभिज्ञा. - 6/13
115. मालवि. - अं. 1
116. कम्बुनिर्मितोर्मिकादन्तुरितं तर्जनीकम्/हर्षच. - उ. 1, पृ. 18
117. स्त्रीकट्यां मेखलाकाञ्ची सप्तकीरशना तथा - अम. - 2.6.108
118. हर्षच. - पृ. 226
119. ऋतुसं. - 3.26
120. वही. - 3.26
121. कर्पूरमं. - 2.15
122. कुमारसं. - 4.8
123. रघु. - 19.17
124. कुमार. - 1.38
125. रघु. - 9.37
126. विद्धशा. - 2.32
127. कादम्बरी - पृ. 41
128. कादम्बरी - पृ. 33
129. इयमप्रतिबोधशायिनीं रशना त्वां प्रथमा रहः सखी।
गतिविभ्रमसादनीरवा न शुचा नानुमृतेव लक्ष्यते।। रघु. - 8.58
130अ. रघु. - 16.65
130ब. मेघदूत - 2.38
131. काद. - पृष्ठ. 389
132. पत्सु खादयः। ऋग्वेद - 1.166.9; 5.54.11
133. कुमार. - 1.34, विक्रमो. - 4.30
134. कुमार. - 1 - 34
135. ऋतु. - 3.27
136. रघु. - 16.12
137 काद. - पृ. 32

138. काद. - पृ. 555
139. अमर. - 2.6.109
140. कर्पूरमं. - 2.13
141. हंसक: पादकटक:। अमर. - 2.6.110
142. हर्षच. - उ. 4, पृ. 225
143. अदेशजो हि वेशस्तु न शोभां जनयिष्यति - नाट्यशा. - 23.70
144. विभागतोऽभिप्रयुक्तमङ्गशोभाकरं भवेत् - वही. 23.45
145. अर्थशास्त्र - 2.13.34-35
146. वही - 2.13.41-44
147. वही. - 2.13.52
148. हर्षचरित् - उ. 4, पृ. 243
149. वजझन्ति जादरूवेहिं माणिक्काइं घड्ज्जिन्ति सुवण्णालङ्कारा रत्तसुत्तेण, गत्थाअन्ति मोत्तिआभरणाइं. . . .। मृच्छ. - अं. 4, पृ. 239
150. अप्याकर समुत्पन्नो रत्नजातिपुरस्कृत:।
जातरूपेण कल्याणि मणि: संयोगमर्हति।। माल. - 5.18
151. मणौ वज्रसमुत्कीर्णे सूत्रस्येवास्ति मे गति:। रघुवंश - 1.4
152. अभि. शा. - 6.6
153. हर्षचरितम् - उ. 6, पृ 333
154. कादम्बरी - पृ. 520
155. नाट्यशा. - 23.43-44
156. समरागं समद्वन्द्वमशक्तं पृषतं स्थिरम्।
सुविमृष्टमसंवीतं विभक्तं धारणे सुखम्।।
अभिनीतं प्रभायुक्तं संस्थानमधुरं समम्।
मनोनेत्राभिरामं च तपनीयगुणा: स्मृता:।।
-अर्थशास्त्र - 2.13.66-67

卐 卐 卐

6. कर्णपत्र की रचना

(कर्णपत्रभङ्गाः)

वात्स्यायन के अनुसार चौंसठ कलाओं में से एक कला है - कर्णपत्रभङ्गाः, अर्थात्-हाथी दाँत शंख आदि से कानों में धारण करने के लिये, पत्राकृति आभूषण बनाने की कला।[1]

सभ्यता के उषः काल से ही पुष्प-पत्रों के सौन्दर्य ने मानव को सम्मोहित किया है। निसर्ग के इस मनोरम उपहार से मनुष्य ने अपने शरीर के विभिन्न अंगों को सजाया है। कर्णिकार, अशोक, सिन्दुवार, शिरीष आदि पुष्पों के समान ही अशोक तमाल चंदन ताल आदि के कोमल किसलयों को स्त्रियाँ अवतंस (कर्णभूषण) के रूप में प्रयुक्त करती रही हैं। सामान्य स्त्री पुरुषों की तो बात ही क्या; स्वयं श्री राम ने तमाल के सुगन्धित प्रवाल को सीता का अवतंस बनाया है-

अयं सुजातोऽनुगिरिं तमालः प्रवालमादाय सुगन्धि यस्य।
यवाङ्कुरापाण्डु कपोलशोभि मयावतंसः परिकल्पितस्ते।।[2]

पुष्पों के कमनीय सौंदर्य के अनुकरण पर जिस प्रकार कनक-कमल आदि कर्णाभूषणों की रचना हुई उसी प्रकार कटावदार तरङ्गायित पत्रों के अनुकरण पर कर्णपत्र की। भङ्ग का अर्थ है- अंश या टुकड़ा; अतः कर्णपत्रभङ्ग से अभिप्राय है- हाथी दाँत के टुकड़ों से पत्ते के आकार की आभरण रचना जिसकी विशेष संज्ञा 'दंतपत्र' है।

प्राचीन भारत में बहुमूल्य हाथी दाँत का उपयोग विभिन्न प्रकार के अलंकरणों के साथ ही कर्णपत्र की रचना के लिये भी होता था। रत्न-माणिक्य आदि से जटित कुण्डल-कर्णपूर आदि आभूषणों के साथ ही दन्तपत्र भी विलासी स्त्री-पुरुषों का प्रिय-कर्णाभूषण रहा है। हाथी-दाँत को उत्कीर्ण कर, बारीक नक्काशी का काम; भारत का प्रसिद्ध शिल्प रहा है। रामायण में इस कार्य में लगे हुये शिल्पियों को 'दन्तकार' कहा गया है।[3]

दन्तपत्र को धारण करने के संदर्भ अत्यंत प्राचीन काल से ही प्राप्त होते हैं; उदाहरण स्वरूप विवाह के अवसर पर पार्वती के मुख को शोभित करने वाला कर्णावसक्त दन्तपत्र-

कर्णावसक्तममलदन्तपत्रं माता तदीयं मुखमुन्नम्य।[4]

दन्तपत्र एक कान में ही धारण किया जाता था। मालती के एक कान में नीली झलक का दन्तपत्र और दूसरे कान में केतकी का हरा अवतंस (नुकीला टोंसा) शोभित होता था-

वामश्रवणाश्रयिणा दन्तपत्रेण . . . . दक्षिणकर्णावतंसितया केतकीगर्भपलाश-लेखया . . . . ।[5]

महाराज शूद्रक की सभा में उपस्थित चाण्डाल कन्या ने भी एक ही कान में दन्तपत्र धारण किया था-

एककर्णावसक्तदन्तप्रभाधवलित कपोलमण्डलाम्।[6]

दन्तपत्र के प्रति स्त्रियों की विशेष अनुरक्ति का सबसे बड़ा प्रमाण यह है कि चंद्रापीड़ से मिलने आई कादम्बरी ने अन्य आभूषणों का परित्याग कर एक कान में दंतपत्र और दूसरे कान में कुमुद-दल का कर्णपूर धारण किया था-

अपनीताशेषराजचिह्नाम्.....एककर्णावसक्तदन्तपत्राम्........।[7]

स्त्रीजनों में दन्तपत्रों का प्रयोग इतना अधिक था कि कादम्बरी अन्तःपुर का मार्ग दन्तपत्रों के प्रभा मण्डल से चंद्रलोक के समान प्रतीत होता था-

चन्द्रलोकायमानं दन्तपत्रप्रभामण्डलैः।[8]

पुरुष भी दन्तपत्र धारण करते थे। हर्षचरित में युवा दधीच के साथ चलने वाले पैदल सैनिक दन्तपत्र धारण किये हुये थे।[9]

सामान्य रूप से दंत पत्र आपाण्डु (ईषत् पाण्डु) या धवल वर्ण के होते थे। कालिदास ने इन्हें केतकवर्ह (पत्ते) के समान ईषत् पाण्डु वर्ण[10] का कहा है। इनकी धवल द्युति से प्रायः कपोलतल के उद्भासित होने का वर्णन भी हुआ है-

धवलदन्तपत्रिकाद्युतिहसितकपोलभित्तिना।[11]

प्राकृतिक परिवेश के साथ छन्द मिलाते हुये अन्य धवल प्रसाधनों के साथ दन्तपत्र की योजना अत्यंत मनोरम होती थी-

एकावलीमात्राभरणाम्; . . . . .चन्दनरसेनधवलीकृततनुलताम्, एककर्णा-वसक्तदन्तपत्राम् . . . . तत्काल-रमणीयेन वेशेन साक्षादिव चन्द्रोदयदेवताम्।[12]

विशेष शोभा के लिये इन्हें रंगा भी जाता था। बाणभट्ट ने **'नीलीरागनिहितनीलिम्ना शिखिगलशितिना'** (मयूरकण्ठी रंग के) दनतपत्र का उल्लेख किया है।[13]

दन्तपत्रों को अधिक अलंकृत करने के लिये रत्न भी जड़े जाते थे। नाट्यशास्त्र में 'नानारत्नचित्र' दन्तपत्रों[14] का उल्लेख हुआ है।

दन्तपत्र धारण करने के लिये प्राय: 'अवसक्त', 'आश्रित' आदि क्रियाओं का प्रयोग हुआ है। संभवत: इन्हें श्रवणशिखर में फँसा लिया जाता था।

दन्तपत्र यद्यपि कर्णाभूषण के रूप में ही प्रयुक्त होते थे; तथापि इस की रचना आभूषणयोजनम् (स्वर्णादि आभूषणों की रचना) से पृथक् एक स्वतन्त्र कला थी। अशोक, तमाल, ताल आदि पत्रों की आकृतियों में दन्तपत्र रचे जाते थे। मणिजटित स्वर्णाभूषण जहाँ समृद्धि, प्रभुत्व और राजभाव के सूचक थे वहीं दन्तपत्र विभ्रम और विलास के-

विलासिविभ्रमदन्तपत्रम्।[15]

इसे विदग्ध लीला के योग्य आभरण माना गया था। इस विशिष्ट आभरण के आश्रय से प्रस्तुत माघ कवि की कल्पना के अनुसार-गणेश के एकदन्त होने का कारण, रावण द्वारा अपनी अंत:पुरिकाओं के दंतपत्रों की रचना के लिये एकदन्त का उखाड़ लेना ही है-

विदग्धलीलोचितदन्तपत्रिका विधित्सया नूनमनेन मानिना।
न जातु वैनायकमेकमुद्धृतं विषाणमद्यापि पुन: प्ररोहति।।[16]

यद्यपि यशोधर ने शंख खण्ड से भी कर्णपत्र बनाने का उल्लेख किया है तथापि साहित्य में शंख-बलय एवं अंगुलीयक के ही संदर्भ प्राप्त हैं; कर्णपत्र के नहीं।

कर्णपत्र की रचना के लिये हाथी दाँत ही अधिक उपयुक्त समझे जाते थे; अत: 'दंतपत्र' कर्णपत्र का ही पर्याय बन गया था। कामिनियों के कपोलमण्डल को उद्भासित करने वाले इन कर्णपत्रों की रचना भी एक कला थी।

सन्दर्भ-सङ्केत

1. दन्तशङ्खादिभि: कर्णपत्रविशेषा नेपथ्यार्था:! कामसू., 1/3/15 पर यशोधर की टीका
2. रघुवंश, 13/49
3. रामा., अयो., 83/14
4. कुमार., 7/23
5. हर्ष., उ. 1, पृ. 57
6. कादम्बरी, पृ. 30
7. वही, पृ. 590

8. वही., पृ. 536
9. हर्षचरितम् - उ. 1, पृ. 36
10. रघु., 6/17
11. हर्ष., उ. 1, पृ. 36
12. काद., पृ. 590-91
13. हर्ष., उ. 1, पृ. 57
14. नाट्यशा., 23/26
15. रघु., 6/17
16. शिशुपालावध, 1/60

卐 卐 卐

7. सिलाई एवं कसीदाकारी

(सूचीवानकर्माणि)

यह 'सूची' अर्थात् सुई से वस्त्रों को सीने और वस्त्रों पर फूल-पत्तियों आदि को काढ़ने या कसीदे का काम करने का शिल्प है। ललितविस्तर की कला सूची में इसे सूची कर्म (सुई का काम) तथा शुक्रनीतिसार में 'कञ्चुकादीनां सीवने विज्ञानम्' (कञ्चुकादि वस्त्रों को सीने का विज्ञान) कहा गया है। वात्स्यायन के टीकाकार यशोधर के अनुसार सुई से जोड़ने आदि का काम 'सूचीवान्' है। इसके अंतर्गत तीन क्रियायें आती हैं-

(i) सीवन-कञ्चुकादि वस्त्रों को सिलना।

(ii) ऊतन-कटे, फटे वस्त्रों को इस प्रकार सिलना, रफू करना कि त्रुटि या दोष दिखाई न दें।

(iii) विरचन-कुथा (गलीचा), आस्तरण (बिछौना) आदि बनाना तथा वस्त्रों पर धागे से कलात्मक आकृतियों की रचना करना।[1]

आज से सहस्रों वर्ष पूर्व इस कला का जन्म हुआ जब शरीर को ढकने की आदिम आवश्यकता के साथ सभ्य मानव की सौंदर्य चेतना का योग हुआ। विश्व के प्रथम ग्रंथ ऋग्वेद में सुंदर वस्त्रों को धारण किये हुये युवक का उल्लेख हुआ है-

युवा सुवासाः परिवीत आगात्।[2]

कपास, ऊन, जूट आदि से सूत कातने और उनसे वस्त्र बुनने की कला प्राचीन भारत में ज्ञात थी। गृहशिल्प के रूप में प्रायः घर की स्त्रियाँ, कुमारी कन्यायें[3] तथा शासकीय संरक्षण में हस्त उद्योग के रूप में कन्यायें, विधवा स्त्रियाँ, वृद्धा दासियाँ तथा निराश्रित महिलायें इस कार्य को करती थीं।[4]

यद्यपि भारत में स्त्री और पुरुष अधिकाशंतः बिना सिले हुये अधोवस्त्र और उत्तरीय को धारण करते थे तथापि वस्त्रों को सिलने और कढ़ाई द्वारा उन्हें अधिक सुंदर बनाने की कला भी क्रमशः विकसित हुई थी। सुई को सूची कहा जाता था जो सोने, चाँदी या लोहे की बनी होती थीं। सूची कर्म के लिये धागे का प्रयोग होता था।[5]

संस्कृत साहित्य में प्राप्त संदर्भों के आधार पर इस कला का विवेचन दो भागों में किया जा सकता है-

(1) **सीवन (वस्त्रों को सिलना)-**

इस कार्य में लगे हुये शिल्पियों की संज्ञा तुन्नवाय या सौचिक थी[6], जो निम्न प्रकार के वस्त्रों को सिलने का कार्य करते थे-

कूर्पासक-

यह शरीर के ऊपरी भाग पर; कमर तक धारण किया जाने वाला वस्त्र था। अमर ने इसे 'चोल'[7] और शंकर कवि ने -चोलक'[8] कहा है। कालिदास ने शिशिर और हेमन्त ऋतु में स्त्रियों के परिधान में कूर्पासक का उल्लेख किया है।[9] शीत ऋतु में कूर्पासक के प्रयोग से ज्ञात होता है कि ये कुछ मोटे कपड़े के बने हुये वस्त्र थे जो शीत से बचाव के लिये स्त्रियों द्वारा पहने जाते थे। सुंदर डिजाइनों वाले रंग बिरंगे कपड़ों से कूर्पासक तैयार किये जाते थे। कालिदास के संदर्भ-

'मनोज्ञकूर्पासकपीडितस्तना:'[10] से सूचित होता है कि स्त्रियॉ चोली के समान वक्ष:स्थल पर कसा हुआ कूर्पासक पहनती थीं।

कूर्पासक कई प्रकार के होते थे-आस्तीन रहित, कोहनी तक, आस्तीन वाले या पूरी आस्तीन के। अजन्ता के चित्रों में स्त्रियाँ प्राय: बिना बाँह[11] का या आधी बाँह[12] का कूर्पासक पहने हुये हैं। एक नर्तकी को पूरी बाँह का कूर्पासक पहने हुये भी चित्रित किया गया है।[13]

पुरुष भी कूर्पासक पहनते थे जो फतुई या मिर्जई के ढंग का होता था। बाणभट्ट ने राजाओं द्वारा धारण किये गये **'नानाकषायकर्बुर'** (अनेक रंगों में रंगे हुये चितकबरे) कूर्पासक[14] का उल्लेख किया है। अनेक प्रकार के रंग-बिरंगे कपड़ों के टुकड़ों को जोड़कर कूर्पासक बनाये जाते थे और इसी में कला थी।

कञ्चुक–

यह लम्बे कुर्ते के समान बाँहदार, बन्द गले का वस्त्र था जो प्राय: सम्पूर्ण शरीर को ही आच्छादित कर देता था। सम्पूर्ण शरीर को ढक देने या छिपा लेने के कारण; किसी भी प्रकार के आवरण के लिये भी कञ्चुक शब्द का प्रयोग किया जाता था। महाकवि कालिदास के प्रयोग-

'धर्मकञ्चुकप्रवेशिन:'[15] में कञ्चुक की इस विशेषता की ओर सङ्केत है।

संस्कृत साहित्य में अन्त:पुर का रक्षक ऐसे लम्बे 'कञ्चुक' को धारण करने के कारण 'कञ्चुकी' कहा गया है। भरत के अनुसार ये काषाय (गेरुये) रंग का कञ्चुक[16] पहनते थे; तो बाणभट्ट के अनुसार श्वेत वर्ण का।[17]

स्त्री-पुरुष दोनों ही कञ्चुक पहनते थे। कञ्चुक की लम्बाई भिन्न-भिन्न होती थी। कादम्बरी में चाण्डाल कन्या को आगुल्फ (पैर की पिंडलियों तक लंबे) नीले कंचुक में चित्रित

किया गया है[18] तो हर्षचरित में मालती को आप्रपदीन कञ्चुक में।[19] 'आप्रपदीन' पारिभाषिक शब्द है[20]; जो पैरों तक लंबे वस्त्र, माल्य आदि के साथ विशेषण के रूप में प्रयुक्त होता है।

लाजवर्दी नीले रंग का कञ्चुक पहने हुये राजाओ[21] का वर्णन भी बाणभट्ट ने किया है। अजन्ता के भित्तिचित्रों में भी इस वस्त्र का चित्रण हुआ है। गुफा नं. 1 में अवलोकितेश्वर की बाँई ओर खड़ी हुई चामरग्राहिणी को आप्रपदीन नीले कञ्चुक में अंकित किया गया है।

कञ्चुक के लिये कुछ मोटे और अत्यंत महीने दोनों प्रकार के कपड़ों का उपयोग होता था। मालती जिस कञ्चुक को पहने हुये थी वह श्वेत 'नेत्र' नामक अत्यंत महीन वस्त्र से सिला गया था।[22] इस प्रकार के महीन कञ्चुक के नीचे गहरे लाल आदि रंगों के वस्त्र पहनने का फैशन आधुनिक युग की उच्च वर्ग की महिलाओं में पुनः प्रचलित हुआ है। कञ्चुक की समता वर्तमान युग के 'गाउन' से की जा सकती है। ये कई डिजाइनों में बनते थे। 'ए' लाइन अंग्रेजी के A अक्षर के आकार के, नीचे से गोल आकार में कटे हुये-अम्ब्रेला कट (बाघ के गुफा चित्रों में हाथी पर सवार एक स्त्री को इस प्रकार के कञ्चुक में दर्शाया गया है)[23] या फिर घेरदार जिसके घेरे में किसी छोटे आकार के मनुष्य को भी छुपाया जा सकता था

अन्तः कञ्चुकिकञ्चुकस्य विशति त्रासादयं वामनः।[24]

कञ्चुलिका-

यह वक्षःस्थल तक के भाग को ढकने वाला छोटा वस्त्र था जिसे केवल स्त्रियाँ ही पहनती थीं।[25] कञ्चुलिका के नीचे साड़ी पहनी जाती थी। सोने के तारों से गुंथी हुई, जरीदार कपड़े से बनी हुई 'कनककञ्चुलिका' का उपयोग प्रायः तड़क-भड़क पसंद वारविलासिनिओं द्वारा किया जाता था।[26]

वारबाण-

यह कञ्चुक की तुलना में कुछ ऊँचा, घुटनों तक लंबा बन्द गले का मोटा कोट था जिसे पुरुष; विशेष रूप से योद्धागण पहनते थे। कालिदास ने रघुदिग्विजय के प्रसंग में योद्धाओं द्वारा धारण किये गये वारबाणों का उल्लेख किया है; जो मुरला नदी के तट पर केतकी पुष्प के पराग से बिना यत्न के ही सुगंधित हो गये थे।[27]

बाणभट्ट ने भी हर्ष की सेना में सम्मिलित राजाओं के वारबाणों का उल्लेख किया है[28] जो 'स्तवरक' नामक विशेष कपड़े[29] के बने हुये थे। स्तवरक सासानी युग में ईरान में तैयार किया जाने वाला किमखाव का वस्त्र था जो पूर्व में भारत और पश्चिम में अरब देशों तक निर्यात किया जाता था। कौटिल्य ने इसे ऊन से बना हुआ वस्त्र माना है।[30] भारत में वारबाण ईरानी वेशभूषा के अनुकरण पर अपनाया गया था। कुषाण कालीन मथुरा कला में सूर्य प्रतिमा को जिस प्रकार के कोट में अंकित किया गया है वह वारबाण ही है। वराहमिहिर ने इसे 'उदीच्यवेश'[31]

कहा है। ठीक ऐसा ही कोट पहने सूर्य प्रतिमा काबुल से 20 मील दूर खैरखाना ग्राम में प्राप्त हुई है। अहिच्छत्रा की मिट्‌टी की मूर्तियों में भी इसी प्रकार का कोट पहने एक पुरुष मूर्ति मिली है।[32]

चोलक-

यह छोटे कुर्ते के आकार का वस्त्र था जिसे प्राय: कुमारी कन्यायें पहनती थी। विद्धशालभञ्जिका की नायिका मृगाङ्कावली को चित्र में नीले रंग का चोलक पहने हुए चित्रित किया गया था। इस विशिष्टि वेश को देखकर ही नायक विद्‌याधरमल्ल को उसके कुमारी होने का निश्चय हुआ था-

कन्येति सूचयति वेश विशेष एष
यन्नीलचोलकवती लिखिताऽत्र चित्रे।[33]

चीन चोलक-

बाणभट्‌ट ने राजाओं द्वारा धारण किये गये वेश में चीन-चोलक का भी उल्लेख किया है।[34] यह चीन देश की वेशभूषा के अनुकरण पर अपनाया गया था जिसे कञ्चुकादि अन्य सभी वस्त्रों के ऊपर पहना जाता था। मथुरा से प्राप्त कनिष्क तथा चष्टन की प्रतिमा में सामने से खुला हुआ चोंगा जैसा कोट दिखाया गया है[35] जो चीन चोलक हो सकता है। कनिष्क का चोलक ठीक मध्यभाग से खुला है जबकि चष्टन का चोलक द्विपरती है जो बाँई ओर से खुलता है। उत्तर-पश्चिम भारत के संभ्रान्त वर्गो में विवाहादि उत्सवों के अवसरों पर अभी तक इसका चलन है। बाणभट्‌ट द्वारा प्रयुक्त 'अपचित' विशेषण जिसका अर्थ 'पूजित'[36] है, से सूचित होता है कि यह प्रतिष्ठित वर्ग का परिधान था। चीन चोलक सम्भवत: चीन देश के रेशमी वस्त्र से बनाये जाते थे जो स्तवरक (किमखाब) की तुलना में कुछ पतले होते थे।

अन्तरीय-

अमर ने इसे 'अधों अंशुक'[37] कहा है अर्थात् यह शरीर के निचले भाग में पहना जाने वाला वस्त्र था। यह एक घेरदार घाघरा था जो श्रोणी से (कमर या नाभि के काफी नीचे से) गुल्फ (पैरों की पिंडलियों) तक लम्बा होता था। राजशेखर ने महोदय (कन्नौज) की सुंदरियों के वर्णन प्रसंग में ऐसे लहराते हुये अन्तरीय[38] का वर्णन किया है।

अर्द्धोरुक-

यह कमर से नीचे पहना जाने वाला लहंगा या पेटीकोट के समान वस्त्र था जिसकी लम्बाई सम्भवत: आधे ऊरु तक होती थी अत: इसे अर्द्धोरुक कहा गया था। सम्भव है इसका घेर अंतरीय से कुछ कम होता हो। प्रतिहारियाँ इस प्रकार के अर्द्धोरुक पहनती थीं। देवगढ़ मंदिर

की द्वाररक्षिका स्त्री को इसी प्रकार के अर्द्धोरुक में उत्कीर्ण किया गया है।

बाणभट्ट ने राजपुरुषों के परिधान के रूप में भी इसका वर्णन किया है। जिसे आवश्यकतानुसार कच्छ बाँधकर दो भागों में विभक्त कर लिया जाता था।[39]

चण्डातक-

बाणभट्ट ने मालती द्वारा श्वेत महीन कञ्चुक के नीचे पहने गये कुसुम्भी रंग के चण्डातक का उल्लेख किया है जिस पर बाँधनू से बनी हुई रंग-बिरंगी बुँदकियाँ पड़ी हुई थीं-

कुसुम्भरागपाटलं पुलकबन्धचित्रं चण्डातकम्।[40]

टीकाकार शंकर कवि ने इसे 'अर्द्धोरुक'[41] कहा है। अमरकोश के संदर्भ-

अर्द्धोरुकं वरस्त्रीणां स्याच्चण्डातकम्। (2.6.119) से प्रतीत होता है कि सम्भ्रान्त वर्ग की स्त्रियों द्वारा धारण किये गये अर्धोरुक (घाघरे) की संज्ञा चण्डातक थी। संभवतः चण्डातक और अर्द्धोरुक में लंबाई का भेद था। अर्द्धोरुक पैरों से काफी ऊपर होते थे जबकि चण्डातक आप्रपदीन (पैरों को छूते हुए) मालती आप्रपदीन कञ्चुक के नीचे चण्डातक पहने हुये थी। उसकी लम्बाई भी वही रही होगी जो कञ्चुक की थी। ऐसा न होने पर महीन मलमल के समान नेत्र नामक वस्त्र से बना कञ्चुक असुन्दर प्रतीत होता।

पुरुष भी चण्डातक पहनते थे जिसके ऊपर कक्ष्या (कच्छ) बाँधी जाती थी।[42] बाणभट्ट ने अर्द्धोरुक और चण्डातक दोनों का अलग-अलग उल्लेख किया है जिससे सूचित होता है कि ये दो भिन्न प्रकार के घाघरे थे। आज भी निम्न वर्ग की स्त्रियाँ ऊँचा घाघरा और सम्भ्रान्त वर्ग की महिलायें पैरों को छूता नीचा घाघरा पहनती हैं।

स्वस्थान या सूथना

यह तंग मोहरियों का पाज़ामा था जो पिण्डलियों पर कसा होता था। अपने स्थान पर स्थिर रहने के कारण ही सम्भवतः इसकी संज्ञा 'स्वस्थान' थी। बाणभट्ट ने नेत्र नामक रेशमी वस्त्र से बने स्वस्थान का वर्णन किया है जिस पर फूल पत्तों की डिजाइन बनी हुई थी।[43]

इस प्रकार की सकरी मोहरी का स्वस्थान पहने हुये नर्तकी का चित्रण देवगढ़ मंदिर की भित्ति पर हुआ है।

प्रथम श. ई. पूर्व में शकों के प्रभाव से भारतवर्ष में भी पाजामों का प्रचलन हुआ। गुप्त शासकों की सैनिक वर्दी में भी इसका चलन रहा। बाणभट्ट ने वर्धन सम्राटों के सैनिक वेश में इसका वर्णन किया है। प्रथम शती की मथुरा कला में भी यह वेश प्राप्त होता है।

पिंगा-

बाणभट्ट ने हर्ष की सेना में सम्मिलित कुछ राजाओं द्वारा धारण किये गये पिंगा नामक वस्त्र का उल्लेख किया है। पिशंग (कत्थई लाल) रंग के पिंगे पर नीचे की ओर मटमैले रंग

की पट्टियाँ लगाई गई थीं।[44]

शंकर कवि ने इसे जंघिका या जंघाला कहा है।[45] यह पिंडलियों तक लंबी ढीली सलवार थी जो मध्य एशिया से आयातित रेशमी वस्त्र से बनी होने के कारण 'पिङ्गा' कही जाती थी। अहिच्छत्रा से प्राप्त एक पुरुष मूर्ति में इस प्रकार के पिङ्गा का अंकन हुआ है।[46]

सतुला-

बाणभट्ट ने राजाओं के अधोवस्त्र में गहरे नीले रंग के चिकने कपड़े से बने हुये 'सतुला' का भी वर्णन किया है जिन्हें सफेद रंग की पट्टियों से सुंदर बनाया गया था।[47]

शंकर ने इसे अर्द्ध जंघा या अर्द्ध जंघाला कहा है, अर्थात् यह घुटनों के ऊपर पहना जाने वाला जाँघियानुमा वस्त्र था।

बाणभट्ट ने इस सन्दर्भ में सूची कर्म या सीवन कला के दो ऐसे पारिभाषिक शब्दों का प्रयोग किया है जो इस कला के क्षेत्र में प्रसिद्ध रहे हैं-

प्रथम-समायोग; अर्थात् समान योजना, समान आकार के टुकड़ों को जोड़ना।

द्वितीय-परभाग-एक रंग की भूमि पर दूसरे रंग की योजना।[48] वस्त्रों को सुंदर बनाने के लिये इस प्रकार की कलात्मक योजना होती थी। इसे पैचवर्क कहा जा सकता है। अजन्ता के भित्ति चित्रों (गुफा सं. 17) में नीले रंग पर सफेद पट्टियों का सतुला पहने पुरुष का चित्र प्राप्त होता है। नीले में सफेद धारीदार जाँघियों का प्रचलन मध्य वर्गीय परिवारों या ग्रामों में अभी तक है।

इस प्रकार कूर्पासक से सतुला तक स्त्री-पुरुषों के विभिन्न प्रकार के वस्त्रों को कलात्मक डिजाइनों में सिलना भी एक शिल्प था।

(2) **विरचन-**

सूची कर्म का दूसरा पक्ष था विरचना (विशेष रचना); सिले हुये या बिना सिले हुये वस्त्रों को अधिक सुंदर और आकर्षक बनाने के लिये उन पर बेल-बूटे काढ़ना। इस कला का उल्लेख वैदिक युग से ही प्राप्त होने लगता है। ऋग्वेद में सुंदर रूप के लिये 'पेश'[49] शब्द का प्रयोग हुआ है-

(i) **राजा राष्ट्रानां पेशो नदीनाम्।** (1/34/19)

(ii) **दिव्ये योषणे बृहती सुरुक्मे अधिश्रियं शुक्रपिशं दधाने।** (10/110/6)

दिव्य उषा और रात्रि की कल्पना ऐसी स्त्रियों के रूप में की गई है जो आकाश रूपी वस्त्र पर धागे से सुंदर रूप की सृष्टि करती है-

तन्तुं ततं संवयन्ती समीची यज्ञस्य पेशः सुदुधे पयस्वती। (2/3/6)

यजुर्वेद में कसीदाकारी (रूपसृष्टि) में निपुण स्त्रियों को 'पेशस्करी' कहा गया है-

निष्कृत्यै पेशस्करीम्। (30/9)

प्राय: स्त्रियाँ ही इस शिल्प को व्यवसाय के रूपमें संचालित करती थीं-

सरस्वती वयति पेशो अन्तरम्। (यजु./19/82)

वस्त्रों पर फूल-पत्तों की डिजाइन तीन प्रकार से संभव थी-

(i) एक रंग के कपड़े पर अन्य रंग से; डिजाइन को छाप कर। यह कला वसन-राग के अंतर्गत वर्णित हुई है।

(ii) वस्त्रों के ताने बाने को बुनाते समय ही विशिष्ट कौशल से इन आकृतियों को बुन लेना। ऐसे वस्त्रों को कौटिल्य ने वानचित्र[50] और बाणभट्ट ने चित्रपट[51] कहा है।

(iii) सुई-धागे से वस्त्र पर फूल-पत्तियों को काढ़ना। कौटिल्य के अनुसार ऐसे वस्त्रों की विशिष्ट संज्ञा 'खचित'[52] है।

कढ़ाई के लिये रंग बिरंगे रेशमी धागे का प्रयोग होता था।

सोने के रंग से रंगे हुये सुनहरे धागों और सोने के तारों से भी कढ़ाई की जाती थी। सोने के तारों में माणिक्य, मूँगा, मरकत आदि रत्न पिरोकर भी पत्र-पुष्प-लता आदि की डिजाइन बनाई जाती थी। कालिदास ने ऐसे रत्न खचित उत्तरीय[53] और राजशेखर ने मणि खचित कञ्चुक[54] का वर्णन किया है।

रेशमी कञ्चुकों और किमखाब के वारबाणों पर मोती के गुच्छों से बेल-बूटे बनाये जाते थे।[55] बाणभट्ट ने राजश्री के विवाह के पूर्व इस प्रकार के कञ्चुकों की तय्यारी का वर्णन किया है।[56]

इस प्रसंग में बाणभट्ट ने मोती की कढ़ाई एवं टँकाई की दो डिजाइनों का वर्णन किया है-

(i) **स्तबकित-**

स्तबकित अर्थात् पुष्प-गुच्छ के समान डिजाइन।[57] इसमें कई मोतियों को एक साथ पिरोकर फूलों के गुच्छे के समान नमूना बनाया जाता था। इसके लिये छोटे आकार के मोतियों का प्रयोग किया जाता था।

(ii) **उपचीयमान-**

सम्पूर्ण वस्त्र को भर देने वाली डिजाइन। इसके लिये फल के समान स्थूल (बड़े) मोतियों का प्रयोग होता था। मोतियों को एक-एक कर सीधी, तिरछी, आड़ी लहरदार, कोणाकार आदि विभिन्न रेखाकृतियों में इस प्रकार टाँका जाता था; कि सम्पूर्ण वस्त्र मोतियों से भरा प्रतीत होता था।

इन दोनों ही उदाहरणों में मुक्ता के साथ 'तार' शब्द का प्रयोग हुआ है। शंकर के अनुसार

तार का अर्थ है शुद्ध, अर्थात् असली या सच्चे मोती से कढ़ाई।

तार का अर्थ तारा या सितारा भी हो सकता है। डॉ. वासुदेव शरण अग्रवाल ने इसे सितारा और मोतियों का काम कहा है।[58] राजकीय वेश-भूषा में इस प्रकार के मोती-सितारे के टँकाव वाले कञ्चुकों और वारबाणों का प्रचलन 20वीं श. के मध्य तक रहा है। अहिच्छत्रा की खुदाई में दो मिट्टी के खिलौने ऐसे मिले हैं जिनके वस्त्रों पर मोतियों के गुच्छे और प्रत्येक गुच्छे के नीचे एक सितारा टँका हुआ है।

वस्त्रों पर; धागे की कढ़ाई में; निम्नलिखित डिजाइनों का प्रचलन अधिक था-

(i) **छोटी बुँदकियों वाली डिजाइन-**

सम्पूर्ण वस्त्र पर दूर-दूर छोटी-छोटी बुँदकियाँ काढ़ी जाती थीं; जिनसे वस्त्र की शोभा तारों से भरे आकाश के समान प्रतीत होती थी। सम्राट हर्ष के उत्तरीय वस्त्र पर ऐसी ही बुँदकियाँ कढ़ी हुई थीं-

अघनेन सतारागणेन......द्वितीयाम्बरेण।[59]

टीकाकार शंकर ने 'तारा' शब्द का अर्थ 'सूत्रबिन्दवः' किया है।

(ii) **फूलों वाली डिजाइन-**

इसमें वस्त्र पर धागे से रंग-बिरंगे फूल काढ़े जाते थे। मृच्छकटिक में गणिका वसन्तसेना की माता द्वारा ओढ़े गये प्रावारक (दु:शाले) पर ऐसे फूल कढ़े हुये थे।[60]

इस प्रकार की कढ़ाई वाले वस्त्र की विशेष संज्ञा 'पुष्पपट्ट' थी।[61] भगवान शिव की पूजा में ऐसे वस्त्र खण्ड चढ़ाये जाते थे।[62]

(iii) **फूलों और चिड़ियों की डिजाइन-**

पुष्पों के साथ मधु-पायी और कीट-भक्षी पक्षियों का अभिन्न संबंध है अत: फूल-पत्तियों के साथ पक्षियों की आकृतियाँ भी धागे से काढ़ी जाती थीं। बाणभट्ट ने हर्षचरित् में ऐसे अंशुक वस्त्र का वर्णन किया है जिस पर अनेक प्रकार के फूल और पक्षी कढ़े हुये थे।[63] बंगाल के प्रसिद्ध हस्तशिल्प 'कैंथा' में आज भी यह डिजाइन प्रचलित है।

(vi) **हंस की आकृतियाँ-**

राजकीय जूलूस आदि में प्रयुक्त होने वाले श्वेत छत्रों पर शोभा और माङ्गल्य के लिए हंसों की आकृतियाँ काढ़ी जाती थीं। इन छत्रों को मोती की झालरों और माणिक्य से सजाया जाता था। बाणभट्ट ने हर्ष के स्कंधावार में ऐसे अनेक छत्रों का वर्णन किया है।[64]

(v) **राजचिह्न (मोनोग्राम)-**

राजछत्रों पर राज-चिह्न; धागे से काढ़े जाते थे। चंद्रपीड़ के धवल आतपत्र पर सिंह की आकृति बनाई गई थी तथा उसे मोती की जालीदार झालर से अलंकृत किया गया था-

स्थूलमुक्ताकलापजालकावृतेन उपरि चिह्नीकृतं केसरिणमुद्वहता . . . .आतपत्रेण।[65]

कादम्बरी की चंद्रकला व्याख्या में 'चिह्नीकृतं' का अर्थ 'सूत्रादिनाङ्कीकृतम्' किया गया है।

इस प्रकार 'सूचीकर्म' सुंदर वस्त्रों के निर्माण की कला थी। इसे वर्तमान युग की सिलाई-कढ़ाई की कला-Needle Work का पर्याय माना जा सकता है। इस कला के माध्यम से मानव ने निसर्ग की भूमि पर खिले हुये फूल-पत्तों और पशु-पक्षियों की मनोरम शोभा को अपने शरीर पर धारण किये जाने वाले वस्त्रों की भूमि पर संजोया है।

सन्दर्भ-सङ्केत

1 सूच्या यत्संधानकरणं तत्सूचीवानं त्रिविधम्-सीवनम्, ऊतनम्, विरचनम्। कामसू. - 3.1.15 पर यशोधर की टीका।

2 ऋग्वेद - 3.8.4

3 कर्पासस्य च सूत्रकर्तनं सूत्रस्य वानम्। कामसू. - 4.1.33

4 अर्थशास्त्र - 2.23.2

5 सौभाग्यगुणस्यूतामिव/काद. - पृ. 437

6 (i) तुन्नवायस्तु सौचिकः। अमर. - 2.10.6
(ii) रामायण/अयोध्या. - 83.15

7 चोलः कूर्पासकोऽस्त्रियाम्/अमर.2/6/18

8 कूर्पासकाः चोलकाः। हर्षच. - उ. 7, पृ. 368

9 कूर्पासकं परिदधाति। ऋतुसं. - 4.17

10 वही. - 5.8

11 महाराज औंध कृत 'अजन्ता' पुस्तक, फलक - 72

12 वही. - फलक-57, गुफा - 17

13 वही. - फलक-75, गुफा-1

14 हर्षचरित् - उ. 7, पृ. 368

15 अभिज्ञा. - अं. 5, पृ. 86

16 काषायकञ्चुकपुटाः। नाट्यशा. - 23.128

17 सितकञ्चुकच्छन्नवपुषा। काद. - पृ. 52

18 आगुल्फावलम्बिना नीलकञ्चुकेनाच्छन्नशरीरम्। काद. - पृ. 30

19 आप्रपदीनेन कञ्चुकेन तिरोहिततनुलता। हर्षच. - उ. 1, पृ.56

20 आप्रपदीनं तत्प्राप्नोत्याप्रपदं हि यत्। अमर. - 2.6.119

21 राजावर्त्तमेचकैः कञ्चुकैः। हर्षच. - उ. 7, पृ. 368

22 नेत्रनिर्मितेन निर्मोकलघुतरेण। हर्ष. - उ. 1, पृ. 57

23 दी बाघ केव्स, पट्टिका-सी

24 रत्नावली - 2.3

25 कञ्चुलिकया धत्से मनोहारिणीं लक्ष्मीम्। अमरुकशतक - 27

26 विद्धशा. - अं. 4, पृ. 98

27 तद्योधवारबाणानामयत्नपटवासताम्। रघु. - 4.55

28 स्तवरकवारबाणैश्च। हर्षच. - उ. 7, पृ. 368

29 स्तवरको वस्त्रभेद:। वही. - पृ. 368 शंकर की टीका

30 वारबाण: च आविकम्। अर्थ. - 2.11.104

31 बृहत्सं. - 58.46

32 हर्षचरित एक सांस्कृतिक अध्ययन - पृ. 153

33 विद्धशा. - अ. 1.34

34 अपचित चीनचोलकैश्च। हर्षच. - उ. 7, पृ. 368

35 मथुरा म्यूज़ियम हैण्डबुक - चित्र 4

36 अपचितं परिहितं पूजितं वा/शंकर कवि। हर्षचरित की टीका - उ. 7, पृ. 368

37 अमरकोश - 2.6.117

38 आश्रोणिगुल्फपरिमण्डलितान्तरीयम्। काव्यमी. - अ. 3, पृ. 19

39 अर्धोरुकस्योपरि बबन्ध बाहुयुद्धाय कक्ष्याम्। हर्षच. - उ. 3, पृ. 193

40 वही. - उ. 1, पृ. 56

41 चण्डातकमर्धोरुकम्। वही. - उ. 1, पृ. 56 पर शंकर की टीका

42 आपाण्डुरस्य चण्डातकस्योपरि कक्ष्याबन्धं विधाय। हर्षच. - उ. 3, पृ. 190

43 उच्चित्रनेत्रसुकुमारस्वस्थानस्थगितजङ्घाकाण्डै:। वही. - उ. 7, पृ. 367

44 कार्दमिकपटकल्माषितपिशङ्गपिङ्गै:। वही. - उ. 7, पृ. 367

45 पिङ्गा जङ्घिका अन्ये जङ्घाला इत्याहु:। वही. - शंकर की टीका

46 वासुदेव शरण अग्रवाल, 'अहिच्छत्रा के खिलौने' - पृ. 159, चित्र. सं. 252

47 अलिनीलमसृणसतुलासमुत्पादितसितसमायोगपरभागै:। वही. - उ. 7, पृ. 367

48 परभागो वर्णस्य वर्णान्तरेण शोभातिशय:। वही. - शंकर की टीका

49 पेश इति रूपनाम, पिंशतेर्विपिशितं भवति। निरुक्त - 8.2.11

50 अर्थशास्त्र - 2.11.103

51 चित्रपटानां च म्रदीयसाम्। हर्षच. - उ. 7, पृ. 387

52 अर्थ. - 2.11.30

53 रघु. - 16.43

54 विद्धशा. - अं. 4, पृ. 98

55 तारमुक्तास्तबकितस्तवरकवारबाणैश्च। हर्षच. - उ. 7, पृ. 368

56 तारमुक्ताफलोपचीयमानैश्च कञ्चुकैः। वही. - उ. 4, पृ. 245

57 स्तबकिताः संजातपुष्पनिकुरुम्बाकाराः। वही. - उ. 7, पृ. 368, शंकर की टीका

58 हर्षचरित् एक सांस्कृतिक अध्ययन - पृ. 154

59 हर्षच. - उ. 2, पृ. 123

60 एषा फुल्लपावारअपाउदा/मृच्छक. - अं. 4, पृ. 243

61 यत्र वस्त्रेषु पुष्पाणि सूत्रैः क्रियन्ते स पुष्पपट्टः। हर्षच. - उ. 3, पृ. 170, पर शंकर की टीका

62 भगवान पूज्यत खण्डपरशुः. . . . पुष्पपट्टैश्च। हर्ष. - उ. 3, पृ. 170-71

63 (i) बहुविधकुसुमशकुनिशतशोभितात् . . . .अंशुकात्। हर्ष. - उ. 3, पृ. 194

(ii) कुसुमानि शकुनयश्च सूत्रमयानि। वही. - शंकर की टीका

64 कल्पपादपैरिव मुक्ताफलजालकैः . . . .परिस्फुरत्स्फीतमाणिक्यखण्डैः . . . . गंगापुलिनैरिव राजहंसोपसेवितैः। हर्षच. - उ. 3, पृ. 100-01

65 कादम्बरी - पृ. 250

卐 卐 卐

8. सोना-चाँदी एवं रत्नों की परीक्षा

(रूप्यरत्नपरीक्षा)

वात्स्यायन के अनुसार रूप्य और रत्न की परीक्षा भी एक कला है। कोशग्रंथों में रूप्य शब्द का प्रयोग-चाँदी, चाँदी या सोने के सिक्के, आहत मुद्रा[1] तथा शुद्ध किये गये स्वर्ण के लिये हुआ है।[2] रत्न से अभिप्राय - हीरा, पद्‌पराग आदि बहुमूल्य मणियों तथा मुक्ता-प्रवाल आदि से है। रत्नों के साथ उपल शब्द के बहुल प्रयोग से इन्हें बहुमूल्य पत्थर भी कहा जा सकता है। वराहमिहिर ने इन्हें उपलरत्न[3] कहा है। मोती और मूँगा को छोड़कर रत्नों की विशेषता यह है कि ये कभी जीर्ण नहीं होते तथा लोहे से भी इन पर खरोंच नहीं पड़ती।[4]

वराहमिहर के अनुसार-वज्र, इन्द्रनील, मरकत, कर्केतन, पद्‌मराग, रुधिर, वैदूर्य, पुलक, विमलक, राजमणि, स्फटिक, शशिकान्त, सौगन्धिक, गोमेदक, शंख, महानील, ब्रह्ममणि, ज्योतिरस, शस्यक, मुक्ता और प्रवाल रत्न हैं।[5] इनमें से निम्न नौ महारत्न माने गये हैं-

वज्र (हीरा), मुक्ता, प्रवाल (मूँगा), गोमेद, इन्द्रनील (नीलम), वैदूर्य, पुष्पराग, पाचि (मरकत) और माणिक्य।[6]

संस्कृत साहित्य में इस रूप्य और रत्न की सामान्य संज्ञा 'वसु' थी। ये संपन्नता और समृद्धि के प्रतीक थे। प्राचीन भारत में रजत और स्वर्ण की मुद्रायें (सिक्के) प्रचलित थीं। स्वर्णमुद्राओं को 'निष्क' कहा जाता था। मुद्राओं के अतिरिक्त रजत और स्वर्ण का उपयोग-आभूषण, पात्र, छत्र-दण्ड, तलवार की मूँठ, भवन-तोरण, प्रासाद शिखर, सिंहासन, पाद-पीठ, पर्यङ्कपाद (पलंग के पाये) आदि की रचना के लिये भी होता था। रत्नों का सर्वाधिक उपयोग आभूषणों के रूप में होता था। राजकोश में इनका संग्रह किया जाता था; संग्रह के पूर्व कोशाध्यक्ष द्वारा नये और पुराने रत्नों, रूप्य और स्वर्ण की भली भाँति परीक्षा की जाती थी।[7]

भूषा के अतिरिक्त ग्रहदोष शान्ति, अनिष्ट निवारण, इष्ट प्राप्ति आदि के लिये भी रत्न धारण किये जाते थे। वराह के अनुसार शुभ रत्न का प्रभाव शुभ और अशुभ रत्न का प्रभाव अशुभ होता है अत: रत्न के ज्ञाताओं से रत्न की परीक्षा कराके ही रत्न धारण किया जाना चाहिए।[8]

बहुमूल्य होने के कारण रत्नदान को श्रेष्ठ दान माना जाता था।[9] कादम्बरी में रानी विलासवती द्वारा पुत्रप्राप्ति के लिये रत्न दान किये जाने का उल्लेख है।[10]

प्रशस्त रत्नों के उपहार से विजेता शासक को प्रसन्न करने का प्रयास भी किया जाता था, यथा-कामरूपेश्वर के द्वारा महाराज रघु को दिया गया रत्नोपहार-

कामरूपेश्वरस्तथा हेमपीठाधिदेवताम्।
रत्नपुष्पोपहारेण च्छायामानर्च पादयोः॥[11]

रत्न श्रेष्ठता, गुणातिशयता और बहुमूल्यता का प्रतीक था, अतः अश्वरत्न, पुरुषरत्न, स्त्रीरत्न जैसे आलंकारिक प्रयोग भी होते थे। इस श्रेष्ठता को जाँचने की कला ही रूप्य-रत्न परीक्षा कही गई है।

रूप्य परीक्षा-

रजत और स्वर्ण की परीक्षा का प्रथम आधार था-

(i) **वर्ण-**

प्रथम दृष्टि में धातु के रंग को देखकर ही उनकी शुद्धता अशुद्धता का निर्णय सम्भव था।

कौटिल्य के अनुसार चमकते हुये श्वेत वर्ण की चाँदी उत्तम मानी जाती थी। वर्ण की कृष्णता निम्न श्रेणी की द्योतक थी-

श्वेतस्निग्धं मृदु च श्रेष्ठम्। विपर्यये स्फोटनं च दुष्टम्।[12]

इसी प्रकार पद्म-पराग के समान वर्ण वाला, चमकदार स्वर्ण श्रेष्ठ, लाल-पीली आभा वाला मध्यम तथा रक्तवर्ण का स्वर्ण निकृष्ट कोटि का माना जाता था-

किञ्जलकवर्णं मृदुस्निग्धमनादिभ्राजिष्णु च श्रेष्ठम्।
रक्तपीतं मध्यमम्। रक्तमवरम्॥[13]

स्वर्ण के रंग से; उसमें किये जाने वाले मिश्रण को भी जाना जा सकता है-

यदि स्वर्ण का वर्ण श्वेत-लोहित (गुलाबी सा) हो तो उसमें तीन अंश तपनीय स्वर्ण का और बत्तीस भाग श्वेततार चाँदी का जानना चाहिए। पीली-लाल आभा वाले स्वर्ण में तीन भाग ताम्बे का मिश्रण होता है। मूँग के समान स्वर्ण में एक भाग स्वर्ण और दो भाग श्वेततार चाँदी का होता है। काली आभा वाले स्वर्ण में कालायस लोहे का छठा भाग होता है। तोते के पंख के समान हरा पन लिये हुये स्वर्ण में पिघला हुआ लोहा या चाँदी का रस मिला होता है।[14]

साहित्य में भी रूप्य के श्वेत वर्ण एवं स्वर्ण के उज्ज्वल किञ्जलक वर्ण का उल्लेख हुआ है। बाणभट्ट श्लेष से स्वर्ण की वर्णपरीक्षा की बात भी कहते हैं-

वर्णपरीक्षा कनकानाम्।[15]

उज्जयिनी में स्वर्ण की ही वर्णपरीक्षा होती थी ब्राह्मणादि वर्णों की नहीं।

(ii) **स्निग्धता और कोमलता** भी उत्तम स्वर्ण एवं रजत के गुण माने गये थे। कठोरता और खुरदुरापन इन धातुओं का दोष माना जाता था।

(iii) **कसौटी पर कसना-**

स्वर्ण की परख करने वाले पत्थर को कसौटी, निकषोपल[16] या निकषग्रावा[17] कहा जाता था। परीक्षण की शुद्धता निकष की शुद्धता पर निर्भर करती है. अतः कौटिल्य ने निकष के गुण-दोषों का भी वर्णन किया है-

समान रेखा देने वाले मूँग के छिलके के समान काले रंग का निकष श्रेष्ठ होता है। यह क्रेता एवं विक्रेता दोनों के लिये हितकर होता है। इस प्रकार का कसौटी पत्थर कलिंग देश की तापी नदी में पाया जाता है।

अधिक रंग देने वाला; हाथी के चमड़े के समान खुरदुरा; हरी आभा वाला; कठोर, विषम रंग का निकष विक्रेता के लिये हितकर होता है। रंग न देने वाला, कठोर विषम रंग का निकष क्रेता के लिये हितकर होता है।[18]

समतल कसौटी पर रागलेखा एक सी हाती है-

समरागलेखमनिम्नोन्नतदेशे निकषितम्।[19]

कसौटी पर पड़ने वाली कमलकेसर के समान पीली, चिकनी चमकदार रेखा शुद्ध स्वर्ण की पहचान जाननी चाहिए-

सकेसर स्निग्धो मृदुभ्राजिष्णुश्च निकषरागः श्रेष्ठः।[20]

अशुद्ध स्वर्ण को शुद्ध दिखाने के लिये कई प्रकार के छल भी किये जाते हैं, जैसे-खोटे सोने को निकष पर अधिक रगड़ना, अच्छे को कम रगड़ना, नाखून के भीतर गैरिक आदि धातु को छिपाकर रेखा खींचना आदि।[21]

अशुद्ध और शुद्ध की पहचान के लिये पहले शुद्ध स्वर्ण की रेखा खींची जाती थी उसके बाद मिश्रित स्वर्ण की। दोनों रेखाओं के राग (रंग) की तुलना कर स्वर्ण की गुणवत्ता को जाँचा जाता था।

साहित्य में भी स्वर्ण की परीक्षा के लिये निकष का उल्लेख हुआ है। राजशेखर के अनुसार स्वर्ण को कषपट्टिका पर ही कसा जाता है शिलापट्ट पर नहीं-

ण सुवण्णं कसबट्टिअं विण सिलापट्टए कसी अदि।[22]

सुवर्ण वही है जो निकष पर खरा उतरे-

तं सुववणं जं कसवट्टए विगवट्टेदि।[23]

कालिदास स्वर्ण परीक्षण की इस विधि का उल्लेख उपमान के रूप में करते हैं- राजा अतिथि के शासनकाल में चंचला होते हुये भी राज्यलक्ष्मी उसी प्रकार स्थिर रही जिस प्रकार निकष पर सुवर्ण रेखा-

निकषे हेमरेखेव श्रीरासीदनपायिनी।[24]

कृष्णवर्ण निकष पर शुद्ध स्वर्ण की चमकती हुई रेखा उसी प्रकार शोभित होती है जैसे मेघों के बीच चमकती हुई विद्युत रेखा-

कनकनिकषस्निग्धा विद्युतप्रिया।[25]

साहित्य में स्वर्ण परीक्षण के इस कौशल का उल्लेख प्रायः आलंकारिक रूप में ही हुआ है। यह विधि इतनी अधिक प्रामाणिक मानी जाती थी कि सुवर्ण परीक्षण के लिये प्रयुक्त निकष किसी भी प्रकार के परीक्षण के लिये कसौटी माना जाने लगा, जैसे कि मृच्छकटिक में चारुदत्त को सुचरित का निकष कहा गया है।[26]

(iv) **अग्नि में तपाना-**

स्वर्ण की शुद्धता-अशुद्धता की परीक्षा के लिये दूसरी विधि थी-स्वर्ण को अग्नि में तपाना। अग्नि में तपाये जाने पर जो स्वर्ण भीतर-बाहर एक सा, कमल-पराग या कुरण्डक-पुष्प के समान रंग वाला हो उसे उत्तम माना जाता था। तपाने पर जो स्वर्ण नीले रंग का हो जाता था उसे अशुद्ध समझा जाता था।[27]

चाँदी की भी इसी विधि से परीक्षा की जाती थी। अग्नि में तपाये जाने पर अशुद्ध चाँदी फटने लगती थी या रंग काला हो जाता था।[28]

साहित्य में स्वर्ण परीक्षण की इस विधि का उल्लेख उपमान और दृष्टान्त के रूप में हुआ है। कालिदास के अनुसार सत्-असत् के विर्वक में समर्थ सज्जन रघुवंशियों के गुणों को स्वयं ही परखें क्योंकि हेम की शुद्धि की परीक्षा अग्नि में ही होती है।[29]

स्वर्ण वही शुद्ध और उत्तम माना जाता है जो अग्नि में तपाने पर भी काला न हो-

श्यामायते न युष्मासु यः काञ्चनमिवाग्निषु।[30]

कौटिल्य ने स्वर्णाभूषणों की परीक्षण विधि का भी विस्तार से वर्णन किया है। चाँदी, ताम्बे आदि पर स्वर्ण के पत्र चढ़ाकर, सोने का पानी चढ़ाकर, कड़ियों को जोड़ते समय, तथा पोले घुँघरु मनके आदि में राँगा या अभ्रक भरकर स्वर्णकार ग्राहकों को ठगते हैं। ऐसे आभूषणों को तपाकर, निकष पर कस कर, हल्की चोट मारकर, किसी शस्त्र आदि से लकीर खींचकर, बेर के खट्टे रस में उबालकर या लवण के जल में डुबाकर परीक्षा की जानी चाहिये। अभ्रक भरकर भारी किये गये घुँघरु या मनके बेरी के क्वाथ में डुबाने पर एक ही ओर से डूबते हैं।[31]

चाँदी के आभूषणों में मिलावट होने पर उसमें दुर्गंध, मलिनता, कठोरता, कान्तिहीनता

और विवर्णता दोष दिखाई देते हैं।[32]

रत्न परीक्षा-

आभूषणों में जड़ने अथवा राजकोष में संग्रह करने से पूर्व रत्नों की भलीभाँति परीक्षा की जाती थी। अत: रत्न परीक्षा या रत्न लक्षण; नीति-ज्योतिष आदि शास्त्रों पुराणों एवं कोश ग्रन्थों का भी विवेच्य विषय रहा है। कौटिल्य के अर्थशास्त्र, वराहमिहिर की बृहत्संहिता, शक्रनीतिसार, अग्निपुराण, राजनिघण्टु आदि ग्रंथों में रत्नों की श्रेष्ठता, मौलिकता एवं गुणवत्ता की पहचान, मूल्य निर्धारण एवं रत्न-दोषों की परख के लिये निर्देश दिये गये हैं।

मृच्छकटिक में इससे सम्बन्धित एक रोचक सन्दर्भ प्राप्त होता है; देखें-वसन्तसेना के भवन में छठे प्रकोष्ठ का एक दृश्य-जहाँ शिल्पी गण वैदूर्य, मौक्तिक, प्रवाल, पुष्पराग, इन्द्रनील, कर्केतरक, पद्मराग, मरकत आदि विशिष्ट रत्नों के गुण-दोषों पर विचार कर रहे हैं-

वेदुरिअ मोत्तिअपवालपुप्फराअ इन्दणील कक्केतरअ पद्मराअ मरगअ पहुदिआइं रअणविसेसाईं अण्णोण्णं विचरेन्ति सिप्पिणो।[33]

रत्न परीक्षा के लिये मुख्य रूप से तीन मानक थे-

1. रत्नों का वर्ण 2. आकार 3. चमक।

इस दृष्टि से शास्त्रों में मुक्तादि उत्तम रत्नों के लक्षण इस प्रकार बताये गये हैं-

मुक्ता के गुण-

कौटिल्य के अनुसार-

स्थूलं वृत्तं निस्तलं भ्राजिष्णु श्वेतं गुरुस्निग्धं देशविद्धं च प्रशस्तम्।[34]

अग्नि पुराण के अनुसार मोती के गुण हैं-स्थूलता, वृत्तत्व (बडा एवं गोल आकार), शुक्लता, स्वच्छता और महत्ता (भारीपन)।[35]

आचार्य शुक्र के अनुसार-

मुक्ता के विभिन्न स्रोतों में से शुक्तिज मुक्ता ही उत्तम होता है-

श्रेष्ठाभं शुक्तिजं विद्यान्मध्याभं त्वितरं विदुः।

सिंहल द्वीप वाले कृत्रिम मोती भी बना लेते हैं अत: संदेह निवारण के लिये मोती की भली भाँति परीक्षा करनी चाहिए। परीक्षा विधि इस प्रकार है-

लवण और चिकनाई युक्त उष्ण जल में रात्रि के समय मोती को रख दें। प्रात: काल धान के दानों से रगड़ें। यदि मोती विवर्ण न हो तो उसे अकृत्रिम जानना चाहिए।[36]

वराहमिहिर ने विशेष रूप से नाग-मुक्ता की परीक्षा विधि बताई है। उत्तम भूमि के

बीच चाँदी के पात्र में मोती को रख दें; यदि सहसा वृष्टि होने लगे तो उसे नाग-संभूत मुक्ता मानना चाहिए-

शस्तेऽवनिप्रदेशे रजतमये स्थिते च यदि।
वर्षति देवोऽकस्मात् तज्ज्ञेयं नागसंभूतम्॥[37]

काव्य में मुक्ता के निम्न गुणों का वर्णन हुआ है-

(i) **स्थूलता-**

छोटे आकार के बारीक मोतियों की तुलना में बड़े आकार के स्थूल मोतियों की ही उत्तम एवं अधिक मूल्यवान माना गया है। काव्य में उनकी स्थूलता को बताने के लिये प्रायः 'फल'[38] शब्द का प्रयोग हुआ है-यथा रघुवंश में-शत्रु स्त्रियों के अश्रु बिन्दु की उपमा मुक्ताफल से दी गई है-

अनेन पर्यासयताश्रुबिन्दून्मुक्ताफलस्थूलतमान्स्तनेषु।
प्रत्यर्पिताः शत्रुविलासिनीनामुन्मुच्य सूत्रेण विनैव हारः॥[39]

अथवा कादम्बरी में-चाण्डाल कन्या द्वारा धारण किये गये हार के प्रसंग में-

अतिस्थूलमुक्ताफलघटितेन शुचिना हारेण।[40]

बाणभट्ट ने हर्षचरित् में मालती द्वारा धारण किये गये हार के मोतियों को आमलकीफल के समान निस्तुल कहा है।[41]

(2) **वृत्तत्व-**

उत्तम मोतियों का दूसरा गुण है-उनकी वृत्तता अर्थात् सुडौल गोल आकार। कौटिल्य ने मसूरक (मसूर के समान आकार वाले), त्रिपुटक (तीन कोनों वाले); कूर्मक (कछुये के समान आकार वाले), अर्द्धचंद्रक, यमक (जुड़े हुये), कर्तक (कटे हुये) और कमण्डलुक (कमण्डलु के समान आकार वाले) मोतियों को दोषयुक्त माना है।[42]

अतः साहित्य में मुक्ता के वर्णन प्रसंग में उनके गोल आकार का भी वर्णन हुआ है। राजशेखर ने श्लेष से मोती के वृत्तत्व गुण का वर्णन किया है-

सुवर्णबन्धविद्योति कुरुत श्रवणाश्रयम्।
सच्छायमुल्लसद्वृत्तं काव्यं मुक्तामयं बुधाः॥[43]

(3) **निस्तलता-**

मुक्ता का गोल आकार तभी संभव है जब वह निस्तल हो। कौटिल्य ने निस्तल (तल रहित अतः लुढ़कने वाले) मोती को उत्तम माना है।

कालिदास ने पार्वती के कण्ठस्थल को शोभित करने वाले मुक्ताकलाप के प्रसंग में इस गुण का वर्णन किया है-

मुक्ताकलापस्य च निस्तलस्य।[44]

इसी गुण को तरलता भी कहा गया है।

(4) **धवलता एवं स्वच्छता-**

स्वच्छ निर्मल कांति; उत्तम मोती का विशिष्ट गुण है। इस गुण के वर्णन के लिये काव्य में कई धवल वर्णी उपमान प्रयुक्त हुये हैं। मुक्ताहार को गंगा की धारा[45] स्वच्छ जल वाली मन्दाकिनी[46], अमृत फेन पिण्ड[47], शरद् कालीन निर्मल मेघ[48], विहसित[49], स्मित[50], यशोराशि[51] नक्षत्रसमूह[52] आदि के समान कहा गया है।

(5) **भ्राजिष्णुता-**

मोती से निकलने वाली किरणों का वर्णन भी साहित्य में हुआ है-

स्फुरन्महाहारमरीचिचक्रवालानि।[53]

हारमुक्ताफलानां किरणनिकरेण प्रावृत्तवक्षःस्थलम्।[54]

राजशेखर ने तत्क्षण स्फुटित शुक्ति से निकलते हुये स्वच्छ कांति वाले मोतियों को नायिका के नेत्र कोण से प्रवाहित होने वाले अश्रुबिन्दुओं का उपमान बनाया है।[55]

राजशेखर ने षाण्मासिक (छह महीने में बनकर तैयार हुये) मोतियों की ताजी चमक का भी वर्णन किया है।[56] क्षीण आभा वाले पुराने मोती की उपमा प्रातः कालीन निष्प्रभ नक्षत्रों से दी गई है-

पुराणमौक्तिकमणिच्छायैः स्थितं तारकैः ।[57]

मोती और मूँगा ही ऐसे रत्न हैं जो घिसकर हल्के और निष्प्रभ हो जाते हैं तथा पत्थर और लोहे से इन पर खरोंच भी पड़ सकती है। अतः मोती और मूँगा नये ही पसंद किये जाते हैं।

कौटिल्य के अनुसार मोती की परीक्षा करते समय कुछ अन्य दोषों को भी दृष्टिगत करना चाहिए। मोटे छिलके वाले (कञ्चुकित), दागी (सिक्थक), खुरदुरे (खरक), काले, नीले और अस्थान पर बिंधे हुये मोती अच्छे नहीं माने जाते।[58]

मणि के गुण-दोषः-इन्द्रनील, पद्मराग, मरकत आदि मणियों के सामान्य गुण इस प्रकार हैं-

छह अथवा चार कानों वाली या गोल आकार की, गहरे रंग वाली, निर्मल, चिकनी, भारी अच्छी संरचना या बनावट वाली दीप्तिमंत, भीतर चंचल कांति से युक्त तथा अपनी चमक से अन्य को चमका देने वाली मणि उत्तम होती है-

षड्तुश्रश्चतुरश्रो वृत्तो वा तीव्ररागसंस्थानवानच्छः स्निग्धो
गुरुरर्चिष्मानन्तर्गतप्रभः प्रभानुलेपि चेति मणिगुणाः।[59]

इसके विपरीत मंद रंग और मंद प्रभा वाली छोटे-छोटे दानों या छेदों ये युक्त, खण्डित, अनुचित स्थान पर बिंधी हुई, रेखाकीर्ण (रेखाओं से भरी हुई) मणि दोषयुक्त होती है।[60]

वराह ने भी मणियों के यही गुण कहे हैं। दोष प्रसंग में एक अन्य दोष 'सधातवः' का उल्लेख हुआ है। कभी-कभी मणि में अन्य धातु मिली होती है। यह मणि का बहुत बड़ा दोष है। गुणों के आधार पर मणि का तत्कालीन मूल्य निर्धारण भी किया गया है। क्रमशः गुणों के कम होने पर मूल्य भी कम होता जाता है। धूमिल वर्ण वाली छेद-बहुल मणि का मूल्य उत्तम मणि की तुलना में बीस भाग कम हो जाता है।[61]

काव्य में मणियों के चमकदार रंग, उनसे निकलती हुई किरणों तथा अपनी प्रभा से अन्य को लिप्त करने की क्षमता का ही अधिक वर्णन हुआ है-

कालिदास प्रभानुलेपि इन्द्रनील[62] का वर्णन करते हैं। तो राजशेखर कौंकुमी आभा से दिशाओं को लिप्त करने वाले पद्मराग मणि का।[63]

शूद्रक मृच्छकटिक में बहुवर्णी रत्नों की इन्द्रधनुषी किरणों का वर्णन करते हैं-

अमूनि तावत् सुवर्णरत्नानां कर्म्मतोरणानि नीलरत्नविनिक्षिप्तानि इन्द्रायुधस्थानमिव दर्शयन्ति।[64]

रत्नों से निकलती हुई किरण शलाकाओं या अंशुजाल का उपमाओं और उत्प्रेक्षाओं के माध्यम से आलंकारिक 'चित्रण बाणभट्ट को अत्यंत प्रिय है। मालती द्वारा सिर पर धारण की गई पद्पराग मणि की लाल आभा रक्तांशुक के अवगुण्ठन का भ्रम उत्पन्न करती है [65] तो सम्राट हर्ष के द्वारा धारण किये गये रत्न केयूर की आभा विष्णु की दो बाल भुजाओं के समान प्रतीत होती है।[66]

सम्राट हर्षवर्धन के राजकीय सन्निवेश में रत्नों की छटा का मनोरम वर्णन इस प्रकार हुआ है-

मरकतमणि की हरी किरणें केले के समान प्रतीत होती थीं, पद्मराग मणि की लाल किरणें उषः की लालिमा के समान छिटकी हुई थीं; मानो दूसरा दिन होने जा रहा हो; इन्द्रंनील मणिओं की नीली प्रभा दूसरे आकाश के समान प्रतीत होती थीं, महानील मणियों की किरणें मानों रात्रि को उत्पन्न कर रही थीं; गरुड़मणियों की प्रभा यमुना के सहस्रों प्रवाह के समान प्रतीत होती थीं और पुष्परागमणियों की रश्मियाँ अंगारों के सदृश फैली हुई थीं।[67]

रत्न को आभूषण में गूँथने योग्य बनाने के लिये रत्नों को बेधा[68] जाता था। दुर्विद्धता (कठिनाई से वेधा जाना या बुरे ढंग से अनुचित स्थान पर बिंधा हुआ होना) को जहाँ दोष माना गया था वहीं अनाविद्धता (बिंधा हुआ न होना) को रत्न की मौलिकता या अनुपभुक्तता का परिचायक। कालिदास ने शकुन्तला के 'अनघरूप' को 'अनाविद्धरत्न' कहकर इसी गुण की ओर संकेत किया है।[69]

मणि की परीक्षा-

राजनिघण्टु में पद्मरागमणि की परीक्षा के लिये निम्न उपाय बताये गये हैं-

(i) मणि को बालसूर्य की किरणों के संपर्क में रख दें; जिस मणि से लाल लपट निकले, तथा जो अपने आश्रय को भी लाल बना दे वह महागुण वाली मणि होती है।

(ii) मणि को घने अंधकार में रखें; यदि मणि सूर्य के समान चमके तो उसे श्रेष्ठ पद्मराग जानना चाहिए।

(iii) मणि को पद्मकोष में रख दें यदि तत्काल पद्म खिल जाये तो उसे भी उत्तम पद्मराग जानना चाहिए। ऐसी मणि अतिदुर्लभ होती है-

बालार्ककरसंस्पर्शात् यः शिखां लोहितां वमेत्।
रञ्जयेदाश्रयं वापि स महागुण उच्यते॥
अन्धकारे महाघोरे यो न्यस्तः सन् महामणिः।
प्रकाशयति सूर्याभः स श्रेष्ठ पद्मरागकः॥
पद्मकोशे तु यो न्यस्तो विकासयति तत्क्षणात्।
पद्मरागवरो ह्येष देवानामपि दुर्लभः॥[70]

वज्र (हीरे) के गुण-दोषः-

रत्नों में सर्वाधिक मूल्यवान है-हीरा। वराह के अनुसार वेणा नदी के तट पर ही शुद्ध हीरा प्राप्त होता है। अन्य स्थानों से प्राप्त हीरे विभिन्न रंगों की आभा वाले होते हैं। कोशल देश का हीरा शिरीष पुष्प के समान हरी आभा वाला, सौराष्ट्र का हीरा ताम्रवर्ण का, सूरपारक का कृष्णवर्ण का हिमालय से प्राप्त हीरा ईषत् ताम्र वर्ण का, कलिङ्ग देश का पीले रंग का तथा पौण्ड्र संभूत हीरा श्याम वर्ण का होता है।[71]

सामुद्रिक लक्षणों के अनुसार ये विविधिवर्णी हीरे विभिन्न वर्णों के लिये हितकर होते हैं। श्वेत हीरा ब्राह्मणों के लिये, रक्त-पीत क्षत्रियों के लिये, शिरीष पुष्पवत् हरा-वैश्यों के लिये तथा नील या श्याम वर्ण हीरा-शूद्रों के लिये शुभ माना गया है।[72]

राजशेखर शास्त्र के इस कथन के आधार पर राजाओं के लिये दो ही रंग के हीरों का विधान करते हैं-

(1) जपापुष्प या विद्रुम के समान लाल

(2) हल्दी के रस के समान पीला।

द्वौ वज्रवर्णौ जगतीपतीनां
सद्भिः प्रदिष्टौ न तु सार्वजन्यौ।
यः स्याज्जपाविद्रुमभङ्गशोणौ
यो वा हरिद्रारससंनिकाशः॥[73]

कौटिल्य के अनुसार-स्थूल, भारी, चोट सहने में समर्थ, समान कोणों वाला, बर्तन में लकीर खींच देने वाला, तकुबे की तरह घूम जाने वाला, भ्राजिष्णु चमकदार हीरा उत्तम माना जाता है। इसके विपरीत कोण रहित अश्र रहित एक पार्श्व से चपटा हीरा अप्रशस्त माना जाता है।[74अ]

वराह के अनुसार-

जो हीरा किसी भी वस्तु से न टूटे, थोड़े से जल में भी किरण के समान तैरता रहे; विद्युत, अग्नि या इन्द्रधनुष के समान प्रकाशमान हो वह शुभ प्रभाव वाला होता है। जिस हीरे में काकपद, मक्षिका और केश के समान चिह्न हों, जो धातु से युक्त और कंकड़ों से बिंधी हुई हो, जिनके सब कोनों में दो दो सूत्र हों, जो पानी के बुलबुले के समान आगे से फटे हुये, चपटे अथवा अधिक लंबे आकार के हों; जो मलिन कांतिहीन और विशीर्ण हों ऐसे हीरे शुभ नहीं होते।[74ब]

अशुभ लक्षण वाले हीरे को धारण करने पर भाई-बन्धु, जन-धन आदि की हानि होती है, जबकि शुभ लक्षण वाले, हीरे से वज्रभय, विष-भय तथा शत्रु भय का नाश एवं सौभाग्य की वृद्धि होती है।[75]

साहित्य में उत्तम हीरे के निम्न गुणों का वर्णन हुआ है-

(i) **प्रहारसहत्व-**

अन्य मणियों की तुलना में हीरा अधिक कठोर होता है अतः उसमें चोट सहने की अधिक क्षमता होती है। भवभूति सज्जनों के चित्त को 'वज्रादपि कठोराणि...' कहकर इसी गुण की ओर संकेत करते हैं।[76] इसी गुण के कारण अत्यंत दृढ़ लेप (प्लास्टर) को वज्रलेप[77] कहा गया है।

(ii) **कोटिमत्ता (नुकीले कोनों से युक्त होना)-**

कालिदास ने वज्र के इस गुण का वर्णन किया है। कैलाश पर्वत पर सुरयुवतियाँ वलय-कुलिश (कंगन के हीरे से) मेघ को वेध कर यन्त्रधारागृह (फुहारा) बना लेती हैं।[78] कठोरता तथा कोटिमत्ता गुण के कारण ही वज्र के द्वारा मणि को भी उत्कीर्ण किया जा सकता है-

मणौ वज्र समुत्कीर्णे।[73]

(iii) **भ्राजिष्णुता-**

वज्र की चमक का वर्णन भी काव्य में हुआ है। हीरे को छूने से ही अंगुलियों के बीच के छेद किरणों से व्याप्त हो जाते हैं-

वज्रांशुगर्भाङ्गुलिरन्ध्रमेकं व्यापारयामास करं किरीटे।[80]

इन गुणों के साथ ही वज्र के कतिपय दोषों का भी वर्णन काव्य में हुआ है। बाणभट्ट शुकनासोपदेश के प्रसंग में श्लेष से 'तरंग' और 'बुद्‌बुद' नामक रत्न दोष का उल्लेख करते हैं-

गंगेव वसुजनन्यपि तरङ्गबुद्‌बुदचञ्चला।[81]

तरंग रत्न में पड़े हुये बाल को कहते है; जिसे वराह ने "केश" कहा है। खानसे निकले हुये अनगढ़ रत्न को तराशने से पूर्व चतुर बेगड़ी रत्न की परीक्षा करते थे। केश या तरंग दोष होने पर तराशते समय रत्न के टूटने का भय रहता था। तराशने का काम पूर्ण होने पर ही रत्न बनने की प्रक्रिया पूर्ण समझी जाती थी। निकष पर खरा उतरने वाला स्वर्ण जिस प्रकार उत्तम माना जाता था, उसी प्रकार शाण पर उल्लिखित मणि ही प्रशस्त मानी जाती थी।[82]

उत्तम और शुद्ध रत्न की पहचान, उनका मूल्य निर्धारण, शुभ-अशुभ प्रभाव आदि के ज्ञानके लिये रूप्य-रत्न-परीक्षा का शास्त्र और कौशल भी एक शिल्प यां कला के रूप में विकसित हुआ था। विशेष रूप से हीरे के जानकार को 'हैरिक' कहा जाता था। बाणभट्ट की मित्रमण्डली में सिन्धुषेण नामक हैरिक का भी उल्लेख है।[83]

वैकटिक, मणिकार, स्वर्णकार, कोशागार के अध्यक्ष आदि के लिये तो इस कला में पारंगत होना आवश्यक था ही, साधारण स्त्री-पुरुष भी इस कला में निपुण होते थे।

अत: मालतीमाधवम् नाटक की बौद्ध सन्यासिनी कामन्दकी मालती के विवाह के अवसर पर रत्न-परीक्षा में सामर्थ होती है।[84]

इस प्रकार शुभ और उत्तम रूप्य (रजत एवं स्वर्ण) तथा रत्नों की पहचानकर उनके माध्यम से जीवन को भी शिव और श्रेष्ठ बनाने की कला थी-**'रूप्यरत्नपरीक्षा'**।

सन्दर्भ-सङ्केत

1. रूप्यं तदद्वयमाहतम्/अमर. - 2.9.91
2. आप्टे संस्कृत हिन्दी कोश - पृ. 861
3. बृहत्संहिता - 80.2
4. नायसोलिख्यते रत्नं विना मौक्तिकविद्रुमात्।
   न जरां यान्ति रत्नानि विद्रुमं मौक्तिकं विना।। शुक्रनीति - 4.2
5 बृहतसं - 81.4-5
6 शुक्रनीति - 4.2.156
7 कोष्ठागारे पुराणं नवं च रत्नम्...रूपदर्शकविशुद्धं हिरण्यं प्रतिगृहणीयात्। अशुद्धं छेदयेत्। अर्थशा. - 5.8-13
8 रत्नेन शुभेन शुभं भवति नृपाणामनिष्टमशुभेन।
  यस्मादत: परीक्ष्य दैवंरत्नाश्रितं तज्ज्ञै:।। बृहत्सं. - 80.1

9 रत्नदानं च सुमहत्पुण्यमुक्तं जनाधिप। महाभा., अनुशा. - 68.29

10 प्रतिदिवसमुत्थाय सर्वरत्नोपेतानि हैमानि तिलपात्राणि ब्राह्मणेभ्यो ददौ। कादम्बरी - पृ. 200

11 रघुवंशम् - 4.84

12 अर्थशा. - 2.13, 15

13 वही - 2.13.3-6

14 अर्थ. - 2.13.56-62

15 कादम्बरी - पृ. 166

16 तत्प्रेम हेमनिकषोपलतां तनोति। गीतगोविन्द - 11

17 निकषग्रावा तु तेषां विपद्। हितोपदेश - 1.210

18 अर्थशास्त्र - 2.13.25-28

19 अर्थ. - 2.13.21

20 वही - 2.13.24

21 परिमृदितं परिलीढं नखान्तराद्वा गैरिकेणावचूर्णितम् उपधिं विद्यात्। वही - 2.13.22

22 कर्पूरमंजरी - 1, पृ. 23

23 वही - 1, पृ. 24

24 रघु. - 17.46

25 विक्रमोर्वशीयम् - 4.1

26 मृच्छकटिकम् - 1.48

27 अर्थशास्त्रम् - 2.13.30-31

28 वही - 2.13.15

29 हेम्नः संलक्ष्यते ह्यग्नौ विशुद्धिः श्यामिकापि वा। - रघुवंशम् - 1.10

30 मालवि. - 2.9

31 अर्थशास्त्र - 2.14.38, 42-45

32 वही - 2.14.61

33 मृच्छक. - अं. 4, पृ. 239

34 अर्थ. - 2.11.5

35 अग्निपुराण/246/14

36 शुक्रनीतिः - 4.2.176-178

37 बृहत्सं. - 81.61

38 कुमारसं. - 1.6

39 रघु. - 6.28

40 कादम्बरी, - पृ. 33

41 हर्षचरितम् - उ. 1, पृ. 56

42 अर्थ. - 2.11.4

43 बालरामायणम् - 3.15

44 कुमारसं. - 1.42

45 रघु. - 13.45, कादम्बरी - पृ. 33

46 काद. - पृ. 582

46 रघु. - 13.48

47 काद. - पृ. 582

48 हर्षच. - उ. 1, पृ. 56

49 विद्धशा. - 1.7

50 कुमार. - 1.44

51 कादम्बरी - पृ. 578

52 वही - पृ. 577

53 हर्षच. - उ. 7, पृ. 370

54 वही - उ. 2, पृ. 124

55 विद्धशा. - 2.15

56 हरोऽयं केरलस्त्रीविहसितशुचिभिः पङ्क्तिभिर्मौक्तिकानाम्।
सद्यः षाण्मासिकानाम्...। विद्ध. - 1.17

57 वही - 1.11

58 अर्थशास्त्र - 2.11.4

59 अर्थ. - 2.11.34

60 वही - 2.11.35

61 बृहत्सं. - 82.3, 4, 7-11

62 रघु. - 13.54

63 विद्ध. - 1.17

64 मृच्छक. - अं. 4, पृ. 239

65 चटुलतिलकमणेरुद्ञ्चता चटुलेनांशुजालेन रक्तांशुकेनेव कृतशिरोवगुण्ठनम्। हर्षच. - उ.

66 केयूररत्नकिरणदण्डैः बालभुजैरिवापरैः। वही - उ. 2, पृ. 124

67 वही - उ. 2, पृ. 102

68 यत्र च रत्नोपलानां भेदः। कादम्बरी - पृ. 175

69 अभिज्ञा. - 2.10

70 राजनिघुण्टु; शब्दकल्पद्रुम में उद्धृत।

71 बृहत्सं. - 81.6-7

72 रक्तं पीतं च शुभं राजन्यानां सितं द्विजातीनाम्।
शिरीषं वैश्याणां शूद्राणां शस्यतेऽसिनिभम्।। बृहत्सं. - 81.11

73 काव्यमीमांसा - अं. 8, पृ. 99

74अ अर्थशास्त्र - 2.11.21

74ब बृहत्सं. - 81.14-16

75 वही - 81.18

76 उत्तररामचरितम् - 2.7

77 कल्कोऽयं वज्रलेपाख्यः। बृहत्सं. - 57.3

78 मेघ. - 1.65

79 रघुवंशम् - 1.4

80 रघु. - 6.19

81 कादम्बरी - पृ. 322

82 आरोप्य चक्रभ्रममुष्णतेजास्त्वष्ट्रेव यत्नोल्लिखितो विभाति। - रघु. - 6.32

83 हर्षचरित - उ. 1, पृ. 74

84. अहमपि विविक्ते तावदलंकरणरत्नानां प्राशस्त्यं शास्त्रत: परीक्ष्ये।। मालतीमा. - अं. 6, पृ. 269

卐 卐 卐

9. मणियों को रंगना एवं उनके उद्‌गम स्थान को जानना

(मणिराग-आकरज्ञानम्)

मणि-राग (मणि को रंगना) एवं उनके आकर अर्थात् उत्पत्ति स्थान का ज्ञान भी प्राचीन भारत में एक कला मानी गई थी। अपने चिरस्थायी चमकदार-रंग एवं प्रभामण्डल के कारण मणियाँ अनादिकाल से ही मानव को आकर्षित करती रही हैं। चूड़ामणि से लेकर नूपुरमणि तक आभूषण के रूप में इनका उपयोग हुआ है; मंदिरों, राजभवनों और केलिगृहों के तोरणों, स्तम्भों, भूमि (फर्श) और भित्तियों को अपने रश्मिजाल से मणियों ने उद्‌भासित किया है। पादपीठ, सिंहासन, छत्र तथा बहुमूल्य पात्रों को भी मणियों ने शोभित किया है। अलकापुरी स्थित यक्ष-भवन के **'मरकत शिलाबद्ध सोपानमार्गा वापी'** और पेशल इन्द्रनील से रचित शिखर वाला क्रीड़ा शैल प्राचीन भारत की समृद्धि के साथ ही जनसमाज में मणियों के बहुल उपयोग को भी सूचित करता है।

मणि से अभिप्राय उन बहुमूल्य चमकदार पत्थरों से हैं जो अंधकार में भी प्रकाश बिखेरते हैं तथा जिनकी आभा दीर्घकाल के बाद भी मलिन नहीं होती। कोश ग्रंथों में 'मणि' और रत्न को पर्यायवाची माना गया है तथा मुक्ता एवं प्रवाल को भी मणि कहा गया है। कौटिल्य के अनुसार- सौगन्धिक, पद्‌मराग, अनवद्‌यराग, पारिजात पुष्पक, बालसूर्यक, वैदूर्य, इन्द्रनील, स्फटिक, चन्द्रकान्त, सूर्यकान्त और वज्र (हीरा) आदि मणि हैं। इनके अतिरिक्त सामान्य कोटि के प्रस्तर काचमणि कहे जाते हैं।[1]

मणियाँ कई रंगों की होती हैं। पद्‌म के समान लाल रंग की मणि पद्‌मराग कही जाती है। इसे ही लोहितक और शोण रत्न भी कहा गया है।[2] शुक, वंश-पत्र, कदली और शिरीष पुष्प के समान प्रभावाली हरित-वर्ण मणि की संज्ञा मरकत है[3]; गारुत्मत और अश्मगर्भ इसके अन्य नाम है।[4] नीलवर्ण की मणि इन्द्रनील है। सामान्य रूप से पीली आभा वाली मणि को वैदूर्य कहते हैं। हीरा शुद्ध श्वेत वर्ण का या हल्की पीली, नीली, लाल आदि आभा लिये होता है।

इस प्रकार इन मणियों के अपने विशिष्ट रंग हैं; अतः मणियों को रंगने से अभिप्राय

स्फटिक या काच मणि को विभिन्न रंगों में रंगकर पद्मराग आदि बहुमूल्य मणियों के समान वर्णशोभा को उत्पन्न करना है।

स्फटिक मणि काँच या जल के समान पारदर्शी वर्णहीन या श्वेत वर्ण की मणि है। इसका उपयोग पादपीठ[5], कलश[6], कमण्डलु[7] भवनभित्ति[8], संपूर्ण भवन या मंदिर निर्माण[9] के लिये होता था।

यशोधर के अनुसार - इस स्फटिक मणि को कृत्रिम रंग से रंगना यद्पि एक कला थी किन्तु इस कार्य के लिये विशेष ज्ञान या विज्ञान भी अपेक्षित था। मणि को रंगने की विधि और प्रक्रिया विज्ञान का अंग थी तो उनके वर्णो की सुंदर योजना कला का अंग। इसका प्रयोजन शोभा या सौंदर्य की सृष्टि, भूषा या अलंकरण और धन की प्राप्ति थी।[10]

कौटिल्य ने पिता द्वारा निष्काषित असहाय राजकुमारों के लिये जीविकार्जन हेतु, स्वर्ण-रत्नादि से संबंधित जो शिल्प बताये हैं; उनमें से एक 'मणि राग' अर्थात् मणियों को रंगने की कला भी थी-

एकचरः सुवर्णपाकमणिराग . . . . आकरकर्मान्तानाजीवेत्।[11अ]

इन कृत्रिम रंगों से रंगी हुई मणियों का उपयोग भवन के फर्श एवं दीवालों पर जड़ने, पत्रलतादि के अलंकरण बनाने एवं स्वल्पमूल्य के आभूषणों में जड़ने या गुँथने के लिये होता था। अतः संपन्न वर्गो में ऐसी मणियों के प्रति उपेक्षा का भाव था जिसकी अभिव्यक्ति विक्रमोर्वशीयम् में पुरुरवा के इस कथन से हुई है-

प्रियवचनकृतोऽपि योषितां दयिताजनानुयो रसादृते।
प्रविशति हृदयं न तद्विदां मणिरिव कृत्रिमरागयोजितः।।[11ब]

अर्थात् सच्चे प्रेम से रहित मीठी बातें; उसी प्रकार स्त्रियों के हृदय में प्रवेश नहीं करतीं जिस प्रकार कृत्रिम रंग से रंगी हुई मणि पारखी की दृष्टि में नहीं जंचती।

यद्यपि यशोधर ने मणिराग के अंतर्गत स्फटिक मणि को ही रंगने की बात कही है किन्तु कौटिल्य के अनुसार इस कला से वज्र, मणि, मुक्ता, प्रवाल आदि का भी रूप परिवर्तन संभव था[12] अतः आकाराध्यक्ष को रंगी हुई मणियों और सच्ची मणियों की पहचान करने के लिये मणिराग का ज्ञाता होना चाहिए।[13]

इस कला का दूसरा पक्ष था-**मणियों के आकर, स्रोत या उत्पत्ति स्थान का ज्ञान।** आकराध्यक्ष, मणिकार आदि के लिये तो यह ज्ञान आवश्यक था ही; इनका उपयोग करने वाली स्त्री पुरुषों के लिये भी उत्तम रत्न की पहचान तथा शुभ अशुभ प्रभाव की जानकारी हेतु इसका ज्ञान आवश्यक माना गया था।

कौटिल्य ने मणियों के तीन आकरों का उल्लेख किया है-खनि, स्रोत (नदी प्रवाह) और प्रकीर्ण - **खनिः स्रोतः प्रकीर्णकं च योनयः**[14]

साहित्य में मणियों के निम्न आकरों का वर्णन हुआ है-

(1) **खनि**–मणियों की प्राप्ति का मुख्य स्रोत है। कौटिल्य के अनुसार सुवर्ण, रजत, वज्र, मणि, मुक्ता, प्रवाल आदि की संज्ञा ही खनि है क्योंकि ये खानों से प्राप्त होते हैं।[15] ये दो प्रकार के हैं-

(i) भू-गर्भ में निहित खनि या खदानें-

रत्नों की असंख्य खानों को धारण करने के कारण ही यह धरती वसुधा, वसुंधरा, रत्नगर्भा आदि कही गई है। अथर्ववेद के पृथिवी सूक्त में पृथ्वी को स्वर्ण-मणि आदि का आकर कहा गया है-

निधिं बिभ्रती बहुधा गुहा वसु मणिं हिरण्यं पृथिवी ददातु मे।[16अ]

कालिदास धरती को हीरों की खान कहते हैं-

बभूव बज्राकर भूषणायाः पतिः पथिव्याः किल व्रजनाभः।[16ब]

यह पृथ्वी अपनी खानों से उत्पन्न रत्नों का उपहार लेकर रघुवंशी राजाओं की उपासना करती है-

वसुधोपतस्थे रत्नोपहारैरुदितैःखनिभ्यः।[17]

(ii) पर्वत की चट्टानों में निहित खनि या खदानें-

स्वर्ण-रत्न आदि की खानों का दूसरा स्रोत पर्वत है। पुराणों में पर्वतों को सर्वरत्न विभूषित एवं रत्न-योनि कहा गया है।[18]

महाकवि वाल्मीकि ने भी चित्रकूट[19] एवं अरिष्ट[20] पर्वत पर अनेक दीप्तिमंत धातुओं का वर्णन किया है। कालिदास हिमालय[21] को अनंत रत्नों का उद्गम मानते हैं।

भारवि हिमलाय के शिखरों को मणियों की किरणों से दीप्तिमान कहते हैं-

मणिमयूखचयांशुभासुराः।[22]

उनके अनुसार हिमालय - जपा पुष्प की भाँति रक्तवर्ण पद्मराग मणियों का भण्डार है।[23] माघ रैवतक[24] पर्वत को मणियों के प्रभाजाल से युक्त कहते हैं तो श्री हर्ष विदूर पर्वत को रत्नमेदुर।[25] राजशेखर के अनुसार विदूर पर्वत ही रत्नों का उत्पत्ति स्थान है-

विदूरवसुधेव रत्नशलाकाभूः।[26]

कौटिल्य ने हीरे के उत्पत्ति स्थानों में मणिमंत (2/11/38) तथा मोती के लिये हिमवत् (2/11/2) पर्वत का उल्लेख किया है। वराहमिहिर ने हिमलाय पर उत्पन्न हीरे को ईषत् ताम्रवर्ण का कहा है।[27]

उनके अनुसार-सौगन्धिक, कुरुविन्द और स्फटिक शिलाओं से पद्मराग मणि की उत्पत्ति होती है। सौगंधिक पाषाण से उत्पन्न पद्मराग भ्रमर, अंजन और जामुन के रस

के समान नीली आभा वाला होता है। कुरुविन्द से उत्पन्न पद्मराग मिश्रित रंग का तथा मन्दकान्ति वाला होता है। स्फटिक से उत्पन्न पद्मराग ही शुद्ध और द्युतिमान होता है।[28]

इस प्रकार मणियों के प्राप्ति स्थानों में प्रमुख है-खनि।

खनिभिः सुषुवे रत्नम्।[29अ]

रत्नों की खान राजकीय आय के प्रमुख स्रोत थे।[29ब]

खनि की खोज भूमि, पत्थर, रस, धातु, गंध आदि के परीक्षण से की जाती थी। यदि किसी प्रदेश की भूमि चमकीली, चिकनी, आवाज करने वाली, शीतल और हल्के लाल रंग की हो तो वहां मणि की खान-संभव थी।[30]

खान की व्यवस्था देखने वाला अधिकारी खनि-अध्यक्ष या आकर अध्यक्ष कहा जाता था। खान से मणियों को निकालना, उनका संग्रह, क्रय-विक्रय व्यवहार आदि की व्यवस्था आकराध्यक्ष के अधिकार क्षेत्र में आते थे। खानों पर राजकीय प्रभुत्व था। चोरी से रत्न निकालने वालों के लिये कठोर दण्ड की व्यवस्था थी।[31]

कौटिल्य के अनुसार वज्रमणि की खानें-सभाराष्ट्र (विदर्भ), महाराष्ट्र और काश्मीर राष्ट्र में थीं। माणिक्य के उत्पत्ति स्थान थे-मलय सागर के समीप कोटि नामक स्थान, मलय देश एवं समुद्रपार सिंहल देश।

वर्तमान समय में भारत में उड़ीसा के सांभरपुर, मध्यप्रदेश में बुन्देल खण्ड, दक्षिण में गुंटूर और गोदावरी के प्रदेश से मणियों की प्राप्ति होती है।

(2) **नदी स्रोत**- मणियों का दूसरा आकर नदी को माना गया है। पर्वतों से धातुओं और प्रस्तर कणों को बहाकर लाने वाली नदियों के तट से भी रत्नों की प्राप्ति होती है। श्रेष्ठ मोती को उत्पन्न करने वाली सीप भी नदी-तटों पर पाई जाती हैं। वराह के अनुसार वेणा नदी के तट पर ही शुद्ध हीरा उत्पन्न होता है।[32] मौक्तिक की उत्पत्ति के लिये ताम्रपर्णी को कामधेनु कहा गया है।[33] कौटिल्य ने भी ताम्रपर्णिक मोती का उल्लेख किया है। (2/11/3)। दिग्विजय के अवसर पर दक्षिण देश के राजा ताम्रपर्णी एवं समुद्र के संगम स्थल से एकत्रित मुक्तासमूह रघु को उपहार देते हैं।[34] श्री हर्ष भी ताम्रपर्णी के तट पर उत्पन्न मोतियों का उल्लेख करते हैं।[35] वर्तमान समय में भी ताम्रपर्णी नदी और उसका मुहाना मोतियों को निकालने के लिये प्रसिद्ध है।

(3) **समुद्र**-

रत्नों का तृतीय आकर है-समुद्र। भगवान विष्णु के वक्षःस्थल को शोभित करने वाली कौसतुभमणि समुद्र से ही उत्पन्न हुई है। मुक्ता, विद्रुम (मूँगा) आदि रत्नों को धारण करने के कारण ही समुद्र को रत्नाकर कहा गया है। वाल्मीकि ने समुद्र के तट पर मुक्ता, शंख एवं प्रवाल समूह का वर्णन किया है—

मुक्तानां च समूहानि शुष्यमाणानि तीरतः।
शंखाना प्रस्तरं चैव प्रवालनिचयं तथा।।[36]

कालिदास के अनुसार तारकासुर को रत्नों का उपहार देने के लिये समुद्र जल के भीतर तब तक प्रतीक्षा करता है जब तक कि रत्न ठीक से तैयार नहीं हो जाते-

तस्योपायनयोग्यानि रत्नानि सरितां पतिः।
कथमप्यम्भसामन्तरानिष्पत्तेः प्रतीक्षते।।[37]

उज्जयिनी के बाजारों में शंख, शुक्ति, मुक्ता, मरकत, प्रवाल आदि का संभार इतना अधिक है कि सलिलनिधि रत्नाकार अब केवल जलमात्र ही शेष रह गया है।[38]

माघ के अनुसार समुद्र; फेन से मन्दकांति वाले रत्नसमूहों को मानों धूप में सुखाने के लिये; तरंगरूपी हाथों से द्वारकापुरी के प्रासाद द्वारों पर फेंक देता है।

गरुड़ पुराण में मुक्ता के जो आठ आकर कहे गये हैं, उनमें से कौबेर, पाण्ड्य, सिंहल, सौराष्ट्र, पारस और ताम्रपर्ण समुद्रतटवर्ती प्रदेश हैं।[39] श्रेष्ठ मुक्ता को उत्पन्न करने वाले शुक्तिसम्पुट समुद्र तट पर ही अधिक पाये जाते हैं।

(4) **प्रकीर्ण**-

मणियों की प्राप्ति के अन्य स्रोतों को प्रकीर्ण के अंतर्गत रखा गया है। हाथी के दन्तकोश से भी हीरे की उत्पत्ति मानी गई है। वराहमिहिर के अनुसार मतंगज हीरा वल्लकी पुष्प के समान वर्ण का होता है।[40]

शास्त्रीय मान्यता के अनुसार मोती-हाथी, मेघ, वराह, मकर, बाँस, सर्प, शंख एवं मेंढक से भी उत्पन्न होते हैं।[41] ये सभी स्रोत प्रकीर्ण वर्ग में आते हैं।

वराह के अनुसार कुछ विशिष्ट लक्षणों वाले हाथियों के दन्तकोष तथा कुम्भ से बड़े आकार के कांतियुक्त मोती निकलते हैं।

राजाओं के लिये यह पुत्र, विजय एवं अरोग्य देने वाला होता है। तक्षक और वासुकी नाग के वंश में उत्पन्न सर्पो के फणों में नीली द्युति वाले स्निग्ध मोती उत्पन्न होते है। राजाओं के लिये यह विष हारक, शत्रुओं के लिये भय कारक, विजयदायी एवं यश को बढ़ाने वाला होता है। बाँस से उत्पन्न मोती कपूर और स्फटिक के समान दीप्तिमान आकार में चपटा तथा विषम होता है। शंख से उत्पन्न मोती चंद्रमा के समान गोल, चमकदार तथा मनोहर होता है। ये सभी मोती अवेध्य हैं।[42]

साहित्य में मुक्ता के इन स्रोतों में से कुछ का उल्लेख हुआ है। कालिदास ने सर्पमणि एवं गजमुक्ता का उल्लेख किया है-

वेलानिलाय प्रसृता भुजङ्गा महोर्मिविस्फूर्जथुनिर्विशेषाः।
सूर्यांशुसंपर्कसमृद्धरागैर्व्यज्यन्त एते मणिभिः फणस्थैः।।[43]

मणिधर सर्प जब समुद्रतटीय वायु का पान करने के लिये बाहर निकलते हैं तब सूर्यकिरणों के संपर्क से इनकी फणस्थ मणियाँ और अधिक चमकने लगती हैं।

हिमाञ्चल में सिंहों द्वारा मारे गये गजों के हिम पर पड़े हुये मुक्ताओं से किरात सिंहों के गमन मार्ग को जान लेते हैं-

पदं तुषारस्त्रुतिधौतरक्तं यस्मिन्नदृष्ट्वापि हतद्विपानाम्।

विदन्ति मार्गं नखरन्ध्रमुक्तैर्मुक्ताफलैः केसरिणां किराताः।[44]

बाणभट्ट विन्ध्याटवी में गजमुक्ता का[45] तथा राजशेखर मलय पर्वत पर वंशमुक्ता का वर्णन करते हैं-

तत्र द्रुमा विद्रुमनामधेया वंशेषु मुक्ताफलजन्म यत्र।[46]

इस प्रकार रत्नों के आकरों तथा आकरभेद के कारण मणि के गुण-दोषों को जानकर उत्तम मणि की खोज की जा सकती है। महाकवि कालिदास ने **''न रत्नमन्विष्यति मृग्यते हि तत्''** कहकर रत्न की बहुमूल्यता के साथ उसकी दुर्लभता को भी सूचित किया है। ज्योतिष्, पुराण, अर्थशास्त्र, नीति-शास्त्र आदि में उत्तममणि के लक्षणों के साथ ही उसके प्राप्ति स्थानों पर भी प्रकाश डाला गया है जिनके ज्ञान, अभ्यास एवं प्रयोग से आकर ज्ञान के शिल्प को व्यवसाय के रूप में विकसित किया जा सकता है।

सन्दर्भ-सङ्केत

1 अर्थ. - 2.11.30-40

2 अमरकोश - 2.9.92

3 बृहत्सं. - 82.1

4 अमर. - 2.9.91

5 कादम्बरी - पृ. 25

6 वही. - पृ. 47

7 वही. - पृ. 111

8 स्फटिकोपलविग्रहा गृहाः शशभृद्भित्तनिरंकभित्तयः - 2.47

9 स्फटिकशिलामंदिरं केलिकैलासं प्रेक्षितुं गच्छावः। विद्ध. - 1, पृ. 19

10 स्फटिकमणीनारंञ्जनविज्ञानमर्थार्थं भूषणार्थं च। कामसू. - 1.3.15 पर यशोधर की टीका

11अ अर्थ. - 1.18.9

11ब विक्रमोर्वशीय - 2.21

12 तस्माद् वज्रमणिमुक्ताप्रवालरूपाणामपनेयिमानम्। वही. - 2.13.65

13 वही. - 2.12.1

14 अर्थशास्त्र - 2.11.39

15 वही. - 2.6.4

16अ अथर्ववेद - 12.3.44

16ब रघु. - 18.21

17 वही. - 18.22

18 मत्स्यपु. - 113.45, विष्णुपु. - 2.4.45

19 रामायण। अयो. - 88.5-6

20 वही. - सुन्द. - 56.13

21 अनन्तरत्नप्रभवस्य यस्य हिमं न सौभाग्यविलोपि जातम्। कुमार. - 1.3

22 किरातार्जु. - 5.5

23 वही - 5.8

24 शिशुपालवधम् - 4.3

25 नैषीधीयच. - 12.55

26 विद्धशा. - अं. 3, पृ. 84

27 बृहत्सं. - 80.7

28 वही. - 82.1-2

29अ रघुवंश - 17.66

29ब आकरप्रभव: कोश:। अर्थ. - 2.14.49

30 वही - 2.12.17

31 वही. - 2.12

32 बृहत्सं. - 80.6

33 एतां विहाय वरवर्णिनी ताम्रपर्णी
नान्यत्र संभवति मौक्तिककामधेनु:।। काव्यमी. - अं. 14

34 रघु. - 4.50

35 नैषधीयच. - 20.21

36 रामा.।अरण्य. - 35.24

37 कुमार. - 2.37

38 मेघ. - 1.34

39 गरुडपुराण - 69.3

40 मतङ्गजं वल्लपुष्पसंकाशम्। बृहत्सं - 80.7

41 द्विपगजशुक्तिशंखाभ्रवेणुतिमिसूकर प्रसूतानि।

मुक्ताफलानि तेषां बहुसाधु च शुक्तिजं भवति।।

बृहत्सं. - 81.1

राजनिघण्टु/स्वर्णादिवर्ग - 15.6, भावप्रकाशनिघण्टु/धात्वादिवर्गः - पृ. 185

42 ऐरावतकुलजातानां पुष्यश्रवणेन्दुसूर्यदिवसेषु।

ये चोत्तरायणभवा ग्रहणेऽर्कन्द्वोश्च भद्रेभाः।।

तेषां किल जायन्ते मुक्ताः कुम्भेषु सरदकोशेषु।

बहवो बृहत्प्रमाणा बहुसंस्थानाः प्रभायुक्ताः।।

नैषामर्घः कार्यो न च वेधोऽतीव ते प्रभायुक्ताः।

सुतविजयारोग्यकरा महापवित्रा धृता राज्ञाम्।।

बृहत्सं. - 80.20-22, 23-29

43 रघुवंश - 13.12; 17.63

44 कुमारसं. - 1.6

45 कादम्बरी - पृ. 56

46 काव्यमी. - अं. 17

卐 卐 卐

10. दाँत, वस्त्र एवं अङ्गों को रंगना

(दशनवसनाङ्गरागाः)

प्राचीन भारत में जीवन को सुन्दर रंगों से सजाने का एक शिल्प था-दशनवसनाङ्गरागाः अर्थात् दाँत, वस्त्र और शरीर के अंगों को रंगने की कला।

'रञ्ज्' धातु से भाव अथवा करण अर्थ में घञ् प्रत्यय लगकर निष्पन्न 'राग' शब्द के कोशगत अर्थ हैं।-

(i) सामान्य रूप से कोई भी रंग, वर्ण या रञ्जक वस्तु।

(ii) विशेष रूप से लाल रंग या लाल रंग का भाव।

(iii) लाक्षा, अलक्तक आदि लाल रंग के पदार्थ।

(iv) प्रेम, स्नेह, क्रोध, रोष आदि मनोभाव एवं

(v) संगीत राग।

इन सभी अर्थों में राग शब्द का एक विशिष्ट गुण अभिव्यक्त होता है; वह है-रञ्जन क्षमता। इस रंजन क्षमता के कारण ही सभ्यता के उषः काल से ही मानव-मन रंगों के प्रति आकर्षित होता आया है।

उस महानम कला सर्जक ने सृष्टि के इस विशाल फलक को कितने ही रंगों के उपादानों से सजाया है। उदित होते हुये सूर्य का अरुण वर्ण तो सांध्य सूर्य का रक्त वर्ण, आकाश और उदधि का स्निग्ध नील वर्ण तो वन पंक्ति का सघन हरित वर्ण; धरती पर सतरंगी सुमनों की शोभा तो आकश में रंग-बिरंगे विहगों और इन्द्रधनुष की छटा। निसर्ग के इन मोहक रंगों से रंग चुनकर ही मानव ने **दशनवसनाङ्गरागाः** की कला विकसित की है।

दशनराग-

इनमें से प्रथम है दाँतों को रंगने की कला। प्राचीन भारत में विलासिनी स्त्रियाँ दाँतों की शोभा और सौन्दर्य वृद्धि के लिये सामने के कुछ दाँतों को रंगती थीं। आचार्य भरत के नाट्यशास्त्र में आहार्य अभिनय या नेपथ्य विधि के अंतर्गत इस कला का उल्लेख हुआ है। भरत के अनुसार-

सामने के चार (ऊपर के दो और नीचे के दो) दाँतों को विविध रंगों से रंगना दाँतों का भूषण है-

दन्तानां विविधो रागश्चतुर्णां शुक्लतापि वा
रागान्तरविकल्पोऽथ शोभनेनाधिकोज्ज्वलः॥[1]

उनके मत में-मुग्धाओं और सुन्दरियों के मुक्ता के समान सुन्दर दाँत जब स्मित की शोभा से उद्भासित होते हैं, तब पद्म के समान रक्त वर्ण दाँत लाल अधरों की शोभा से मिलकर अपूर्व सौंदर्य और विलास की सृष्टि करते हैं।[2]

शरीर के नेत्र, अधर, कपोल आदि अन्य अंगों के समान ही दाँतों के सौंदर्य का वर्णन भी संस्कृत साहित्य में हुआ है। गोवर्धन के अनुसार दाँतों के वर्णनीय गुण हैं- श्वेतिमा, अधोभाग की लालिमा एवं अत्यंत दीप्ति।[3] वराहमिहिर के अनुसार कुन्द-कली के सदृश समान आकार के दाँत शुभ होते हैं। ऐसी स्त्री पति सुख और अमित सम्पदा की स्वामिनी होती है-

कुन्दकुड्मलनिभाः समा द्विजा
योषितां पतिसुखामितार्थदाः।[4]

संस्कृत साहित्य में दशन के इन गुणों के वर्णन के लिये जिन उपमानों का बहुल प्रयोग हुआ है उनमें से कुछ उपमान दाँतों की रक्तिमा का संकेत करते हैं। यथा-

(i) कुन्दकुड्मल-

कुन्दपुष्प का वर्ण पूर्ण रूप से श्वेत होते हुये भी कुड्मल ईषत् लाल आभा से युक्त होता है। दाँतों के उपमान के रूप में कुंद कली का ग्रहण रामायण काल से ही हुआ है। वाल्मीकि सीता के दाँतों की उपमा कुंदकलिका से देते हैं।[5] महाकवि माघ कृष्ण के सामने के दाँतों को कुन्दकुड्मल से उपमित करते हैं-

कुन्दकुड्मलाग्रदन्तः स्मितैः।[6]

(ii) पद्मकेसर-

कालिदास मालविका के किंचित् अभिव्यक्त दन्त शोभा का सादृश्य पद्म केसर में देखते हैं-

स्मयमानमायताक्ष्याः किञ्चिदभिव्यक्त दशनशोभिमुखम्।
असमग्रलक्ष्यकेसरमुच्छ्वसदिव पङ्कजं दृष्टम्॥[7]

(iii) पुष्प पराग-

भारवि देवाङ्गनाओं की दन्तपंक्तियों को पुष्प पराग से उपमित करते हैं।[8]

(iv) कुरुविंद (पद्मराग मणि)-

श्री हर्ष दमयन्ती के लिये **'कुरुविन्दसकान्ति दन्ति!'** सम्बोधन का प्रयोग करते हैं।[9]

संस्कृत साहित्य में प्रयुक्त ये उपमान दाँतों की रक्तिमा को सूचित करते हैं। सम्भव है कि विलासिनी स्त्रियाँ सामने के कुछ दाँतों को रंगती रही हों किन्तु संस्कृत साहित्य में इस कला के उदाहरण प्राप्त नहीं है, केवल राजशेखर ने एक स्थान पर इसकी ओर अस्पष्ट संकेत मात्र किया है। उनके अनुसार यौवन में प्रवेश करते ही स्त्रियों में दन्त परिकर्म के प्रति अभिरुचि परिलक्षित होती है।[10] अमरकोश में प्रसाधन के लिये प्रतिकर्म तथा अंग संस्कार के लिये 'परिकर्म' शब्द का प्रयोग हुआ है।[11] अन्यत्र स्त्री-पुरुषों के रत्न के समान शोभित दाँतों का वर्णन भी हुआ है-

छल्लंति दंतरअणाइं गदे तुसारे।[12अ]

यह भी संभव है कि परवर्ती युगों में दाँतों को रंगना अनाभिजात्य का चिह्न माना जाने लगा हो। काव्यजगत् में प्रचलित एक कवि प्रसिद्धि-

'कुन्दकुड्मलानां कामिदन्तानां च अरक्तत्वम्'[12ब]

'कुन्दकुड्मलों और कामी स्त्री-पुरुषों के दाँतों की रक्तता का वर्णन न करना' भ। इस प्रवृत्ति की ओर संकेत करता है।

अस्तु वात्स्यायन के टीकाकार यशोधर को भी कहना पड़ा है-

रञ्जनविधिरिति वक्तव्ये दशनादिग्रहणमादरार्थम् विलासिनीनां दशनादि-संस्कारस्यात्यन्ताभीष्टत्वात्।

दशनराग से अभिप्राय दाँतों को रंगने से नहीं है; अपितु दन्त संस्कार के प्रति युवतियों के अत्यधिक अनुराग से है।

वसन-राग-

ललितविस्तर की शिल्प सूची में 'वस्त्रराग' को स्वतंत्र कला माना गया है। यह उज्ज्वल रंगों से वस्त्रों को रंगकर पहनने की कला है। संस्कृत साहित्य में ज्योत्स्नाधवल दूकुल और इन्दु-पाण्डु क्षौम वस्त्रों के साथ ही रक्त,पीत, नील, हरित आदि वर्णो से रञ्जित अंशुकों एवं अन्य प्रकार के वस्त्रों का वर्णन भी हुआ है।

रक्तांशुक-

प्राय: नववधुयें रक्त के समान चमकीले लाल अंशुक वस्त्रों को धारण करती थीं, अत: महाकवि कालिदास को वसंत ऋतु में; खिले हुये लाल पलाश के वनों से आच्छादित वनभूमि रक्तांशुका नववधू के समान प्रतीत होती है।[13]

कुमारी कन्यायें भी रक्तांशुक से स्वयं को भूषित करती थी। चंद्रापीड ने कादम्बरी का प्रथम दर्शन रक्तांशुकधारिणी के रूप में ही किया था[14] मृच्छकटिक में वसन्तसेना के

रक्तकमल के समान लाल अंशुक का वर्णन है।[15]

रक्तांशुक का उपयोग अवगुण्ठन के लिये ही अधिक होता था। भवभूति वर्णित मालती के विवाह नेपथ्य में धवल पट्टाशुंक युगल के साथ अवगुण्ठन के लिये रक्तांशुक भी था।[16]

रात्रि में छिपकर पुण्डरीक के समीप जाती हुई महाश्वेता के; पद्मरागमणि की रश्मियों से निर्मित के समान रक्तांशुक से अवगुण्ठन का वर्णन बाणभट्ट ने किया है।[17]

शुद्रक की सभा में उपस्थित हुई चाण्डलकन्या द्वारा भी रक्तांशुक से अवगुण्ठन किये जाने का उल्लेख हुआ है।[18]

चंद्रापीड़ की ताम्बूल-करङ्कवाहिनी पत्रलेखा भी- **'शक्रगोपालोहितरागेणांशुकेन (बीरबहूटी के समान लाल) रचितावगुण्ठना' है।**[19] रक्त वर्ण की अन्य रंगच्छायायें इस प्रकार हैं-

(i) **कुसुम्भ राग अरुण (केसरिया लाल)-**

कालिदास के अनुसार विलासिनी स्त्रियाँ वसन्त ऋतु में कुसुम्भ राग से अरुणित दुकूल वस्त्रों से अपने श्रोणि प्रदेश को अलंकृत करती हैं।[20अ] हर्षचरित में कुङ्कुमराग (केसरिया रंग के) कोमल उत्तरीय से; राजाओं द्वारा शिरोभाग को ढकने का भी उल्लेख है।[20ब]

(ii) **कुंकुमराग गौर-**

आचार्य भरत के अनुसार रक्त-पीत के समायोग से गौर वर्ण बनता है।[21] वसन्त ऋतु में स्त्रियाँ कुङ्कुम के रंग से गौर तनु अंशुकों से अपने वक्षःस्थल को शोभित करती हैं।[22]

(iii) **तरुण-अर्क-राग (तरुण सूर्य के समान लाल)-**

'वासो वसाना तरुणर्करागम्' पार्वती; शिव को जीतने के लिये उपस्थित कामके मन में विजय की आशा का संचार करती है।[23]

(iii) **बाल अरुण बभ्रु-**

कामदहन से भग्नमनोरथा पार्वती शिव को प्राप्त करने की अभिलाषा से बालारुण बभ्रु वस्त्रों को धारण करती है।[24]

(v) **पाटल-**

बाणभट्ट ने पाटल वर्णी पट्टांशुक को विधवा स्त्री का मरण चिह्न माना है।[25]

(vi) **कुसुम्भ-बभ्रु-**

रानी यशोमती सती होने के लिये कुसुम्भ के रंग से रंगा बभ्रु वस्त्र पहने हुये थीं-

कुसुम्भबभ्रुणी वाससी दिवमिव तेजसी सांध्ये दधानम्।[26]

(vii) **कुसुम्भ-पाटल-**

बाणभट्ट ने कुसुम्भ रंग में रंगे हुये पाटल वर्णी चण्डातक का उल्लेख किया है। यह लँहगे के समान वस्त्र था जिसे मालती श्वेत महीन नेत्र निर्मित; पैरों तक लम्बे कञ्चुक के नीचे पहने हुई थीं; जिससे भीतर के चण्डातक का कुसुम्भ रंग और उस पर बनी हुई बुँदकियाँ (पुलक बन्ध चित्र) झलकते हुये से दिखाई देते थे-

कुसुम्भरंगपाटलं पुलकबन्धचित्रं चण्डातकमन्तः स्फुटम्।[27]

(viii) **सराग कौशेयक-**

शिशिर ऋतु में लाल कौशेयक वस्त्रों को धारण किये हुये स्त्रियाँ मानों हिम ऋतु को ही विभूषित करती हैं-

सरागकौशेयक भूषितोरवः विभूषयन्तीव हिमागमं स्त्रियः।।[28]

(ix) **लाक्षा-लोहित-कौशेय-**

बाणभट्ट ने शबर सेनापति के परिधान के रूप में लाक्षा से रंगे हुये लोहित वर्ण कौशेय का वर्णन किया है।[29]

नीलांशुक-

सामान्य रूप से नीलांशुक का वर्णन अभिसारिका-वेश के प्रसंग में हुआ है। स्वयं को छिपाने के लिये अभिसारिकायें रात्रि के अंधकार से साम्य रखते हुये नीले वस्त्र धारण करती थीं; उदाहरण स्वरूप अभिसारिका वेश में उर्वशी-

अपि रोचते....नीलांशुक परिग्रहोऽभिसारिका वेशः।[30]

बाणभट्ट ने भी नीलांशुक अवगुण्ठनवती अभिसारिकाओं का वर्णन किया है-

नीलांशुकावगुण्ठनासु . . . . कमल वन लक्ष्मीष्विव नीलोत्पलप्रभा पिहितासु . . .।[31]

अन्य अवसरों पर भी कन्यायें अत्यंत झीने (जालीदार) नील अंशुक का प्रयोग अवगुण्ठन के लिये करती थीं-

नीलांशुकजालिकयेव निरुद्धार्द्धवदना।[32]

नील कंचुक-

चाण्डल कन्या के वर्णन में आगुल्फलम्बी (पैर की पिण्डलियां तक लम्बे) नील कंचुक का भी वर्णन हुआ है।[33]

राजशेखर नील चोलक को कन्यावेश का प्रमुख अंग मानते हैं-

कन्येति सूचयति वेशविशेष एव
यन्नीलचोलकवती लिखिताऽत्र चित्रे।[34अ]

राजावर्तमेचक–

नीले रंग की ही एक वर्णच्छाया मेचक है जिसका उल्लेख हर्षचरित में राजाओं द्वारा धारण किये गये कंचुक के प्रसंग में हुआ है–

अवदातदेहविराजमानराजावर्तमेचकैः कञ्चुकैः।[34ब]

पीत वस्त्र–

रामायण में सीता को पीत कौशेय वासिनी कहा गया है।[35अ]

हल्दी से रंगे हुये पीत वस्त्र विशिष्ट माङ्गलिक अवसरों पर पहने जाते थे। कादम्बरी में पुत्रजन्म के अवसर पर विलासवती ने 'हरिद्रावसन' धारण किये थे।

पीत की ही एक रंगच्छाया पिञ्जर थी जिसका उल्लेख षष्ठी देवी के वस्त्र के रूप में हुआ है–

हरिद्राद्रावविच्छुरणपिञ्जराम्बरधारिणीं।[35ब]

मृच्छकटिक में कृष्ण के विद्युत्प्रभा रचित पीत पट उत्तरीय और विद्युत गुण चमकीले पीले कौशेय का वर्णन है।[36अ]

हरित वस्त्र-

भरत के अनुसार मूल रंग चार ही हैं-सित, नील, पीत और रक्त। पीत और नील के समायोग से हरित वर्ण की रचना होती है।[36ब] संस्कृत साहित्य में हरित वर्ण का उल्लेख उपमानों के साथ ही हुआ है, यथा–

मृगया के प्रसंग में दशरथ का **'तरुपलाश सवर्ण' परिधान**[37] उर्वशी का **'शुकोदर श्याम स्तनांशुक'**[38] कर्पूरमञ्जरी को पहिनाये गये **'शुक-पिच्छ-नील-पट्टांशुक युगल।**[39अ] तथा हर्ष की सेना में उपस्थित राजाओं के **शुकपिच्छच्छाय आच्छादनक।**[39ब]

इन्द्रधनुषी अंशुक-

इन्द्रधनुष के समान अनेक रंगों के वस्त्रों के संदर्भ भी काव्य में प्राप्त होते हैं। कादम्बरी में चन्द्रापीड़ के दर्शन के लिये उमड़ी हुई स्त्रियों में से कुछ इन्द्रधनुषी रंगों के वस्त्र पहिने हुई थीं-

काश्चित् . . . . इन्द्रायुधरागरुचिराम्बरधारिण्यः।

गंधर्व कुमार केयूरक के वर्णन में भी इस प्रकार के उत्तरीय का वर्णन हुआ है–

इन्दायुधजालं वर्णांशुकोत्तरीयमिव।[40]

इन्द्रधनुषी रंगों की पट्टियों से युक्त वस्त्रों तथा आगुल्फनील-कञ्चुक का चित्रण अजन्ता के भित्तिचित्रों में भी हुआ है।

एक रंग पर अन्य रंगों की किनारी एवं छपाई-

एक रंग पर अन्य रंगों की पट्टियों या किंनारियों का वर्णन भी साहित्य में हुआ है।

यथा हर्षचरित् में राजाओं के वर्णन प्रसंग में अलिनील (भौंरे के समान श्याम) वस्त्र पर श्वेत वर्ण की धारियाँ-

अलिनीलमसृणसतुलासमुत्पादितसमायोगपरभागैश्च।[41]

परभाग पारिभाषिक पद है। टीकाकार शंकर के अनुसार परभाग का अर्थ है-एक रंग की पृष्ठभूमि में दूसरे रंग की छपाई या योग-**'परभागो वर्णस्य वर्णान्तरेण शोभातिशयः'।** इसी प्रकार श्वेत धवल दूकुलपर गोरोचना रंग की किनारी-

गोरोचनाचित्रितदशमतिधवलं दूकूलयुगलं वसानां विलासवतीं।[42अ]

अत्यंत महीन अंशुक पर पतली लाल किनारी का वर्णन हर्षचरित् में प्राप्त है-

मग्नांशुकपटान्ततनुताम्रलेखालाञ्छित[42ब]

कर्दम मिट्टी से रंगे हुये कार्दमिक मटमैले वस्त्र के साथ पिशङ्ग (लोहित) वर्ण का योग-

कार्दमिकपटकल्माषितापिशङ्गपिङ्गैः।[43]

अनेक कषायों में रंगे हुये कर्बुर कूर्पासकों का वर्णन भी हुआ है।[44]

एक रंग पर अन्य रंगों से छपाई की कला भी पूर्ण विकसित अवस्था में थी। गोरोचना से हंसमिथुन की आकृतियाँ तो छापी ही जाती थीं इनके अतिरिक्त अनेक प्रकार की पुष्प-पत्र की आकृतियों की डिजाइनें भी बनाई जाती थी। हर्षचरित में विभिन्न प्रकार की बाँधनू की रंगाई और वस्त्रों पर फूल-पत्तों की छपाई के कार्य में निपुण स्त्रियों का वर्णन हुआ है-

बहुविधभक्तिनिर्माणचतुरपुराणपुरन्ध्रिबध्यमानैर्बद्धैश्च।[45]

संस्कृत भाषा में डिज़ाइन के लिये 'भक्ति' शब्द का प्रयोग हुआ है जिसे हिन्दी में भाँत कहा गया है।

मालती के कुसुम्भी वर्ण के चण्डातक पर बाँधनू से बुँदकियाँ (पुलकबंधचित्रम्) बनाई गई थीं।

राज्यश्री के विवाह के अवसर पर रूप (ठप्पों) से कुटिल (तिरछे) क्रम में पल्लव की डिजाइन छापी जा रही थी-

कुटिलक्रम रूपक्रियमाणपल्लवपरभागैः।[46]

इसी संदर्भ में रजकों (रंगरेज) द्वारा वस्त्रों को रंगे जाने तथा परिजनों द्वारा वस्त्र के दोनों छोरों को पकड़कर हिलाते हुये (प्रेङ्खोलितैः) छाया में वस्त्रों को सुखाये जाने का भी वर्णन हुआ है-

रजकरज्यमानैः रक्तैश्च उभयपटान्तलग्नपरिजनप्रेङ्खोलितैश्छायासु शोष्यमाणैः।[47]

रंगे जाने वाले वस्त्रों में कई प्रकार के वस्त्र थे, कौशेय, अंशुक, दुकूल, बादर (कपास से बने), क्षौम और नेत्र। विभिन्न रंगों में रंगे हुये, फहराते हुये वस्त्रों से वह राजकुल मानों सहस्रों इन्द्रायुधों से ढके हुये के समान प्रतीत होता था।

गोरोचना आदि के रंगों से वस्त्रों पर हंस के चित्र भी बनाये जाते थे-

गोरोचनालिखित हंस मिथुन सनाथ पर्यन्ते दुकूले वसानम्।[48]

यहाँ आलिखित से अभिप्राय तूलिका से बनाई गई आकृतियों से है।

हाथ से कुंकुम के थापे लगाने का वर्णन भी हुआ है।[49]

दैनन्दिन जीवन में ही नहीं नाट्य अभिनय में भी विविध रंगों में रंगे हुये वस्त्रों का प्रयोग होता था।

आचार्य भरत ने कतिपय विशिष्ट वर्ग की स्त्रियों के वस्त्रों के रंग के संबंध में महत्वपूर्ण निर्देश दिये हैं; तदनुसार आभीर स्त्रियों के वस्त्र नीले रंग के, सिद्धांगनाओं के पीत वर्ण के, गंधर्व स्त्रियों के कुसुम्भी रंग के तथा देवाङ्गनाओं के वस्त्र शुकपिच्छनिभ हरित होने चाहिये।[50]

इस प्रकार वसन को रंगने की कला प्राचीन भारत की एक समुन्नत कला थी। इस कला में निपुण रजकों का वर्ग तो था ही, घर की कन्यायें, वधुयें और प्रौढ़ायें भी इस कला में निपुण होती थीं। विलासिनी स्त्रियाँ वसंत ऋतु में कुंकुम राग-पिञ्जर अंशुकों का प्रयोग करती थीं तो हेमन्त से सराग कौशेयक का। रक्त वर्ण के प्रति ही अंगनाओं की अभिरुचि अधिक थी। यह वर्ण काममद और रति भाव का परिचायक था-

तनूनि लाक्षारसरञ्जितानि धत्ते जनः काममदालसाङ्गः।[51]

अरुण राग को भी तिरस्कृत कर देने वाले चटक लाल वस्त्रों को धारण करने का उद्देश्य शोभा और श्री वृद्धि के साथ ही प्रिय को वश में करना भी था-

अरुणरागनिषेधिभिरंशुकैः . . . .
विलासिनः अवलैकरसः कृताः।[52]

रक्तवर्ण की कितनी ही रंगच्छायायें थीं- अरुण, कुंकुमराग गौर, तरुण अर्क (सूर्य) वत, बाल अरुण बभ्रु, रक्त-उत्पल के समान, वीर बधूटी के समान, आलोहित, कुसुम्भ बभ्रू, पाटल, कुंकुमराग पिञ्जर, पिशंग आदि जो रक्त वर्ण के साथ श्वेत, पीत, नील आदि वर्णों के विभिन्न भागों में मिश्रण से बनाई जाती थीं।

नील वर्ण की भी कई वर्णच्छटायें थीं-शुक पिच्छ-नील, अलि नील, राजवर्दी मेचक आदि।

वस्त्रों को रंगने के लिये कुंकुम (केसर), लाक्षारस, हरिद्रा, मनःशिला, गोरोचना आदि

के प्राकृतिक रंगों का ही प्रयोग होता था। पाणिनीय व्याकरण में विभिन्न रंगों से रंगे हुये वस्त्रों की शब्द सिद्धि के लिये कई सूत्र प्राप्त होते हैं जो प्राचीन भारत में वस्त्र-रञ्जन की कला की लोक व्याप्ति को सूचित करते हैं।

बाणभट्ट ने कर्दम (कीचड़) से रंगे हुये कार्दमिक वस्त्र का भी वर्णन किया है। कात्यायन के एक वार्तिक (4/2/2) में शकल (मिट्टी के ढेले) और कर्दम से वस्त्र रंग जाने का उल्लेख है। हर्र, बहेड़ा, आँवला, आम की पत्ती आदि कसैले पदार्थो से बने कषायों में भी वस्त्र रंगे जाते थे ऐसे वस्त्रों की संज्ञा काषाय थी। योगी लोग कंधे पर काषाय योगपट्ट धारण करते थे।[53]

परिधान में रंगों का संयोजन भी मनोरम होता था। या तो समस्त वेश-भूषा एक ही रंग की; जैसे-

अभिसारिका का नील परिधान; या फिर विपरीत रंगों की।

नील कंचुक के ऊपर रक्त अवगुण्ठन जैसे नील कमलों के वन पर पड़ती हुई संध्याकालीन धूप, या-रक्तांशुक के ऊपर क्षीरधवल श्वेतांशुक का शिरोभूषण, अथवा अमृत फेनपुञ्जवत् श्वेत दुकूल पर रक्तांशुक का अवगुण्ठन, या निःश्वासहार्य नेत्र-कञ्चुक के नीचे से कुसुम्भी आभा बिखेरता रक्त चण्डातक।

इस प्रकार इन्द्रधनुषी रंगों को दैनन्दिन जीवन में संजो लेने की कला थी- वसनरागः।

अंगराग-

यह शरीर के विभिन्न अंगों को रागयुक्त करने अर्थात् रंगने की कला थी। अंगों को रंगने के लिये प्रयुक्त कुंकुम आदि द्रव्यों को भी उपचार से अंगराग कहा गया है। महाकवि भास ने इसके लिये 'वर्णक' शब्द का प्रयोग किया है स्वप्नवासवदत्तम् में उदयन के स्नान के पश्चात् 'सुमनोवर्णक' प्रस्तुत किये जाने का उल्लेख है।[54]

शरीर को उज्ज्वल वर्णों से सुशोभित करने के लिये; अंगराग का उपयोग अत्यंत प्राचीन काल से ही होता रहा है। रामायण में अनसूया द्वारा सीता को शरीर शोभा के लिये दिये गये दिव्य अंगराग का उल्लेख हुआ है।[55]

साहित्य में अंगराग के दो गुणों का बहुत अधिक वर्णन हुआ है-

प्रथम - उनका लाल रंग

प्रायः अंगराग की उपमा अग्नि की लाल लपटों से दी गई है। कालिदास के अनुसार अनसूया प्रदत्त दिव्य अंगराग को धारण किये हुये सीता; शुद्ध होते हुए भी पुनः अग्नि में प्रवेश करती हुई सी प्रतीत होती थीं।[56] हर्षचरित में रानी यशोमती द्वारा सती होते समय लगाया गया अंगराग; चिताग्नि का भ्रम उत्पन्न कर रहा था-

सरस कुङ्कुमाङ्गरागमता कवलितामिव दिधक्षता चितार्चिष्मता।[57]

द्वितीय गुण है- उनकी मनोरम गंध-

सीता द्वारा लगाये गये अंगराग की दिव्य गंध ने वन के भ्रमरों को आकर्षित कर लिया था-

सा चकाराङ्गरागेण पुष्पोच्चलितषट्पदम्।[58]

कादम्बरी अंतःपुरः का मार्ग अंगराग की चारों ओर फैलती हुई सुगंध से अमृत-उत्पत्ति-दिवस के समान प्रतीत होता था।[59]

अंगराग से शरीर के निम्नलिखित अंगों को रंजित किया जाता था-

ललाट-

संपन्न वर्ग के पुरुष ललाट को प्रायः रक्तवर्ण हरिचन्दन के लेप से रंगते थे। इन्दुमती स्वयंवर में उपस्थित पाण्ड्य देश के राजा इस अंगराग से बाल सूर्यकी प्रभा से रक्तवर्ण शिखर वाले पर्वतराज के समान शोभित होते थे-

पाण्यड्योऽयम् . . . . क्लृप्ताङ्गरागो हरिचन्दनेन।

आभाति बालातपरक्तसानुः . . . . इवाद्रिराजः।।[60]

मुख एवं कपोल-

स्त्रियाँ मुख एवं गौर कपोलों को कुंकुमराग से रंगती थीं। राजशेखर ने महाराष्ट्री स्त्रियों के कुंकुमराग से शोभित गौर कपोलों की उपमा चंपक पुष्प से दी है-

जादं कुंकुमपंकलीढमरठीगंडप्पहं चंपअं।[61]

मुख को रंगने के लिये पुष्प रेणु का प्रयोग भी अंगराग के रूप में होता था। अग्नि वर्ण; वर्षा ऋतु में नीप (कदम्ब) पुष्प के पराग का उपयोग अंगराग के रूप में करते थे-

नीपरजसाङ्गरागिणः . . . . प्रावृषि विहारविभ्रमः।[62]

मुख संस्कार के लिये कर्पूर चूर्ण[63] मुक्ताचूर्ण[64] लोध्र-रज[65] आदि का वर्णन भी हुआ है किन्तु इनका वर्ण श्वेत होने के कारण संभवतः इन्हें अंगराग नहीं कहा गया है।

वक्षः स्थल-

स्त्री और पुरुष वक्षःस्थल को भी लाल रंग के अंगराग से रञ्जित करते थे। विलासिनी स्त्रियाँ शिशिर में कुंकुम राग से वक्षःस्थल को रंजित कर शीत को पराभूत करने का प्रयास करती थीं-

पयोधरैः कुङ्कुमरागपिञ्जरैः . . . . स्वपन्ति शीतं परिभूय कामिनः।[66]

हर्षचरित और कादम्बरी में उत्सवों पर नृत्य करती हुई नर्तकियों के स्वेद जल से धुले हुये अंगराग से वस्त्रों के लाल हो जाने का वर्णन हुआ है।

वक्षःस्थल को हरिचन्दन से लिप्त किया जाना सौभाग्य और विलास का चिह्न माना जाता था अतः शिव से विवाह करने के लिये उत्कंठित पार्वती के हरिचन्दनास्पद पयोधरों पर चिताभस्म के संस्पर्श की कल्पना ही; ब्रह्मचारी के लिये असह्य हो गई थी।[67]

देवराज इन्द्र के वक्षःस्थल को रंगने वाले हरिचन्दन से अंकित मन्दार माला का उपहार महाराज दुष्यन्त को 'मनोरथानामप्यभूमिः प्रतीत हुआ था।[68]

कुमारी कन्यायें भी अंगराग से वक्षःस्थल को रंगती थीं; अतः कन्दुक-क्रीड़ा करते समय पार्वती के वक्षःस्थल के संपर्क से गेंद भी लाल हो जाती थी।[69]

अधर-राग–

कपोल और वक्षःस्थल के बाद जिस अंग को रंगने का मोहक वर्णन साहित्य में हुआ है; वह है-रतिसर्वस्व अधर। अधर राग का चित्रण संस्कृत कवियों का प्रिय विषय है।

मुनि कन्या के सौंदर्य से मुग्ध दुष्यन्त शकुन्तला के अधर-राग को किसलयों[70] में देखते हैं तो शिव की दृष्टि भी पार्वती के बिम्ब फल (कुंदरू) के समान अधरों पर ही टिक जाती है।[71] चंद्रापीड़ को कादम्बरी के बिद्रुमलता (मूँगे की लता) के समान लोहित अधर राग-सागर की दी तरंगों के समान प्रतीत होते हैं।[72अ]

वराह ने बन्धुजीव के समान रक्त एवं अमांसल अधरों को प्रशस्त कहा है।[72ब]

अतः वर्तमान युग के समान ही प्राचीन भारत में भी अधरों को रंगा जाता था। निपुण हाथों से रंग भरकर अधरों की रेखाओं को जब कुछ अधिक गहरे रंग से स्पष्ट कर दिया जाता था; तब उनकी छवि अपूर्व लावण्य से भर उठती थी-

रेखाविभक्तः . . . किञ्चिन्मधूच्छिष्टविमृष्टरागः।
कामप्यभिख्यां स्फुरितैरपुष्यदासन्नलावण्यफलोऽधरोष्ठः॥[73]

अधरों को रंगने के लिये अलक्तक का प्रयोग होता था। कालिदास ने तपोदशा में पार्वती के अलक्तक रागोज्झित (राग विहीन) अधरों का वर्णन किया है।[74] अलक्तक का रक्तवर्ण रक्त अशोक की कांति से कुछ हल्का होता था; अतः वसंत में वनश्री जब रक्त अशोक की कांति से अपने अधरों को रञ्जित करती थी; तब वधुओं का ओष्ठ राग फीका पड़ जाता था।[75] जलक्रीड़ा[76] एवं अश्रुपात[77] से अलक्तक राग के धुल जाने का वर्णन भी काव्य में हुआ है।

ओष्ठ को रंगना अधरों का संस्कार[78] था यह मुख प्रसाधन विधि[79] का ही एक अंग था। आचार्य भरत ने इसे अधरों का विभूषण[80] माना है। अधरों में अति माधुर्य, उच्छूनता (स्फीति) एवं लालिमा की सृष्टि के लिये अधर राग की कला विकसित हुई थी।

चरण-राग–

सामुद्रिक लक्षणों के अनुसार स्त्री के स्निग्ध कोमल रक्त वर्ण चरण शुभ माने जाते हैं; अत: मांगल्य एवं सौंदर्य के लिये नैसर्गिक रूप से गुलाबी चरणों की शोभा चरण राग से और अधिक बढ़ाई जाती थी। चरणों को रंगने के लिये लाक्षारस या अलक्तक का प्रयोग होता था। शकुन्तला के पतिगृहगमन के अवसर पर तपावेन के वृक्षों ने 'चरणापराग सुभगलाक्षारस' प्रस्तुत किया था।[81]

साहित्य में अंगनाओं के अलक्तकांकित चरणों एवं चरण चिह्नों के अनेकश: वर्णन हुये हैं। उज्जयिनी में वनिताओं के ललित पाद राग से अंकित हर्म्यों (भवनों) की श्री मेघ के मार्गश्रम को दूर करती है[82] तो उजड़ी हुई अयोध्या के सोपानमार्गों पर रमणियों के रागयुक्त चरणों के स्थान पर व्याघ्रियों के रक्तरंजित पदों को देखकर अयोध्या की अधिष्ठात्री देवी का मन पीड़ा से भर उठता है।[83]

पुरुरवा इन्हीं अलक्तांकित पद चिह्नों को देखकर उर्वशी को खोजने का प्रयास करते हैं।[84]

चरण राग कन्या एवं वधू दोनों के ही नेपथ्य का मुख्य अंग था। विवाह के समय प्राय: सखियाँ ही चरण राग की योजना करती थीं।[85]

इस प्रसाधन कला[86] का सर्वाधिक मनोरम वर्णन मालविकाग्निमित्र के तृतीय अंक में हुआ है; जब अशोकतरु में दोहद संपादन के लिये सखी बकुलावलिका मालविका के चरणों को अलक्तक राग की कलात्मक रेखाओं से अलंकृत करती हैं। रेखा विन्यास से रक्तशतपत्र (कमल)[87] के समान खिले हुये चरणों को देखकर मालविका यह पूछने के लिये विवश हो जाती है कि यह प्रसाधन कला किस गुरु से सीखी गई है-

मालविका-आत्मनश्चरणं इति लज्जे एनं प्रशंसितुम्। केन प्रसाधनकलायामभिनीतासि।[88]

प्राचीन भारत की स्त्रियों में चरणराग के प्रति अभिरुचि इतनी अधिक थी कि कादम्बरी के अंत:पुर तक जाने वाला मार्ग अलक्तक रस से रंग कर लाल-सागर के समान प्रतीत होता था-

सञ्चरतः स्त्रीजनस्य रागसागरायमाणं चरणालक्तकरसविसरैः।[89]

नैसर्गिक रूप से अरुण चरणों पर अलक्तक की मसृण शोभा वैसी ही होती थी जैसी कि कमल कोश पर बालसूर्य की कोमलधूप-

बालातप इव रक्तारविन्दकोशयोः . . . . चरणयोरलक्तकरसः।[90]

चरणों के पृष्ठभाग को भी कुंकुम से रंगा जाता था-

कङ्कुमपिञ्जरितपृष्ठस्य चरणयुगलस्य।[91अ]

पुरुषों के चरण भी रंगे जाते थे। बालनृपति सुदर्शन के अलक्तकांकित चरणों पर

अधीनस्थ राजाओं के नतमौलि होने का वर्णन कालिदास ने किया है।[91ब]

स्त्री-पुरुष दोनों ही इस कला को सीखते थे। वकुलावलिका ने इस कला में अग्निमित्र को गुरु माना है।[92] संभ्रान्त घरों में प्रसाधिकायें[93] प्रतिदिन इस कार्य को संपन्न करती थीं। तथापि विशेष अवसरों पर प्रिय अपनी प्रियायों के चरणों में रागन्यास करते थे, यथा-विलासी अग्निवर्ण-

स स्वयं चरणरागमादधे योषिताम्।[94]

कामदेव तो रति के दाहिने चरण को ही रागांकित कर पाये थे कि देवराज ने उन्हें स्मरण कर लिया था-

. . . . असमाप्ते परिकर्मणि स्मृतः।
तमिमं कुरु दक्षिणेतरं चरणं निर्मितरागमेहि मे।।[95]

इस चरण राग का फल था सौंदर्य से प्रिय का रञ्जन और फलस्वरूप प्रिय के प्रेम और सौभाग्य को प्राप्त करना।[96]

इस प्रकार चरण-राग भी अंगराग के अंतर्गत परिगणित एक कला थी। कालिदास ने इस के लिये अलंकरण, प्रसाधन कला, परिकर्म[97] और निर्मितरागम् (कुमा./4/19) जैसे पदों का प्रयोग किया है। आचार्य भरत ने अलक्तक द्वारा नाना प्रकार की भक्ति रचना (पत्रलता आदि रेखाकृतियों की रचना) को चरण का विभूषण माना है-

. . . पादयोश्च विभूषणम्।
तथालक्तकरागश्च नानाभक्तिनिवेशितः।।[98]

संस्कृत साहित्य में इस ललितशिल्प के संबंध में कुछ अन्य तथ्यों का भी सङ्केत हुआ है। आभिजात्य वर्ग में चरणों को रङ्गने के लिये प्रायः अधिक तरल अलक्तक द्रव या रस का प्रयोग किया जाता था जिसे मुख मारुत से (फूँक देकर) या अधिक हवा वाले स्थान में बैठकर सुखाया जाता था।

जब कि वन्य जातियाँ रक्त के समान गाढ़े अलक्तक रस से चरणों को रंगती थीं, अतः-

'अतिबहल पिण्डालक्तकरस-राग-पल्लवित-पङ्कजा' चाण्डाल कन्या **'अचिरमृदितमहिषासुर रुधिर रक्तचरणा** महिषासुर के रक्त से रंगे चरणों वाली कात्यायनी' के समान प्रतीत होती थी।[99]

चरणों में राग रेखा का विन्यास तूलिका द्वारा खींची गई रेखा से सुव्यक्त किया जाता था। कुंकुमादि अंगराग का प्रयोग दो प्रकार से होता था। सरस कुंकुम को पीस कर[100] अथवा शुष्क कुंकुम चूर्ण के रूप में।[101] कालिदास ने इनके संदर्भ में आकृष्ट, विमृष्ट आदि पदों का प्रयोग किया है। संभवतः चूर्ण आदि को शरीर पर मल लिया जाता था। कुंकुम,

हरिचन्दन आदि को अधिक सुगंधित करने के लिये उसमें मृगनाभि (कस्तूरी) मिला ली जाती थी।[102]

रामायण में अंगराग और अनुलेप को दो भिन्न द्रव्य[103] माना गया है जबकि परवर्ती साहित्य में प्रायः इनका प्रयोग एक ही अर्थ में हुआ है।[104]

इस प्रकार 'दशन-वसन अङ्गरागाः' वस्त्रों के साथ ही शरीर के विभिन्न अंगों को भी उज्ज्वल रंग से रंगने एवं उसके माध्यम से जीवन में राग-सृष्टि की कला थी।

सन्दर्भ-सङ्केत

1 नाट्यशास्त्र - 23.28-29
2 वही. - 23.29-30
3 अलङ्कारशेखर - 5.1 में उद्घृत
4 बृहत्संहिता - 70.6
5 रामा.। अरण्य. - 46.17
6 शिशुपालवध - 2.7
7 मालविका. - 2.10
8 किराता. - 4.14
9 नैषध. - 11.48
10 विद्ध. - 2.5
11 अमरकोश - 2.6.121
12अ कर्पूरमञ्जरी - 1.14
12ब काव्यमीमांसा - अ. 14
13 ऋतु. - 6.21
14 कादम्बरी/पृ. 539
15 मृच्छकटिक - 1.20
16 मालतीमा. - अं. 6, पृ.268
17 कादम्बरी - पृ. 479.80
18 वही. - पृ. 30
19 वही. - पृ. 307
20अ ऋतु. - 6.5
20ब हर्षचरित - उ. 7, पृ. 368
21 रक्तपीतसमायोगाद् गौरवर्ण इति स्मृतः। नाट्यशा. - 23.79
22 ऋतु. - 6.5
23 कुमार. - 3.54
24 वही. - 5.8
25 हर्षच. - उ. 5, पृ. 285
26 वही. - उ. 5, पृ. 285
27 हर्षच. - पृ. 56

28 ऋतु. - 5.8
29 काद. - पृ. 32
30 विक्रमो. - अं. 3, पृ. 189
31 काद. - पृ. 478
32 हर्षचरित - पृ. 57
33 काद. - पृ. 30
34अ विद्ध. - 1.34
34ब हर्षचरित - उ. 7, पृ. 368
35अ रामायण। अरण्य. - 46.16
35ब काद. - 218
36अ मृच्छकटिक - 5.13
36ब नाट्य. - 23.77
37 रघु. - 9.51
38 विक्रमो. - 4.17
39अ कर्पूर.- 2.14
39ब हर्षचरित - उ. 7, पृ. 368
40 काद. - पृ. 520
41 हर्ष. - उ. 7, पृ. 367
42अ काद. - पृ. 212
42ब हर्षचरित - उ. 7, पृ. 289
43 हर्ष. - उ. 7, पृ. 367
44 वही. - उ. 7, पृ. 368
45 हर्ष. - उ. 4, पृ. 244
46 वही. - उ. 4, पृ. 245
47 वही. - उ. 4, पृ. 245
48 काद. - पृ. 25-26
49 हर्ष. - उ. 4, पृ. 245
50 नाट्यशास्त्र - अ. 23, 57-60-65
51 ऋतु. - 6/15
52 रघु. - 9.43
53 अंसावलम्बिना काषायेण योगपट्टकेन विरचितवैकक्षकम्। हर्षच. - उ. 3, पृ. 173
54 स्वप्नवासवदत्तम् - अ. 4
55 रामा.। अयो. - 118.19-20
56 रघु. - 14,14
57 हर्षचरित् - उ. 4, पृ. 227
58 रघु. - 12.27
59 अमृतोत्पत्तिदिवसायमानमङ्गरागामोदैः। काद. - पृ. 536
60 रघुवंश - 6.60

61 कर्पूरमं. - 1.16
62 रघुवंश - 19.17
63 कर्पूरमं. - 3.28
64 वही. - 1.30
65 मेघ. - 2.2
66 ऋतु. - 5.9
67 कुमा. - 5.69
68 अभि. - 7.2
69 कुमा. - 5.11
70 अभि. - 1.20
71 कुमा. - 3.67
72अ काद..पृ. 542
72ब बृहसंहिता - 70.6
73 कुमा. - 6.18
74 वही. - 5.34
75 रक्ताशोकरुचा विशेषितगुणोबिम्बाधरालक्तकः। मालविका. - 3.5
76 रघु. - 19.10
77 विक्रमो. - 4.17
78 अभिज्ञा. - 7.23
79 माल. - 3.5
80 नाट्य. - 23.28
81 अभिज्ञा - 4.5
82 मेघ. - 1.37
83 रघु. - 16.15
84 विक्रमो. - 4.17
85 कुमार. - 7.19
86 मालवि. - अं. 3
87 सखि! अरुणशतपत्रमिव शोभते ते चरणम्। मालवि. - अं. 3
88 वही. - पृ. 292
89 काद. - पृ. 536
90 वही. - पृ. 189
91अ हर्षचरित - उ. 1, पृ. 56
91ब रघु. - 18.41
92 मालवि. - अं. 3
93 रघु. - 7.7
94 वही. - 19.26
95 कुमा. - 4.19
96 सर्वथा भर्तुरंकपरिवर्तिनी भव.मालवि. - अं. 3; कुमार. - 7.19

97 एष ते निर्वृत्तपरकिर्मा चरणः। मालवि. - अं. 3

98 नाट्यशा. - 23.41

99 कादम्बरी - पृ. 31-32

100 अ. मृच्छकटिक में कुंकुम से गीले प्रस्तरों को सुखाये जाने का उल्लेख है- सुक्खविअन्ति ओलविद कुंकुम पत्थरा - अं. 4, पृ. 239

ब. केसर की पंखुड़ियों को पीस कर फिर छान कर कुंकम रस तैयार किया जाता था- क्षुण्णक्षाल्यमानकुसुम्भसंभाराम्भः प्लवः। हर्षच. - उ. 4, पृ. 243

101 अंसस्थलोल्लासितकुंकुमधूलिपटलपिञ्जरीकृतदिशम्। काद. - पृ. 41

102 रघु. - 17.24

103 रामा.। अयो. - 118.19-20

104 रघु. - 16.58

卐 卐 卐

11. प्रसाधन-कला (नेपथ्ययोगाः)

वात्स्यायन वर्णित चौंसठ कलाओं में से एक महत्वपूर्ण कला है- 'नेपथ्ययोग' अर्थात् वेशभूषा धारण करने की कला या प्रसाधन कला। यशोधर के अनुसार देश और काल के अनुरूप वस्त्र, माल्य आभूषणदि से स्वयं को या दूसरों को, शोभा के लिये मण्डित करने की कला-नेपथ्य योग है।[1] इस कला के मूल में भी निहित है-मानव की वही सौंदर्य चेतना जो असुन्दर को सुंदर, अपूर्ण को पूर्ण अशिव को शिव मङ्गलमय बनाना चाहती है।

नेपथ्य कला पर प्रकाश डालने से पूर्व नेपथ्य शब्द पर विचार आवश्यक है। कोशग्रंथों के अनुसार नेपथ्य शब्द के अर्थ हैं:- वेशभूषा, परिधान, अलंकरण, साज-सज्जा, प्रसाधन, रंगभूमि एवं नेपथ्यगृह।[2]

वस्तुतः नेपथ्य नाट्यशास्त्र का पारिभाषिक शब्द है, जिसका व्युत्पत्तिलभ्य अर्थ है- नेता का पथ्य (नेःनेता तस्य पथ्यम्)-अर्थात् वे साधन जो अभिनेता के पथ-अर्थात् सामाजिक को रसानुभूति की ओर ले जाने वाले अभिनय व्यापार में सहयोगी होते हैं-नेपथ्य हैं।

आचार्य भरत के अनुसार आङ्गिक, वाचिक, आहार्य और सात्विक इन चतुर्विध अभिनयों में से आहार्य अभिनय का नाम ही नेपथ्यविधान है-

आहार्याभिनयो नाम ज्ञेयो नेपथ्यजो विधिः।।[3]

इस नेपथ्यविधि के चार अंग है-[4]

(1) पुस्त- नाट्यप्रयोग में आवश्यक अस्त्र-शस्त्र, शय्या-आसन, नदी-पर्वत आदि की योजना।

(2) अलंकार- माल्य, आभूषण वस्त्रादि का नानाविध समायोजन।

(3) अंगरचना- संपूर्ण शरीर, होंठ, मुख आदि को रंगना।

(4) संजीव- आवश्यकता एवं सम्भाव्यता के अनुसार रङ्गमञ्च पर जीवित प्राणिवर्ग की योजना।

ये नेपथ्य विधान नाट्य की शोभा या अलंकार हैं। नाट्यप्रयोग की सफलता बहुत

कुछ नेपथ्य पर निर्भर करती है क्योंकि नानावस्था और प्रकृति के पात्र नेपथ्य से अपने आंगिक अभिनय द्वारा अनायास ही भावाभिव्यक्ति में समर्थ होते हैं।[5]

इस प्रकार नेता के अभिनय में पथ्य या उपयोगी होने के कारण ही इनकी संज्ञा नेपथ्य है। नट के द्वारा धारण की जानेवाली विशिष्ट वेश-भूषा के समान ही जन-जीवन में स्त्री-पुरुष द्वारा धारण की जाने वाली विशिष्ट वेश-भूषा को भी नेपथ्य कहा गया है।

संस्कृत साहित्य में नेपथ्य शब्द का प्रयोग प्रारंभ में केवल नटों द्वारा धारण की जाने वाली वेश-भूषा, मंच सज्जा आदि के लिये ही हुआ। आद्य नाट्यकार भास ने इसी अभिप्राय से **'नेप्थ्यपालिनी'** (प्रतिमा/अंक-1) शब्द का प्रयोग किया है। वात्स्यायान के पश्चात् नेपथ्यकला का सर्वप्रथम सांगोपांग वर्णन कालिदास की कृतियों में ही प्राप्त होता है। कतिपय संदर्भ इस प्रकार हैं:-

1. राज्यभिषेक के अवसर पर अतिथि नेपथ्यग्रहण के लिये हाथी दाँत के पवित्र आसन पर विराजमन हुये।[6]
2. पतिपुत्रवती स्त्रियों ने पार्वती के अभ्यङ्ग नेपथ्य को संपन्न किया।[7]
3. शिवजी ने अपने अद्भुत प्रभाव से ही विवाह नेपथ्य को संपन्न किया।[8]
4. संगमनीय मणि के खोने का समाचार पाकर महाराज पुरुरवा नेपथ्य समाप्त किये बिना ही आसन से उठ खड़े हुये।[9]
5. पण्डिता कौशिकी ने मालविका को विवाह नेपथ्य से अलंकृत किया।[10]
6. दोहद के पश्चात् लाल स्तवकों से सज्जित अशोक वृक्ष 'दत्तनेपथ्य' के समान शोभित हुआ।[11]

नाट्य प्रयोग में पात्रों द्वारा धारण की जाने वाली वेशभूषा, अंगरचना आदि के अर्थ में भी कालिदास ने इस शब्द का प्रयोग किया है। यथा-**'यदि नेपथ्यविधानमवसितम् इतस्तावदागम्यताम्'** शाकुन्तल का यह संदर्भ[12] आचार्य भारत की नेपथ्यविधि की ओर ही संकेत करता है।

हर्ष ने नेपथ्य शब्द का प्रयोग नटवेश के लिये ही किया है-**आर्ये! रत्नावली-दर्शनोत्सुकोऽयं राजलोकः। तद्गृह्यतां नेपथ्यम्।**[13]

महाकवि भवभूति ने मालती के विवाह नेपथ्य एवं तज्जन्य शोभा का वर्णन किया है।[14]

कालिदास के पश्चात् नेपथ्यकला का सर्वाङ्गीण चित्रण करने वाले एकमात्र कवि राजशेखर हैं। उन्होंने स्पष्ट शब्दों में नेपथ्य को कला कहा है।[15] उनकी रचनाओं में नेपथ्य कला के निम्न संदर्भ प्राप्त हैं-

(1) राजा चंद्रपाल की देवी ने कर्पूरमञ्जरी को नेपथ्य से मण्डित किया।[16]

(2) नायक विद्याधरमल्ल विवाह नेपथ्य से अलंकृत हुये।[17] इसी प्रसंग में **नेपथ्यपटलकहस्ता**' चेटियों का भी उल्लेख हुआ है।[18]

(3) काव्यपुरुष के नेपथ्य का भारतदेश के निवासियों ने अनुसरण किया- **यादृङ्नेपथ्यः स सारस्वतेय आसीत् तद्देशाश्च पुरुषा बभवुः।**[19]

साहित्य में प्राप्त इन संदर्भों के आधार पर इस कला के संबंध में निम्न तथ्यों का ज्ञान होता है-

नेपथ्ययोग कलात्मक ढंग से सुसज्जित होने की कला थी। स्नान के पश्चात् नेपथ्य विधि प्रारम्भ होती थी। इसके निम्नलिखित मुख्य अंग थे-

1. केश रचना 2. अनुलेप या अंगराग 3. पत्रावलीरचना
4. अलंकार योग 5. वस्त्र योग एवं 6. माल्यप्रयोग

(1) **केश रचना-**

केश संस्कार या विन्यास की कला केश रचना कही जाती थी।[20]

स्त्रीकेश-रचना-

सर्वप्रथम गीले केशों को अगुरुधूम (अगर के धुँये) से सुखा लिया जाता था-

धूपोष्मणा त्याजितमार्द्रभावम्।[21]

तत्पश्चात् हाथी दाँत की कंघी से केशों को संवार कर उनमें पुष्प गूँथ[22] कर विविध प्रकार की केश रचनायें की जाती थीं।

सामान्य रूप से स्त्रियों के केश विन्यास के मुख्यतः दो प्रकार थे-

(i) **केशों को खुला रखना-**

कालिदास के अनुसार वर्षा ऋतु में स्त्रियाँ अपने श्रोणितट (जाँघों) तक लटकते हुये लम्बे केशों को खुला रख कर स्वयं को और अधिक आकर्षक बना लेती हैं।-

शिरोरुहैः श्रोणितटावलम्बिभिः स्त्रियो रतिं संजनयन्ति कामिनाम्।[23अ]

कादम्बरी को भी केशों को खुला रखना ही अधिक प्रिय था-

मयूरावलीमिव नितम्बचुम्बिशिखण्डभार[23ब]

उसके दीर्घ केशकलाप सीमन्त चूड़ामणि की रक्तिम आभा से प्रक्षालित थे-

प्रक्षाल्यमान दीर्घ केशकलापाम्[23स]

अन्यत्र कंधों पर बिखरी घुंघराली अलकों के संयमन का भी वर्णन हुआ है-

अंशसस्तचिकुरकलापसंयमनाकुलकरकमला[24अ]

(i) **केशों को बाँधना-**

केशबंधन[24], अलकसंयमन[25], केशपाश[26] आदि प्रयोगों से ज्ञात होता है कि केशों को बाँधा जाता था। कालिदास ने बँधन के शिथिल होने से बिखरे केशों का अनेकशः सुंदर वर्णन किया है। दुष्यन्त ने शकुन्तला का प्रथम दर्शन इसी रूप में किया था-

बन्धे स्रंसिनि चैकहस्तयमिताः पर्याकुलाः मूर्धजाः।[27]

राजा दशरथ अपनी प्रिया के इसी केश सौंदर्य का स्मरण कर मृगया के समय मयूरों पर बाण नहीं चला पाये थे।[28]

यह केश-बन्धन तीन प्रकार से संभव था-

प्रथम - केशों का जूड़ा बाँधना-

जूड़ा बाँधने की कई शैलियाँ थीं-

(i) कंधे, गर्दन या पीठ पर, केशों को समेट कर शिथिल ग्रंथि से लटकता हुआ जूड़ा बाँधना। कालिदास की नायिकाओं को यह शैली ही अधिक प्रिय है। **'शिथिलकेशबन्धेन उद्वान्तकुसुमेन'** शकुन्तला के चित्र से इसी शैली का ज्ञान होता है।

बाणभट्ट ने भी हर्षचरित् में मालती के वर्णन में पीठ पर लटकते हुये शिथिल जूड़े का उल्लेख किया है-

पृष्ठप्रेङ्खदनादरसंयमनशिथिलजूटिकाबन्धा।[29]

आज से लगभग साढ़े पाँच हजार वर्ष पूर्व सिंधु सभ्यता में इस प्रकार के जूड़े का प्रचलन रहा है। मोहनजोदड़ो से प्राप्त नर्तकी प्रतिमा में केशबन्धन की इस शैली के दर्शन होते हैं।

गुप्तकालीन मूर्तिशिल्प, अजन्ता के चित्रों; खजुराहो और भुवनेश्वर के प्रासाद शिल्प में भी यह केश विन्यास देखा जा सकता है।

(ii) **केशों को पुष्पों से गूँथकर वेणी बनाकर जूड़ा बाँधना-**

पार्वती के विवाह-नेपथ्य में इसी प्रकार का जूड़ा बनाकर दूर्वायुक्त मधूकमाला से सजाया गया था।[30]

सिर पर चूड़ा या पिरामिड के आकार के जूड़े भी बनाये जाते थे। अलका की वधुयें अपने चूड़ापाश को सद्यः प्रस्फुटित कुरबक पुष्प से सज्जित करती थीं।[31]

धम्मिल्ल का वर्णन भी संस्कृत साहित्य में हुआ है। बाणभट्ट ने हर्षचरित् में महारानी यशोमती की बेला नामक प्रतिहारी के वर्णन प्रसंग में धम्मिल्ल रचना का उल्लेख किया है।[32]

श्री वासुदेव शरण अग्रवाल धम्मिल्ल का संबंध संस्कृत द्रमिड़, सिंहली दमिल, यूनानी दमरिके से मानते हैं जो तमिल देश के प्राचीन नाम थे।[33] दक्षिण भारत में धम्मिल्ल रचना प्रचलित थी जो सिर के ऊपर भारी जूड़े के रूप में बाँधी जाती थी। संभवतः आचार्य भरत का 'दक्षिणस्त्रीणां कुम्भीबन्धकसंयुक्तम्/23/67-68/ के द्वारा कुम्भ के समान आकार वाले भारी धम्मिल्ल की ओर संकेत है। अजंता की 17 वीं गुफा में अंकित प्रेयसी के चित्र में यह केश रचना दिखाई देती है। उत्तरी भारत में यह केश रचना सर्वप्रथम गुप्तकाल में दक्षिणी प्रभाव से आई।

द्वितीय - पुष्प दाम या माला से केशों को लपेट कर बाँधना-

वर्तमान युग के फीते या रिबिन के समान पुष्पमाला से केशों को लपेट कर बाँधने की प्रथा ही अधिक थी। शिवजी की वरयात्रा को देखने के लिये संभ्रमपूर्वक उठी हुई स्त्री के वर्णन में-

अलोकमार्ग सहसा व्रजन्त्या कयाचिदुद्वेष्टनवान्तमाल्यः।
बद्धुं न संभावित एव तावत्करेण रुद्धोऽपि च केशापाशः।।[34]

तथा - **'चित्रमाल्यानुकीर्णे रतिविगलितबन्धे केशपाशे प्रियायाः'**[35] के द्वारा कालिदास ने इसी शैली की ओर संकेत किया है।

तृतीय - केशों को गूँथकर वेणी बाँधना-

संस्कृत साहित्य में वेणी बन्ध विशेषतः एक वेणी का वर्णन विरहिणी स्त्रियों की केश रचना के लिये ही हुआ है।[36] आदि कवि वाल्मीकि अशोक वनिका में विरह विधुरा सीता की एक वेणी की उपमा पृथ्वी की वनपंक्ति से देते हैं[37] तो कालिदास को ग्रीष्म ऋतु में प्रतनुसलिला निर्विन्ध्या नदी एकवेणीधरा विरहिणी नायिका के समान प्रतीत होती है।[36] दीर्घविरहव्रत का पालन करती हुई **धृतैकवेणीशकुन्तला**[३९] तथा **यक्षिणी**[40] के चित्र भी प्राप्त है। कालिदास साहित्य में, प्रवासी पथिकों द्वारा लौटकर अपनी प्रियायों के वेणी-बंधन को खोलने की उत्कण्ठा का भी मार्मिक चित्रण हुआ है।[41]

कुमारी कन्यायें भी प्रायः केशों की वेणी बनाती थीं। राजशेखर ने कन्दुक क्रीड़ा करती हुई मृगाङ्कावली की वेणी से मल्लिका पुष्पों के गिरने का वर्णन किया है।[42अ] वेणी गुम्फन के खुल जाने से माला के गिरने का वर्णन भी हुआ है।[42ब]

अलक रचना- अलक रचना भी केश रचना का एक प्रकार था। कुञ्चित केशों की संज्ञा अलक अथवा कुन्तल थी। इन्हें **अराल केश**[43], **कुटिल केश**[44अ], आदि भी कहा गया है। भौरों के समान काले घुमावदार कुंचित केश सुंदर माने जाते थे, सामुद्रिक लक्षणों में भी कुञ्चित केशों को शुभ माना गया था-

स्निग्धनीलमृदुकुञ्चितमूर्धजाः सुखकराः।[44ब]

अतः केशों को कर्पूर आदि विधि प्रकार के चूर्णो के प्रयोग से कृत्रिम रूप से कुंचित बनाया जाता था।[45] कालिदास ने अलक रचना के लिये प्रयुक्त अलकचूर्ण[46] का उल्लेख किया है।

अलक रचना के भी कई प्रकार थे-

(i) **वलीभृत**-अर्थात् लहरदार। इन्दुमती के काले केश वलीभृत (एक के बाद एक उठती हुई नदी की लहरों के समान) अलक रचना से शोभित थे-

कुसुमोत्खचितान्वलीभृतश्चलयन् भृंगरुचस्तवसालकान्।[47]

(ii) **मयूरपुच्छ के सामन-** छोर पर ऊपर की ओर मुड़े हुये।[48]

(iii) **केवल अग्रभाग में कुंचित-**

शरद ऋतु में स्त्रियॉ इस प्रकार के केशों को नवमालती पुष्पों से सजाती थीं-

केशान्नितान्तघननीलविकुञ्चिताग्रानापूरयन्ति वनिता नवमालतीभिः।[49]

(iv) **लालट पर कुञ्चित लटों की योजना-** छोटी-छोटी कुञ्चित लटों को विशेष रूप से ललाट पर सजाया जाता था। इस विशिष्ट अलकरचना से कर्पूरमञ्जरी का मुख कृष्णमृगचिह्नित चंद्रबिंब के समान खिल उठा था-

कुटिलालकानां माला ललाटफलकाग्रसंङ्गिनी रचिता।
तच्छशिबिम्बस्योपरि वर्त्तते मध्ये कृष्णसारङ्गः।।[50]

अलकों को विभिन्न ऋतु पुष्पों से अलंकृत किया जाता था। कुंचित नील अलकों में रक्त अशोक, श्वेत नवमल्लिका[51] और स्वर्णिम कर्णिकार[52] की शोभा अपूर्व होती थी।

अलकों को मुक्ताजाल से भी सजाया जाता था।[53] आचार्य भरत ने देश और पात्र के अनुरूप स्त्रियों की केशरचना के संबंध में महत्वपूर्ण निर्देश दिये हैं:-

अवन्ती देश की स्त्रियों के केश कुञ्चित; गौड़ देश की युवतियों को कभी अलक, कभी शिखा पाश और कभी वेणी धारण किये हुये; आभीर स्त्री को दो वेणियों से युक्त; पूर्वोत्तर देश की स्त्रियों को ऊपर की ओर शिखा बाँधे हुये[54] तथा मुनिकन्याओं को एक वेणीधरा के रूप में प्रदर्शित करना चाहिए।[55अ]

सीमन्त रचना भी केश रचना का ही एक अंग थी। स्त्रीयों की सीमन्तिनी संज्ञा इसी के कारण सार्थक होती थी। सीमन्त (माँग) को सिंदूर, पुष्प और आभरणों से सजाया जाता था।[55ब]

पुरुष केश-रचना-

स्त्रियों के समान पुरुष भी केश रचना के प्रति सजग थे। केश विन्यास से पूर्व केशों

को धूप-धूम से सुखा लिया जाता था तत्पश्चात् गीले हाथों से केशों को वाँछित आकार में संयोजित किया जाता था।

तं धूपाश्यानकेशान्तं तोयनिर्णिक्तपाणयः।

आकल्पसाधनैस्तैस्तैरुपसेदुः प्रसाधकाः।[56]

मृच्छकटिक के एक महत्वपूर्ण उल्लेख[57] के अनुसार पुरुषों की केश रचना संबंधी निम्न शैलियों का ज्ञान होता है-

(i) **ग्रंथि**- लटकते हुये लम्बे केशों के नीचे गाँठ बाँधना।

(ii) **जूटक**- सिर पर जूड़ा बाँधना। इसे ही **मौलि रचना** भी कहा गया है। इस विन्यास में सिर पर केशों का जूड़ा बनाकर माला से बाँध लिया जाता था। मौलि बन्धन प्रायः मालती-माला से होता था। बाणभट्ट ने **'मौलिमालतीमालिका'** का अनेकशः वर्णन किया है।[56]

कालिदास के अनुसार राजा अतिथि के अभिषेक नेपथ्य में कुशल प्रसाधकों द्वारा विशिष्ट प्रकार की मौलि रचना की गई थी। इस रचना में केशों को मुक्तासूत्र से बाँधा गया था, मौलि के भीतरी भाग को पुष्प माल्य से अलंकृत किया गया था तथा मौलि के ऊपर पद्मरागमणि की योजना की गई थी।[59]

(iii) **बाल**- छोटे केश रखना।

(iv) **कुन्तल**- केशों को प्रयत्नपूर्वक घुँघराले बनाना। भरत के अनुसार कुञ्चित केश शृङ्गारी प्रवृत्ति के परिचायक थे। नाट्य-नेपथ्य में सामान्य रूप से राजाओं और अधिकारियों के केश कुञ्चित रखे जाते थे[60] बाणभट्ट ने हर्षचरित में **'कुटिलकुन्तलस्तबक'** से शोभित दधीच का वर्णन किया है।[61]

(v) **मुक्त**- केशों को खुला रखना।

(vi) **ऊर्ध्वचूड़ा**- सिर पर ऊपर की ओर जूड़ा बाँधना।

(vii) **द्विफालबद्ध**- नैषध के सन्दर्भ से एक अन्य प्रकार की केश रचना का भी ज्ञान होता है, जिसे 'द्विफालबद्ध' कहा गया है। इसमें बीच में माँग निकालकर केशों को दो भागों में विभक्त कर बाँध लिया जाता था।[62]

(viii) **त्रिशिखण्डक**- बालकों की केश रचना के प्रसंग में आचार्य भरत ने 'त्रिशिखण्डक' का उल्लेख किया है इसमें सिर पर तीन चोटियाँ बनाई जाती थीं।

(ix) **काकपक्ष**- संस्कृत साहित्य में 'काकपक्ष'[64] का अनेकशः वर्णन हुआ है इसमें केश कंधों तक लम्बे तथा किनारे पर कौये के पंख के समान हल्के मुड़े हुये होते थे। बालकों का यह केश विन्यास गुप्तकालीन कार्तिकेय की प्रतिमाओं में देखा जाता है।

इस प्रकार प्राचीन भारत में केश रचना नेपथ्य विधान का एक महत्वपूर्ण अंग थी। ऋतु और प्रसंग के अनुकूल भिन्न-भिन्न प्रकार की केश रचनायें की जाती थीं। वर्षा में लंबे केशों को खुला रखा जाता था तो शरद और हेमन्त में उन्हें प्रयत्नपूर्वक घुंघराला बनाया जाता था। विवाह के लिये उदार बन्ध वाले जूड़े की रचना की जाती थी तो राज्याभिषक के लिये मुक्तामाला से नद्ध (बंधी हुई) मौलि की। स्त्री और पुरुष दोनों ही मनोयोग से इस कला को सीखते थे। राजशेखर के अनुसार युवावस्था में प्रवेश के साथ ही युवतियाँ कबरी भार की रचना में रस लेने लगती थीं।[65]

महाकवि कालिदास के काल से बाणभट्ट के काल तक पीठ पर लटकते हुये शिथिल जूड़े का प्रचलन ही अधिक था। इसके कारण की ओर बाणभट्ट ने संकेत किया है,-वह है-

संयमन के प्रति अनादर भाव वस्तुतः वह युग उन्मुक्त रूप से जीवन के रस और सौंदर्य के उपभोग का युग था जहाँ कठोर 'नियमों के प्रति अनास्था का भाव था। जीवन के प्रति यह दृष्टिकोण केश रचना से भी व्यक्त होता है।

(2) **अनुलेप-**

शरीर की श्रीवृद्धि या मण्डन के लिये ऋतु के अनुसार शीतल या उष्ण प्रकृति के विविध प्रकार के सुगन्धित अनुलेप प्रयोग में लाये जाते थे।

ग्रीष्म ऋतु में वक्षःस्थल पर गाढ़े चंदन[66] का लेप रुचिकर होता था, तो शिशिर में कुंकुम[67] का लेप। बसंत ऋतु में प्रियङ्गु, कालीयक, कुंकुम, चन्दन और कस्तूरी आदि सभी प्रकार के सुगंधित द्रव्यों का अनुलेप विलासिनियों के नेपथ्य का प्रमुख अंग था।[68]

राजभवनों में इसके लिये विशिष्ट स्थान होता था जिसे विलेपनभूमि कहा जाता था। बाणभट्ट ने कादम्बरी में इस विलेपनभूमि का मनोरम वर्णन किया है जहाँ महाराज शूद्रक स्नान के पश्चात् मृगमद (कस्तूरी), कर्पूर एवं कुंकुम गन्ध से सुरभित चंदन से संपूर्ण शरीर को अनुलिप्त कराते थे।[69]

प्राचीन भारत में विलेपन के अत्यधिक प्रयोग ने अंगराग एवं गंधयुक्ति[70] जैसी स्वतंत्र कलाओं को जन्म दिया था।

(3) **पत्ररचना-**

शरीर पर चंदन रस, शुक्ल अगुरु आदि के लेप के पश्चात् गोरोचना, कृष्णागुरु, कस्तूरी, कुंकुम आदि से ललाट पर तिलक या विशेषक तथा कपोल, चिबुक एवं वक्षः स्थल पर पत्रावली रचना की जाती थी। स्त्री और पुरुष दोनों के ही अंगों को पत्रलताओं की सूक्ष्म रेखाकृतियों से अलंकृत किया जाता था। विवाह के अवसर पर पार्वती के शरीर पर तथा अभिषेक नेपथ्य के प्रसंग में राजा अतिथि के शरीर पर इसी प्रकार की पत्राकृति

रचना की गई थी-

चन्दनेनाङ्गरागं च मृगनाभिसुगन्धिना।
समापय्य ततश्चक्रुः पत्रं विन्यस्तरोचनम्।।[71]

नेपथ्य का यह अंग भी प्राचीन भारत में विशेषकच्छेद्य[72] के रूप में एक स्वतंत्र शिल्प बन गया था।

(4) **आभरणयोग-**

शरीर को सौंदर्य और कांति से भर देने वाले आभरण नेपथ्य योग के अनिवार्य अंग थे अतः श्री हर्ष ने दमयन्ती के वर्णन प्रसंग में आभूषण के पय्र्याय रूप में नेपथ्य शब्द का प्रयोग किया है।[73]

प्राचीन भारत में संपन्न वर्ग के लिये आभूषण धारण करना प्रतिदिन का आवश्यक व्यापार माना जाता था।[74]

आभरण योग केवल अलंकरण के लिये ही नहीं था अपितु, माङ्गल्य के लिये भी आवश्यक समझा जाता था।[75]

शिर से लेकर चरणों की अंगुलियों तक को भूषित करने वाले विभिन्न प्रकार के स्वर्ण, रत्न, मुक्ता आदि से रचित आभूषणों का बहुविध वर्णन संस्कृत साहित्य में हुआ है। एक-एक कर आभूषणों को धारण करते हुये वधू की शोभा उसी प्रकार निखर उठती थी जैसे खिलते हुये पुष्पों से लता की, छिटकते हुये तारों से रात्रि की और पक्षियों से सरिता की–

सा संभवद्भिःकुसुमैर्लतेव ज्योतिर्भिरुद्यद्भिरिव त्रियामा।
सरिद् विहङ्गैरिव लीयमानैरामुच्यमानाभरणा चकासे।।[76अ]

राजशेखर ने इस प्रसंग में कतिपय महत्वपूर्ण तथ्यों की ओर संकेत किया है। उनके अनुसार लाटदेश की स्त्रियाँ रत्नमय आभूषण पसंद करती हैं तो कुन्तल देश की मुक्तामय।[76ब]

नेपथ्य विधान के इस अंग का स्वतंत्रकला के रूप में विस्तार से वर्णन 'भूषण योजनम्' के अंतर्गत हुआ है।

(5) **वस्त्र या परिधान-**

सुन्दर नेपथ्य या मनोज्ञ वेश की योजना में वस्त्रों का विशेष महत्व था। ऋतु और प्रसंग के अनुकूल विविध प्रकार के सुंदर वस्त्रों को कलात्मक ढंग से धारण किया जाता था। अमर ने क्रमशः त्वचा (वल्क), फल, कृमि और रोम से निर्मित क्षौम, कार्पास, बादर, कौशेय, पत्रोर्ण और राङ्कव वस्त्र का उल्लेख किया है।[77अ] नेपथ्य कला के संदर्भ में संस्कृत

साहित्य में निम्न प्रकार के वस्त्रों का वर्णन हुआ है-

(i) **कौशेय-**

यह कीट-कोश के तन्तुओं से बना रेशमी वस्त्र था—**कौशेयं कृमिकोशोत्थम्।**[77ब] कौशेय वस्त्र के संदर्भ अत्यंत प्राचीन काल से ही प्राप्त होते हैं। रामायण में चमकते हुये कौशेय तंतुओं से निर्मित, सीता के उत्तरीय का वर्णन हुआ है।

उत्तरीयमिहासक्तं सुव्यक्तं सीतया तदा।
तथा ह्येते प्रकाशन्ते सक्ताः कौशेयतन्तवः।।[77स]

पार्वती के अभ्यंग नेपथ्य में नाभि से नीचे धारण किये गये कौशेय वस्त्र का वर्णन हुआ है।[78] शिशिर ऋतु में स्त्रियाँ लाल रंग का कौशेय धारण कर हिमागम का स्वागत करती थीं।[79] वर्तमान युग के कोसा सिल्क के समान यह कुछ मोटा और उष्ण स्पर्श वाला रेशमी वस्त्र था।

(i) **क्षौम**- यह अलसी की छाल के सूक्ष्म रेशों से बना रेशमी वस्त्र था। विवाह, उत्सव आदि अवसरों पर क्षौम वस्त्र धारण किये जाने का प्रचलन रामायण काल से ही था।[80] राजा जनक ने कन्या धन के रूप में जो आभूषण वस्त्रादि प्रदान किये थे उनमें मूल्यवान क्षौम वस्त्र भी थे।[81]

क्षौम वस्त्र वधू के विवाह नेपथ्य का प्रमुख अंग था। इन्हें माङ्गलिक समझा जाता था। शकुन्तला की विदाई के अवसर पर वन देवताओं ने 'इन्दुपाण्डु', मङ्गलमय क्षौम वस्त्र प्रदान किये थे।[82] पार्वती ने भी विवाह के अवसर पर नवीन क्षौम वस्त्र धारण किया था। इन वस्त्रों से वधू की शोभा-फेन पुञ्ज से युक्त क्षीर समुद्र के तट के समान तथा पूर्णचंद्र से युक्त शरद ऋतु की रात्रि के समान निखर उठती थी-

क्षीरोद्वेलेव सफेनपुञ्जा पर्याप्तचन्द्रेव शरत्त्रियामा।
नवं नवक्षौमनिवासिनी सा..............................।।[83]

बाणभट्ट ने भी क्षौम की उपमा दूधिया रंग के क्षीर समुद्र से दी है-

क्षीरोदायमानै क्षौमैः।[84]

संभवतः क्षौम वस्त्र आसाम में बहुलता से निर्मित होते थे। प्राग्ज्योतिष के कुमार भास्कर वर्मा ने महाराज हर्ष को जो उपहार सामग्री भेजी थी उसमें क्षौम वस्त्र भी थे। इन्हें बेंत की पिटारियों में लपेटकर रखा गया था। इन्हें **'शरच्चन्द्रमरीचिकान्ति'** (शरत्कालीन चंद्रमा की किरणों के समान कांतियुक्त) तथा **'शौचक्षम'** अर्थात् जल में धुलाई के योग्य कहा गया है।[85]

(iii) **दुकूल-**

दुकूल भी वनस्पतियों के; मणि के समान चमकीले रेशे से बना रेशमी वस्त्र था।

अमरकोश में क्षौम और दुकूल को पर्यायवाची माना गया है।[86] किन्तु साहित्यिक विवरणों से ये दो अलग-अलग प्रकार के रेशमी वस्त्र सिद्ध होते हैं।

कौटिल्य के अर्थशास्त्र में विभिन्न देशों में बने बहुवर्णी दुकूलों का वर्णन हुआ है। तद्नुसार-वंग देश का वाङ्गक दुकूल श्वेत और स्निग्ध (मुलायम) होता है, पुण्ड्र देश में निर्मित पौण्ड्रक दुकूल श्याम वर्ण (नीला) और मणि के समान चिकना होता है। आसाम के सुवर्ण कुड्य देशों में उत्पन्न सौवर्णकुड्य सूर्य के वर्ण के समान कुछ लाली लिये हुये, चमकीला होता है।

दुकूल वस्त्र की रचना तन्तुओं को जल में भिगोकर, चित्र विचित्र किनारी निकालकर की जाती थी, वस्त्र में एक दो, तीन या चार तन्तु एक साथ मिलाकर भी बुनाई होती थी। दुकूल बहुमूल्य वस्त्र माने जाते थे और राजकोष में संग्रह योग्य होते थे।[87]

कालिदास ने विवाह नेपथ्य के प्रसंग में समुद्र की फेन राशि के समान धवल दुकूल धारी वर-वधू का अनेकशः वर्णन किया है, यथा-**दुकूल युग्मधारी अज**[88], **वर वेश में शिव**[89], **वधूवेश में मालविका**[90] **आदि।**

विवाह के अवसर पर वधू के पिता या अभिभावक द्वारा वर को दी जाने वाली उपहार सामग्री में दुकूल युग्म भी होता था-

(i) **नवे दुकूले च नगोपनीतं प्रत्यग्रहीत्सर्वममन्त्रवर्जम्।**[91]

(ii) **भोजोपनीतं च दुकूलयुग्मं जग्राह सार्धं वनिताकटाक्षैः।**[92]

दुकूल की किनारी पर हंस की आकृतियाँ भी छापी जाती थीं। कालिदास ने कलहंस लक्षण वधू-दुकूल[93] तथा राज्याभिषक के नेपथ्य से सज्जित अतिथि के हंसचिह्न दुकूल[94] का वर्णन किया है।

दुकूल अत्यंत पतले स्निग्ध (चिकने) श्वेत वर्ण रेशमी वस्त्र थे। कालिदास ने इन्हें बारम्बार प्रतनु, सित और ज्योत्सनावत् शीतल कहा है।[95] ग्रीष्म ऋतु में प्रमदायें, प्रायः दुकूल धारण कर निदाघ को शांत करती थीं[96] तो हेमन्त में इनका परित्याग होता था-

न नितम्बबिम्बेषु नवं दुकूलम्[97]

बाणभट्ट ने दूकूल और दुगूल दोनों रूपों का प्रयोग किया है। उनके द्वारा वर्णित पुस्तकवाचक सुदृष्टि के नेपथ्य **'दुगूलपट्टप्रभवे शिखण्ड्यपाङ्गपाण्डुनी पौण्ड्रे वाससी वसानः।'**[98]

से निम्न तत्वों का ज्ञान होता है-

1. यह पुण्ड्र देश से आता था
2. थानों को काटकर उत्तरीय, अधोवस्त्र, प्रावारक (चादर) आदि बनाये जाते थे।

3. यह मयूर के अपाङ्ग के समान धवल या ईषत् पाण्डु वर्ण का होता था।

बाणभट्ट ने दुकूल-वल्कल का उत्तरीय धारण करने वाली सरस्वती;[99] **'कल्पद्रुमदूकूल वल्कलं वसाना'** सावित्री तथा **ज्योत्स्नाशुचिनी कल्पद्रुमदुकूले बिभ्रती कादम्बरी** का भी वर्णन किया है।

संभवतः दूकूल वस्त्र सूक्ष्म और चिकने होते थे तो दूकूल वल्कल कुछ मोटे। दोनों ओर सुन्दर किनारी से युक्त होने के कारण इनकी संज्ञा दूकूल थी अथवा श्री वासुदेवशरण अग्रवाल के मत में दोहरी चादर या थान के रूप में विक्रयार्थ आने के कारण वह द्विकूल या दुकूल कहलाया।[100]

मुलायम और स्निग्ध होने के कारण शय्या की चादर[101], उपधान के बाह्य आवरण[102] (तकिये के गिलाफ), श्रेष्ठरत्नाभूषणों के आच्छादन[103] आदि के रूप में भी इनका उपयोग होता था।

(iv) अंशुक-

विलासिनी स्त्रियों के वेश में अत्यंत धवल, अतः चंद्रमा की निर्मल किरणों का भ्रम उत्पन्न करने वाले, **'शुद्धया ज्योत्सनया जनित रूपशंसयम्**[104] अत्यन्त हल्के-निःश्वास से भी उड़ जाने वाले-**निःश्वासहार्य**[105] तथा महीन (तनु)[106] अंशुक का वर्णन ही अधिक हुआ है।

प्राचीन भारत में अंशुक का प्रयोग इतना अधिक था कि वह वस्त्र का पर्याय ही बन गया था।[107] अंशुक का प्रयोग प्रायः उत्तरीय एवं स्तनांशुक के रूप में ही अधिक होता था जब कि दूकूल का अधोवस्त्र के रूप में।

ग्रीष्म ऋतु में[108], व्रतोपवास के प्रसंग में [109]-नेपथ्यविधान में सित अंशुक का उपयोग होता था श्रृङ्गार और रति के प्रसंग में रक्त अंशुक [110]का। वधूवेश में रक्तांशुक का उपयोग अवगुण्ठन (घूंघट) के लिये होता था।[111] गणिकायें प्रायः रक्तांशुक धारण करती थीं[112] तो अभिसारिकायें नीलांशुक।[113]

बाणभट्ट ने हर्षचरित में सवित्री के वर्णन प्रसंग में एक अन्य प्रकार के **बिसतन्तुमय** (कमलनाल के रेशे से बने) अंशुक का वर्णन किया है।[114]

चीनांशुक का वर्णन भी साहित्य में हुआ है। कौटिल्य ने इसे **चीनभूमिज चीनपट्ट**[115अ] कहा है।

चीनांशुक मोटा और अधिक चमकीला रेशमी वस्त्र था अतः इसका उपयोग ध्वजा या केतु के लिये ही अधिक होताथा।[115ब] बाणभट्ट ने हर्षचरित तथा कादम्बरी में नर्तकियों द्वारा धारण किये गये चीनवस्त्र का भी उल्लेख किया है।

श्रमजलधौताङ्गरागरञ्जितचीनवाससा।[116अ]

रानी यशोमती द्वारा उत्तरीय के रूप में धारण किये जाने वाले चीनांशुक का वर्णन भी हुआ है-

मरुच्चलचीनांशुकधरौ पयोधरौ[116ब]

राजशेखर ने भी द्रौपदी के स्वयंवर वेश में चीनांशुक का उल्लेख किया है।[116स]

(v) **पत्रोर्ण-**

यह वस्त्र पत्तों के रशों से निर्मित होता था। कौटिल्य के अनुसार नागवृक्ष के पत्र-तन्तुओं से निर्मित पत्रोर्ण पीले रंग का, लिकुच से गेंहुये रंग का, बकुल से श्वेत रंग का तथा वट वृक्ष से नवनीत के समान पाण्डु वर्ण पत्रोर्ण निर्मित होते है। पत्रोर्ण बनाने वाले मुख्य देश-मगध, पुण्ड्र ओर सुवर्णकुड्य हैं। इनमें से सौवर्णकुड्यक पत्रोर्ण श्रेष्ठ माना गया है।[116द]

क्षीर स्वामी पत्रोर्ण को इन वृक्षों के पत्तों में रहने वाले कीड़ों की लार से निर्मित मानते हैं-

लकुचवटादिपत्रेषु कृमिलालोर्णा कृतं पत्रोर्णम्।

अमरकोश के अनुसार पत्रोर्ण-बहुमूल्य धुले हुये कौशेय (कोशनिर्मित) वस्त्र थे-

पत्रोर्णं धौतकौशेयम् बहुमूल्यं महाधनम्।[117अ]

मालविकाग्निमित्र के साक्ष्य से भी इनकी बहुमूल्यता का ज्ञान होता है।[117ब] मालविका के विवाह नेपथ्य में इन्हीं युगल वस्त्रों का वर्णन हुआ है।[118]

बाणभट्ट ने संभवतः इन वस्त्रों को ही लालातन्तुज कहा है।[119]

(vi) **नेत्र-**

बाणभट्ट ने एक अन्य प्रकार के अत्यंत सूक्ष्म, साँप की केंचुली के समान हल्के, नि:श्वासहार्य केवल स्पर्श से अनुमान योग्य वस्त्र तथा उससे बने कंचुक का उल्लेख किया है; जिसकी संज्ञा नेत्र थी-

घौतधवलनेत्रनिर्मितेन निर्मोकलघुतरेणाप्रपदीनेन कञ्चुकेन तिरोहिततनुलता।[120]

अमरकोश में अंशुक वस्त्र को ही नेत्र कहा गया है।[121]

नेत्र से बने नेत्रसूत्र का उपयोग प्रायः अधोवस्त्र को कटिप्रदेश पर बाँधने के लिये होता था। बाणभट्ट ने महाराज हर्ष का प्रथम दर्शन इसी रूप में किया था-

नेत्रसूत्रनिवेशशोभिनाधरवाससा वासुकिनिर्मोकेणेव . . . ।[122]

बाणभट्ट ने स्त्री-पुरुष द्वारा धारण किये जाने वाले तरंगित या भंगुर उत्तरीय का वर्णन भी किया है। राज्यश्री के विवाह पूर्व की तैयारी में परिजनों द्वारा हल्के हाथों की

चुटकी से उत्तरीय वस्त्रों में चुन्नट डालने का वर्णन हुआ है-

उद्भुजभुजिष्यमानभङ्गुरोत्तरीयैः।[123] अहिच्छत्रा से प्राप्त एक मिट्टी की मूर्ति में इस प्रकार के उत्तरीय का अंकन हुआ है।

क्षौम, दुकूल एवं पत्रोर्ण वस्त्रों के साथ प्रायः 'युग्म' शब्द के प्रयोग से ज्ञात होता है कि परिधान के रूप में दो वस्त्र प्रयुक्त होते थे-अधोवस्त्र एवं उत्तरीय। उत्तरीय को पुष्पादि की सुगन्ध से सुवासित करने की भी प्रथा थी।

(6) **माल्यप्रयोगः-**

विविध प्रकार के ऋतु पुष्पों से रचित ग्रथित या अग्रथित पुष्प माल्यों का प्रयोग भी नेपथ्यविधि का अनिवार्य अंग था। प्रायः संस्कृत साहित्य में पुष्प-प्रसाधनों का सर्वाधिक ललित वर्णन कालिदास की रचनाओं में हुआ है। पुष्प प्रसाधनों की रचना एक स्वतंत्र कला थी जिसका वर्णन 'माल्यग्रथनयोगाः' तथा 'शेखरकापीडयोजनम्' के अंतर्गत विस्तार से किया गया है।

इस प्रकार केश प्रसाधन से लेकर माल्य प्रयोग तक नेपथ्य कला अनेक प्रसाधन विधियों का योग थी अतः इसकी 'नेपथ्ययोगाः'-यह सार्थक संज्ञा थी।

नेपथ्य क्रिया पूर्ण होने पर अपनी शोभा के अवलोकन एवं मंगल के लिये दर्पण में मुख देखा जाता था। दर्पण हाथ में लिये पार्वती और भी अधिक शोभित हुई थीं-

सा भूयो बभौ दर्पणमादधाना।[124]

विवाह नेपथ्य से सजे हुये शिवजी ने भी गणों द्वारा लाये गये खड्ग में अपना प्रतिबिम्ब देखा था।[125]

वात्स्यायन द्वारा वर्णित नागरक की दिनचर्या में भी नेपथ्य के इन्हीं अंगों का वर्णन हुआ है-

स प्रातरुत्थाय कृतनित्यकृत्यः . . . .मात्रयानुलेपनं धूपं स्रजमिति च गृहीत्वा दत्वा सिक्थमलक्तकं च दृष्ट्वादर्शे मुखम् . . . .कार्याण्युनुतिष्ठेत्।[126]

संस्कृत साहित्य में जिन नेपथ्यों का बारम्बार वर्णन हुआ है; उनमें से एक है **विवाह नेपथ्य**। इस अवसर पर वर और वधू को प्रसाधन कुशल प्रसाधक एवं प्रसाधिकाओं द्वारा विशेष रूप से अलंकृत किया जाता था।[127] विवाह नेपथ्य प्रसाधन कला का निकष माना जाता था। पण्डिता कौशिकी ने मालविका को वधू नेपथ्य से मण्डित कर अपनी कला-कुशलता का परिचय दिया था।[128]

पार्वती के विवाह नेपथ्य का मनोरम वर्णन कालिदास ने किया है तदनुसार-

दूर्वा युक्त महुये की माला से अलंकृत केश, लोध्रपराग से सुन्दर कपोलों पर कानों

में लटकता हुआ यवाङ्कुर, शुक्ल अगुरु से छुरित देह पर गोरोचना से निर्मित पत्रविभक्ति, अलक्तक या पुष्प राग से रंजित ओष्ठ, अंजन की काली रेखा से चिह्नित नेत्र, चरणों में लाक्षारस का ललित विन्यास, नवीन क्षौम वस्त्र, ललाट पर हरिताल और मैनसिल का तिलक तथा कलाई पर बंधा हुआ ऊर्णामय कौतुकसूत्र वधू नेपथ्य के मुख्य अंग थे।[129]

महाकवि भवभूति ने मालती के विवाह नेपथ्य में निम्न उपकरणों का वर्णन किया है- धवल पट्टांशुक युगल, रक्तवर्ण उत्तरीयांशुक, आभरण, मौक्तिकहार, चंदन और श्वेत सुमनों का आपीड[130] (सफेद फूलों की सिर पर धारण की जाने वाली माला)।

वर नेपथ्य के अंतर्गत शिवजी द्वारा धारण की गई वेशभूषा में निम्न तत्वों का उल्लेख हुआ है-

सित अंगराग, निर्मल पुष्पशेखर, रोचनाङ्कित दुकूल, हरिताल का तिलक, रत्नजटिताभूषण एवं चूड़ामणि।[131]

कालिदास ने विवाह नेपथ्य के प्रसंग में ही पार्वती के **अभ्यङ्ग नेपथ्य** (स्नान) का भी सुन्दर वर्णन किया है। यह नेपथ्य पत्रिपुत्रवती बन्धुस्त्रियों द्वारा सम्पन्न कराया जाता था। इसके अंतर्गत सर्वप्रथम दूर्वाङ्कुरों और गौर सरसों के दानों से पार्वती के केशों का संस्कार किया गया, नाभि के नीचे से कौशेय वस्त्र पहनाया गया तत्पश्चात् कमर में सामने की ओर एक बाण खोंस दिया गया। तेल लगाने के बाद लोध्रकल्क से तैलीय भाव को दूर कर कुछ गीले कालेयक के अंगराग से अंगों को उज्ज्वल बनाया गया। तत्पश्चात् अभिषेक योग्य वस्त्र पहनाकर स्वर्णकुम्भों के जल से स्नान कराया गया। इस मंगल स्नान से विशुद्धगात्री पार्वती मेघजल से अभिषिक्त प्रफुल्लित काश से युक्त वसुधा के समान शोभित हुई।[132]

संस्कृत साहित्य में कथा नायक राजाओं के **अभिषेक नेपथ्य** के भी हृद्य चित्र प्राप्त होते हैं; यथा-रघुवंश में अतिथि का नेपथ्य। इस अवसर पर प्रसाधकों द्वारा अतिथि के केशसंस्कार, मौलिरचना, कस्तूरी युक्त चंदन से अनुलेप, रोचना से पत्रलेख की रचना, आभूषण योग, माल्य प्रयोग एवं हंसचिह्न दूकूल धारण कराये जाने का मनोरम वर्णन हुआ है-

आमुक्ताभरणः स्रग्वी हंसचिह्नदूकूलवान्।
आसीदतिशयप्रेक्ष्यः स राज्यश्रीवधूवरः॥[133]

बाणभट्ट द्वारा वर्णित चंद्रापीड़ के अभिषेक नेपथ्य में निम्न तत्वों का उल्लेख हुआ है- आपादतल धवल चंदन का लेप, खिले हुये श्वेत सुमनों का शेखर, गोरोचना से उज्ज्वल देह, दूर्वाप्रवाल से रचित कर्णपूर, इन्दुधवल दुकूल युगल, कलाई पर बाँधा गया प्रतिसर (रक्षासूत्र) एवं वक्षःस्थल पर लटकती हुई वैकक्ष्यक मालायें।

विशेष ममत्व के कारण यह वेश रचना स्वयं माता विलासवती के द्वारा की गई थी।[134] स्नान के पश्चात् राजाओं की दैनन्दिन वेश रचना के भी कई संदर्भ प्राप्त होते हैं यथा कादम्बरी में महाराज शूद्रक का वेश-

मृगमद-कर्पूर-कुङ्कुमवास-सुरभिणा चन्दनेनालिप्तसर्वाङ्गो विरचितामोदि - मालतीकुसुमशेखरः कृतवस्त्रपरिवर्तः रत्नकर्णपूरमात्राभरणः।[135]

स्नान के पश्चात नायिका के नेपथ्य का एक सुंदर चित्र राजशेखर की कर्पूरमञ्जरी में प्राप्त होता है। स्वयं महारानी विभ्रमलेखा के द्वारा यह नेपथ्य विधान किया गया-

सर्वप्रथम घन अङ्गराग और कुंकुमरस के लेप से काञ्चनमय रूप को और उज्ज्वल बनाया गया, सखियों द्वारा चरणों में मरकतमय नूपुर पहनाये गये, कण्ठ को मौक्तिक हार से सजाया गया, कानों में रत्नजटित कुण्डलों का निवेश किया गया, अञ्जन से नेत्रों को प्रसाधित किया गया, ललाट पर कुटिल अलकों की माला रची गई। अंत में चिकुरभार (केशराशि) को कुसुमों से गूँथा गया।[136]

इन विशिष्ट नेपथ्यों के अतिरिक्त अन्य अनेक प्रकार की केशरचना के बहुल उदाहरण संस्कृत में प्राप्त हैं, यथा . . . . ।

(1) **मृगया वेश-**

रघुवंश में महाराज दशरथ के मृगयावेश का वर्णन हुआ है उनके विशाल कन्धे पर धनुष था। वनमाला से मौलि (केशों को) बांधे हुये थे तथा वृक्ष के पत्तों के सवर्ण हरे रंग का कवच धरण किये हुये थे।[137]

(2) **ब्रह्मचारी वेश-**

ब्रह्मचारी के वेश में मृगचर्म, पलाश दण्ड तथा सिर पर जटाओं का वर्णन हुआ है।[138]

(3) **व्रती वेश-**

श्वेत अंशुक, मंगलमात्र आभूषण, पवित्रदूर्वाङ्कुर से चिह्नित केश व्रतोपवास में स्त्रियों की वेश रचना के अंग थे।[139]

(4) **कवि वेश-**

शुक्ल अंगराग, शुक्ल वस्त्र, शुक्ल माल्य, दूर्वानाल में गुँथे हुये गिरिकर्णिका के कुसुमों का कर्णपूर, कवि वेश के अंग थे।[140]

राजशेखर के अनुसार विलेपन युक्त शरीर, बहुमूल्य उज्ज्वल वस्त्र और कुसुमयुक्त शिर कवि के काय शौच का अंग था। इस प्रकार की पवित्रता कला की अधिष्ठात्री देवी सरस्वती का ही सम्मान माना जाता था।[141]

(5) **विहार वेश-**

क्रीड़ा-विहार या उत्सव-यात्रा आदि के प्रसंग में स्त्रियों के नेपथ्य का वर्णन वात्स्यायन ने इस प्रकार किया है-

प्रतनुश्लक्ष्णाल्पदुकूलता (हल्के पतले चिकने वस्त्र), परिमिताभरणं, सुगन्धिता, नात्युल्वणमनुलेपनम् (हल्का अनुलेप) तथा शुक्लानि पुष्पाणि इति वैहारकिो वेषः।[142]

(6) **स्त्रियों का आभिगामिक वेश-**

'बहुभूषणं विविधाकुसुमानुलेपनं विविधाङ्गरागसमुज्ज्वलं' होता था।[143]

(7) **अभिसारिका वेश-**

ज्योत्सनापूर्ण रात्रियों में अभिसारिकायें सुसितवसनालंकार से सज्जित होती थीं तो अन्धकार पूर्ण रात्रियों में अंधकार के सदृश नील वस्त्रालंकारों से। अभिसारिका वेश का एक सुन्दर चित्र राजशेखर की विद्धशालभञ्जिका में प्राप्त होता है-

उत्तंसः केकिपिच्छैर्मरकतवलयश्यामले दोः प्रकाण्डे
हारः सान्द्रेन्द्रनीलैः मृगमदरचितो वक्त्रपत्रप्रपञ्चः।
नीलाब्जैः शेखरश्रीरसितवसना चेत्यभीकाभिसारे
संप्रत्येणेक्षणानां तिमिरभरसखी वर्तते वेष-रेखा॥[144]

कानों में मयूर पुच्छ, भुजाओं में मरकत वलय, कण्ठ में गहरे नीले इन्द्रनील मणि का हार, मुख पर कस्तूरी से पत्र रचना, सिर पर नील कमलों का शेखर और शरीर पर नील वस्त्र, सभी कुछ अंधकार के सदृश। कितना कौशल था इस वेश-रचना में।

(8)**मरण प्रसाधन या सतीवेश**-का एक मार्मिक चित्र हर्षचरित में रानी यशोमती के सती होने के प्रसंग में प्राप्त होता है।-

वे सांध्य तेज के समान कुसुम्भी रंग के दो वस्त्रों को धारण किये हुये थीं, गले में लाल कण्ठसूत्र था, शरीर पर सरस कुंकुम का अंगराग, संपूर्ण वेश अग्नि की लपटों से साम्य रखता हुआ-और कण्ठ में यमदोला, के समान पैरों तक लटकती हुई कुसुममाला।

षड् ऋतुओं के अनुरूप नेपथ्य रचना का सर्वाधिक सुंदर उदाहरण कालिदास का ऋतु संहार है। राजशेखर की काव्य मीमांसा में भी देश और ऋतुके अनुरूप वेश के सुंदर चित्र प्राप्त होते हैं। **देखिये कन्नौज की सुन्दरियों का स्तुत्य वेश-**

ताडङ्कवल्गनतरङ्गितगण्डलेखम्
आनाभिलम्बिदरदोलितताहारम्।
आश्रोणिगुल्फपरिमण्डलितान्तरीयं
वेषं नमस्यत महोदयसुन्दरीणाम्॥[145]

कानों में हिलते हुये ताटङ्क से तरंगित कपोल, नाभि तक लटकते हुये कुछ चंचल लम्बे हार और जघन भाग से गुल्फों तक लहराते हुये घेरदार घाघरे।

इसी प्रकार केरल-कामिनियों का अभिराम वेश-मूल से ही लहरदार कुन्तलों का सिर पर धारण किया गया जूड़ा, चूर्ण अलक समूह से ललित ललाट और भुजाओं के नीचे से ही कस कर बाँधा गया वस्त्र।[146]

ग्रीष्मऋतु में शिशिर का अनुभव देने वाली वेशरचना का एक उदाहरण-

मुक्तालताश्चन्दनपङ्कदिग्धाः
मृणालहारानुसृता जलार्द्राः।
स्रजश्च मौलौ सितचम्पकानां
ग्रीष्मेऽपि सोऽयं शिशिरावतारः॥[147]

आचार्य भरत के अनुसार नेपथ्य विधान को निर्धारित करने वाले तत्व थे-कर्म, रूप, वय, जाति देश और काल।

इनके आधार पर वेश रचना तीन प्रकार की होती थी-शुद्ध, विचित्र और मलिन।[148] देवपूजन, धार्मिक कार्य, विवाहादि मांगलिक अवसरों पर शुद्ध वेश की योजना की जाती थी। कंचुकी, अमात्य, पुरोहित, ब्राह्मण, विद्वान आदि भी शुद्ध वेश धारण करते थे। राजा, देव, यक्ष, गंधर्व आदि को चित्र वेश में एवं प्रोषितपतिका को मलिन वेश में प्रदर्शित किया जाता था।

काव्य एवं लोक में नेपथ्य के माध्यम से विविध रसों एवं भावों की व्यञ्जना भी होती थी, यथा-उज्ज्वल वेश हर्ष, अनुराग रति आदि भावों एवं संयोग शृङ्गार का व्यञ्जक माना जाता था तो मलिन वेश दैन्य, नैराश्य, ग्लानि शोक आदि भावों एवं करुण और विप्रलम्भ श्रृङ्गार की व्यञ्जना करता था।

उद्धत वेष अंहकार, गर्व, असूया आदि भावों तथा रौद्र रस का अभिव्यञ्जक था। नेपथ्य से अभिव्यक्त होने वाले इन रसों को मातृगुप्त ने '**नेपथ्य रस**' कहा है-

रसास्तु त्रिविधाः वाचिकनेपथ्यस्वभावजाः।
कर्मरूप वयोजातिदेशकालानुवर्तिभिः
माल्यभूषणवस्त्राद्यैः नेपथ्यरस उच्यते॥[149]

समग्र संस्कृत साहित्य में इन निर्धारक तत्वों को दृष्टि में रखकर ही नेपथ्य योजना हुई है।

नेपथ्य से सुसज्जित नायक-नायिका की शोभा के वर्णन के लिये कवियों ने सुंदर बिम्बों और उपमानों का ग्रहण किया है। इस अवसर पर पुरुष नेपथ्य के वर्णन के लिये

कालिदास का अतिप्रिय उपमान है-कल्पतरु।

स्वर्ण-दर्पण में अपने वेश-विन्यास को देखते हुये राजा अतिथि का प्रतिबिम्ब सूर्योदय के समय मेरुपर्वत पर विराजमान कल्पवृक्ष के समान शोभित हुआ-

नेपथ्यदर्शिनश्छाया तस्यादर्शे हिरण्मये।
विरराजोदिते सूर्ये मेरौ कल्पतरोरिव॥[150]

इन्दुमती स्वयंवर में उदारनेपथ्य को धारण किये हुये नृपतिगण कल्पद्रुमों की भांति विरजामान थे।[151]

यह उपमान स्वयं में कतिपय सांस्कृतिक मूल्यों को संजोये हुये है। भारतीय मान्यता के अनुसार कल्पतरु नन्दन कानन का ऐसा वृक्ष है जो इच्छानुसार फल देता है। मेघदूत में कल्प वृक्ष को समस्त स्त्री प्रसाधनों को उत्पन्न करने वाला कहा गया है-

वासश्चित्रं मधुनयनयोर्विभ्रमादेशदक्षं
पुष्पोद्भेदं सह किसलयैर्भूषणानां विकल्पान्।
लाक्षारागं चरणकमलन्यासयोग्यं च यस्या-
मेकः सूते सकलमबलामण्डनं कल्पवृक्षः॥[152अ]

शाकुन्तल में कल्पलता से उत्पन्न अंशुक का वर्णन हुआ है।[152ब]

भारतीय शिल्प में भी कल्पतरु की शाखाओं से कुण्डल, केयूर, हारादि लटकते हुये दिखाये गये हैं। साँची और भरहुत के उत्कीर्ण शिलापट्टों पर कल्पवृक्ष के इस रूप का अंकन हुआ है अतः वस्त्र; माल्य, आभूषणादि से सुसज्जित नायक की कल्पतरु से उपमा सर्वथा औचित्यपूर्ण है। प्रकारान्तर से यह नेपथ्य सामग्री के उत्पादन में वनस्पति जगत के अवदान का ही प्रतीक है।

स्त्री उपमानों में **'फुल्लकाशा वसुधा', 'सफेनपुञ्जा समुद्रवेला' तथा 'ज्योत्सनामयी शरत्त्रियामा'** आदि उपमान ही अधिक गृहीत हुये हैं।

इस प्रकार नेपथ्य विधान प्रसाधन की एक कमनीय कला थी। वर्तमान ब्यूटीशियन्स की भाँति उस युग में भी प्रसाधक–प्रसाधिकाओं का एक विशिष्ट वर्ग था जो विधिवत् इस कला में निपुणता प्राप्त करता था–

राजकुमार अज ऐसे ही कुशल प्रसाधकों से वेश रचना करवा कर इन्दुमती स्वयंवर में पहुँचे थे-

कुशलविरचितानुकूलवेशः क्षितिपसमाजमगात्स्वयंवरस्थम्।[153]

वात्स्यायन ने स्त्री-पुरुष दोनों के लिये ही इस कला को आवश्यक माना है। प्रिय

के द्वारा नेपथ्य लक्ष्मी से मण्डित होना स्त्री के लिये सौभाग्य का कारण माना जाता था[154], तथापि सुन्दर कल्पनाओं के संयोजन से प्रसाधन की इस सुकुमार कला में स्त्रियाँ विशेष रूप से निपुण होती थीं[155], नाट्य अभिनय में नेपथ्य विधान का कार्य सूत्रधार की पत्नी या नटी के निपुण पर्यवेक्षण और कुशल निर्देशन में ही संपन्न होता था।[156] भास ने प्रतिमा नाटक में इस कार्य के लिये 'नेपथ्यपालिनी' पद का प्रयोग किया है, जो निश्चय ही महत्वपूर्ण है।

प्रसाधन कला के किसी अंग का ज्ञान न होने पर चित्रादि को देखकर भी नेपथ्य रचना की जाती थी जैसा कि अनसूया और प्रियम्बदा ने किया था।[157]

नेपथ्य विधान की उपयोगिता-अनुपयोगिता का प्रश्न भी इस विषय से संबद्ध एक महत्वपूर्ण पक्ष है। संस्कृत साहित्य में इस विषय पर पर्याप्त चर्चा हुई है।

वाल्मीकि की दृष्टि में नेपथ्य के सभी अंग-माल्य, वस्त्र, आभरण, अंगराग और अनुलेप शरीर को शोभित करते हैं-

इदं दिव्यं वरं माल्यं वस्त्रमाभरणानि च।
अंगरागं च वैदहि महार्हमनुलेपनम्॥
मया दत्तमिदं सीते तव गात्राणि शोभयेत्।[158अ]

भास के मत में-

नेपथ्य स्वभाव-रमणीय को और अधिक रमणीय बनाता है-

स्वभावरमणीयानि मण्डितान्यतिरमणीयानि भवन्ति।[158ब]

कालिदास की दृष्टि में नेपथ्य शरीर की शोभा और मण्डन है। यह संस्कार विधि है अतः प्रतिकर्म, प्रसाधन जैसे पदों का प्रयोग बारंबार हुआ है।[159]

सुरुचिपूर्ण नेपथ्य सुसंस्कृत अभिरुचि, आभिजात्य और समृद्धि का परिचायक है। सुंदर दाम्पत्यजीवन, प्रेमाराधन, कामोद्दीपन एवं विलास साधन के लिये ये अपरिहार्य हैं।

'कामप्यभिख्यामपुष्यत्'[160], **आसीदतिशयप्रेक्ष्यः**[161], **प्रतिभिन्नशोभाम्**[162] **भूयो बभौ**[162], **चकासे**[164], **रेजे**[165] जैसे पदों का प्रयोग, नेपथ्य के प्रसंग में करते हुये, कवि नेपथ्य को श्री वृद्धि का कारण मानते हैं।

स्त्रियों का वेश विधान प्रिय द्वारा अवलोकन एवं प्रिय के प्रेम की प्राप्ति में ही सार्थक होता है।

स्त्रीणां प्रियालोकफलो हि वेशः।[166]

नैसर्गिक सौंदर्य के लिये ये पुनरुक्ति के समान हो सकते है।[167] तथापि मंगल और

सौभाग्य के लिये ये अनिवार्य हैं-

न चक्षुषोः कान्तिविशेषबुद्ध्या कालाञ्जनं मङ्गलमित्युपात्तम्।[168]

यही कारण है कि विश्वमूर्ति निराशीः शिवजी को भी विवाह के समय अपने अद्‌भुत प्रभाव से नेपथ्य की रचना करनी पड़ती है।[169]

नैसर्गिक सौंदर्य और नेपथ्य में परस्पर उपकार्य उपकारक भाव है। कवि की सौन्दर्य चेतना कभी नेपथ्य को सौंदर्य से मण्डित करती है-

किमिव हि मधुराणां मण्डनं नाकृतीनाम्।[170]

तो कभी सौंदर्य को नेपथ्य से-

कण्ठस्य तस्याः स्तनबन्धुरस्य मुक्ताकलापस्य च निस्तलस्य।
अन्योन्यशोभाजननाद् बभूव साधारणो भूषणभूष्यभावः॥[171]

कालिदास के पश्चात् आचार्य कवि राजशेखर ने कर्पूरमंजरी में **'को णेतच्छ कलाहि कीरदि गुणो?' (नेपथ्यकला में क्या गुण हैं?)** कहते हुये इस प्रश्न को उठाया उन्होंने सौंदर्य की संकल्पना से जुड़े महत्वपूर्ण पक्षों पर विचार करते हुये नेपथ्य के पक्ष और विपक्ष में विचार प्रस्तुत किये हैं-

प्रथम पक्ष-नैसर्गिक सौंदर्य के लिये भूषण या मण्डन की आवश्यकता नहीं समझता। उनकी दृष्टि में सौंदर्य को आच्छादित कर देने के कारण भूषण, दूषण ही है-

यस्या दृष्टिस्तरलधवला कज्जलं तस्य योग्यम्!
· · · पुनरपि भणाभि भूषणं दूषणञ्च॥[172] (संस्कृत छाया)

नेपथ्य के गुण केवल मुग्धों के हृदय का ही हरण करते हैं। विदग्ध तो स्वाभाविक सौंदर्य से मुग्ध होते हैं। क्या द्राक्षारस को शर्करा से मधुर बनाने की आवश्यकता होती है?[173]

द्वितीय पक्ष-नेपथ्य को सौंदर्य की सपर्या (सम्मान) मानता है। उनकी दृष्टि में सुन्दरी नायिका को नेपथ्य से मण्डित करना वैसा ही है जैसे चम्पकलता के आलवाल को कस्तूरी और कपूर से भरना।[174]

नेपथ्य के साथ संबद्ध हैं—मंगल की भावना, जन अभिरुचि और परंपरायें। अन्य कलाओं की भाँति नेपथ्यकला भी सौंदर्य का पुनः सृजन करती है, इस दृष्टि से इसका कलात्मक मूल्य है।

राजशेखर के विवेचन से नेपथ्य कला के संबंध में उनकी दृष्टि इस प्रकार व्यक्त होती है-

नेपथ्य अलंकार स्थानीय हैं भरत ने इन्हें नाट्य का अलंकार कहा है। इनकी तीन स्थितियाँ हो सकती है-

(i) नैसर्गिक सौंदर्य के होने पर अनुकूल नेपथ्य उस सौंदर्य को उसी प्रकार बढ़ाता है जैसे वसन्तश्री केलि कानन मही को।[175]

(ii) सौंदर्य को विभूषित न करने पर भी परंपरा या रूढ़िगत आवश्यकता के कारण नेपथ्य का ग्रहण किया जाता है।[176]

(iii) नैसर्गिक सौंदर्य के अभाव में कृत्रिम नेपथ्य केवल नटी का विडम्बन बन कर रह जाते है-**किं कार्यं कृत्रिमेण विरचनविधिना स नटीनां विडम्बः।**[177]

दृश्यकाव्य या नाट्य अभिनय में नेपथ्य की उपयोगिता निर्विवाद है। प्रकृति के अनुसार पात्रों की आकृति भी आवश्यक होती है। नेपथ्य विधान से स्वाभाविक रूप को आच्छादित कर ही आकृति परिवर्तन संभव हो पाता है। नेपथ्य अभिनेता पर मनोवैज्ञानिक प्रभाव भी डालते हैं। आचार्य भरत के अनुसार-

विशिष्ट वेश और वर्ण से आच्छादित अभिनेता उस चरित्र के साथ उसी प्रकार तादात्म्य प्राप्त करते हैं, जैसे देहान्तर का आश्रय लेने वाला प्राणी उसी देह के धर्म एव स्वभाव के साथ।[178]

अतः स्व-भाव की विस्मृति एवं पर-भाव से तादाम्य के लिये नेपथ्य ग्रहण नाट्य धर्म का अनिवार्य अंग है।[179]

आचार्य वामन ने-**संदर्भेषु दशरूपकं श्रेयः तद्धि चित्रं चित्रपटवद् विशेषसाकल्यात्**[180] कहते हुये **विशेष साकल्य** के द्वारा इसी नेपथ्य विधान की ओर संकेत किया है।

अभिनवगुप्त के मत में 'समस्त अभिनय व्यापार के उपशमन के बाद भी नेपथ्य-विधान से युक्त पात्रों के रूपरंग का आलोक प्रेक्षक के हृदय को आलोकित करता रहता है अतः चित्र रचना की आधार भित्ति की भाँति आहार्य अभिनय ही अभिनय प्रयोग की आधार भूमि है।[181]

वस्तुतः नेपथ्यविधान अभिनेता और दर्शक के मध्य भावाभिव्यक्ति एवं भावाभिबोध का वह सेतु है, जिसके माध्यम से अन्य किसी अभिनय के बिना भी सभी वर्ग के दर्शक रस या भाव की पूर्वकल्पना कर लेते हैं।

नट या नर्तकी के लिये भावाभिनय में नेपथ्य सहयोगी है तथापि कालिदास के मत में विशेषज्ञों के सम्मुख अभिनयकला एवं अंगसौष्ठव की यथार्थ अभिव्यक्ति 'विगतनेपथ्य' हो कर ही हो सकती है।[182]

नेपथ्यकला की विकास यात्रा मानव की मण्डनप्रियता से प्रारंभ होती है। ऋग्वेद में

देवी उषा की संकल्पना सुन्दर वस्त्रों को धारण किये हुये सुसज्जित युवती के रूप में हुई है।[183अ] अथर्ववेद में सुन्दर वेश भूषा-आँखों में काजल, शरीर पर अनुलेप; मणि और स्वर्णाभूषण को सभ्य की पहचान माना गया है।[183ब]

रामायण के वर्णनानुसार अयोध्या का एक भी नागरक ऐसा नहीं है जो गंध अनुलेप, माल्य और आभूषणों से अलंकृत न हो।[184]

भास के युग में नेपथ्य नटों द्वारा धारण की जाने वाली वेशभूषा का पर्यूर्याय है तो नाट्यशास्त्र में आहार्य अभिनय का ही अपर नाम है।

कालिदास के युग में यह कला मांगल्य, सौभाग्य और सौंदर्य की व्यञ्जिका, जीवन को सुंदर ढंग से जीने की सुसंस्कृत-ललित जीवन शैली बन जाती है। भवभूति की दृष्टि में यह एक संयोग (सम्यक् योग) और विरचना (विशिष्ट रचना) है।

भारवि की प्रबल राष्ट्रचेतना 'न रम्यमाहार्यमपेक्षते गुणम्' का उद्घोष करती है। प्राचीन भारत के वैभव विलास, वेश भूषा एवं शृङ्गार का समृद्ध चित्रण करने वाले बाणभट्ट, माघ, श्री हर्ष जैसे सौंदर्य प्रेमी कवि नायक-नायिका के सौंदर्य प्रसाधनों का सांगोपाङ्ग विवरण देते हुये भी नेपथ्य के विषय में मौन हैं। श्री हर्ष ने नेपथ्य से परिचित होते हुये भी ऐसे प्रसंगों में **'गृहीतमङ्गलः'**[185] **'धृतप्रसाधना'**[186] जैसे पदों का ही प्रयोग किया है। संभवतः परवर्ती युग में नटों द्वारा भड़कीली वेशभूषा धारण करना और मुख पर रंग लगाना ही नेपथ्य का पर्यूर्याय रह गया हो। राजशेखर ने नेपथ्य को **'नटीनां विडम्बः'** और काव्य में यथावत अनुहरण को **'नट नेपथ्य'**[187] कहकर इसी तथ्य की ओर संकेत किया है।

किन्तु, भारतीय सांस्कृतिक वैभव और जनजीवन के प्रतिनिधि कवि कालिदास के लिये नेपथ्य केवल नटों का बाह्य आवरण ही नहीं है, वह है-एक ललित कला, -प्रयत्न पूर्वक सिद्ध की गई कला। तभी तो पार्वती के सजे हुये केश 'प्र-सिद्ध' हैं तो नेपथ्य सामग्री आकल्प साधन और नेपथ्य कला प्र-साधन या प्रतिकर्म-

आकल्प साधनैः प्रतिकर्म चक्रुः।[188]

नेपथ्य मानव का वेश ही नहीं वह परिवेश भी है जो मानवीय जीवन का अभिन्न अंग है, जो उसकी पहचान बनाता है, जो किसी देश या जाति का निजी वैशिष्ट्य है।

यही कारण है कि दुष्यन्त द्वारा बनाया गया शकुन्तला का चित्र अधूरा है क्योंकि उसमें अभी नेपथ्य विधान नहीं हुआ है। स्रोतोवहामालिनी, सैकतलीन हंसमिथुन, हिमालय की पावन पहाड़ियाँ, वल्कलयुक्त तरु, कृष्णमृग और मृगी नहीं बनाये गये हैं, नहीं रचा गया है-शकुन्तला का सुकुमार प्रसाधन-

'आगण्डविलम्बिकेसर शिरीष' और **'शरच्चन्द्रमरीचि कोमलमृणालसूत्र'** क्या

इस नेपथ्य के बिना उस निसर्ग कन्या की कल्पना संभव है?

भारतीय चित्रकला और मूर्तिशिल्प में भी इस व्यापक नेपथ्य का अंकन हुआ है। अजंता के अनाम कला साधकों ने इस के उज्जवल वर्णचित्र प्रस्तुत किये हैं। शालभञ्जिका प्रतिमाओं की कितनी ही मुद्राओं में इसका अंकन हुआ है। आभरण मञ्जूषा, भृङ्गार आदि हाथ में लिये हुये प्रसाधिकाओं तथा दर्पण में **'नेपथ्य विन्यास को देखती हुई** नायिकाओं की अनेक प्रतिमायें भरहुत, मथुरा, खजुराहो आदि के मूर्तिशिल्प में प्राप्त होती हैं। देव, देवी और यक्षिणी प्रतिमायें अपने समस्त नेपथ्य के साथ मंदिर स्थापत्य में उत्कीर्ण हुई हैं, जो विश्व कला में भारतीय कला की अभिन्न पहचान बनी हैं।

इस कला के साथ संबद्ध थीं-माल्यग्रथन, आलेख्य, विशेषकच्छेद्य, दशनवसनाङ्गरागाः कर्णपत्रभङ्गाः, भूषणयोजनम्, गंधयुक्तिः, सूचीवानकर्माणि आदि कितनी ही अन्य कलायें।

भारतीय दृष्टि में यह समग्र सृष्टि एक विशाल रंगमंच ही तो है। नदी, पर्वत वनस्पतियाँ जिसके पुस्त नेपथ्य हैं तो जीव जन्तु संजीव। सभी मनुष्य कर्मानुरूप नेपथ्य विधान से युक्त होकर अपनी-अपनी भूमिका निभा रहे हैं। इस प्रसिद्ध नेपथ्य विधि के विधाता हैं-परमपुरुष शिव जिन्होंने अपने अद्भुत प्रभाव से इस ब्रह्माण्ड को नेपथ्यमण्डित किया है-

इत्यद्भुतैकप्रभवः प्रभावात्प्रसिद्धनेपथ्यविधेर्विधाता।

आत्मानमासन्नगणोपनीते खड्गे निषक्तप्रतिमं ददर्श॥

आचार्य अभिनवगुप्त के अनुसार जो हृदय को व्याप्त या आविष्ट कर ले वही 'वेश' है। यह वेश, आभरण, केश विन्यास, अंग रचना, प्रसाधन, मण्डन और परिधान के समुचित समायोजन से साधा जाता था, अतः इस कला की संज्ञा 'नेपथ्ययोग' थी।

सन्दर्भ-सङ्केत

1 देशकालापेक्षया वस्त्रमाल्याभरणादिभिः शोभार्थं शरीरस्य मण्डनाकाराः।

कामसू. - 1.3.15 पर यशोधर की टीका।

2 आकल्पवेशौ नेपथ्यं प्रतिकर्म प्रसाधनम्। अमरकोश - 2.6.99

3 नाट्यशास्त्र - 23.2

4 वही - 23.4-5

6 रघुवंश - 17.21

7 कुमारसंभव - 7.7

8 वही - 7.22

9 विक्रमो. - अंक-5

10 मालवि. - अंक-5

11 वही - अंक-5

12 अभिज्ञान. - अंक-1

13 रत्नावली - अंक-1, पृ. 11

14 मालतीमा. - अंक-6, पृ. 268, अंक-7, पृ. 300

15 कर्पूरमं. - जवनिका-2.27

16 वही - जव. 2.12-22

17 विद्धशा. - अंक-4.पृ. 106

18 वही - अंक-4, पृ. 105

19 काव्यमीमांसा - अ. 3, पृ. 18

20 कुर्वन्ति केशरचनामपरास्तरुण्यः। ऋतु. - 4.16

21 कुमारसं. - 7.14

22 केशान्तमन्तः कुसुमं तदीयम्। वही - 7.14

23अ ऋतु. - 2.18

23ब कादम्बरी - पृ. 548

23स वही - पृ. 543

24अ वही - पृ. 586

24ब अभिज्ञा. - अंक-6

25 विक्रमो. - 3.6

26 रघुवंश - 9.67, ऋतु. - 4.15

27 अभिशा. - 1.28

28 रघु. - 10.67

29 हर्षचरित - उ. 1, पृ. 58

30 कुमार. - 7.14

31 मेघदूत - 2.2

32 शोकोचितेन धम्मिल्लरचनारहितेन। हषचरित - उ. 5, पृ. 283

33 हर्षचरित एक सांस्कृतिक अध्ययन - पृ.98

34 कुमार. - 7.57

35 रघुवंश - 10.67

36 वही - 10.47

37 एकया दीर्घया वेण्या शोभमानामयत्नतः।
नीलया नीरदापाये वनराज्या महीमिव।।
रमा.। सुन्दर. - 17.17

38 मेघदूत - 1.31

39 अभिज्ञा.7.21

40 मेघूदत - 2.34

41 वही - 2.41, रघु. - 14.12

42अ अविरलवेणिवेल्लितभल्लवलनधुतविकसितमल्लिकम्। विद्ध. - 2.7.

42ब वही - विद्ध. - 2.13

43 रघु. - 6.81

44अ मालवि. - 3.22, कुमार. - 8.45

44ब बृहत्संहिता - 70.9

45 भयोत्सृष्टविभूषाणां तैनकेरलयोषिताम्।
अलकेषु चमूरेणुश्चूर्णप्रतिनिधीकृत:।। रघु. - 4.54

46 कुमार. - 8.19

47 रघु. - 8.53

48 शिखीनां बर्हभारेषु केशान्। उत्तरमेघ - 46

49 ऋतु. - 3.19

50 कर्पूरमं. - 2.20

51 ऋतुसंहार - 6.6

52 कुमारसंभव. - 3.62

53 मेघदूत - 1.67

54 नाट्यशा. - 23.64-69

55अ कार्यन्तु मुनिकन्यानामेकवेणीधरं शिर:। वही - 23.56

55ब (i) सीमन्तसिन्दूरजुषां.....विशेष वेश: स्वदते वधूनाम्। काव्यमी. - अ. 18, पृ. 252
(ii) सीमन्ते च त्वदुपगमजं यत्र नीपं वधूनाम्। मेघ. - 2.2
(iii) सीमन्तचुम्बी चटुलातिलकमणि:। हर्ष. - उ. 1.पृ. 58

56 रघुवंश - 17.22

57 खणेण गण्ठी खणजूलके मे खणेण बाला खणकुन्तला वा।
खणेण मुक्के खणउद्धचूड़े चित्ते हगे लाअशाले।। मृच्छक. - 9.2

58 हर्षचरित - उ. 1, पृ. 32

59 रघुवंश - 17.23

60 नाट्यशास्त्र - 23.146-47

61 हर्षचरित - उ. 1, पृ. 38

62 नैषधीय. - 1.16

63 नाट्य. - 23.141

64 रघुवंश - 3.24., 11.1, 31, 42

65 कबरीभारेषु शिक्षारसः। विद्ध. - 2.5

66 पयोधरश्चन्दनपङ्कचर्चिताः। ऋतु. - 1.6

67 पयोधरैः कुङ्कुमरागपिञ्जरैः। वही - 5.9

68 प्रियङ्गुकालीयककुङ्कुमाक्तं स्तनेषु गौरेषु विलासिनीभिः।
आलिप्यते चन्दनमङ्गनाभिर्मदालसाभिर्मृगनाभियुक्तम्।। ऋतुसंहार - 6.14

69 कादम्बरी - पृ. 49

70 विशेष विवरण के लिये देखिये-दशनवसनाङ्गरागाः एवं गंधयुक्तिः नामक शिल्पकलाऐं।

71 रघुवंश - 17.24

72 विशेष विवरण के लिये देखिये-विशेषकच्छेद्यम्।

73 नैषधीय. - 10.94

74 आभरणपरिग्रहादिकमुचितं दिवसव्यापारमन्वतिष्ठत्।
कादम्बरी - पृ. 195

75 मा अमङ्गलं भण। सततालंकृता भर्तृदारिका भवतु।
अविमारक - अं. 4, पृ. 86

76अ कुमार - 7.21

76ब विद्धशालभं - 4.14

77अ अमरकोश - 2.6.110-13

77ब अमरकोश - 2.6.111

77स रामायण। अयो. - 88.15

78 निर्नाभिकौशेयम्। कुमार. - 7.7

79 ऋतु. - 5.8

80 रामायण.बाल. - 75.12

81 वही.बालका. - 75.14

82 अभिज्ञानशा. - 4.5

83 कुमार. - 7.26

84 हर्षचरित - उ. 4, पृ. 245

85 वही - उ. 7, पृ. 387

86 क्षौमं दुकूलं स्यात्.अमरकोश - 2.6.113

87 अर्थशास्त्र - 2.11.108-110

88 रघुवंश - 7.19

89 गजाजिनस्यैव दुकूलभाव:.कुमार. - 7.32, दुकूलवासस: - 7.72.

90 मालविकाग्नि. - 5.7.

91 कुमारसम्भव - 7.72

92 रघु. - 7.18

93 कुमार. - 5.67

94 रघु. - 17.25

95 ऋतु. - 2.26, 3.7

96 वही - 1.4

97 वही - 4.3

98 हर्षचरित - उ. 3, पृ. 145

99 हृदयमुत्तरीयदुकूलवल्कलैकदेशेन संछादयन्ती।
हर्षचरित - उ. 1, पृ. 18

100 हर्षचरित एक सा. अध्ययन - पृ. 78

101 दुकूलकोमले शयने इव.हर्षचरित - उ. 1

102 वही - उ. 7, पृ. 387

103 दुकूलोत्तरच्छदे तालवृन्ताधारे नीयमानो....मौलिरत्नयोग्यो मणि:। विक्रमो. - अ. 5

104 कुमार. - 8.71

105 रघु. - 16.43

106 ऋतु. - 1.7, 4.3, 6.5

107 कुमार. - 1.14., 8.2

108 ऋतु. - 1.7

109 विक्रमो. - 3.12

110 ऋतु. - 6.5, 21

111 रक्तांशुका नववधूरिव भाति भूमि:। ऋतु. - 6.21

112 मृच्छकटिक - 1.20

113 नीलांशुकपरिग्रहोऽभिसारिका वेश:। विक्रमो. - अ. 3

114 हर्षचरित् - उ. 1, पृ. 18

115अ अर्थशास्त्र - 2.11.119

115ब चीनांशुकै: कल्पितकेतुमालम्.कुमार. - 7.3., अभि. - 1.32

116अ हर्षचरित - उ. 4, पृ. 227

116ब वही - उ. 5, पृ. 291

116स बालभारत - 1.27

116द अर्थशास्त्र - 2.11.112-118

117अ अमरकोश - 2.6.113

117ब प्रेष्यभावेन नामेयं देवीशब्दक्षमा सती।
स्नानीयवस्त्रक्रियया पत्रोर्णं वोपयुज्यते।।
मालवि. - 5.12

118 वही - अ. 5, पृ. 347

119 हर्षचरित - उ. 4, पृ. 245

120 वही - उ. 1, पृ. 56

121 अमरकोश - 3.186

122 हर्षचरित् - उ. 3, पृ. 123

123 वही - उ. 4, पृ. 245

124 कुमार. - 7.26

125 वही - 7.36

126 कामसूत्र - 1.4.5

127 तया सविशेषालंकृता मालविका.मालवि. - अं. 5, पृ. 331

128 यत्त्वं प्रसाधनगर्वं वहसि तद्दर्शय मालविकायाः शरीरे विवाहनेपथ्यम्। वही - अं. 5, पृ. 331

129 कुमार. - 7.14-26

130 मालती. - अं. 6, पृ. 268

131 कुमार. - 7.32-35

132 वही - 7.8-12

133 रघु. - 17.21-25

134 कादम्बरी - पृ. 339

135 कादम्बरी - पृ. 49

136 कर्पूरमञ्जरी.जवनिका - 2.12-22

137 रघुवंश - 9.50-51

138 कुमार. - 5.30

139 विक्रमो. - 3.12

140 हर्षचरित - उ. 2, पृ. 96

141 शुचिशीलनं हि सरस्वत्याः संवननम् आमनन्ति।
काव्यमी. - अ. 10, पृ. 121

142 कामसू. - 4.1.25

143 वही - 4.1.24

144अ विद्ध. - 3.7.

144ब हर्षचरित - उ. 5, पृ. 287

145 काव्यमीमांसा - अ. 3.पृ. 19

146 वही - अ. 3, पृ. 21

147 वही - अ. 18, पृ. 255

148 नाट्य. - 23.118

149 सीताराम चतुर्वेदी, कालिदास ग्रंथावली - तृ. सं., पृ. 23 पर उद्धृत

150 रघुवंश - 17.26

151 रघुवंश - 6.6

152अ मेघदूत - 2.13

152ब अभिज्ञानशा. - 7.3

153 रघु. - 5.76

154 नेपथ्यलक्ष्मीं दयितोपक्लृप्तां सस्मेरमादर्शतले विलोक्य।
अमंस्त सौभाग्यवतीषु धुर्याम्.....।। कुमार. - 9.30

155 कुमार. - 7.13, 30

156 अभिज्ञानशा. - अं. 1, प्रस्तावना,

157 सख्यौ-अनुपयुक्तभूषणोऽयं जनः। चित्रकर्मपरिचयेनाङ्गेषु ते आभरणसंयोगः कुर्वः।
अभिज्ञा. - अं. 4

158अ रामायण.अयो. - 118.18-19

158ब अविमारक - अंक-4, पृ. 86

159 कुमार. - 7.11, 7.6

160 वही - 7.18

161 रघु. - 17.25

162 कुमा. - 7.7

163 वही - 7.20

164 वही - 7.21

165 वही - 7.11

166 वही - 7.22

167 राजेन्द्रनेपथ्यविधानशोभा तस्योदिताऽऽसीत्पुनरुक्तदोषा। रघु. - 14.9

168 कुमार. - 7.20

169 वही - 7.36

170 अभिज्ञानशा. - 1.19

171 कुमार. - 1.42

172 कर्पूरमं. - 2.23

173 वही - 2.26.

174 वही - 1.पृ. 52

175 वही - 2.22

176 को नेपथ्यकलाभिः क्रियते गुणो यत्तदपि सर्वप्रियम्।
संयुक्तं श्रृणु तत्र कारणमिदं रूढेः का खण्डना।। वही - 2.27

177 वही - 2.28

178 नाट्यशास्त्र - 23.86-87

179 वही - 23.84

180 काव्यालंकार सू. - 1.3.30-31.

181 अभिनवभारती - अ. 23

182 मालावि. - अं. 2

183अ ऋग्वेद - 5.80.5-6

183ब य आक्ताक्षः सुभ्यक्तः सुमणिः सुहिरण्यवः.अथर्ववेद - 20.128.1

184 नाकुण्डली नामुकटी नास्रग्वी नाल्पभोगवान्।
नामृष्टो न नलिप्ताङ्गो नासुगन्धश्च विद्यते.रामा.। बाल. - 6.10

185 नैषध - 16.1

186 वही - 15.73

187(i) अन्यतमभाषानिबद्धं भाषान्तरेण परिवर्त्तयत इति नटनेपथ्यम्। काव्यमी. - अ. 12, पृ. 163

187(ii) तदेव वस्तूक्तिवशादन्यथाक्रियत इति नटनेपथ्यम्। वही - अ. 13.पृ. 171

188 कुमार. - 7.17

卐 卐 卐

12. संवाहन-कला

(उत्सादने संवाहने केशमर्दने च कौशलम्)

मानव को सुन्दर स्वस्थ और आकर्षक बनाये रखने वाली कलाओं में से एक कला है-मर्दन (मालिश या मसाज की) कला जिसे कामसूत्र में उत्सादन, संवाहन और केशमर्दन का कौशल तथा ललितविस्तर में 'संवाहितम्' कहा गया है।

यशोधर के अुनसार वात्स्यायन प्रोक्त ये तीनों क्रियायें मर्दन के ही प्रकार हैं। पैर से किया जाने वाला मर्दन 'उत्सादन' है। हाथ से; तेल आदि के द्वारा शिर का मर्दन 'केशमर्दन' है और शेष अंगों का मर्दन 'संवाहन' है।[1]

साहित्य में प्राप्त संदर्भो के आधार पर क्रमशः इनका विवेचन इस प्रकार है-

उत्सादन-

यद्यपि यशोधर ने पैरों से किये जाने वाले मर्दन को उत्सादन कहा है तथापि काम नामक पुरुषार्थ की अंगभूत चौंसठ कलाओं के संदर्भ में उत्सादन का यह अर्थ समुचित नहीं है। कोश ग्रंथों में 'शरीर पर सुगंधित पदार्थों को मलने की क्रिया' को भी उत्सादन कहा गया है।[2]

मनुस्मृति[3] एवं आयुर्वेद[4अ] के साक्ष्य से उत्सादन का यह द्वितीय अर्थ ही अधिक उपयुक्त प्रतीत होता है। यहाँ स्नान के प्रसंग में उद्वर्तन (उबटन), उत्सादन (शरीर को मलना) और उद्घर्षण (शरीर को घिसना) की चर्चा हुई है।

उत्सादन के अंतर्गत दो प्रकार की क्रियायें आती हैं-(i) शरीर पर पहले से लगे हुये उबटन को मल कर निकालने की क्रिया तथा (ii) सरसों, तिल, आँवला आदि के कल्क (चूर्ण) को शरीर पर रगड़ने या मलने की क्रिया।

कुमार संभव में उत्सादन का एक मनोरम संदर्भ प्राप्त होता है। विवाह के अवसर पर पार्वती के शरीर पर तेल और हल्दी का लेप किया जाता है उसके पश्चात् लोध्र का कल्क मलकर त्वचा को तेलरहित बनाया जाता है-

लोध्रकल्केन हृताङ्गतैलम्।[4ब]

नैषध के अनुसार कुण्डिनपुर के हर्म्यो में; सुन्दरियाँ अपने प्रभुओं के सिर पर पहले कस्तूरी मलती हैं फिर शरीर पर यक्षकर्दम नामक सुगंधित द्रव्य से कोमल मर्दन करती

हैं तत्पश्चात् सुगंधित जल से स्नान कराती हैं।[4स]

त्वचा को सतेज और निखार युक्त बनाये रखने के लिये उत्सादन का विशेष महत्व है। धन्वन्तरि के अनुसार-

उत्सादन से शिराओं के मुख (छेद) खुल जाते हैं त्वचागत अग्नि तीव्र होती है; इससे शरीर कान्ति, सौभाग्य, स्वच्छता, स्फूर्ति आदि गुणों से युक्त होता है। उत्सादन स्त्रियों के लिये विशेष हितकर है।[5अ]

अधिक उत्सादन से त्वचा के कोमल तंतुओं एवं कोशिकाओं को हानि हो सकती है अतः उत्सादन एक दिन छोड़कर दूसरे दिन किया जाना चाहिए।

नित्यं स्नानं द्वितीयकमुत्सादनम्।[5ब]

केशमर्दन-

सिर की मालिश को केशमर्दन कहा गया है क्योंकि इस क्रिया में केशों का भी मर्दन होता है। यह मर्दन या मालिश दो प्रकार से संभव है-

(i) सुगंधित तेल से शिर की मालिश-तेल से किये जाने वाले मर्दन को अभ्यंग[6] या अभयञ्जन[7अ] भी कहा जाता है।

(ii) सुगंधित कल्क् से शिर की मालिश या केशों को मलना। स्नान से पूर्व यह कार्य संपन्न होता था। राजभवनों में इस कार्य के लिये इस कला में निपुण परिचारिकायें नियुक्त होती थीं।

कादम्बरी में महाराज शूद्रक के स्नान प्रसंग में केशमर्दन का मनोरम चित्र प्रस्तुत किया गया है। शूद्रक स्नानभूमि के मध्य स्थित गन्धोदक पूर्ण जलद्रोणी (बाथ टब) में बैठते हैं। वारविलासिनियाँ अपने हाथों से मल-मल कर सुगंधित आमलक का चूर्ण लगाती हैं-

अवतीर्णस्य च जलद्रोणीं वारविलासिनीकरमृदित सुगन्धामलक लिप्तशिरसो राज्ञः।[7ब]

इसी प्रकार नैषध में कस्तूरी से केशमर्दन का वर्णन हुआ है-

प्राक्कुरङ्गमदमीलितमौलिम्।[7स]

प्राचीन भारत में केशमर्दन या अभ्यंग कर्म नागरक की दिनचर्या का अभिन्न अंग था। मस्तिष्क के तन्तुओं को सचेत रखने के साथ ही यह केशों के पोषण, उन्हें काला और चमकीला बनाये रखने के लिये भी आवश्यक था। सम्पन्न वर्ग के लोग मालिश के लिये सुगंधित तेल, कस्तूरी, केसर, चन्दन आदि के मिश्रण से बने लेप का प्रयोग करते थे तो निम्न-मध्य वर्ग के तेल और आँवले का। आँवले को बारीक पीसकर नीलकमल

की गन्ध से सुवासित कर लिया जाता था। पहले तेल से मालिश होती थी, उसके बाद आँवले से मर्दन।[8]

तेल से मर्दन या अभ्यङ्ग के आयुर्वेद में निम्न गुण कहे गये हैं-

यह क्लम (मानसिक अवसाद), श्रम (शारीरिक थकान), ज्वर, वायु (वात दोष) पीड़ा तथा अनिद्रा का शमन करता है। तेल डालने से जिस प्रकार रथ के पहिये सरलता से घूमते हैं, चमड़ा कोमल एवं दृढ़ होता है, मिट्टी के बर्तन चिकने और सुन्दर रंग के हो जाते हैं उसी प्रकार मानव शरीर और त्वचा को लाभ मिलता है।[9]

संवाहन-

हाथों से शरीर, पैर आदि को दबाने की कला-संवाहन है। साहित्य में इसका वर्णन एक सुकुमार कला के रूप में हुआ है। भास के चारुदत्त नाटक में गणिका वसन्तसेना इस कला की प्रशंसा करती हुई कहती हैं-

सुकुमारकला शिक्षितार्येण।[10]

'शिक्षिता' पद का प्रयोग यह सूचित करता है कि इस कला की भी विधिवत शिक्षा प्राप्त की जाती थी। इस कला में निपुण व्यक्ति को 'संवाहक', 'अंगमर्दः' या 'अंगमर्दकः' कहा जात था। भास के चारुदत्त तथा उसी के अनुकरण पर रचे गए मृच्छकटिक में संवाहक' के रूप में एक पात्र की कल्पना है जो प्रकरण के नायक चारुदत्त का संवाहक है तथा चारुदत्त के निर्धन हो जाने पर धन कमाने के लिये जुआ खेलने लगता है।

इस कला के कतिपय मनोरम चित्र साहित्य में अन्यत्र भी प्राप्त होते है।-

(i) भगवान विष्णु शेष शय्या पर शयन कर रहे है; पद्मासीन लक्ष्मी उनके चरणों को अपने अंक में रखकर कोमल हाथों से दबा रही हैं-

श्रियः पद्मनिषण्णायाः क्षौमान्तरितमेखले।
अङ्के निक्षिप्तचरणमास्तीर्णकरपल्लवे।।[11]

(ii) महाराज दुष्यन्त अस्वस्थ शकुन्तला को सुख देने के लिये उसके पद्म के समान लाल चरणों को अपने अंक में रखकर दबाना चाहते है।-

अङ्के निधाय करभोरु यथासुखं ते
संवाहयामि चरणावुत पद्मताम्रौ ।।[12]

(iii) महाराज शूद्रक शय्या पर बैठे हैं। भूमितल पर बैठी हुई प्रतिहारी अपने कमल पत्र के समान कोमल हाथों से धीरे-धीरे चरण दबा रही हैं-

तत्र च शयने निषण्णः क्षितितलोपविष्टया शनैः शनैरुत्संगनिहितासिलतया खड्ग्वाहिन्या नवनलिनदलकोमलेन करसम्पुटेन संवाह्यमानचरणः।[13]

(iv) श्री राम की मधुर स्मृतियों में बसा हुआ एक चिरस्मरणीय संवाहन जो वनवास के समय थके हुये-अलस अंगों वाली जानकी के द्वारा किया गया था-

अलसललितमुग्धान्यध्वसंपातखेदादशिथिलपरिरम्भैर्दत्तसंवाहनानि।[14]

(v) मानव जगत् के समान ही प्रकृति में भी चलती है यह सुखद क्रिया; यथा-पूर्व से आती हुई वायु के द्वारा मेघ का सम्यक् संवाहन-

पौरस्त्यो वा सुखयति मरुत्साधु संवाहनाभिः।[15]

यह सुकुमार कला भारतीय मूर्तिशिल्प का विषय भी बनी है। देवगढ़ के दशावतार मंदिर में शेषशायी विष्णु के चरणों को कमलासना लक्ष्मी द्वारा संवाहन करते हुये अंकित किया गया है।

आयुर्वेद में संवाहन के निम्न लाभ बताये गये हैं-

प्रीतिर्निद्राकरं वृष्यं कफवातश्रमाऽपहम्।

संवाहनं मांसरक्तत्वक्प्रसादकरं मतम्॥

संवाहन से आनन्द मिलता है, अच्छी नींद आती है, कफ, वात और थकान दूर होती है, शक्ति बढ़ती है, रक्त और त्वचा शुद्ध होती है।

यही कारण है कि सभी वर्ग के लोग स्त्री-पुरुष यहाँ तक कि राजकुमार भी इस कला को सीखते थे।[16] स्त्रियाँ इस कला से अपने प्रेमियों को वश में कर लेती थीं[17] तो पुरुष अपनी प्रेयसियों को प्रसन्न।[18]

यह कला आजीविका या वृत्ति का साधन भी थी।[19] इस कला में निपुण संवाहक कला-मर्मज्ञ की खोज करते हुए देश में भ्रमण करते थे। चारुदत्त का संवाहक इसी उद्देश्य से पाटलिपुत्र से उज्जयिनी आया था।[20] विभिन्न देशों में भ्रमण करने वाली बाणभट्ट की मित्रमण्डली में केरलिका नामक संवाहिका भी थी।[21]

इस कला की सार्थकता सुन्दर ललित शरीर की प्राप्ति में थी[22]। यशोधर के अनुसार इस कला का उद्देश्य है-पर आराधन। अर्थात् दूसरों की सेवा और प्रसन्नता।

जबकि कौटिल्य जैसे राजनीतिज्ञ इसके माध्यम से कूटनीतिक उद्देश्य भी सिद्ध कर लेते हैं। वे संवाहक का उपयोग आभ्यन्तर चर के रूप में करते हैं जो मंत्रियों, सेनापतियों और अधिकारियों के घर, भ्रष्टाचार, षड़यंत्र आदि का पता लगाने के लिये गुप्त रूप से नियुक्त किये जाते थे।[23]

साहित्य में प्राप्त संदर्भ संवाहन कला की विधि पर भी प्रकाश डालते हैं। चरण संवाहन के लिये प्रायः चरणों को अंक में रख लिया जाता था फिर 'करसम्पुटों' से 'शनैः शनैः' मृदुल मर्दन किया जाता था। इस प्रसंग में स्त्रियों के नवीन पल्लव के समान कोमल हाथों का अनेकशः वर्णन हुआ है। संवाहन में अभ्यंग या मर्दन में व्यक्ति के सुख[24] और आराम का विशेष ध्यान रखा जाता था (यथा सुखम्/शाकु./3/19/)।

मानवीय शरीर की संरचना, कोमलता और दृढ़ता के अनुकूल स्पर्श से कम या अधिक दबाव के द्वारा सुखद संवाहन निश्चित रूप से एक कला थी। श्रम और थकान

का शमन कर संपूर्ण शरीर में आनन्द और स्फूर्ति का भली-भाँति वहन करने के कारण इस कला की 'संवाहन' यह अन्वर्थ संज्ञा है।[25]

सुन्दर रूप-रस और गंध से मिलने वाले आनन्द के समान सुन्दर स्पर्श का भी एक आनन्द है और इसी आनन्द को देती है-यह संवाहन कला।

इस प्रकार एक सुन्दर जीवन के योग्य शरीर और व्यक्तित्व के निर्माण की कला है- उत्सादने संवाहने केशमर्दने च कौशलम्।

सन्दर्भ-सङ्केत

1 मर्दनं द्विविधं पादाभ्यां हस्ताभ्यां च। पादाभ्यां यन्मर्दनं तदुत्सादनमुच्यते। हस्ताभ्यां यच्छिरोऽभ्यङ्गकर्म तत्केशमर्दनम्। शेषाङ्गेषु मर्दनं संवाहनम्।
कामसू. - 1.3.15. पर यशोधर की टीका।

2 आप्टे संस्कृत हिन्दी कोश - पृ. 190

3 अभ्यञ्जनं स्नापनं च गात्रोत्सादनमेव च। मनु. - 2.211

4अ अष्टाङ्संग्रह.सूत्रस्थान - 3.67; सुश्रुतसं..चिकि.स्थान - अ. 24.52-53

4ब कुमारसम्भव - 7.9

4स नैषधीयचरित - 21.7

5अ सिरामुखविविक्तत्वं त्वक्स्थस्याग्नेश्च तेजनम्।
उत्धर्षणोत्सादनाभ्यां जायेयातां असंशयम्।
उत्सादनात् भवेत् स्त्रीणां विशेषात् कान्तिमद्वपुः।
प्रहर्षं सौभाग्यमृजालाघवादि गुणान्विता।। सुश्रुतसं..चिकि.स्थान - 24.52--53

5ब कामसूत्र - 1.4.6

6 अभ्यक्तमिव स्नातः। अभि.शा. - 5.11, अभ्यङ्गनेपथ्यमलञ्चकार। कुमार. - 7.6

7अ अभ्यञ्जनं स्नापनं च। मनु. - 2.211

7ब कादम्बरी - पृ. 45

7स नैषध. - 21.7

8 आमलकं श्लक्ष्णपिष्टमुत्पलगन्धि कृत्वा . . .। दत्ततैलामलक क्रमेण सस्नौ।
दशकुमा. - उ. 6.पृ. 193

9 अ. अभ्यंगो वातहापुष्टिस्वप्नदार्ढ्यबृहत्वकृत्।
दग्धभग्नक्षतरुजाक्लमश्रमज्वरापहः।
रथाक्षचर्मघटवद्भवन्त्यभ्यंगतो गुणाः।।

9 ब. त्वच्याश्च परमभ्यंगो यस्मात्तं शीलयेदतः।। अष्टांगसंग्रह.सूत्रस्थान - अ. 3.56, 57, 58

10 चारुदत्त - 2.पृ. 60

11 रघुवंश - 10.8

12 अभिज्ञानशा. - 3.19

13 कादम्बरी - पृ. 51

14 उत्तररामचरित - 1.24

15 भालतीमाधव - 9.25

16 कलेति शिक्षिता.चारुदत्त - अं. 2.पृ. 60; मृच्छक. - अं. 2.पृ. 127

17 कामसू. - 3.3.40

18 अभिज्ञानशाकुन्तलम् - 3.19

19 अ. संवाहकवृत्तिमुपजीवामि।

19 ब. आजीविकेदानीं संवृत्ता। चारु. - अं 2.पृ. 60

20 पाटलिपुत्रं मे जन्मभूमिः . . .। स इदानीमहमागन्तुकानां श्रुत्वा पुरुषविशेषकौतुहलेनागतोऽस्मीमामुज्जयिनीम्। वही. - अं. 2, पृ. 61

21 हर्षचरित - उ.1, पृ. 75

22 कथं च तस्य कोमलललितमधुरशरीरस्पर्शकृतार्थं मे हस्तं साधारणशरीरसंमर्देन शोचनीयं करिष्यामि। चारु. - अं 2, पृ. 64

23 स्थापक-संवाहक-आस्तरक...आभ्यन्तर चारं विद्युः अर्थ. - 1.12.11

24 अ. यथर्तुसंस्पर्शसुखैस्तैरभ्यंगमाचरेत्।

ब. अनुसुखं देहं मर्दयेच्च समन्ततः। अष्टांग सं..सूत्रस्थान - 3.56.65

25 संवाहनं नाम अङ्गानां गमनादिजनितायासशमन-औपयिकदृढतमस्पर्शविशेषः।

卐 卐 卐

तृतीय अध्याय

भवन सज्जा से सम्बन्धित शिल्पकलाएँ

1. अक्षत तथा फूलों से आकृतिरचना
2. पुष्पसज्जा
3. मणियों से भूमि को सजाना
4. शय्या की रचना
5. बाँस और बेंत-शिल्प
6. काष्ठ-शिल्प
7. नक्काशी का शिल्प
8. धातु-शिल्प
9. उपवन लगाने की कला

1. अक्षत तथा फूलों से भूमि पर आकृति रचना

(तण्डुलकुसुमबलिविकाराः)

अक्षत (अखण्ड चावल) और पुष्पों को पूजा के लिए सजाना भी एक कला है। अक्षतों को अनेक वर्णों में रंग कर देवमन्दिरों या घर के फर्श पर सुंदर आकृति रचना की कला भारतवर्ष में प्राचीनकाल से ही प्रचलित रही है। इसी प्रकार बहुवर्णी पुष्पों के संयोजन से 'पुष्पोपहार की रचना' भी प्राचीन भरत की एक ललित कला है। इसे ही आचार्य वात्स्यायन ने **'तण्डुलकुसुमबलिविकाराः'** कहा है।

दान अर्थ वाली 'बल्' धातु से 'इन्' प्रत्यय लेकर निष्पन्न 'बलि' शब्द का अर्थ है— पूजा के लिए भक्तिपूर्वक दिया गया उपहार या नैवेद्य। महाकवि कालिदास ने इसी अर्थ में 'बलि' शब्द का प्रयोग किया है—

शश्वत्सिद्धैरुपचितबलिं भक्तिनम्राः परीयाः।[1]

भारतीय संस्कृति मे बलि कर्म को गृहस्थ का आवश्यक दैनिक कर्तव्य माना गया था। अन्न का कुछ भाग पशु— पक्षियों, एवं अन्य प्राणियों के लिए अर्पित किया जाता था। देवताओं के लिए बलिवैश्वदेव संपन्न होता था। प्राचीन भारत में गृहस्थ के इस शुष्क धार्मिक कृत्य को घर की कन्याओं और वधुओं ने एक ललित कला के रूप से विकसित किया था।

टीकाकार यशोधर के अनुसार 'तण्डुलबलिविकारा' से अभिप्राय है— देवी सरस्वती के भवन में या कामदेव के मंदिर में मणिजटित फर्श पर नाना रंगों में रंगे हुए अखण्ड तण्डुलों से भक्ति विकार की रचना।[2]

शोभा या सजावट के लिए पत्र पुष्पादि की आकृति रचना को **'भक्ति'** कहा जाता है। इसमें देवता के प्रति भक्ति या पूजा का भाव भी सन्निहित है। गृहिणियाँ तीनों सवनों (प्रातः, मध्याह्न और संध्याकाल) में बलिकर्म को सम्पन्न करती थीं।[3]

मुनि कन्याएं नीवार (वन्य धान्य) की बलि देती थीं। कुटि के द्वार पर शकुन्तला द्वारा बलि के रूप में दिए गए नीवार कणों को अंकुरित हुआ देख कर महर्षि कण्व के लिए पुत्री

वियोग का दुःख मानों नवीन हो उठता है।[4]

बाणभट्ट ने संध्याकाल ऋषि कन्याओं द्वारा दिशाओं के अधिपति देवताओं के लिए अन्नबलि दिए जाने का वर्णन किया है–

ऋषिकुमारिकाभिरितस्ततो विक्षिप्यमाण दिग्देवतार्च्चनबलिसिक्थम्।[5]

कादम्बरी में ही अन्यत्र प्रदोष वर्णन के प्रसंग में सांध्य देवतार्चन के लिए बलिपिण्डों के बिखेरने का वर्णन हुआ है–

दिक्षु विक्षिप्तेषु संध्यादेवतार्च्चन बलिपिण्डेषु।[6]

यद्यपि संस्कृत साहित्य में कहीं भी स्पष्ट रूप से रंगे हुए अक्षतों से भक्ति रचना के संदर्भ प्राप्त नहीं है तथापि मृच्छकटिक की प्रस्तावना में इसकी तैयारी का सुन्दर वर्णन है, जहाँ सूत्रधार के गृह में एक स्त्री वर्णक (रंजक द्रव्य) को पीस रही है, दूसरी फूलों को गूँथ रही है।

तण्डुल बलि की तुलना में कुसुम– बलि– विकार के संदर्भ अधिक प्राप्त होते हैं।

विशिष्ट अवसरों पर मांगल्य के लिए नागरिकों द्वारा, राजमार्गों को पुष्प– बलि से सजाया जाता थ। श्रीराम के राज्याभिषेक के अवसर पर धूपगंध से अधिवासित रजपथों पर फूलों से सुन्दर आकृतियाँ बनाई गई थीं–

कृतपुष्पोपहाराश्च धूपगंधाधिवासितः।
राजमार्गः कृतः श्रीमान् पौरै रामाभिषेचने।।[8]

नवनिर्मित गृहों में वास्तुशान्ति हेतु पुष्पबलि दी जाती थी। पञ्चवटी में लक्ष्मण द्वारा निर्मित पर्णशाला में पुष्पबलि दिए जाने का उल्लेख वाल्मीकि ने किया है।[9]

पुष्पबलि स्त्रियों के व्रतोपवास का अभिन्न अंग थीं। मृच्छकटिक में सूत्रधार की पत्नी नटी द्वारा दूसरे जन्म में भी अभिरूप पति प्राप्ति के व्रतानुष्ठान में भूमि पर पाँच वर्णों के पुष्पों से भक्ति रचना की गई थी।[10]

तण्डुल और पुष्पबलि प्रायः घर की देहली पर दी जाती थी। भास ने चारुदत्त नाटक में देहली पर दी गई तण्डुल बलि को खाने के लिए हंस और सारस पक्षियों द्वारा पुष्पसज्जा को बिखेर देने का वर्णन किया है–

यासां बलिर्भवति मद्गृहदेहलीनां
हंसैश्च सारसगणैश्च विभक्तपुष्पः।।[11]

मेघदूत की विरहिणी यक्षिणी पति के मांगल्य के लिए प्रायः पुष्पबलि देती हुई दिखाई पड़ती है।[12]

देहली पर सजाए गए पुष्पों को ही गिन-गिन कर वह अपने शेष बचे हुए विरह दिवसों की गणना करती है—

विन्यस्यन्ती भुवि गणनया देहलीदत्तपुष्पैः।[13]

वृक्षों के प्रति भी भक्तिभव से पुष्पबलि दी जाती थी। कदम्बरी में जाबालि-आश्रम के मध्य स्थित, तापस कन्याओं के प्रत्यग्र पुष्पोपहर से रमणीय रक्त-अशोक वृक्ष का वर्णन हुआ है।[14]

संस्कृत साहित्य में संध्याकाल दी जाने वाली पुष्पबलि का अत्यंत मनोरम वर्णन हुआ है। महाकवि कालिदास के अनुसार राजभवनों में अंतःपुर के वृद्ध परिचर पुष्पबलि के बीच सांध्य प्रदीपों को रखते हैं।[15] निश्चय ही दीपक के स्निग्ध आलोक में पुष्प भक्ति स्वर्णिम आभा से खिल उठती होगी।

महाकवि बाणभट्ट को सांध्य गगन में चित्रित तारों को देखकर, संध्याकाल सिद्ध कन्याओं द्वारा देवताओं के लिए अर्पित कुसुमोपहारों का स्मरण हो आता है—

सिद्ध कन्यका-विक्षिप्त-सन्ध्याच्र्चन-कुसुमशबलमिव तारकित वियदराजत।[16]

राजभवनों में प्रज्ज्वलित सहस्त्रों दीपकों के; मणिमय भूमि पर पड़ते हुए प्रतिबिंब विकसित चम्पक पुष्पों की पंखुड़ियों से रचित पुष्पोपहार के समान प्रतीत होते हैं—

प्रज्ज्वलितदीपिकासहस्त्रप्रतिबिम्बचुम्बितेषु, कृत विकच—
चम्पकदलोपहारेष्विव मणि भूमि कुट्टिमेषु।[17]

तो दूसरी ओर शोभार्थ भूमि पर विशेष रूप से सजाए गए चम्पक दलों का उपहार स्वर्ण दीप के समान प्रतीत होता है—

काञ्चनदीपायमानं चम्पकदलोपहारैः।[18]

मृच्छकटिक में वसन्तसेना के भवन द्वार के सम्मुख बहुवर्णी सुगन्धित पुष्पों से भूभाग पर सुन्दर चित्र रचना का उल्लेख हुआ है—

अहो विविधसुगन्धिकुसुमोपहारचित्रलिखतभूमिभागस्य .. भवनद्वारस्य सश्रीकता।[19]

इस प्रकार गृह की कन्याएं और गृहिणियाँ प्रातःकाल और संध्याकाल इस ललित कला से घर की देहली को श्री सम्पन्न करती थीं। आचार्य गोनर्दीय के मत में एक गृहस्थ के लिए इससे अधिक चित्ताकर्षक और कुछ भी नहीं है—

न ह्यतोऽन्यद्गृहस्थानां चित्तग्राहकमस्तीति गोनर्दीय:[20]

दक्षिण भारत एवं महाराष्ट्र में रांगोली के रूप में तथा बंगाल में पिसे हुए चावल के घोल से अल्पना देने की कला के रूप में आज भी यह कला जीवित है।

प्रारम्भ में बलि के रूप में देवताओं के लिए पुष्प या अन्नादि अर्पित करने का जो दैनन्दिन धार्मिक कृत्य था, जिसमें पुष्प, चावल के कण आदि बिखेर दिए जाते थे उसी ने परवर्ती युग में कलात्मक रूप धारण कर लिया। मानव की सौंदर्य चेतना और कल्पना के सुंदर संयोजन से यह भूमि पर फूलों और अक्षतों से सुन्दर चित्रों को रचने की कला बन गई।

सन्दर्भ-सङ्केत

1. मेघदूत - 1.59
2. अखण्ड तण्डुलैर्नानावर्णै: सरस्वतीभवने कामदेवभवने वा मणिकुट्टिमेषु भक्ति-विकारा:। कामसूत्र - 1.3.15 पर टीका
3. कामसूत्र - 4.1.3
4. अभिज्ञानशाकुन्तल - 4.21
5. कादम्बरी - पृ. 148
6. वही - पृ. 299
7. मृच्छकटिक - अंक 1, पृ. 12
8. रामयण। अयो. - 7.17
9. वही - अरण्य - 15.25
10. मृच्छकटिक - अंक 1, पृ. 15
11. चारुदत्त - 1.2
12. मेघदूत - 2.25
13. वही - 2.27
14. कादम्बरी - पृ. 129
15. विक्रमोर्वशीयम् - अंक, 3.2
16. कादम्बरी - पृ. 149
17. वही - पृ. 301
18. वही - पृ. 536
19. मृच्छकटिक - अंक-4, पृ. 229
20. कामसूत्र -4.1.4

卐 卐 卐

2. पुष्पसज्जा (पुष्पास्तरणम्)

निसर्ग के सर्वोत्तम उपहार हैं— पुष्प। उस महान कलाकार ने इस धरती के विशाल फलक पर पुष्पों के रूप में उज्ज्वल वर्णों से ऐसे अभिराम चित्रों की सृष्टि की है; जिनकी मोहक छटा युगों-युगों से मानव को सम्मोहित करती आई है। फूल, प्रसून, सुमन आदि पुष्प के विभिन्न पर्याय नाना भावों की व्यंजना करते हैं। 'फूल' खिलने के भाव, आनन्द और प्रसन्नता को व्यक्त करता है तो प्रसून प्रसव या सृजन धर्मिता की संवर्धनशील परंपरा को; सुमन सुन्दर मन का प्रतीक है तो पुष्प वनस्पति जगत् की पुष्ट समृद्धि एवं पोषण क्षमता का।

भारत पुष्पों की विविधता का देश है। षड् ऋतुओं ने नाना रूप रंग और सुगन्ध के ऋतुपुष्पों से इस भारत भूमि का शृङ्गार किया है। वन प्रान्तों में फैलती हुई पाटल पुष्प की गंध और कोमल शिरीष ग्रीष्म के संताप को हर लेते हैं तो वर्षा में कुटज, कुन्द, सिन्दुवार, कदम्ब, अर्जुन, केतकी, केसर, जूही और मालती के पुष्प वन देवी के उज्ज्वल हास के समान फूट पड़ते हैं। शरद ऋतु में यह वसुन्धरा कमल, कुमुद, काश और सप्तपर्ण के परिधान में खिल उठती है तो शेफालिका की मनोहर गंध उपवनों को सुरभित कर देती है। शिशिर और हेमन्त लोध्र के विकास की ऋतु हैं; तो ऋतुराज वसंत रक्तवर्णी पलाश, अशोक, स्वर्णिम कर्णिकार, कुसुम्भ, श्वेत नवमल्लिका एवं ताम्रवर्णी आम्रमञ्जरियों के कारण मधुमास है।

निसर्ग की इस मनोरम पुष्प समृद्धि को; कला के कोमलतम उपादान को; मानव ने गृह वाटिकाओं एवं उद्यानों में संजोया तथा पुष्पास्तरणम् की सुकुमार कला के रूप में जीवंत किया है।

'पुष्पास्तरणम्'— अर्थात् पुष्पसज्जा की कला। कामसूत्र के टीकाकार यशोधर के अनुसार— नानावर्णों के पुष्पों को गूँथकर या बाँधकर वासगृह, उपस्थानमण्डप आदि की कलात्मक सज्जा पुष्पास्तरणम् कही जाती है—

पुष्पास्तरणमिति— यन्नानावर्णैः सूचीवानादिबद्धैरभ्यस्यते तदेव वासगृहोपस्थानमण्डपादिषु यस्य पुष्पशयनमित्यपरा संज्ञा।[1]

पुष्प— समृद्धि के उस युग में यह सज्जा पुष्प-आधारों या पात्रों में न की जाकर गृहभूमि

(फर्श), उपवन वेदिका, राजमार्ग आदि पर पुष्पों को बिछाकर की जाती थी; अतः इसकी संज्ञा पुष्पास्तरणम् थी। पुष्पशयन की रचना इसी कला का एक अंग थी।

संस्कृत साहित्य में इस कला के संदर्भ रामायण से प्राप्त होने लगते हैं। सीता और राम के विवाह के अवसर पर यज्ञ वेदि को गन्धपुष्पों से अलंकृत किया गया था—

अलञ्चकार तां वेदिं गन्धपुष्पैः समन्ततः।[2]

उत्सवों, विवाहादि विशेष अवसरों पर राजपथ पर यत्र-तत्र पुष्पसज्जा की जाती थी। पुष्प सज्जा से पूर्व राजपथ को भली-भाँति चन्दन जल से सिक्त कर लिया जाता था। बाल्मीकि ने राम-सीता के विवाह के पश्चात् वर-वधू के नगर प्रवेश के समय—

सिक्तराजपथरम्यां प्रकीर्णकुसुमोत्कराम्[3] अयोध्या पुरी का वर्णन किया है।

श्रीराम के अभिषेक के अवसर पर पुरवासियों द्वारा सम्पूर्ण राजपथ को कमलों और उत्पलों से सजाया गया था —

सिक्तराजपथां कृत्स्नां प्रकीर्णकमलोत्पलाम्।[4]

लाल या गुलाबी कमलों और नील उत्पलों का संयोजन नयनाभिराम होता था। मनोरम पुष्प सज्जा से बहुवर्णी शोभा को धारण करने वाले अयोध्या के राजप्रासदों का वर्णन भी कवि ने किया है—

पुष्पसंचयचित्रेषु प्रासादवरवर्येषु।[5]

महाकवि कालिदास भी कुमारसंभव में; पर्वतराज हिमालय की राजधानी औषधिप्रस्थ के उन आपणमार्गों और महापथों का वर्णन करते हैं जिन्हें पार्वती के विवाह के अवसर पर शिव की अगवानी में मन्दार पुष्पों से सजा दिया गया था।

सन्तानकाकीर्ण महापथम्।[6]

पुष्प राशि इतनी अधिक मात्रा में बिछाई गई थी कि पैर घुटनों तक धँस जाते थे— **आगुल्फकीर्णापणमार्गपुष्पम्।**[7]

कालिदास के अनुसार, हर्म्यों में सजाए गए पुष्पों की गंध दूर से ही पथिकों के मार्ग — श्रम को हर लेती थी—

हर्म्येष्वस्याः कुसुमसुरभिष्वध्वखेदं नयेथाः।[8]

शयन गृह की पुष्पसज्जा अपनी मधुगंध से विलासिनियों के काम भाव को उद्दीप्त करती थी—

रचितकुसुमगन्धि प्रायशो यान्ति वेश्म

प्रबलमदनहेतोस्त्यक्तसंगीतरागाः।[9]

बाणभट्ट के अनुसार आस्थानमण्डप के निर्मल मणिकुट्टिमों पर की जाने वाली पुष्पसज्जा स्वच्छ आकाश में चमकते हुए तारागणों के समान प्रतीत होती थी—

अविरलविप्रकीर्णेन विमलमणिकुट्टिमगगनतलतारागणेनेव
कुसुमोपहारेण निरन्तरनिचितम् . . .आस्थानमण्डपम्।[10]

राजभवनों में यह सज्जा प्रायः विकसित कमल पुष्पों से की जाती थी—

(क) उपरचितकमलपुष्पप्रकरम्।[11]

(ख) विकच कमलपुष्पप्रकरमिव सम्पादयता।[12]

मणि कुट्टिमों (मणि जटित फर्श) के कठोर स्पर्श को कोमल बनाने के लिए सुगन्धित पर्वतीय पुष्पों की मालाएं फैल दी जाती थीं—

रेजुरध्वतनशैलस्रजो यस्य मुग्धमणिकुट्टिमा भुवः।[13]

प्रमदवन की वेदिकाओं को गूँथी गई पुष्पमालाओं से भी सजाया जाता था। इन वेदिकाओं की पुष्पसज्जा की रक्षा के लिए विशेष रूप से नियुक्त परिचारिकाओं को 'वेदिकाकुसुमपालिका' कहा जाता था।[14]

कादम्बरी कथा के नायक चंद्रापीड ने गंधर्वराज चित्ररथ के प्रासाद में ऐसे मुक्ताशिलापट्ट पर शयन किया था जिसे श्वेत सिन्दुवार पुष्प की सुगंधित मालाओं से सजाया गया था।[15] सूतिका गृह को भी श्वेत पुष्प माला से सजाया जाता था—

आबध्यमानधवलकुसुमदामशतम्।[16]

इस कला का चरम परिपाक सुन्दर पुष्प-शय्यायों की रचना में था। पुष्प शय्या की रचना प्रायः कोमल पल्लवों के ऊपर पुष्पों को बिछाकर की जाती थी।[17] इसकी रचना में सामान्य रूप से कई प्रकार के सुगंधित पुष्पों का या कभी-कभी एक ही प्रकार के पुष्प का उपयोग होता था यथा—स्वर्ग की अप्सरा उर्वशी के लिए नन्दनवन के पारिजात पुष्पों की शय्या[18] कादम्बरी के लिए कमल शय्या आदि।[19]

इस प्रकार 'पुष्पास्तरणम्' प्राचीन भारत की एक मनोज्ञ कला थी। यह गृह सज्जा का अभिन्न अंग थी।

वात्स्यायन ने पुष्पसज्जा को गृहिणी का आवश्यक दैनिक कर्तव्य माना था। गृह के सौंदर्य, शुचिता एवं रमणीयता के लिए पुष्पसज्जा आवश्यक थी—

वेश्म च शुचि . . . विरचितविविधकुसुमं . . . हृद्यदर्शनं . . . कुर्यात्।[20]

नागरक के भवन में पुष्प सज्जा से युक्त वेदिका विशेष रूप से दर्शनीय होती थी।[21] दैनन्दिन जीवन में पुष्पों का उपयोग इतना अधिक था कि पुष्प उत्पादन हेतु उद्यान लगाए जाते थे। कालिदास ने विदिशा से उज्जयिनी तक ऐसी उद्यान परम्पराओं का उल्लेख किया है जहाँ फूल चुने नहीं अपितु धान्य आदि के समान काटे जाते थे। संभवतः इसी कारण इस कार्य में लगी हुई स्त्रियों को 'पुष्पलावी' कहा गया है।[22] स्त्री पुरुष दोनों ही इस कला को सीखते थे। नानावर्णी पुष्पों के संयोजन एवं पुष्पों को बिछाकर सुन्दर आकृतियों की रचना में कलाकार की सौंदर्य चेतना के साथ ही जीवन के उल्लास की भी अभिव्यञ्जना होती थी। निसर्ग के इस कोमलतम उपहार को अपने गृह में संजोकर मानव ने मानों प्रकृति के उत्सव को अपने दैनन्दिन जीवन का उत्सव बना लिया था। विशिष्ट, अतिथि, आत्मीय या प्रियजनों के सम्मान में विशेष रूप से पुष्प सज्जा की जाती थी। जीवन का कोई भी उत्सव पुष्पसज्जा के बिना पूर्ण नहीं होता था। वस्तुतः अंतःकरण की प्रीति, सौहार्द, सौम्मनस्य और उल्लास को रूप, गंध और वर्ण के सम्भार से अभिव्यक्त करने की कला थी– पुष्पास्तरणम्।

सन्दर्भ-सङ्केत

1. कामसूत्र - 1.3.15 पर यशोधर की टीका
2. रामा.। बालका. - 73.21
3. वही - 75.7
4. रामा.। अयो. - 8.2
5. वही - 88.6
6. कुमार. - 7.3
7. वही - 7.55
8. मेघदूत - 1.36
9. ऋतुसंहार - 3.23
10. कादम्बरी - पृ. 50
11. वही - पृ. 297
12. वही - पृ. 27
13. नैषधीय. - 18.7
14. काद. - पृ. 658

15. वही - पृ. 590
16. वही - पृ. 220
17. मृदुप्रवालोत्तर पुष्पशय्ये। रघु. - 6.50
18. विक्रमो - 2.12
19. उत्तरकाद. - पृ. 139
20. कामसू., 4.1.3
21. स्थण्डिलपीठिका च सकुसुमेति भवनविन्यासः। कामसूत्र - 1.4.4
22. मेघदूत - 1.20

卐 卐 卐

3. मणियों से भूमि को सजाना

(मणि-भूमिका कर्म)

अपने उज्ज्वल वर्ण और स्थायी चमक के कारण मणियाँ प्राचीन काल से ही मानव को लुब्ध करती आई हैं। अंधकार में भी आलोक बिखेरने वाली दमकती हुई मणियों को आभूषणों में तो गूँथा गया ही है; राजभवनों और प्रसादों की भूमि निर्माण के कार्य में भी इनका उपयोग हुआ है। प्राचीन भारत में; बहुवर्णी मणियों से कलात्मक डिजाइनों में भवन के फर्श की रचना भी एक शिल्प या कला के रूप में मान्य रही है; जिसे वात्स्यायन ने मणिभूमिका-कर्म कहा है।

वर्तमान युग में जिस प्रकार फर्श पर मोजाइक के लिए विभिन्न रंगों के दाने बिछाये जाते हैं या संगमरमर की टाइल्स लगाई जाती हैं उसी प्रकार प्राचीन भारत में फर्श पर विभिन्न रंगों की मणियों या मणि शिलाओं के फलकों को जड़ा जाता था। ऐसे फर्श की विशेष संज्ञा मणिभूमि या मणिकुट्टिम थी। संस्कृत साहित्य में राज प्रासादों के वर्णन प्रसंग में इस मणिभूमि का बहुलता से वर्णन हुआ है।

लंकापुरी के वैभव और समृद्धि का वर्णन करते हुए आदि कवि ने हीरे-मूँगे से जड़े हुए मनोरम स्तंभों तथा मणि से रंग बिरंगे भूमि मार्गों का वर्णन किया है।[1]

महाकवि भास भी राजप्रासादों के वर्णन प्रसंग में मणियों की इस चकाचौंध का वर्णन करते हैं जहाँ रात्रि के समय मणिरत्नों के शिलातलों पर हंस सो रहे हैं, स्तंभ प्रवाल (मूँगे) से बनाए गए हैं और मणि प्रदीपों के आलोक से दीपक का प्रकाश मंद हो रहा है।[2] संस्कृत साहित्य में निम्न मणियों से भूमि रचना के संदर्भ प्राप्त होते हैं—

(1) स्फटिक मणि—

इस मणि से रचित भूमि की मुख्य विशेषता है— स्वच्छता, पारदर्शिता एवं प्रतिबिम्ब ग्रहण करने की क्षमता।

महाकवि कालिदास ने इसी विशेषता के कारण अलकापुरी के आकाशचुम्बी प्रासादों की तुलना मेघ से की है। मेघ स्फटिक-निर्मल-जल से युक्त हैं तो प्रासाद स्फटिक मणि भूमि से—

अन्तस्तोयं मणिमयभुवस्तुङ्गमभ्रंलिहाग्राः
प्रासादास्त्वां तुलयितुमलं यत्र तैस्तैर्विशेषैः।।[2]

इन भवनों की स्फटिक मणिरचित भूमि पर रात्रि के समय तारों का झिलमिलाता प्रतिबिम्ब पुष्पों के समान प्रतीत होता है।[4]

महाकवि बाणभट्ट ने मणिभूमि के इस वैशिष्ट्य के आधार पर कई मनोरम कल्पनाएं की हैं। मणिकुट्टिम पर पड़ते हुए अपने ही प्रतिबिम्ब से शिशु कौतुहल से चंचल हो उठते हैं[5] तो सुंदरियों के मुख-प्रतिबिम्ब विकसित कमल—पुष्पों की भ्रांति उत्पन्न करते हैं।[6]

महाराज शूद्रक की देह का प्रतिबिम्ब ऐसा प्रतीत होता है मानो वसुन्धरा वधू ने पति-प्रेम के कारण उन्हें अपने हृदय में रख लिया हो—

अमलमणिकुट्टिमसंक्रांतसकलदेहप्रतिबिम्बतया पतिप्रेम्णा वसुंधरया हृदयेनेवोह्यमानम्।[7]

(2) इन्द्रनीलमणि—

श्वेत स्फटिकमणि के साथ श्यामवर्णी इन्द्रनीलमणि का संयोजन मनोरम होता था। महाराज शूद्रक के सभा मण्डप की भूमिरचना में यह योजना दिखाई देती है।[8]

(3) मरकतमणि—

हरितवर्णी आभा को उत्पन्न करने के लिए मरकतमणि का प्रयोग होता था। कदलीगृह की नैसर्गिक हरीतिमा के मध्य मरकतमणि की वेदिका एक ही वर्ण की अन्विति से अपूर्व सौंदर्य की सृष्टि करती थी[9], तो कहीं पीले रंग के स्वर्ण के साथ हरित रंग की मणि से विपरीत रंगों की शोभा।[10]

हरे भरे उपवनों के मध्य बनी हुई बावड़ियों के सोपानों को मरकत-शिलाओं से बाँधा जाता था 'तो हर्म्यपृष्ठ (छत) पर आरोहण के लिए सोपानों में स्फटिकमणि जड़ी जाती थी। श्वेत चकमते हुए ये सोपान गंगा की लहरों के समान प्रतीत होते थे—

एतेन गंगातरंगसश्रीकेण स्फटिकमणिसोपानेनारोहतु मणिहर्म्यपृष्ठम्।[12]

राजभवनों में मणि-जटित पक्के फर्श तो होते ही थे कभी-कभी पान-गोष्ठी आदि के अवसर पर उद्यानों में कच्ची भूमि पर ही मणि बिछाकर मणि-कुट्टिम की रचना की जाती थी। ग्रीष्म ऋतु में शयन के लिए भी ऐसी मणि-भूमि रच ली जाती थी।[13]

ऋतु, अवसर और स्थान के अनुकूल ऐसी मणि भूमि की रचना में ही कला थी। ग्रीष्म ऋतु में श्वेत स्फटिक मणि की योजना होती थी, जिसे चंदन-जल से धोकर और अधिक शीतल कर लिया जाता था।[14]

आकाश में सजे हुए तारों की शोभा को उत्पन्न करने के लिए इन्द्रनीलमणि की भूमि पर पुष्प सज्जा की जाती थी तो उपवनों की हरियाली के मध्य मरकतमणि से भूमि रचना।[15]

अनेक प्रकार की मणियों के बारीक टुकड़ों को कनक– दीर्घिकाओं में बिछाकर जल में बहुवर्णी शोभा उत्पन्न की जाती थी।[16] जैसे कि राजा कुंतिभोज की भवन दीर्घिका में वैदूर्यमणि आौर मोतियों से रेत की रचना की गई थी।[17]

स्त्रियाँ भी इस कला में निपुण होती थीं और अपने निर्देशन में यह कार्य करवाती थीं। यक्षिणी ने अपने प्रिय मयूर के लिए ऐसी स्वर्णिम वासयष्टि बनवाई थी जिसके मूलभाग को नए बाँस के समान हरी मरकत मणि से बाँधा गया था।[18]

इस प्रकार 'मणि-भूमिका-कर्म' रत्नगर्भा भूमि को ही रत्नों (मणियों) से सजाने की कला थी। फूल मुरझा जाते हैं; चित्रों के रंग फीके पड़ सकते हैं; इन्द्रधनुष की शोभा क्षणिक होती है; पर मानव द्वारा अपने गृह-प्राङ्गण और उपवन की भूमि पर मणियों से रचे गए ये पुष्प चित्र और इन्दधनुष हजारों वर्ष बाद भी म्लान, धूमिल या विवर्ण नहीं हुए हैं।

सन्दर्भ-सङ्केत

1. (i) वज्रवैदूर्यचित्रैश्च स्तंभैर्दृष्टिमनोरमैः। रामा., अरण्य. - 55.8

   (ii) सुधामणिविचित्राणि भूमिमार्गानि सर्वशः। वही, अरण्य. - 55.11
2. अविमारक - 3.16
3. मेघदूत - 2.1
4. वही - 2.5
5. कुतूहलचञ्चललोचनो मणिकुट्टिमेषु. . . अनुसरिष्यति. . . आत्मनः प्रतिबिम्बानि। काद., पृ. 197
6. मणिकुट्टिमेषूपहारकमलस्खलनभीते! निजमुखप्रतिबिम्बानि परिहरति। वही, कन्यापुरोदन्तवर्णना - पृ. 534
7. वही - शूद्रकवर्णनम् - पृ. 27
8. वही - पृ. 25
9. कदलीगृहमरकतवेदिका। वही - पृ. 533
10. मेघदूत - 2.19
11. वापी चास्मिन्मरकतशिलाबद्धसोपानमार्गा। वही - 2.5

12. विक्रमो. - अं. 3, पृ. 186
13. ग्रीष्मे शयनापानकार्थं तस्यां मरकतादिभेदेन करणम्।
काम. - 1.3.15 पर यशोधर की टीका. - पृ. 88
14. चन्दनवारिणा सिक्त शिशिरमणिभूमिम्। काद. - पृ. 50
15. (क) विमलमणिकुट्टिमगगनतलतारागणेनेव कुसुमोपहारेण। काद. - पृ. 50
(ख) वही - पृ. 533
16. गन्धोदककनकदीर्घिकासु विकिर रत्नबालुकाम्। वही - पृ. 532
17. वैदूर्यमौक्तिककृताः सिकताप्रतानाः। अविमारक - 3.16
18. मूले बद्धा मणिभिरनतिप्रौढवंशप्रकाशैः। मेघदू. - 2.19

卐 卐 卐

4. शय्या की रचना

(शयन-रचनम्)

'शी' धातु से ल्युट् प्रत्यय लगकर निष्पन्न 'शयन' शब्द शयन क्रिया और शयन क्रिया के आधार (शय्या) दोनों का ही वाचक है। अतः 'शयन-रचनम्' शय्या की विरचना (विशेष रचना) की कला है जिसमें शयन सुख का आनन्द भी समाहित है।

श्वसन, भोजन, उत्सर्जन आदि की ही भाँति शरीरधारी की एक अनिवार्य अपरिहार्य क्रिया है— शयन। अतः जन्म से लेकर मृत्यु पर्यन्त शय्या की उपयोगिता निर्विवाद है। यहाँ तक कि इस सृष्टि के पालक भगवान विष्णु को भी शयन के लिए 'शेष-शय्या' का उपयोग करना पड़ता है।

शयन परमविश्रान्ति, ऊर्जा और स्फूर्ति का स्रोत, आनन्द का आधार, सृष्टि या सर्जन की पूर्व अवस्था है। शयन, अग्नि-सोम, द्यावा-पृथिवी, पुरुष-प्रकृति, शिव-शक्ति, नर-नारी को अपूर्णता से पूर्णता की ओर, द्वैत से अद्वैत की ओर ले जाता हुआ पुनः एकत्व से बहुत्व का अर्थात् प्रजनन या सृष्टि का साधन बनता है। अतः शयन रचना निश्चय ही एक महनीय कला है।

शय्या पति-पत्नी के दाम्पत्य जीवन, संभोग या रति-सुख का मर्मस्थान है। अतः वशहमिहिर लिखते हैं— "राज्य का सुख पुर, पुर का सुख गृह, गृह का सुख कलत्र (पत्नी और कलत्र का सुख सुकोमल सुन्दर शय्या है।[1अ] प्रस्तुत प्रसंग में शयन रचना से अभिप्राय शय्या या बिछौने की रचना से है।

व्यक्ति की आयु, वैभव, आवश्यकता, ऋतु, प्रसंग आदि के अनुरूप विविध प्रकार की सुन्दर, सुखद, सुकोमल, कमनीय शय्याओं की रचना एक ऐसी जीवनोपयोगिनी कला थी जिसमें सौन्दर्यबोध और कौशल दोनों ही निहित था।

वात्स्यायन के अनुसार नागरक की शय्या सुकोमल सुरभित मध्यभाग में थोड़ी दबी या झुकी हुई होनी चाहिए, जिस पर स्वच्छ धवल चादर बिछी हो एवं दोनों ओर दो उपधान

(तकिए) रखे गए हों—

'सुश्लक्ष्णमुभयोपधानं मध्ये विनतं शुक्लोत्तरच्छदं शयनीयं स्यात्। प्रतिशय्यिका च।' [1ब]

बिछौने को धवल उत्तरच्छद या चादर से आच्छादित करना भारतीय जीवन शैली का एक अंग था। महाकवि कालिदास ने भगवान शिव और पार्वती की उस मनोरम शय्या का वर्णन किया है; जो गंगा के सैकत तटों की भाँति विस्तृत, सुखद और रमणीय थी तथा जिस पर हंस के समन शुभ्र चादर बिछी हुई थी—

''तत्र हंसधवलोत्तरच्छदं जाह्नवीपुलिनचारुदर्शनम्।
अध्यशेत शयनं प्रियासखः शारदाभ्रमिव रोहिणीपतिः।। [1स]

बाणभट्ट भी शय्या पर बिछी हुई चादर की धवलता के वर्णन के लिए कहीं हंस का उपमान ग्रहण करते हैं तो कहीं चंद्रमा की किरणों का। विद्याध्ययन के पश्चात् राजभवन में लौटे हुए चंद्रपीड़ ने जब प्रथम बार पिता का दर्शन किया तब वे हंसधवल शयनतल पर ही विराजमन थे—

'हंसधवलशयनतले निषण्णं पितरमपश्यत्।' [2अ]

गर्भावस्था में महारानी विलासवती जिस शय्या पर शयन करती थीं; उस पर भी 'इन्दुदीधितिधवलप्रच्छद' बिछी हुई थी।[2ब]

प्रच्छद का धवल वर्ण शुभ, सुखद, शीतल होने के साथ ही स्वच्छता तथा स्वास्थ्य की दृष्टि से भी उत्तम था अतः पुरातन काल से लेकर आज तक सामान्य रूप से सफेद चादर का ही उपयोग किया जाता रहा है। चादर को उज्ज्वल, चमकदार तथा दागरहित बनाए रखना भी अपने आप में एक कला ही थी।

अन्य वर्णों में नील वर्ण का उल्लेख बाणभट्ट ने किया है। चंद्रापीड़ द्वारा कादम्बरी के प्रथम दर्शन के समय वह जिस पर्यङ्क पर बैठी हुई थी; वह नीलांशुकप्रच्छद से आवृत था।[3] शिलातल पर रची गई शय्या के आवरण हेतु कुथा (कालीन) का भी प्रयोग किया जाता था।[4]

चादर के ऊपर शय्या के दोनों ओर दो या आवश्यकतानुसार अधिक उपधान (तकिए) रखे जाते थे। इन्हें एक के ऊपर एक सजाया जाता था।[5] उपधान का वर्ण भी धवल होता था। इनके आवरण के लिए रेशमी वस्त्र का उपयोग किया जाता था।[6] उपधान भुजाओं को टेककर बैठने की अर्द्धशयन मुद्रा में भी काम आते थे—

'धवलोपधानन्यस्तद्विगुणभुजलतावष्टम्भेनावस्थिताम्।' [7]

प्रच्छद को सुवासित करने की भी प्रथा थी।[8] इस हेतु पुष्प परिमल का प्रयोग किया जाता था।

सामान्य रूप से शयन गृह में स्थित शय्या का आधार पर्यङ्क होता था जो एक ऊँचे पादपीठ पर प्रतिष्ठित होता था—

विवाहित मिथुन, गर्भवती स्त्री आदि के लिए विस्तृत आकार की शय्या बनाई जाती थी—

अचलराजशिलातलविशालं गर्भोचितं शयनतलमधिशयाना।[10]

कुमारी कन्या या कुमार के लिए मध्यम आकार की 'नातिमहत्' शय्या ही उचित समझी जाती थी।[11]

अभ्यन्तर (भीतरी) शयनगृह के अतिरिक्त बाह्ययवास गृह[12] (नागरक के उठने बैठने का निजी कक्ष), भुक्तास्थानमण्डप[13] (भोजन आदि के पश्चात् राजा के विश्राम का स्थान), श्रीमण्डप (कुमार या कुमारी भवन में आराम आदि के लिए बाह्य कक्ष) आदि में भी शय्या की रचना की जाती थी।[14]

शय्या के समीप ही आवश्यक वस्तुएं यथा— वेदिका पर अंगराग, लेप, पुष्पमाल्य, सिक्थ करण्डक (मोमबत्ती की पिटारी), सुगन्धि पात्र, ताम्बूलकरंक (पानदान) आदि व्यवस्थित रूप से रखे जाते थे। महाराजशूद्रक के लिए भुक्तास्थनमण्डप से जो शय्या बनाई गई थी, उसके पैरों के समीप मणिमय पादुका तथा दोनों पाश्वों में रत्नजटित पादपीठ रखे हुए थे।[15] आपन्नसत्वा रानी विलासवती जिस शय्या पर शयन करती थीं; उसके सिरहाने की ओर धवल 'निद्रामंगलकलश' रखे गए थे, पलंग को अनेक प्रकार की औषधियों और पत्रों से पवित्र किया गया था। दोनों ओर रक्षाशक्ति वलय रखे गए थे, इतस्ततः पीली सरसों छितराई गई थीं। बीच-बीच में हरे नीम के पत्तों से युक्त पीपल के चंचल पत्ते लटकाए गए थे[16] इस प्रकार आवश्यकतानुसार शय्या की परिसज्जा (चारों ओर की सज्जा) भी शय्या रचना कला का ही एक अंग थी।

महाकवि कालिदास ने ऋतु के अनुसार शयन स्थानों में परिवर्तन का भी उल्लेख किया है। ग्रीष्म ऋतु में चंदन जल से धुले श्वेत, शीतल, सुवासित हर्म्यतलों (भवन की छत) पर शय्या रची जाती थी, जहाँ चन्द्रमा की शीतल चंद्रिका कामी स्त्री-पुरुषों के काम भाव को और अधिक बढ़ा देती थी[17] वर्षा ऋतु में जल की बूंदों से सिंचित; शीलाजित की गंध से आमोदित पर्वत की कन्दराएं; पर्वतीय सौंदर्य और मयूरों के नृत्य को देखने के लिए सर्वाधिक उपयुक्त स्थान थीं।[18] पर्वत के दरीगृह (गुफाएं) संभवतः छिप कर किए जाने वाले कामोपभोग हेतु प्रयुक्त होते थे। संपन्न विलासी नागरों के लिए शिलावेश्म में शय्या रची जाती थी—

यः पण्यस्त्रीरतिपरिमलोद्गारिभिर्नागराणाम्
उद्दामानि प्रथयति शिलावेश्मभिर्यौवनानि।।[19]

प्रिय अतिथि के लिए क्रीड़ापर्वत के मणिमन्दिरों[20], प्रेमी स्त्री-पुरुषों के रमण के लिए प्रमदवन के लतागृहों[21] में भी शय्या बनाई जाती थी।

शिरः वेदना आदि से पीड़ित के लिए समुद्रगृह[22] (एकान्त शीतल स्थान), काम पीड़ितों के विरहताप की शान्ति के लिए हिमगृह[23] या नदी के तटवर्ती लजाकुञ्ज शयन स्थान थे। कामसंतप्ता शकुन्तला के लिए मालिनी तटवर्ती सघन हरे वेतस से घिरे हुए लतामण्डप में शय्या बनाई गई थी।[24] महाकवि कालिदास ने अग्निमित्र की अस्वथ महारानी धारिणी के लिए 'प्रवात शयन' (अधिक हवादार स्थान में बनाई गई शय्या) का भी उल्लेख किया है।[25]

खुले आकाश के नीचे प्रमदवन आदि में शय्या के लिए स्थायी रूप से बने हुए शिलापट्ट (प्रस्तर निर्मित चौकी) का प्रयोग किया जाता था। बाणभट्ट ने विभिन्न प्रयोजनों के लिए, अनेक प्रकार के ऐसे शिलापट्टों, यथा— मरकत शिला, मुक्ताशिला (श्वेत हकीक पत्थर से बनाई गई) सफटिकशिला आदि का बहुल वर्णन किया है—

देवेनात्र मरकतशिलामकरिकाप्रणालसिच्यमानहरितलतामण्डपे शीकरिणि शिलातले स्थितम् . . स्फटिकशिलातले भुक्तम् . . . मुक्ताशैलशिलापट्टे सुप्तम्।[26]

चंद्रपीड़ ने गंधर्वराज चित्ररथ के प्रासाद में क्रीड़ापर्वत (मनोविनोद के लिए बनाए गए कृत्रिम पर्वत) के ऐसे मुक्ताशिलापट्ट पर शयन किया था जिसे हरिचंदन से धोकर स्वच्छ, शीतल, सुवासित किया गया था, जिसमें सज्जा के लिए श्वेतवर्ण सिन्दुवार पुष्प की सुगन्धित मालाएं लटकाई गई थीं तथा किनारे पर दन्त पत्र से कुमुददलों वाली पत्रलता रची गई थी—

कुमुददलावलीभिः पर्यन्तलिखित दन्तपत्रलतमवदातसिन्दुवारदामोपहारं हरिचन्दन रसैः प्रक्षालितम् कादम्बरी परिजनोपदिष्टम् मुक्ताशिलापट्टं चंद्रशीतलमधिशिश्ये।[27]

शय्या के चारों ओर पत्रलताओं के अलंकरण का उल्लेख बाणभट्ट ने अन्यत्र विलासवती की शय्या-वर्णन के प्रसंग में भी किया है।[28]

इनका उद्देश्य अलंकरण और मंगल दोनों ही था। वासुदेव शरण अग्रवाल के शब्दों में—

"पत्रलता फूलपत्तियों के अलंकरण की संज्ञा थी जिसे पत्रावली भी कहा जाता था। गुप्तकालीन शिल्प में पत्रलताओं का अलंकरण अनिवार्य सा बन गया था। पत्रलता में कुमुददल, कमलदल आदि की विभिन्न आकृतियाँ होती थीं।[29]

निसर्ग के उपहार भूत कोमल पल्लवों और पुष्पों से भी शय्या का निर्माण किया जाता था। कालिदास ने मलयस्थली के तमालवृक्ष के पत्तों से बने तमालपत्रास्तरण[30] नवीन कोमल किसलयों से बने नवपल्लवसंस्तर[31], मूँगे के समान लाल कोमल पत्तों की प्रवाल शय्या[32] सुमेरु पर्वत के सुनहले पल्लवों से निर्मित हेमपल्लवविभङ्गसंस्तर[33] आदि बहुविध पत्रशय्याओं का वर्णन किया है।

पल्लव शय्या से भी अधिक सुखद, शीतल, सुकोमल, सुवासित होती थी पुष्प शय्या

या कुसुम शयन जो रतिसुख का मर्म[34अ] और यौवन श्री के उपभोग का श्रेष्ठ स्थान थी। इनकी रचना प्रायः कोमल पल्लवों के ऊपर पुष्पों को बिछाकर की जाती थी।

संभाव्य भर्तारममुं युवानं मृदुप्रवालोत्तरपुष्पशय्ये।
वृन्दावने चैत्ररथादनूने निर्विश्यतां सुन्दरि! यौवनश्रीः।।[34ब]

शृङ्गार की संयोगावस्था में उपभुक्त इन पुष्प शय्याओं की रचना स्वयं नायक-नायिका और उनके मित्रादि मिलकर करते थे। काम और रति द्वारा बनाई जाने वाली पुष्प शय्या की रचना में सखा वसन्त भी बहुशः सहायक होता था।[35अ] वियोगदशा में कामाग्नि जन्य ताप की शान्ति के लिए कुसुमशयन की रचना नायक नायिका की सखियाँ, मित्र, कुशलपरिचारिकाएं आदि करती थीं, जैसे—पुण्डरीक के लिए कपिञ्जल ने कमलपत्रों की शय्या बनाई थी—

मुहुर्मुहुरन्यदन्यन्नलिनीदलशयनमुपकल्पयतः।[35ब]

पुष्प शय्या की रचना सामान्य रूप से कई प्रकार के सुगंधित पुष्पों से की जाती थी अथवा एक ही प्रकार के पुष्प से; यथा—स्वर्ग की अप्सरा उर्वशी के लिए नन्दनवन के पारिजात पुष्पों की शय्या[36] कादम्बरी के लिए कमलशय्या आदि।

कामपीड़ितों के ताप की शान्ति के लिए कमल शय्या सर्वोत्तम मानी जाती थी। कादम्बरी में 'मृणालतल्प' पर रचित अनेक प्रकार के कमलशयनों का वर्णन हुआ है। कमलशयन के निर्माण के लिए सर्वप्रथम बिसकिसलय या लम्बे कमलनाल परस्पर जोड़कर कई तहों में बिछाए जाते थे इसे प्रस्तर कहा जाता था। इसके ऊपर चन्दन जल से सिक्त कमलिनी के पत्तों का आस्तरण बिछाया जाता था। ये दोनों मिलकर तल्प कहलाते थे। अंत में कमल पत्रों के ऊपर प्रस्फुटित कमल, कुवलय, कुमुद फैलाकर शयनीय बनाया जाता था—

मलयजजलाद्रपद्मिनीपत्रास्तरणेन सरसविसकिसलयप्रस्तरैरकठोर मृणालतल्प-कल्पन्योद्विकसत्-कमलकुमुदकुवलयशयनीयैश्च।[37अ]

सम्पूर्ण संस्कृत साहित्य में विप्रलम्भ शृङ्गार के वर्णन प्रसंग में पुष्प शय्यायों का अनिवार्य रूप से वर्णन हुआ है। कादम्बरी के लिए इतनी अधिक पुष्पशय्याएं बनाई गई थीं कि उद्यानों में पुष्प ही न बचे थे।

पुष्पशय्या शीतल होने के कारण ग्रीष्म ऋतु में अधिक सुखदायी मानी जाती थी अतः आयुर्वेद जैसे शास्त्र भी ग्रीष्म के लिए पुष्प शयन का विधान करते हैं—

रात्रौ आकाशतलके सुगन्धि कुसुमास्तृते।[37ब]

ग्रीष्म में कदली तल्प (केले के पत्तों की शय्या) भी शीतल मानी गई है **कदलीतल्पकल्पनस्थाः स्मरमाहूय निवेशयन्ति पार्श्वे।**[37स]

इस प्रकार शयन-रचना की कला में निपुण कलाविदों द्वारा कल्पित शय्या की भव्यता

एवं शयन कर्ता की दिव्यता का वर्णन कतिपय सुन्दर उपमानों द्वारा भी हुआ है यथा—

जाह्नवीपुलिनचारुदर्शनम्।[37द]

अचलराजशिलातलविशालम्।[37इ]

श्वेत वितत शय्या पर शिवजी ने उसी प्रकार आरेहण किया जिस प्रकार रोहिणीपति चंद्र शरत्कालीन श्वेत मेघों पर।[37क] अनेक रत्नों की किरणों से विच्छुरित शय्या पर चंद्रपीड़ उसी प्रकार शयन करते हैं जिस प्रकार शेषनाग के फणामण्डल पर भगवान विष्णु।[38]

इस प्रकार की भव्य अलंकृत शय्यायें प्राचीन भारत की सम्पन्नता, वैभव और विलास को भी अभिव्यंजित करती थीं।

प्रसंगानुकूल शय्या के लिए उपयुक्त स्थान एवं सामग्री का चयन, शय्या की कल्पना, साज-सज्जा एवं अलंकरण निश्चित रूप से एक कला थी जिसमें स्त्री और पुरुष दोनों ही विशेष दक्षता प्राप्त करते थे। पत्रलता लेखन (अल्पना), माल्यग्रथन, पुष्पास्तरण, गंधयुक्ति जैसी अन्य कलाएं भी इसकी सहयोगिनी थीं।

नृत्य, गीत, वाद्य, चित्र आदि अन्य ललित कलाओं की भाँति शयन रचना की प्रेरणा भी मानव ने निसर्ग से ही पाई। तमाल वीथियों में धरती पर बिछी हुई तमाल पत्रों की शय्या, लताकुंजों में सुगंधित पुष्पों का सघन उपहार, वर्षा ऋतु में जल की बूँदों से सिञ्चित, शैलेय गंध से महकते हुए शिलातल, कोमल दूब का नरम बिछौना आदि शयन रचना में मानव के आदर्श बने। इस विशाल धरती के उन्मुक्त वातावरण में विचरते हुए मानव ने प्रकृति की गोद में रची गई शय्याओं से जो स्वर्गीय सुख पाया उसे पल्लव-पुष्प शयनों के रूप में चिरकाल के लिए संजो लिया; किन्तु काल प्रवाह के साथ यह केवल पति-पत्नी के जीवन का विशिष्ट क्षण (सुहागरात का शयन) बन गया। 'फूलों की सेज' लुप्त होते-होते केवल भौतिक सुख का पर्य्याय बन कर रह गई।

शय्या अनादिकाल से ही मानव की चिरसंगिनी रही है। संयोग और वियोग, सुख और दुःख, भोग और त्याग, जन्म और मृत्यु सभी के लिए अलग-अलग शय्यायें। संभोग के लिए पुष्प शय्या तो कामज्वर के लिए कमल शय्या, राजकीय वैभव के लिए महार्हशयन[39] तो मृदु अंगों के लिए नवपल्लव शयन[40]। प्रोषितपतिका के लिए अवनिशयन[41], व्रती के लिए कुशशयन[42] और कठोर यति के लिए मुसल शयन[43] जातक के लिए अरिष्ट शय्या[44] तो मृतक के लिए चन्दनैधसचिता— शय्या।[45]

अनेक प्रकार की शय्याओं के होते हुए भी इसकी सार्थकता पति-पत्नी के मधुर मिलन में ही थी। जैसे प्रियसमागम के सुख की संकल्पना शय्या के बिना अधूरी थी[46] वैसे ही प्रिया के बिना शय्या की परिक्लपना—

रतिश्च्युता विरतं गेयमृतुर्निरुत्सवः।
गतमाभरणप्रयोजनं परिशून्यं शयनीयमद्य मे।।[47]

इस मधुर मिलन का भी लक्ष्य था— स्वस्थ सुन्दर सृजन अर्थात् प्रजनन जिससे सृष्टि परम्परा अविच्छिन्न बनी रहे। अतः 'प्रजायै शयनम्' ही शयन रचना का सार था, जिसे युगों-युगों से वैदिक मंत्र भी कहते आए हैं—

आरोह तल्पं सुमनस्यमानेह प्रजां जनस्य पत्ये अस्मै।[48]

(हे वधू! तू सुन्दर विचारों से युक्त प्रसन्न मन से इस शय्या पर आरोहण कर और अपने इस पति के लिए संतान को उत्पन्न कर।)

सन्दर्भ-सङ्केत

1अ. जये धरित्र्याः पुरमेव सारं पुरे गृहं सद्मनि चैकदेशः।
शय्या शयने वरा स्त्री रत्नोज्ज्वला राजसुखस्य सारः।। बृहत्संहिता - 74.1

1ब. कामसूत्र - 1.4.4

1स कुमारसम्भव - 8.82

2अ. कादम्बरी - पृ. 286

2ब. कादम्बरी - पृ. 221

3. वही - पृ. 537

4. वही - पृ. 570

5. उभयतः उपर्य्युपरि निवेशित बहूपधानायां। वही - पृ 570

6. पट्टोपधानाध्यासित शिरोधाम्ना। वही - पृ. 51

7. वही - पु. 537

8. कुसुमामोदवासितप्रच्छदपटेन। वही - पृ. 51

9. वही - पृ. 211

10. वही - पृ. 210-11

11. वही - पृ. 537

12. कामसूत्र - 1.4.4

13. कादम्बरी - पृ. 51

14. श्रीमण्डपावस्थिते शयने मुहूर्तमुपविश्य। वही - पृ. 297

15. वही - पृ. 51

16. वही - पृ. 210

17. ऋतुसंहार - 1.3

18. रघुवंश - 6.51

19. मेघदूत - 1.27

20. कादम्बरी - पृ. 570

21. रघुवंश - 19.23

22. स्वप्नवासवदत्तम् - अं. 5
23. कादम्बरी - पृ. 615
24. अभिज्ञानशाकुन्तल - अं. 3
25. मालविकाग्निमित्र - अं. 4
26. कादम्बरी - पृ. 607
27. वही - पृ. 590
28. भूमिलिखित पत्रलताकृतरक्षापरिक्षेपम्। वही - पृ. 210
29. कादम्बरी एक सांस्कृतिक अध्ययन, चौखम्बा विद्याभवन, 1958, पादटिप्पणी - पृ. 204
30. रघुवंश - 6.64
31. वही - 8.57
32. कुमारसंभव - 3.8
33. वही - 8.22
34अ. रघुवंश - 19.23
34ब. रघुवंश - 6.50
35अ. कुमारसंभव - 4.35
35ब. कादम्बरी - पृ. 466
36. विक्रमोर्वशीय - 2.12
37अ. अत्तरकादम्बरी - पृ. 139
37ब. अष्टांगहृदय। सूत्रस्थान - 4.38
37स. काव्यमीमांसा - अ. 18
37द. कुमारसम्भव - 8.32
37इ. कादम्बरी - पृ. 221
37क. कुमारसंभव - 8.82
38. अनेकरत्नप्रभाशबलभुजगराजफणामण्डलमिव हृषीकेशः शयनतलमधिशिश्ये। कादम्बरी - पृ. 302
39. कुमारसंभव - 5.12
40. रघुवंश - 6.50
41. मेघदूत - 2.28
42. रघुवंश - 2.95
43. कादम्बरी - पृ. 199
44. रघुवंश - 3.15
45. वही - 8.57
46. कादम्बरी। उत्तरार्द्ध - पृ. 111
47. रघुवंश - 8.66
48. अथर्ववेद - 14.2.31

卐 卐 卐

5. बाँस और बेंत-शिल्प

(पट्टिका-वान-वेत्र-विकल्पाः)

बाँस की बारीक पट्टियों, सरकण्डे की तीलियों से चटाई आदि बनाना तथा बेंत से विभिन्न प्रकार की कलात्मक वस्तुएँ तैयार करना भी एक कला है। ललित विस्तर में इसे **'विदलकर्म'** तथा शुक्रनीतिसार में **वेणुतृणादिपात्राणां कृतिज्ञानम्** (बाँस आदि से बर्तन बनाने की कला) कहा गया है। बेंत का विशेष गुण है-नमनीयता या लोच[1]; इसे मोड़कर मनचाहा आकार दिया जा सकता है। साथ ही यह मजबूत भी होता है ; अतः बेंत का उपयोग नाना प्रकार की गृह उपयोगी वस्तुओं के निर्माण के लिए वैदिक काल से ही होता रहा है। यजुर्वेद में एक हस्तशिल्प या गृह-उद्योग के रूप में इस कला का उल्लेख हुआ है। बेंत और बाँस का काम करने वाली स्त्रियों को 'विदलकारी'[2] तथा पुरुषों को 'विदलकार'[3] कहा गया है।

सरकण्डों तथ बेंत को तोड़ने, चीरने, पट्टियाँ बनाने आदि की विधि का उल्लेख अथर्ववेद में प्राप्त होता है।[4] यह कार्य स्त्रियाँ ही करती थीं। अर्थशास्त्र के अनुसार बेंत और बाँस से मोटी रस्सियाँ बनाई जाती थीं जिसे 'वरत्र' कहा जाता था। इसका उपयोग 'कवच' बनाने के लिए होता था।[5]

रामायण के अनुसार बाँस का काम करने वाले शिल्पी 'वंशकृत'[6] कहे जाते थे। सैन्य यात्रा आदि के प्रसंग में रथकार, सूपकार, इषुकार आदि शिल्पियों के साथ ये वंशकार भी चलते थे। सैन्य शिविर की रचना एवं शय्या-आसन आदि आवश्यक वस्तुओं को तत्काल तैयार करने में इनका नैपुण्य परिलक्षित होता था।

साहित्य में इस कला से निर्मित निम्न वस्तुओं के संदर्भ प्राप्त होते हैं—

(1) आसन

बेंत की पट्टियों से कलात्मक आसन तैयार किए जाते थे। राज सभा में अभ्यागत ऋषि मुनियों के लिए कुशासन (विष्टर) या वेत्रासन प्रस्तुत किए जाते थे। पार्वती के विवाह का संदेश लेकर उपस्थित सप्तर्षियों की अभ्यर्थना पर्वतराज द्वारा वेत्रासन से ही की गई थी।[7]

आसाम में बनने वाले वेत्रासन प्रियंगु पुष्प की मंजरी के समान लाल-पीली आभा वाले; अत्यंत आकर्षक हुआ करते थे। सम्राट हर्ष को ऐसे आसन उपहार में भेजे गए थे।[८अ] उनकी राजसभा में बाणभट्ट जैसे महान रचनाकार का स्वागत वेत्रासन से ही किया जाता था—

परमेश्वरपार्श्ववर्तिनि वेत्रासनमधितिष्ठति।[८ब]

योगी और सन्यासी भी बैठने के लिए वेत्रासन का प्रयोग करते थे—

करगृहीत वेत्रासनं मस्करिणम् अद्राक्षीत्।[८स]

सम्राटों के सभाभवनों में सिंहासनों के समीप स्थान पाने वाले वेत्रासन भी कलात्मक डिज़ाइनों में बनाए जाते थे।

(2) आसन्दी—

आसन के समान ही बेंत की पीठिका भी बनती थी जिसे आसन्दी कहा गया है।[९अ]

(3) वेत्रपट्टिका—

बेंत की पतली पट्टियों से चटाई भी बुनी जाती थी इसे वेत्र पट्टिका (शीतल पाटी) कहा जाता था। ग्रीष्म ऋतु में चंदन रस के छिड़काव से यह और अधिक शीतल हो जाती थी। स्वयं सम्राट हर्ष भी जमीन पर बिछी हुई ऐसी वेत्रपट्टिका पर शयन करते थे—

क्षितितलवितताममतिशिशिरमलयजरसलवलुलितवपुषमिन्दुधवलोपधानधारिणीं वेत्रपट्टिकामधिशयानः।[९ब]

(4) करण्डक—

बेंत की अनेक प्रकार की टोकरियाँ भी बनाई जाती थीं। इन टोकरियों का प्रयोग कोमल (नाजुक) वस्तुओं को सहेजकर रखने के लिए होता था। कुण्डली किए हुए चुन्नटदार क्षौम वस्त्र (रेशमी दुपट्टे) इन करण्डकों में रखे जाते थे।[९स] वर्तिका (रंग भरने की कूची) को भी करण्डक में रखा जाता था।[10] पुष्पमालाओं के लिए फैले हुए करण्डक बनाए जाते थे।[11]

इन टोकरियों को अनेक रंगों से रंगकर और रुचिर बनाया जाता था।[12]

(5) पिटारी—

बाँस को काटकर बारीक तीलियाँ निकाली जाती थीं। इनसे सुंदर डिजाइनों में जालीदार पिटारियाँ बनाई जाती थीं। ऐसी चौकोर पिटारियों को 'अभिन्नपुट' कहा जाता था। विवाहादि उत्सवों में इन पिटारियों को रंग-बिरंगे रुई के गुल्लों से सजाया जाता था।[13]

(6) पिञ्जर—

तोता-मैना आदि पक्षियों को रखने के लिए बेंत के पिंजड़े बनते थे। इन पर सोने का पानी चढ़ाया जाता था।[14]

(7) यष्टि—

बेंत की सुंदर छड़ी (वेत्रयष्टि) का प्रयोग प्रायः राजघरानों में अंतःपुर के रक्षक कञ्चुकी[15] और द्वारा रक्षक प्रतिहार[16] या दौवारिक करते थे। इन पर सुंदर नक्काशी की जाती थी। इनकी मूँठ सोने या चाँदी की होती थी। छड़ पर सोने का पत्तर भी चढ़ाया जाता था।[17]

(8) नलियाँ—

सुगंधित तेल, इत्र आदि को भरने के लिए मोटे बाँस की नलियाँ प्रयोग में लाई जाती थीं। इन्हें काट-छील कर शीशी या बोतल का रूप दिया जता था।[18]

(9) तितउना (चलनी)—

बाँस की छाल से चलनी भी बनाई जाती थीं जिनका उपयोग मिट्टी रेत आदि छानने के लिए होता था।[19]

(10) शरशलाकायंत्र—

सरकण्डों को जोड़कर यह विशिष्ट उपकरण बनाया जाता था। इसका उपयोग भारी पोथियों को रखने के लिए होता था।[20] वासुदेव शरण अग्रवाल इसे सरकण्डों का बना पीढ़ा मानते हैं।[21]

इनके अतिरिक्त तालवृन्तपिधान (ताड़ के पत्ते से बनी छोटी पिटारी)[22] नारिकेलसमुद्‌गक (नारियल की डिबिया)[23] खर्जूरपुटसमुदगक[24] नलिनीपत्रभाजन (दोना)[25] आदि के उल्लेख भी साहित्य में प्राप्त होते हैं।

प्राचीन भारत में यह कला हस्तशिल्प के रूप में विकसित हुई थी। साधारण टोकरियों से लेकर कलात्मक पिटारियों तक, कुशासन से अलंकृत वेत्रासन तक, नाना गृहोपयोगी उपकरण शिल्पियों द्वारा बनाए जाते थे। वेत्र के सुंदर आसन, आसन्दी, चटाइयाँ और पिटारियाँ राजभवनों तक पहुँचती थीं। आज भी यह शिल्प सब्जी की टोकरियों से लेकर धनाढ्यों के भवन में बैठक की श्रीवृद्धि करने वाले कलात्मक उपकरणों का सृजन कर रहा है।

सन्दर्भ-सङ्केत

1. आत्मा संरक्षितः सुहृमैर्वृत्तिमाश्रित्य वैतसीम्। रघु. - 4.35
2. यजुर्वेद - 30.8
3. तैत्तिरीय ब्रा. - 3.4.51
4. यथा नडं कशिपुने स्त्रियो भिन्दन्त्यश्मना। अथर्व. - 6.138.5
5. वरत्रा वैत्रवैणवीः सांनाह्या . . . कारयेत। अर्थ. - 2.23.23
6. रामा.। आयो. - 80.3, 13-20
7. कुमा. - 6.53

8अ. प्रियंगुप्रसवपिङ्गलत्वंचि चासनानि वेत्रमयानि। हर्ष. – उ. 7.पृ. 387

8ब. वही – उ. 3, पृ. 144

8स. वही – उ. 3, पृ. 173

9अ. वही – उ. 3, पृ. 145

9ब. वही – उ. 5, पृ. 259

9स. वेत्रकरण्डकुण्डलीकृतानि क्षौमाणि। हर्ष. – 7, पृ. 387

10. वर्तिकाकरण्डकं गृहीत्वा। अभिज्ञानशा. – अं. 6

11. पृथुकरण्डपरिगृहीताः सुमनः स्रजः। हर्ष. – उ. 4, पृ. 221

12. अनेकरागरुचिरवेत्रकरण्ड। वही – उ. 7 पृ. 387

13. अभिन्नपुटो वंशादिमयश्चतुष्कोणो पाटलाकृतिर्जालकैः क्रियते। हर्ष. – उ. 4, पृ. 244; शंकर कवि की टीका।

14. चामीकररसचित्रवेत्रपञ्जरान्। हर्षचरित – उ. 7, पृ. 388

15. अभिज्ञानशा. – 5.3

16. वेत्रग्रहणेनियुक्ता। रघु. – 6.26

17. शातकौम्भीं वेत्रयष्टिमुन्मृष्टां धारयता। हर्ष. – उ. 2, पृ. 106

18. कृष्णागुरुतैलस्य . . . स्थवीयसी वैणवीर्नाडीश्च। वही – उ. 7, पृ. 387

19. मृत्परिशोधनवंशत्वक्तितउना, हर्ष. – उ. 3. पु. 176

20. पुस्तकं पुरोनिहितशरशलाकायंत्रके निधाय, हर्ष: – उ. 3, पु. 146

21. हर्षचरित एक सां. अध्य. – पृ. 53

22. विक्रमो. – अं. 5

23. शाकुन्तल. – अं. 4

24. हर्षच. – उ. 3, पृ. 176

25. शाकुन्तल. – अं. 4

卐 卐 卐

6. काष्ठ-शिल्प

(तक्षणम्)

तक्ष् (काटना या छीलना)[1] धातु से बने हुए 'तक्षणम्' शब्द का अर्थ है— लकड़ी को काट-छील कर आसन, शयन, रथ आदि बनाने की कला; जिसे 'वर्धकी-कर्म'[2] (बढई का काम), दारुकर्म (नाट्यशा., 2/80) तथा काष्ठविधि (वही, 2/84) भी कहा गया है। चित्रकला की भाँति ही इस कला का उद्गम भी उस प्रागैतिहासिक युग में हुआ जब मानव ने पत्थरों को तराश कर, घिसकर और चिकना करके परिष्कृत औजार, बरतन, आभूषणें के मनके आदि बनाना सीखा। उसी युग में, धारदार पत्थरों से; हड्डी और लकड़ी को काट-छीलकर भी विभिन्न प्रकार के उपकरण बनाए गए।

वैदिक युग में तक्षण कार्य करने वाले शिल्पी को 'तक्षा'[3] कहा गया है। तक्षाओं में प्रमुख थे त्वष्टा जिन्होंने 'इन्द्र' के लिए दिव्य वज्र का निर्माण किया था।[4]

साहित्य में तक्षणकला के निम्न उदाहरण प्राप्त होते हैं—

(1) यूप-

लकड़ी से बने हुए विशाल यज्ञ स्तंभों को यूप कहा जाता था। वैदिक युग में यज्ञस्थलों पर यूप गाड़े जाते थे। इन्हें तराशकर कई कोणों वाला बनाया जाता था। ऐतरेय ब्राह्मण में 'अष्टास्त्र (आठ कोणों वाले) यूप' का उल्लेख हुआ है।[5अ]

रामायण में भी शिल्पियों द्वारा सुन्दर ढंग से रचे गए अष्टास्त्रयूपों का वर्णन है—

विन्यस्ता विधिवत सर्वे शिल्पिभिः सुकृता दृढ़ाः।
अष्टाश्रयाः सर्व एव श्लक्ष्णरूपसमन्विताः।।[5ब]

काष्ठ यूपों के ये आठ कोण-आठ दिशाओं के प्रतीक थे। इनकी विशेषता थी दृढ़ता, श्लक्ष्णता (चिकनापन), रूप (सुन्दर आकार), विधिवत् विन्यास तथा सुकृतता (सुन्दर कारीगरी)।

ये यूप भारत की यज्ञ-संस्कृति के प्रतीक थे। रघुवंशी राजाओं के द्वारा भी सरयू नदी

के तट पर ऐसे असंख्य यूप गाड़े गए थे।[6]

(2) स्तम्भ—

भवन निर्माण कला के विकास के साथ ही नाना प्रकार के स्तम्भों की रचना भी हुई। मण्डप, सभागार, स्तूप वेदिका (रेलिंग) और तोरणों के मुख्य आधार स्तम्भ ही थे। ऋग्वेद में वरुण के सहस्त्र स्तम्भों वाले सदस् (सभा भवन) का वर्णन हुआ है (5, 68.5)।

पाटलीपुत्र की खुदाई में चन्द्रगुप्त मौर्य के अनेक स्तंभों वाली सभा के अवशेष प्राप्त हुए हैं जो काष्ठकर्म के सुन्दर उदाहरण हैं। नाट्यमण्डपों में रंगमंच की शोभा वृद्धि करने वाले उपकरणों में काष्ठ स्तंभों की भी गणना हुई है।[7अ] कीर्ति स्तम्भ (हर्षच., उ. 1, पृ. 42) तथा जयस्तम्भ (वही, उ., 3, पृ. 96) के रूप में भी अलंकृत स्तम्भ बनते थे। चित्तौरगढ़ का कीर्ति स्तम्भ इसका सुन्दर उदाहरण हैं। अपराजितपृच्छा में पाँच प्रकार के स्तम्भ कहे गए हैं—

1. रुचक, 2. भद्रक, 3. वर्धमान, 4. अष्टाश्र तथा 5. स्वस्तिक।[7ब]

बिद्धशालभञ्जिका में विशेष कौशल से बनाए गए सुषिर (आवागमन के मार्ग से युक्त पोले) स्तम्भ का वर्णन है जिसके माध्यम से नायक को नायिका के दर्शन कराए जाते हैं—

कारुभिः कारितं तेन कृत्रिमं स्वप्नहेतवे।
सुषिरस्तम्भसञ्चारं नृपतेर्वासमन्दिरम्।। [7स]

(3) शयन—

दाम्पत्य सुख, रति एवं विश्रान्ति का एक महत्वपूर्ण उपादान है-शयन। 'शयन' क्रिया का आधार होने के कारण शय्या या पलङ्ग को भी 'शयन' कहा गया है। संस्कृत साहित्य में शय्या के लिए सामान्य रूप से 'शयन'[7द] या शयनीय[8] तथा विशेष रूप से 'तल्प' और 'पर्यङ्क' शब्द प्रयुक्त हुए हैं।

(अ) तल्प—

इस अभिधान का प्रयोग वैदिक काल से ही प्राप्त होता है। अथर्ववेद में नववधू से आग्रह किया गया है कि वह संतान की प्राप्ति के लिए सुन्दर विचारों से युक्त होकर तल्प पर आरोहरण करे।[9]

कालिदास भी कुमार अज[10] और महाराज कुश[11] की शय्या को तल्प ही कहते हैं।

(ब) पर्यङ्क—

पर्यङ्क शब्द का ही तद्भव रूप पलङ्ग है। माता जैसे शिशु को या प्रिय अपनी प्रिया को प्रेमपूर्वक अंक में भर लेते हैं उसी प्रकार स्नेह से अंक में स्थान देकर सारी थकान को हर लेने के कारण इसकी पर्यङ्क संज्ञा सार्थक है।

पर्यङ्क की ऊँचाई सामान्य शयन या तल्प से अधिक होती थी यह एक ऊँचे पादपीठ

पर प्रतिष्ठित होता था।[12]

आवश्यकतानुसार नाना आकार के पर्यङ्क बनाए जाते थे। वरहमिहिर के अनुसार-राजाओं के लिए 100, राजपुत्र के लिए 90, मंत्री के लिए 84, सेनापति और पुरोहित के लिए 80 अंगुल लम्बे पर्यङ्क होने चाहिए।[13]

गर्भवती स्त्री के लिए विशाल आकार[14] के पर्यङ्क बनाए जाते थे तो कुमारी कन्या के लिए मध्यम आकार के।[15]

पर्यङ्क की सर्वाधिक महत्वपूर्ण विशेषता थी-इसकी अलंकरण बहुलता। नाना प्रकार के पत्रलता के अलंकरणों, स्वर्णपत्रों[16], रत्नों[17] तथा हाथी दाँत[18] से ये पर्यङ्क अलंकृत होते थे। रत्नों की प्रभा से चमकते हुए पर्यङ्क शेषनाग के फणमण्डल के समान प्रतीत होते थे।[19]

पर्यङ्क का उपयोग शयन के साथ ही आसन के रूप में भी होता था। विशाल शयनतल पर विराजमान तारापीड मन्दाकिनी के जल में विराजमान सुरगज के समान शोभित होते थे।[20]

चन्द्रापीड़ ने जब कन्याअंतःपुर में कादम्बरी का प्रथम दर्शन किया था तब वह पर्यङ्क पर ही बैठी हुई थी।[21]

शयन की रचना के लिए काष्ठ का चयन अत्यंत सावधानी से किया जाता था। बृहत्संहिता के अनुसार-असन, स्यन्दन, हरिद्रा, देवदारु, तिन्दुकी, शाल, काश्मीरी, अंजन, पद्मक, सागू अथवा शीशम की लकड़ी सामान्य रूप से शुभ मानी जाती थी।[22] किन्तु चंदन की लकड़ी सर्वश्रेष्ठ मानी गई थी। इससे निर्मित शय्या का फल था-शत्रु का नाश, धर्म, यश और दीर्घायुष्य की प्राप्ति।[23]

वृक्ष की अवस्थिति लकड़ी को काटते समय वृक्ष की दशा आदि की भी पूर्ण जानकारी रखी जाती थी। तदनुसार निम्न प्रकार के वृक्षों की लकड़ी अशुभ और निषिद्ध थी—

(i) बिजली, बाढ़, आँधी और हाथी आदि के द्वारा उखाड़े गए।

(ii) मधुमक्खी के छत्ते और पक्षियों के घोंसलों से युक्त अर्थात्-फल-फूल वाले हरे भरे वृक्ष।

(iii) चैत्य, श्मशान और मार्ग के छायादार वृक्ष।

(iv) काँटेदार वृक्ष तथा

(v) महानदी के संगम और देवमंदिर में उगे हुए वृक्ष।[24]

वस्तुतः इन निषेधों के पीछे पर्यावरण संरक्षण की भावना, काष्ठ की मजबूती तथा गुणवत्ता का आग्रह ही अधिक था।

काष्ठं कर्म के लिए-घुन लगी हुई छिद्रयुक्त तथा गाँठ बहुल लकड़ी हीन कोटि की मानी जाती थी।[25]

लकड़ी में छेद कई प्रकार के हो सकते थे—

(i) निष्कुट—मध्य में घड़े के समान चौड़ा और मुख भाग में सकरा।

(ii) कोलाक्ष—मटर या उड़द के दाने के आकार का नीले रंग का।

(iii) शूकर नयन—विषम, बदरंगा, डेढ़ अंगुल लम्बा।

(iv) वत्सनाभ—एक अंगुल लम्बा, बाँई ओर को घूमा हुआ (वामावर्त)।

(v) कालक—काले रंग का और

(vi) धुन्धुक—जिसकी अपनी कोई विशेषता न हो।[26]

शय्या की लम्बाई, चौड़ाई, ऊँचाई, विभिन्न अंग तथा उनकी संरचना; जोड़ आदि का क्रम, लकड़ी के मूल और शीर्ष भाग के विभिन्न अपयोग आदि के संबंध में भी आवश्यक निर्देश शास्त्रीय ग्रंथों में प्राप्त होते हैं। शयन के दो अंगों को विशेष महत्वपूर्ण माना गया था—(1) ईषा, (2) पाद।

ईषा—

पर्यङ्क के चारों ओर की आधारभूत पट्टी को 'ईषा' कहा जाता था। इसे प्रदक्षिण क्रम से जोड़ना प्रशस्त माना गया था।[27]

पाद (पाए)—

पायों की ऊँचाई का मान पर्यङ्क की लम्बाई का तीसरा भाग होता था।[28]

सभी पायों की ऊँचाई समान रखी जाती थी पायों में 'अधोमुखता' (काष्ठ के अग्र की ओर पाद का मूल भाग बनाना) को दोष माना जाता था। ऐसी शय्या पर शयन करने वाले के लिए अजीर्ण, क्लेश, वध और बंधन का भय होता था।[29]

इस निषेध के पीछे वैज्ञानिक कारण यह था कि—पाये का निचला भाग जो संपूर्ण पलंग के भार को वहन करता है; वृक्ष के सबसे मजबूत भाग से बनाया जाना ही उचित था। पायों के निम्न अंग होते थे—

1. शीर्ष, 2. कुम्भ, 3. जंघा, 4. आधार, और 5. खुर।

इन सभी अंगों में तथा शय्या की ईषा या शीर्षभाग में कहीं भी गाँठ का होना अशुभ माना गया था।[30]

चढ़ते समय हिलती हुई और सोते समय काँपती हुई शय्या अशुभ समझी जाती थी। शास्त्रों में इनका फल क्रमशः प्रवास और कलह माना गया था।[31]

शयन या पर्यङ्क काष्ठ से ही बनाए जाते थे। कभी-कभी संगमरमर की शिला का प्रयोग भी शयन के लिए किया जाता था। ये ग्रीष्म ऋतु में शीतल होते थे।[32] राजभवनों के प्रमदवनों में सरोवरों के तट पर ऐसी स्थायी शय्याएं लगी होती थीं जहाँ लेटकर निसर्ग की मनोहारि शोभा

और शीतल-शांत परिवेश का आनन्द लिया जाता था।[33]

(4) आसन—

बैठने के लिए प्रयोग में आने वाली कुर्सी, चौकी आदि सभी उपकरणों की सामान्य संज्ञा 'आसन' थी। आसन की रचना के लिए भी वही लकड़ी उत्तम समझी जाती थी जो 'शयन'— रचना के लिए।[34]

राजभवनों में सुवर्ण, रजत (चाँदी) और हाथी दाँत से बने हुए श्रेष्ठ आसन व्यवहार में लाए जाते थे।[35] लकड़ी से बने आसनों को भी मणि और स्वर्ण से अलंकृत किया जाता था।[36]

साहित्य में आसन के निम्न प्रकारों का वर्णन हुआ है—

(i) सिंहासन—

इसके पायों में सिंह की आकृतियाँ उत्कीर्ण होती थीं। अभिषिक्त राजा ही इस सिंहासन पर बैठने के अधिकारी होते थे। पैतृक परम्परा से यह सिंहासन ज्येष्ठ पुत्र को प्राप्त होता था।[37] ये विशालकाय ऊँचे आसन थे। जब कोई बाल-नृपति इस सिंहासन पर बैठता था तब इस आसन का बहुत सा भाग खाली ही रह जाता था।[38]

सिंहासन राजसभाओं में रखे जाते थे। इसके ऊपर वितान (चंदोवा) लगा होता था। समीप ही एक छोटी चौकी भी होती थी जिसे पाद पीठ कहा जाता था। वितान और पादपीठ सिंहासन के ही अंग थे।[39]

'वर' के विशेष सम्मान के लिए भी सिंहासन प्रस्तुत किया जाता था[40] किन्तु यह वंश परम्परा से चले आए पैतृक सिंहासन से भिन्न होता था।

मानसार के अनुसार राजाओं के बैठने योग्य सिंहासन के चार प्रकार हैं—

1. प्रथमासन, 2. मङ्गलासन, 3. वीरासन, 4. विजयासन

इन सभी आसनों को 'षट्पाद' (छह पायों वाला) तथा 'सिंहरूप' (सिंह की आकृति से युक्त) बनाना चाहिए।

(ii) कनकासन—

ये स्वर्ण निर्मित या सुनहरी पौलिश वाले आसन थे जिन पर विवाह के पश्चात् वर और वधू को बैठाया जाता था। अज और इन्दुमती तथा शिव और पार्वती को कनकासन पर बैठा कर मांगलिक विधि संपन्न की गई थी।[41]

(iii) रत्नवदासन—

ये बहुमूल्य रत्नों से जटित आसन थे। कालिदास ने रंग-बिरंगे रत्नों की आभा से चमकते हुए ऐसे आसन पर बैठे हुए अज की तुलना मयूर पृष्ठ पर आसीन कार्तिकेय से की है।[42] इस प्रकार 'मयूरासन' की कल्पना आज से दो हजार वर्ष पूर्व कालिदास के रघुवंश में

प्राप्त होती है।

(iv) **गजदन्तासन—**

तक्षणकला के द्वारा हाथी दाँत से भी कलात्मक आसन बनाए जाते थे। इन आसनों का प्रयोग राजभवनों के प्रसाधन-कक्षों में होता था जिस पर बैठकर राजकुमार नेपथ्य (वेश-भूषा) ग्रहण करते थे।[43]

(5) **पीठ एवं पीठिका—**

आसनों के साथ ही अनेक प्रकार की चौकियाँ भी बनाई जाती थीं। इन्हें पीठ तथा छोटी चौकियों को पीठिका[44] कहा जाता था। भद्रपीठ-ऐसी मांगलिक चौकी थी जिस पर राजकुमारों को बैठाकर तीर्थ जल से अभिषेक सम्पन्न किया जाता था।[45] पैर रखने की चौकियों को पदापीठ[46] कहा जाता था। स्वर्णनिर्मित पीठ हेमपीठ[47] या तपनीयपीठ[48] कहे जाते थे। सम्राट हर्ष का पादपीठ इन्द्रनील मणि से रचित था जिसके चारों ओर माणिक्य की झालर लगी हुई थी—

माणिक्यमालामण्डितमेखले महानीलमये पादपीठे विन्यस्तवामचरणम्।[49]

(6) **मण्डप एवं मञ्च—**

स्वयम्बर, राज्याभिषेक आदि विशेष अवसरों के लिए अलंकृत मञ्च[50] और मण्डप बनवाए जाते थे। चार स्तम्भों पर प्रतिष्ठित ऊँची बेदी से युक्त मण्डप को विमान कहा जाता था। कुमार अतिथि के राज्याभिषेक के लिए शिल्पियों द्वारा ऐसा विमान बनाया गया था।[51]

(7) **शिविका या पालकी—**

काष्ठ से सुन्दर शिविकाएं भी बनाई जाती थीं इनका उपयोग स्त्री-यान[52] के रूप में होता था। कालिदास इसे 'मनुष्यवाह्यचतुरस्त्रयान' कहते हैं जो इसके चौकोर आकार को सूचित करता है। इस पर बैठकर इन्दुमती स्वयंवरसभा में उपस्थित हुई थीं।[53]

मृतक-यान के रूप में भी शिविका का उपयोग होता था। रामायण में शिल्पियों द्वारा निर्मित, भद्रासन, और जाल-वातायन (जालीदार खिड़कियों) से युक्त, वन-पर्वत आदि के दृश्यों से चित्रित, रथ के समान विशाल शिविका का वर्णन हुआ है; जिसमें बाली के शव को रखकर श्मशान तक पहुँचाया गया था।[54]

(8) **रथ—**

तक्षण कला के श्रेष्ठ उदाहरण; युद्ध और सवारी के लिए प्रयुक्त होने वाले नाना प्रकार के रथ थे जिनका निर्माण ऋग्वैदिक काल से ही बहुलता से होने लगा था। सम्पन्न वर्गों में रथ का प्रयोग इतना अधिक था कि इन्द्र, सविता, उषा आदि देवताओं के भी रथों की कल्पना कर ली गई थी।[55] दार्शनिक चिन्तन में रथ शरीर का, सारथी आत्मा का, रथचक्र परिवर्तन का, नाभि या धुरी स्थिरता का तथा अरों और धुरी का सम्बन्ध एकता और साम्मनस्य का प्रतीक बन गया था।[56] तीव्रगामी वाहन के रूप में रथ की तुलना मन की गति से की गई थी।[57]

रथ बनाने में निपुण तक्षा को वैदिक युग में 'रथकार' कहा जाता था। उनकी कुशल कारीगरी और बुद्धिनैपुण्य प्रशंसनीय था।[58] अनेक चक्रों वाले विशालकाय रथ भी बनते थे जिनमें हजारों घोड़े जोते जाते थे।[59]

रथों के कई प्रकार और प्रयोजन थे। कौटिल्य ने छह प्रकार के रथों का उल्लेख किया है[60]—

1. देवरथ : देवोत्सवों में काम आने वाले-आज भी पुरी की रथ यात्रा ऐसे ही रथ से होती है।

2. पुष्परथ : विवाहादि मंगल कार्यों में प्रयुक्त।

3. सांग्रामिक : युद्ध के योग्य, राम-रावण और कौरव-पाण्डव के युद्ध सांग्रामिक रथों से लड़े गए थे। 'महारथी' 'अप्रतिरथी' जैसे प्रयोग रामायण-महाभारत युग की ही देन हैं।

4. पारियाणिक : साधारण यात्रा में काम आने वाले।

5. परपुराभियानिक : शत्रु-पुर पर चढ़ाई करने के लिए; इनमें अस्त्र-शस्त्र रखने के लिए पर्याप्त स्थान और व्यवस्था होती थी। रघु ने कुबेर पर आक्रमण करने की इच्छा से ऐसे ही 'कल्पितशस्त्रगर्भम्' रथ का प्रयोग किया था।[61]

6. वैनयिक : अश्वों की शिक्षा के लिए काम आने वाले।

महाकविकालिदास ने एक अन्य प्रकार के छोटे रथ का भी उल्लेख किया है जिसे 'कर्णीरथ' कहा जाता था। इसका उपयोग स्त्रियों की सवारी के लिए होता था—

कर्णीरथस्थां रघुवीरपत्नीम्।[62]

मंत्रशक्ति के प्रभव से आकाश, पर्वत और समुद्र पर अबाधगति से चलने वाले रथ का वर्णन भी कवि ने किया है।[63] इन्द्र[64], पुरुरवा[65] और रघुवंशी राजाओं[66] के स्वर्ग तक जाने वाले दिव्य रथों का वर्णन भी हुआ है।

प्राचीन भारत में चतुरङ्गिणी सेना का एक महत्वपूर्ण अंग था— रथ। राजभवनों में विभिन्न प्रकार के रथों को रखने के लिए रथशालाएं होती थीं।

पुराने रथों की मरम्मत तथा नवीन रथों के निर्माण आदि के लिए शासन में एक विशिष्ट विभाग होता था जिसका अधिकारी 'रथाध्यक्ष' कहलाता था।[67]

विवाह में कन्याधन के रूप में वस्त्र-आभूषण आदि के साथ रथ भी दिए जाते थे।[68]

वैदिक युग से कालिदास के समय तक आवागमन का मुख्य साधन रथ ही था। छोटी और लम्बी, सुगम और दुर्गम सभी प्रकार की यात्राएं रथ से ही की जाती थीं।[69] यहाँ तक कि तीव्रगामी नदियों को भी रथ में बैठकर ही पार कर लिया जाता था। रामायण के अनुसार श्री राम ने वनवास के समय आवर्त बहुल तमसा को रथ से ही पार किया था।[70]

(9) नौका—

छोटी या बड़ी अनेक प्रकार की नौकाओं का निर्माण भी तक्षा ही करते थे। काष्ठ से नौका का निर्माण ऋग्वैदिक काल से ही होने लगा था।[71] ऋग्वेद में सौ डाँडों से चलने वाली विशाल नौका[72] का उल्लेख है जो आज के समुद्री जहाज के समकक्ष कही जा सकती है।

रामायण के एक संदर्भ के अनुसार भरत की सेना ने पाँच सौ नौकाओं द्वारा गंगा को पार किया था। इनमें से कुछ स्वस्तिक नाम की विशिष्ट नौकाएँ स्वस्तिक चिह्नों से अलंकृत, विशाल घण्टाओं और पताकाओं से शोभित थीं।[73]

इस प्रकार लकड़ी के विभिन्न उपकरणों, भवन के दरवाजों, खिड़कियों, तोरणों आदि का निर्माण तक्षा के द्वारा ही किया जाता था।

तक्षण कार्य या बढ़ई का काम भवन-वास्तुक का पूरक होने के कारण स्थापत्य या वास्तुशिल्प का ही एक अंग माना गया था; अतः तक्षा को 'स्थपति' भी कहा जाता था। इस शिल्प का अपना शास्त्र भी था जो 'विश्वकर्मा प्रोक्त शास्त्र' कहा गया है।

थोड़ा बहुत काष्ठशिल्प स्त्री और पुरुष सभी सीखते थे तथा आसन, पीठिका जैसे घरेलू उपकरण बना लेते थे। वन में निवास करते हुए लक्ष्मण ने एक विशाल पर्णकुटी स्वयं ही बनाई थी।[74] इसी प्रकार यमुना नदी को पार करने के लिए राम और लक्ष्मण ने लकड़ियों और बाँस को जोड़कर तथा उसके ऊपर खस बिछाकर एक बड़ी डोंगी का निर्माण किया था—

तौ काष्ठसंघाटमथो चक्रतुः महाप्लवम्।
शुष्कैर्वंशैः समाकीर्णमुशीरैश्च समावृतम्।।[75]

नागरक के भवनों में इस शिल्प कार्य को करने के लिए एक निर्धारित स्थान होता था— **एकान्ते च तक्ष-तक्षण स्थानम्।**[76]

प्राचीन भारत में इस कला ने एक व्यवस्थित व्यवसाय या उद्योग का रूप ले लिया था। सभी प्रकार के काष्ठकर्म के लिए लकड़ी का चयन अत्यंत सावधानी से किया जाता था काष्ठ चयन से लेकर उपकरण के निर्माण तक निर्दोषता और शुभ-अशुभ का विशेष ध्यान रखा जाता था। कला के वैज्ञानिक पक्ष को शुभ-अशुभ के माध्यम से व्यक्त करने के पीछे मनोवैज्ञानिक कारण था। शास्त्रकार भलीभाँति यह जानते थे कि शुभ-अशुभ का मानव मन पर गहरा प्रभाव होने के कारण नियमों का पालन कठोरता से किया जाता है। जैसे कि— बृहत्संहिता में कहा गया है—

आम की लकड़ी से बनी शय्या प्राणों का हरण करने वाली होती है (79/17) अतः आम्रकाष्ठ शय्या के लिए अशुभ है।

इस विधान के पीछे वैज्ञानिक कारण यह है कि आम की लकड़ी कमजोर होने के कारण किसी भी समय टूट सकती है तथा सिर पर आघात लगने से मृत्यु भी सम्भव है।

चन्दन की लकड़ी से बनी शय्या को श्रेष्ठ और शुभतम[77] मानने का कारण यह है कि मजबूती के साथ ही यह अपनी मनोरम सुगन्ध से निद्रा के आनन्द को बढ़ाकर स्वास्थ्य और दीर्घायुष्य का कारण बनती है; इन्हीं से संबद्ध है धर्म, अर्थ और यश।

यह कला भी एक साधना ही थी। काष्ठ कर्म को प्रारम्भ करने से पहले श्वेत पुष्प, मत्त हाथी, दही, अक्षत, पूर्ण कुम्भ, रत्न आदि का मंगल दर्शन किया जाता था।[78]

एक कुशल शिल्पी के रूप में स्थपति का यह कर्तव्य माना जाता था कि वह ऐसी कलाकृति का सृजन करे जो–

सुश्लिष्ट, दृढ़, स्थिर, निर्दोष और सुन्दर वर्ण (पॉलिश) से आकर्षक हो–

सुश्लिष्टां तामतः कुर्यान्निर्दोषां वर्णशालिनीम्।
दृढां स्थिरां च स्थपतिः पत्युः कामविवृद्धये।।[79]

सन्दर्भ–संङ्केत

1. वृक्षतक्षकाः, रामा., अयो., 80.2
   दारवाणां च तक्षणम्। मनु, 5.115
2. तथा वर्धकयश्चैव, रामा., 80.2
3. ऋग्वेद, 9.112.1
4. त्वष्टास्मै वज्रं स्वर्यं ततक्ष, ऋग्वे., 1.32.2

5अ. वज्रो वा एष यद्यूपः सोऽष्टाश्रि कर्तव्यो, ऐतरेयब्रा. अं., 6, खण्ड 1
5ब. रामायण, बालकाण्ड, 14.26
6अ. यूपानपश्यच्छतशो रघूणाम्, रघु, 16.35
6ब. जलानि या तीरनिखात यूपा, रघु., 13.61
7अ. नाट्यशा., 2.83
7ब. अपराजितपृच्छा, 184, 13–33
7स. विद्धशाल., 1.13
7द. शून्योऽयं शयनीयस्ते, रामा., अयो., 72.11

8. संवेश्य शयने चाग्र्ये नानारत्नपरिष्कृते, वही, अयो., 76.55
9. आरोह तल्पं सुमनस्यमानेह, अथर्व., 14.2.31
10. कुमारः सपदि विगतनिद्रस्तल्पमुज्झाञ्चकार, रघु., 5.75
11. सविस्मयो दाशरथेस्तनूजः प्रोवाच पूर्वार्द्धविसृष्टतल्पः, वही, 16.6
12. उत्तुंग पादपीठप्रतिष्ठितम्, काद., पृ. 211

13. बृहत्सं., 79.9
14. अचलराजशिलातलविशालम् गर्भोचितम् शयनतलमधिशयानाम्, काद, पृ. 211
15. नातिमहतः पर्यङ्कस्योपाश्रये, वही, पृ. 537
16. पर्यङ्को हेमभूषितः, रामा., अयो., 76.1
17. नानारत्नपरिष्कृते, वही., अयो., 76.5
18. कार्योऽलङ्कारविधिर्गजदन्तेन प्रशस्तेन, बृहत्सं., 79.19
19. अनेकरत्नप्रभाशबलमुरगराजफणामण्डलमिवशयनतलमधिशिश्ये, काद., पृ. 302
20. सुरकुञ्जरमिव मन्दाकिनीवारिणि हंसधवलशयनतलनिषण्णं पितरमपश्यत्, काद., पृ. 286
21. काद., पृ. 537
22. बृहत्सं., 79.2
23. चन्दनमयो रिपुघ्नो धर्मयशोदीर्धजीवितकृत, वही., 79.12
24. वही, 79.3-4
25. कालकधुन्धुकसंज्ञं कीटबिद्धं च न शुभदं छिद्रम्।
सर्व ग्रन्थिप्रचुरं सर्वत्र न शोभनं दारु। वही, 79.37
26. वही,79.32-35
27. ईषायोगे दारुप्रदक्षिणाग्रं प्रशस्तमाचार्यः, वही, 79.27
28. आयामत्र्यंशसमः पादोच्छ्रायः, वही, 79.10
29. एकेनावाक्छिरसा भवति हि पादेन पादवैकल्यम्।
द्वाभ्यां न जीर्यतेऽन्नं त्रिचतुर्भिः क्लेशवधबन्धाः।। वही, 79.28
30. वही, 79.29-31
31. आरोहणे प्रचलति शयने कम्प्ते तथा।
विदेशयानकलहौ ते क्रमेण प्रयच्छतः।। समराङ्गणसूत्र, 29.28
32. तुषारशीकरशीतलतले . . . मुक्ताशैलशिलापट्टशयने समुपविष्टम् हर्षच., उ 2, पृ. 119
33. गृहकुमुदिन्याः . . . तीरे . . . मुक्ताशैलशिलापट्टं चन्द्रशीलतमधिशिश्ये। काद., पृ. 590
34. शय्यार्थे कथितैः क्लृप्तं दारुभिः शस्तमासनम्,सम. सू., 29.36
35. दान्तराजतसौवर्णैः संवृतं परमासनैः, रामा, अयो. 10.14
36. मणिकाञ्चनभूषितम्
दिदेश राजा रुचिरं रामाय परमासनम्।। वही, अयो., 3.34
37. तेन सिंहासनं पित्र्यम्, रघु., 4.4
38. कामं न सोऽकल्पयत पैतृकस्यसिंहासनस्य प्रतिपूरणाय, वही., 18.40
39. वितानसहितं तत्र भेजे पैतृकमासनम्।
चूड़ामणिभिरुद्घृष्टपादपीठं महिक्षिताम्।। वही, 17.28

40. महार्हसिंहासनस्थितोऽसौ, वही, 7.18

41अ. कन्याकुमारौ कनकासनस्थवार्द्राक्षतारोपणमन्वभूताम, वही, 7.48

41ब. कुमार., 7.88

42. रघु..6.4

43. ततः कक्ष्यान्तरन्यस्तं गजदन्तासनं शुचिः।
सोत्तरच्छदमध्यास्त नेपथ्यग्रहणाय सः।। वही, 17.21

44. तपनीयपीठिकालम्बिचरणम्, मालवि., 4.3

45. तत्रैनं हेमकुम्भेषु संभृतैस्तीर्थवारिभिः।
उपतस्थुः प्रकृतयो भद्रपीठोपेवशितम्।। रघु., 17.10

46. रघु., 7.28

47. वही, 4.84; 6.15

48. वही, 8.41

49. हर्षच., उ. 2, पृ. 122

50. रघु., 6.1

51. ते तस्य कल्पयामासुरभिषेकाय शिल्पिभिः।
विमानं नवमुद्वेदि चतुःस्तम्भप्रतिष्ठितम्।। रघु., 17.9

52. शिविकाभिश्च . . . यथार्हं तस्य योषितः, रामा., अयो., 76.19

53. रघु., 6.10

54. रामा., किष्कि, 25.22-26

55. चन्द्ररथा, उषस्सूक्त, ऋग्वेद, 3.61.2

56. सम्यञ्चोऽग्निं सपर्यतारा नाभिमिवाभितः। अथर्व., 3.30.6

57. यजुर्वेद, शिवसंकल्पसूक्त, अ. 34.16

58. ये धीवानो रथकाराः.अथर्व., 3.5.6

59. रथं सहस्रबन्धुरं पुरश्चक्रं सहस्राश्वम्, तैत्तिरीय आ., 1.31.1

60. अर्थशास्त्र, 2.33.5

61. रघु, 5.28

62. वही, 14.33

63. वशिष्ठमंत्रोक्षणजातप्रभवादुदन्वदाकाशमहीधरेषु।
मरुत्सखस्येव वलाहकस्य गतिर्विजिघ्ने नहि तद्रथस्य।। वही.5.27

64. अभिज्ञानशा., अ, 7

65. विक्रमो, 1.5

66. आनाकरथवर्त्मनाम्, रघु., 1.5

67. अर्थशास्त्र, 2.33.1-2

68. अथ राजा विदेहानां ददौ कन्याधनं बहु।
हस्त्यश्वरथपादातं दिव्यरूपं स्वलङ्कृतम्, रामा., अयो., 74.23-24

69अ. रामं तत्र आनयाञ्चक्रे रथेन रथिनां वरम्, वही, अयो., 73.28

69ब. रथेन पुरुषव्याघ्रकोसलानत्यवर्तत—वही, अयो., 50.10

70. तं स्यन्दनमधिष्ठाय राघवः सपरिच्छदः।
शीघ्रगामाकुलावर्तां तमसामतरन्नदीम्।। रामा., अयो., 73.28

71. ऋग्वेद, 10.155.3

72. वही, 1.116.2,5

73. पञ्चनावां शतान्येव समानिन्युः समन्ततः।।
अन्याः स्वस्तिकविज्ञेया महाघण्टधरावराः।
शोभमानाः पताकिन्यो युक्तवाहाः सुसंहताः।। रामा., अयो., 89.10-11

74. पर्णशालां सुविपुलां तत्र संघातमृत्तिकाम्।
सुस्तम्भां मस्करैर्दीर्घैः कृतवंशां सुशोभनाम्।। रामा., अरण्य., 15.21

75. रामायण, अयो., 55.14

76. कामसूत्र, 1.4.4

77. बृहत्संहिता, 79.12

78. बृहसं., 79.7

79. समराङ्गणसू., 29.29

卐 卐 卐

7. नक्काशी का शिल्प

(तक्षकर्माणि)

तक्षण कला या काष्ठकर्म से ही विकसित हुआ था— तक्षकर्म, अर्थात् नक्कशी का काम या बेलबूटे आदि बनाने की कला। इस कला के साहित्यिक सन्दर्भ भी वैदिक काल से ही प्राप्त होते हैं। वेदों में तष्टा अथवा त्वष्टा को परशु और बसूले से सुन्दर रूप की रचना करते हुए वर्णित किया गया है—

(i) प्रिया व्यक्ता तष्टानि[1अ]

(ii) त्वष्टेव रूपं सुकृतं स्वधित्या[1ब]

नक्काशी-लकड़ी, बहुमूल्य पत्थर, स्वर्ण-रजत आदि धातुओं, हाथी दाँत, शंख, सीपी, सींग और चर्म (चमड़ा) आदि नाना आधारों पर संभव थी, अतः ये सभी तक्षकर्म के उपादान थे।

इस कार्य के लिए पहले लकड़ी या प्रस्तर को यंत्र पर चढ़ाकर मन चाहे आकार में तराश लिया जाता था।[1स] फिर छेनी से आकृतियाँ उत्कीर्ण की जाती थीं। नक्काशी का काम-शयन, आसन, पीठिका, मञ्जूषा, रथ, विमान आदि उपकरणों तथा भवन-द्वार एवं वातायनों की चौखटों, भवनभित्तियों, स्तम्भों, रेलिंग और तोरणों पर किया जाता था। आभूषणों, सोने चाँदी के पात्रों, चमड़े की ढालों, सींग के बाजों, तलवार की मूठों आदि पर भी यह क़ार्य होता था।

इस कला में निपुण शिल्पी अनेक प्रकार की आकृतियों वाले अलंकरण (डिजाइन) बनाते थे जिनमें से कुछ बहु प्रचलित अलंकरण इस प्रकार थे—

(i) पत्रलता—

काष्ठ, मुक्ताशिला (संगमरमर) एवं हाथी दाँत पर पत्रलता के अलंकरणों का सर्वाधिक प्रयोग होता था। इनमें भी कमल या कुमुद की बेल अधिक बनाई जाती थी। चन्द्रापीड़ ने कादम्बरी के प्रमदवन में जिस शिलापट्ट पर शयन किया था उसके किनारों पर हाथी दाँत से कुमुद पुष्पों की पत्रलता रची गई थी—

कुमुददलावलीभिः पर्यन्तलिखितदन्तपत्रलतम्[2अ]

रामायण के एक संदर्भ के अनुसार श्री राम के प्रासाद में भवन की भित्तियों पर सुन्दर भक्ति (अलंकृति) उत्कीर्ण की गई थी—

उत्कीर्णं भक्तिभिस्तथा[2ब]

शार्ङ्ग[2स] (सींग से बने हुए बाजे), सोने की नलकों[3], चमड़े की ढालों[4] तथा शङ्ख, सीप एवं हकीक पत्थरों के पान पात्रों[5] पर भी ये अलंकरण बनाए जाते थे।

(ii) हंस मण्डली—

विमानों और पर्यङ्कों पर यह अलंकरण उत्कीर्ण किया जाता था। विमानों में हंस पंक्ति इस प्रकार बनाई जाती थी मानों वे हंस ही विमान को उड़ा कर ले जा रहे हों। ऐसे हंसवाही विमान की कल्पना रामायण[6] एवं हर्षचरित्[7] में प्राप्त होती है। मथुरा कला में भी इसका अंकन हुआ है।

पर्यङ्कों के शीर्ष और पाद भाग में हंस समूह उत्कीर्ण किए जाते थे जिन्हें विवाहोत्सवादि के विशिष्ट अवसरों पर श्वेत वस्त्र पहना दिए जाते थे—

उज्ज्वलनिचोलकावगुण्ठ्यमानहंसकुलैश्च शयनीयैः हर्षच., उ. 4. पृ. 245

तोरणों पर भी हंस उत्कीर्ण किए जाते थे।[8]

(iii) मकर—

मकर मुख या पूर्ण मकर की आकृति विशेष रूप से तोरणों तथा प्रणालों (पानी निकलने की बड़ी नालियों) पर उत्कीर्ण की जाती थीं। शिल्परत्न के अनुसार देव, द्विज और राजभवनों के तोरण मकर मुख बनाए जाते थे।[9] मकरमुख प्रणाल मन्दिरों और राजभवनों के वास्तुशिल्प के अंग थे। मंदिरों की जगती (अधिष्ठान) पर ऐसे प्रणाल बनाए जाते थे[10] राजप्रासादों की क्रीड़ावापियों (हौजों) में इन प्रणालों से सुगंधित जल भरा जाता था।[11] ये हाथी दाँत[12] से बनाए जाते थे।

पुरातात्विक खुदाई में राजघाट से प्राप्त ऐसी अनेक टोंटियाँ भारत कला भवन; काशी में सुरक्षित हैं।

पत्रभंग (बेलबूटों) के साथ भी मकराकृति उत्कीर्ण की जाती थीं इस प्रकार के अलंकरण से युक्त चमड़े की ढालें प्राग्ज्योतिष्पुर के कुमार के द्वारा सम्राट् हर्ष को भेंट में भेजी गई थीं।[13अ]

(iv) गज—

गज, हाथी या वारण भी तक्षण कला के महत्वपूर्ण अलंकरण रहे हैं। मंदिरों और

प्रासादों में— मण्डपों, स्तम्भों, तोरणों, मुख्य द्वार के पार्श्वों, सोपानों के दोनों ओर तथा जगती पर श्री, वैभव और मांगल्यके सूचक गजों को उत्कीर्ण करने की सुदीर्घ परम्परा रही है—

स्तम्भोभयपक्षौ तु मत्तवारणवेष्टितौ।
चित्ररूपं तदा नाम कर्त्तव्यं तोरणं शुभम्।।[13ब]

बराण्डों, मण्डपों और तोरणों में स्तंभों के ऊपरी कोने पर गजमस्तक अङ्कित किए जाते थे जो सौन्दर्य वृद्धि के साथ ही तोरण या छत को दृढ़ आधार भी देते थे। ऐसे गज या गज मस्तक से अलंकृत बराण्डों को मत्तवारण[14अ] कहा जाता था। नाट्य मण्डप के भी ये अभिन्न अंग थे—

रङ्गपीठस्य पश्चात्तु कर्त्तव्या मत्तवारणी।
चतुः स्तम्भसमायुक्ता रङ्गपीठप्रमाणतः।।[14ब]

केवल गज ही नहीं, गज की सूँड भी एक कलात्मक अलंकरण मानी गई थी। प्रासाद में सोपानों के किनारों की पट्टी को शुण्डिकाकृति (सूँड के आकार का) बनाया जाता था।[15]

एक विशिष्ट अलंकरण 'गजलक्ष्मी' में देवी लक्ष्मी के साथ गजों का अंकन होता था। रामायण में, कमलमाला से शोभित सूँड वाले गज अलंकरण का वर्णन हुआ है।[16]

(v) ईहामृग, मयूर, नक्र, सिंह एवं व्याल—

ये अलंकरण भी स्तम्भों, तोरणों तथा द्वार शाखाओं पर उत्कीर्ण किए जाते थे।[17] ईहामृग का उल्लेख रामायण[18] में तथा उत्कीर्ण मयूर का वर्णन विक्रमोर्वशीय में हुआ है।[19अ] ईहामृग मन्दिर वास्तु के अभिन्न अंग हैं। ये काल्पनिक पशु हैं। खजुराहों के मंदिरों में स्तंभों के मूलभाग में बहुलता से उत्कीर्ण किए गए है। गोलाई में उत्कीर्ण मयूर की एक सुन्दर प्रतिमा मथुरा म्यूजियम में सुरक्षित हैं। गुप्तकालीन छत्रों तथा छत्रों के अनुकरण पर बने प्रभा मण्डल (प्रतिमा के मस्तक के चारों ओर प्रकाश का घेरा) में पत्रलता के बीच मयूर के अलंकरण बनाए जाते थे। इस अलंकरण के आधार पर बाणभट्ट राज्यलक्ष्मी की उत्प्रेक्षा राजछत्र रूपी वन की मोरनी से करते हैं।[19ब]

सिंहासन[20] आसन के पाए पर उत्कीर्ण सिंहाकृतियों या उनके मुखों से तथा सिंह प्रासाद[21] सिंह की प्रतिमाओं से शोभित होते थे। कुण्डिनपुर में सौधों के स्कंध प्रदेश पर सिंह उत्कीर्ण किए गए थे।[22]

नाट्यमण्डप-व्याल (सर्प)[23] के अलंकरणों से भी शोभित होते थे, यह चीन के प्रसिद्ध 'ड्रेगौन' के समान अलंकरण था।

(vi) पुत्रिका (पुतलियाँ)—

इस अलङ्करण का प्रयोग स्वतन्त्र रूप से या पत्रभङ्ग के साथ होता था। राजा विक्रमादित्य के बत्तीस पुतलियों वाले सिंहासन की कथा प्रसिद्ध ही है।

पर्यंकों पर पत्रलताओं के साथ पुत्रिका प्रतिमा भी उत्कीर्ण की जाती थीं ; यथा— हर्षचरित् में रानी यशोमती की शय्या पर—

शयनीयमपाश्रयपत्रभङ्गपुत्रिकाप्रतिमा[24अ]

(vii) शालभञ्जिका—

इन पुतलियों का ही एक विशिष्ट प्रकार था शालभञ्जिका। कोश ग्रंथों में शाल (वृक्ष विशेष) की लकड़ी से बनी हुई स्त्री प्रतिमा को 'शालभञ्जिका कहा गया है।[24ब] हर्षचरित के टीकाकार शङ्कर कवि इसे **'उत्कीर्ण पुत्रिका'** कहते हैं।[25अ]

यह भारतीय कला का एक विशिष्ट अलंकरण है जो स्वयं में हजारों वर्षों के पुरातन इतिहास, सामाजिक एवं सांस्कृतिक सन्दर्भों को संजोए हुए है।

ईसा से लगभग आठ-नौ सौ वर्ष पहले भारत के पूर्वी जनपदों में एक विशेष प्रकार की उपवन-क्रीड़ा प्रचलित थी; जिसमें खिले हुए शालवृक्ष के नीचे खड़े होकर नव युवतियाँ, चंचल किशोरियाँ वृक्ष की डाली को झुकाकर फूल तोड़ने का खेल खेलती थीं। इसी कलात्मक विनोद का नाम था— शालभञ्जिका। पाणिनि ने इसे पूर्वदेश की क्रीड़ा कहा है।[25ब]

बौद्ध साहित्य में इस खेल का अनेकशः वर्णन हुआ है। 'अवदान शतक' में श्रावस्ती में मनाए जाने वाले शालभंजिका उत्सव का रोचक विवरण प्राप्त होता है। जिसमें स्त्रियों के साथ पुरुष भी भाग लेते थे। 'निदान कथा' में लुम्बिनी उद्यान की उस प्रसिद्ध शालभंजिका क्रीड़ा का वर्णन आता है; जिसका संबंध भगवान बुद्ध की माता मायादेवी से था। एक बार पूर्णगर्भा मायादेवी को लुम्बिनी के पुष्पित शलवन में क्रीड़ा करने की इच्छा हुई। अपनी परिचारिकाओं के साथ धीरे-धीरे घूमते हुए जब वे एक मांगलिक शाल वृक्ष के नीचे पहुँची तब उन्होंने एक हाथ से एक पुष्पित शाखा को नीचे झुका लिया . . .। उसी समय रानी को प्रसव-पीड़ा हुई और बोधिसत्व का जन्म हुआ। फूलों से लदी शाखा को नीचे झुकाते समय मायादेवी की वही मुद्रा थी जो शालभंजिका की होती है। अर्थात् तिरछी अंगयष्टि, एक हाथ से वृक्ष की शाखा और दूसरे से वृक्ष का तना पकड़े हुए, चंचल चरण ललित भंगिमा में कुछ उठे हुए।

शाल वृक्ष की शाखा को झुकाकर खड़ी हुई यह नारी मुद्रा ही कुशल शिल्पी के छैनी-हथौड़ों से काष्ठ और प्रस्तर पर उत्कीर्ण होकर 'शालभंजिका' बन गई। प्रारंभ में इस मुद्रा का संबंध केवल शाल वृक्ष से ही था; बाद में किसी भी वृक्ष की शाखा को बाँए हाथ से झुकाए, विशिष्ट ललित मुद्रा में खड़ी नारी आंकृति के लिए 'शालभञ्जिका' शब्द रूढ़ हो गया। और भी आगे चलकर किसी भी कमनीय मुद्रा में उत्कीर्ण या निर्मित स्त्री प्रतिमा को शालभंजिका कहा जाने लगा।

आज से लगभग तीन हजार वर्ष पूर्व भारत के पूर्व में प्रचलित इस शालभंजिका क्रीड़ा

को भारतीय वास्तुकला में एक आकर्षक आयाम मिला। राजमहलों, मन्दिरों, नाट्यशालाओं के स्तम्भों, द्वार की चौखटों, तोरणों और स्तूपों के वेदिका स्तम्भों पर अकर्षक शालभंजिकाएं उत्कीर्ण की गईं तथा कालक्रम के साथ **'स्तम्भशालभंजिका'**, **'तोरणशालभंजिका'** जैसे अभिधान प्रसिद्ध हो गए।

तक्षकला का यह रम्य अलंकरण सौन्दर्य प्रेमी संस्कृत कवियों की लेखनी का भी विषय बना है। महाकवि कालिदास ने यद्यपि स्पष्ट शब्दों में शालभञ्जिका का उल्लेख नहीं किया है तथापि वे अयोध्या के राजभवनों में स्तम्भों पर उत्कीर्ण नारी प्रतिमाओं[26] का वर्णन करते हुए शालभंजिका का ही संकेत देते हैं।

प्रसिद्ध बौद्ध कवि अश्वघोष को यह मुद्रा इतनी भायी कि उन्होंने अपने महाकाव्य बुद्धचरित में गवाक्ष के सहारे, धनुषाकार लेटी नायिका को **'तोरणशालभञ्जिका'** की उपमा दे डाली।[27]

बाणभट्ट के अनुसार सौधशिखर की चंद्रशालिकाओं में इस प्रकार की शालभञ्जिकाएं उत्कीर्ण की जाती थीं।[28] कुंडिनपुर के प्रासादों में बहुरूप (अनेक भंगिमाओं में) शालिभञ्जिकाएं उत्कीर्ण थीं। (नैषध, 2/83)

विवाह मण्डप आदि में अंजलिकारिका की मुद्रा में शालभञ्जिका स्थापित की जाती थी।[29अ]

दसवीं शताब्दी के आचार्य कवि राजशेखर इस ललित अलंकरण से इतने मुग्ध हुए कि उन्होंने शालभंजिका को केन्द्र में रखकर **'विद्धशालभञ्जिका'** शीर्षक नाटिका की रचना की। यह आकर्षक मुद्रा सुदूर उत्तर में काश्मीर तक पहुंच चुकी थी। कल्हण ने 'राजतरंगिणी' में वीर शासक की भुजा को विजय श्री रूपी शालभंजिका का स्तम्भ कहा है—

बभार यद्भुजस्तम्भो जयश्रीशालभञ्जिकाम्[29ब]

भारतीय तक्षणशिल्प में शालभञ्जिकाओं के उपलब्ध अवशेष सर्वप्रथम शुंग युग (ई. पू. द्वितीय श.) की कला में भरहुत स्तूप के वेदिका स्तम्भों पर प्राप्त होते हैं। भरहुत स्तूप के स्तम्भों की संख्या चौंसठ है तथा प्रत्येक स्तम्भ पर शालभञ्जिका स्त्रियों की विविध मुद्राओं का अंकन हुआ है। अधिकांश शालभञ्जिकाएं अशोक वृक्ष की डाल झुकाए हुए उसके नीचे खड़ी हुई हैं।

साँची स्तूप के वेदिका स्तम्भों पर किसी प्रकार का अलंकरण नहीं है किन्तु तोरणों का विशेष आकर्षण है भंगिमापूर्ण मुद्रा में; घने वृक्षों के नीचे, तिरछे शरीर से खड़ी हुई 'तोरणशालभंजिकाएं'। तोरण की सबसे निचली धरण तथा स्तंभ के बाहरी कोनों को परस्पर जोड़ने के लिए दोनों ओर शालभंजिका मूर्ति का उपयोग किया गया है।

कुषाण कालीन मथुरा कला (प्रथम श.ई. से तृतीय श.) में वेदिका स्तम्भों पर यह मुद्रा नान रूपों में दिखाई देती है जो अंग सौष्ठव, लालित्य एवं भावपूर्ण मुखभङ्गिमा की दृष्टि से अद्वितीय हैं। ऐसी बहुत सी मूर्तियाँ कंकाली टीले में प्राप्त हुई हैं तथा वर्तमान में लखनऊ संग्रहालय में सुरक्षित हैं। कुषाण कालीन गांधारकला में भी कुछ स्थानों पर उद्यान क्रीड़ा या जल-क्रीड़ा के दृश्य अङ्कित हुए हैं किन्तु इनमें वह लालित्य मार्दव या सौन्दर्य नहीं है जो मथुरा कला में है।

शालभञ्जिकाओं का अंकन प्रारम्भ में काष्ठ स्तम्भों[30] पर ही हुआ। बाद में ये प्रस्तरस्तम्भों पर भी उत्कीर्ण की जाने लगीं।

(viii) यक्ष, किन्नर, गंधर्व, विद्याधर तथा देव-देवाङ्गनाएं—

इन अलंकरणों का प्रयोग तोरणों, मण्डपों तथा प्रासाद के वितानों पर होता था। यक्ष-विद्याधर आदि से युक्त तोरण को चित्रतोरण कहा जाता था।[31]

तोरणों के झूलों पर देव प्रतिमाएँ[32] उत्कीर्ण की जाती थीं। मन्दिरों में द्वार के उत्तरंग (ऊपरी चौखट) पर उसी देवता की प्रतिमा उत्कीर्ण की जाती थी जिसकी गर्भगृह में प्रतिष्ठा होती थी।

तोरण के ऊपर मध्यभाग में गजों के मध्य पद्मासीन लक्ष्मी का अंकन होता था।[33अ]

लङ्कापुरी में भ्रमण करते हुए हनुमान ने द्वारों और तोरणों पर इस प्रकार का अंकन देखा था—

नियुज्यमानाश्च गजाः सुहस्ताः सकेसराश्चोत्पलपत्रहस्ताः।
बभूव देवी च कृता सुहस्ता लक्ष्मीस्तथा पद्मिनी पद्महस्ता।।[33ब]

मंडप के मध्य वितान को, विद्याधरों, नृत्य करती हुई देवाङ्गनाओं ओर पौराणिक कथारूपों के अंकन से अलंकृत किया जाता था।[34] आबू के जैन मन्दिर के वितान में पत्रलता के अलंकरणों के मध्य नरसिंहावतार को उत्कीर्ण किया गया है।

(x) जाल—

नक्काशी के सुन्दर उदाहरण नाना प्रकार की जालियाँ भी थीं जो हाथी दाँत, लकड़ी, संगमरमर आदि को खोद कर बनाई जाती थीं जिनका उपयोग वातायनों में गवाक्ष के रूप में होता था। गवाक्ष, वातायन (खिड़की या झरोखा) का एक विशिष्ट प्रकार था।

प्रसिद्ध कलाविद् श्री आनन्द कुमार स्वामी के मत में- शुङ्गकाल और कुषाण काल में वातायन तीन प्रकार के थे— वेदिका वातायन, जाल वातायन तथा शलाका वातायन। गुप्तयुगीन वास्तु कला में वातायन गोल हो गए अतः इनका गवाक्ष (बैल की आँख के समान) यह अन्वर्थ

नाम हुआ।[35]

गवाक्ष के साहित्यिक संदर्भ रामायण से ही प्राप्त होने लगते हैं। रावण के अंतःपुर वर्णन के प्रसङ्ग में हाथी दाँत तथा चाँदी के बने हुए सुन्दर गवाक्षों का वर्णन हुआ है।[36]

अनेक प्रकार के प्रत्रलता के अलंकरणों से युक्त जालीदार गवाक्ष प्रासाद एवं चैत्य को अलंकृत करने के साथ ही भवन के भीतर प्रकाश और वायु प्रावेश के मार्ग थे अतः कालिदास ने इन्हें **आलोकमार्ग**[37], **जाल**[38] **प्रासाद जाल**[39] **तथा जालमार्ग**[40] भी कहा है।

इन गवाक्षों से प्रकृति की शोभा के अवलोकन[41] के साथ ही शीतल वायु का आनन्द[42] लिया जाता था तो कभी चन्द्रमा की अमृत-शिशिर किरणों का।[43] भवन की ऊँची अटारियों से राजमार्ग के दृश्य, वरयात्रा की शोभा[44] भी इनसे देखी जा सकती थी। कभी इनके छेदों से निकली हुई केश संस्कार की धूप मेघ को पुष्ट करती थी[45] तो कभी मेघ; भवन के भित्तिचित्रों को गीला कर इन जालमार्गों से ही पलायन करते थे।[46]

गवाक्ष की जालियाँ नाना आकारों में उत्कीर्ण की जाती थीं। समरांगणसूत्रधार में निम्न आकारों का उल्लेख हुआ है—

पद्मपत्र, गजनेत्र, धेनुपाद (गाय के खुर के समान), मृगीनेत्र, पारावत (कबूतर के आकर की), शुकनासा (तोते की चोंच के सदृश), तुरगास्य (घोड़े के मुख के समान) तथा बहुरन्ध्र (अनेक बारीक छेदों के समान)।[47]

इस प्रकार तक्षकला अलङ्करण की कला थी। यह किसी भी वस्तु को सौन्दर्य और श्री से मण्डित करने का शिल्प था। अलङ्करण में उन्हीं आकृतियों को उकेरा जाता था जो निसर्ग की शोभा को बढ़ाती थीं। पुष्प-पत्र, पशु-पक्षी, स्त्री-पुरुष, यक्ष-गंधर्व, देव-विद्याधर, इस विशाल सृष्टि के सभी अङ्ग विष्णु की विराट देह के समान अलङ्करण के इस विराट संसार में समा गए थे। अलङ्करण में सौन्दर्य के साथ शुभ और मंगल की भावना भी सन्निहित थी। हंस, श्रीवृक्ष, स्वस्तिक, घट, मिथुन (स्त्री-पुरुष के जोड़े), शङ्ख और पद्म शुभ माने जाते थे।[48]

द्वारों की देहली पर शङ्ख-पद्म की आकृतियों, का उल्लेख कालिदास ने किया है।[49]

इन अलङ्करणों के आधार पर ही कलाकृति के विशिष्ट प्रकारों का नामकरण होता था, यथा-मकर तोरण, पत्र-तोरण, पुष्प-तोरण, सिंह-आसन, हंस-विमान, स्वस्तिक-नौका आदि

तक्षकर्म की दो विधियाँ थीं- 1. निर्व्यूह एवं 2. कुहर।[50]

निर्व्यूह— इसमें आकृति का अंकन पृष्ठभूमि में बाहर की ओर उभार देकर होता था। शालभञ्जिका, सिंह, मकर, हंस, देव आदि इस विधि से उत्कीर्ण किए जाते थे।

कुहर— भीतर की ओर खोदकर बनाने की विधि थी। गवाक्षों की जाली इसी विधि से बनाई जाती थीं।

पत्रलता के अलंकरण के लिए दोनों विधियाँ प्रचलित थीं। इन्हें लकड़ी और पत्थर, सींग, चमड़े आदि पर भीतर की ओर खोदकर भी उत्कीर्ण किया जाता था। इन कुहरों को स्वर्ण[51] तथ हाथी दाँत[52] के पत्र से भरा जाता था।

आज भी काश्मीर तथा सहारनपुर की काष्ठ कला में, हिन्दू मन्दिरों तथा मुगल वास्तु में पत्रलता के अलंकरणों में सुनहली धातुओं, रंग-बिरंगे पत्थरों, मणियों एवं काँचों का प्रयोग देखा जा सकता है।

यह शिल्प अत्यंत सावधानी, बुद्धि नैपुण्य, पर्यवेक्षण एवं कल्पनाशीलता की अपेक्षा रखता था। तक्षण कर्म, भास्कर्य, मूर्ति शिल्प, प्रतिमाविज्ञान एवं चित्रकला आदि नाना कलाओं और शास्त्रों का संयोजन था यह— तक्षशिल्प[53], जिसने विश्व को अलंकृत प्रासाद, स्तूप, चैत्य और मयूरासन (तख्तेताउस) जैसी अनुपम कलाकृतियाँ उपहार में दी हैं। यह सुंदर और शिव को दृश्य बनाने की कला थी, तभी तो ललितविस्तर में इसे 'रूपम्' कहा गया है।

सन्दर्भ-सङ्केत

1अ. ऋग्वेद, 10.68.5

1ब. अथर्ववेद, 12.3.33

1स. त्वष्ट्रेव यंत्रोल्लिखितो विभाति, रघु., 6.32

2अ. कादम्बरी, पृ. 590

2ब. रामायण अयो., 15.34

2स. हेमपत्रभङ्गशारशार्ङ्गैः, हर्षच., उ. 7, पृ. 367

3. पत्रलताकुटिलकलधौतनलकपल्लवितपर्याणैः, वही, पृ. 367

4. वही, पृ. 367

5. कुशलशिल्पिलोकोल्लिखितानां च शुक्ति शङ्खगल्वर्क प्रमुखानां पानभाजनानां निचयान्, वही, पृ. 386

6. हंसप्रवेकैरिव वाह्यमानम्, रामा., सुन्द., 7.7

7. पितामह विमानहंसकुलपालः, हर्ष., उ. 1, पृ. 31

8. शिल्परत्न, अ. 23.15

9. पार्श्वयोर्मकरास्यकम्!
देवद्विजनृपाणां तु शस्तं मकरतोरणम्, वही, 23.13

10. मकरैर्जलनिष्कासैः, प्रासादमण्डन, 2.15

11. गन्धोदकवाहिमकरमुखप्रणालीपूर्यमाणक्रीडावापीसमूहम्, हर्षच. उ. 4

12. दन्तमयमकरमुखमहाप्रणालइवापूरयितुं प्रवृत्ते, वही, ऊ. 1, पृ. 28

13अ. रुचिरकाञ्चनपत्रभङ्गमकराणां कार्दरङ्गचर्मणां संभारान्, वही, उ, 7 पृ. 386

13ब. अपराजितपृच्छा, सू., 194

14अ. मत्तवारणयोर्वरण्डकेनेव नासावंशेन परिष्कृताम्, वासवदत्ता, पृ. 33

14ब. नाट्यशास्त्र, 2.67

15. सोपानं शुण्डिकाकृतिम्, प्रासादमण्डन, 2.16

16. नियुज्यमानाश्च गजा सुहस्ताः
तथैव पद्मोत्पलदामहस्ताः। रामा, सुन्द., 5.18

17. नक्रतुण्डसमायुक्तं भूतविद्याधरान्वितम्।।
सिंहेभव्यालहंसाद्यैः . . . भूषितम्।। शिल्परत्न, 29.14

18. सुकृतेहामृगाकीर्णमुत्कीर्णं भक्तिभिस्तथा, रामा, अयो., 56.10

19अ. उत्कीर्णा इव वासयष्टिषु निशानिद्रालसा वर्हिणो, विक्रमो., 3.2

19ब. हर्षचरित, उ. 3, पृ. 196

20. नृपाणां सिंहापादं स्यात्। मानसार

21. सिंह सिंहाक्रांतो . . . चतुरस्त्रः। बृहत्सं., 56.28

22. बहुरूपशालभञ्जिका मुखचंद्रेषु कलङ्करंकवः। यदनेकसौधकन्धर हरिभिः कुक्षीगतीकृता इव। नैषध, 2.43

23. बहुव्यालोपशोभितम्। नाट्यशा, 2.81

24अ. हर्षचरित, उ. 4, पृ. 215

24ब. शालेन भञ्जयते निर्म्मीयते इति काष्ठादिनिर्मितपुत्रिका। शब्दकल्पद्रुम

25अ. हर्षचरित, ड. 3, पृ. 195

25ब. प्राचां क्रीडायाम्, अष्टाध्यायी, 6.2.74 सूत्र के उदाहरण में शालभञ्जिका तथा उद्दालकपुष्पभञ्जिका का उल्लेख हुआ है।

26. स्तम्भेषु योषित्प्रतियातनानाम्, रघु., 16.17

27. अवलम्ब्य गवाक्षपार्श्वमन्या शयिता चापविभुग्नगात्रयष्टिः।
विरराज बिलम्बिचारुहारा रचिता तोरणशालभञ्जिकेव। बुद्ध., 5.52

28. चन्द्रशालिकासालभञ्जिका, हर्षच., उ. 4, पृ. 216

29अ. माङ्गल्यफलहस्ताभिरञ्जलिकारिकाभिरुद्भासितपर्यन्ताम्, वही, उ. 4, पृ. 253

29ब. राजतरङ्गिणी, 2.66

30. ससालभञ्जिकाभिश्च समन्तात्समलंकृतम्।
एवं काष्ठविधिं कृत्वा भित्तिकर्मप्रयोजयेत्।। नाट्यशा. 2.81-84

31. शिल्परत्न, अ. 23.15-16

32. विचित्रं तोरणं कुर्याद् दोला देवस्य तत्र च। प्रासादमं., 2.18

33अ. तोरणस्य कृतं मध्ये कमलं कुर्यात् तु वारणम्।
तन्मध्ये कल्पयेल्लक्ष्मीं नानालङ्कारभूषिताम्, मानसार वास्तुशास्त्र।

33ब. रामायण-सुन्दर., 7.44

34. विद्याधरैः समायुक्तं षोडशाष्टदिवाकरैः।
मध्ये वितानं कर्त्तव्यं चित्रवर्णविराजितम्।
नाटकादिकथारूपैर्नानाकारैर्विराजितम्।। प्रासादमण्डन, 7.31-33
35. कुमार स्वामी, एन्शियेण्ट इण्डियन आर्किटेक्चर, हर्षचरित एक सा. अध्ययन, पृ. 86 पर उद्धृत।
36. दन्तका राजताश्चैव गवाक्षाः प्रियदर्शनाः, रामा., अरण्य, 56.10
37. रघु., 7.6
38. वही, 6.43
39. वही, 7.9
40. उत्तरमेघ, 32
41. प्रासादजालैर्जलवेणिरम्यां रेवां यदि प्रेक्षितुमस्ति कामः, रघु, 6.43
42. गवाक्षगता प्रवातमासेवमाना तिष्ठति, मालवि, अं, 1
43. पादानिन्दोरमृतशिशिरां जालमार्गप्रविष्टान्, उ. मेघ, 36
44. ततस्तदालोकन तत्पराणां सौधेषु चामीकरजालवत्सु।
विलोलनेत्रभ्रमरैर्गवाक्षाःसहस्रपत्राभरणा इवासन्।। रघु. 7.5,11
45. जालोद्गीर्णरुपचितवपुः केशसंस्कारधूपैः, पूर्वमेघ, 36
46. जालमार्गैर्धूमोद्गारानुकृतिनिपुणा जर्जरा निष्पतन्ति, उ. मेघ, 8
47. सम.सू., अ. 19.15-19
48. बृहत्संहिता, 56.15
49. द्वारोपान्ते लिखितवपुषौ शङ्खपद्मौ च दृष्टवा, उ, मेघ, 17
50. निर्व्यूहकुहरोपेतं . . . एवं काष्ठविधिं कृत्वा, नाट्यशा., 2.82
51. रुचिरकाञ्चनपत्रभङ्गमकराणां कार्दरङ्गचर्मणां सम्भारान्, हर्षच., उ. 6, पृ. 386
52. पर्यन्तलिखितदन्तपत्रलतम् मुक्ताशिलापट्टम्, काद., पृ. 590
53. ऊहप्रत्यूहसंयुक्तं नानाशिल्पप्रयोजितम्, नाट्यशा., 2.80

卐 卐 卐

8. धातु-शिल्प

(धातुवादः)

'धातुवाद' से अभिप्राय धातुविज्ञान या खनिज विज्ञान से है। कौटिल्य के अनुसार 'सुवर्ण-रजत-वज्र-मणि-मुक्ता-प्रवाल शङ्ख-लोह-लवण-भूमि-प्रस्तर और रस धातु (पारद) की संज्ञा खनि है क्योंकि ये खान से खनन कर्म के द्वारा प्राप्त किए जाते हैं।[1] संस्कृत वाङ्मय में गेरु आदि भी धातु के अंतर्गत आते हैं।

अमर कोश में सभी तैजस् धातुओं को सामन्य रूप से लौह कहा गया है—

सर्वञ्च तैजसं लौहम्।[2]

हेमचन्द्र ने लौह के अंतर्गत-स्वर्ण, रजत, ताम्र, रीति (पीतल), काँस्य, त्रपु (राँगा), शीस (सीसा) और कालायस (लोहा) इन आठ धातुओं की गणना की है।

इन धातुओं को ही खान से प्राप्त कर; शुद्ध करने, गलाने, मिलाने तथा इनसे विविध प्रकार के रसायन बनाने का शिल्प 'धातुवाद' है।

इस शिल्प की परम्परा सहस्त्रों वर्ष पुरातन है। प्रस्तर युग में औजरों के निर्माण के रूप में यह शिल्प प्राप्त होता है। तत्पश्चात् धातुयुग में प्रवेश करते ही मानव जाति ने इस शिल्प के माध्यम से सभ्यता के इतिहास में एक क्रांतिकारी परिवर्तन किया है। सर्वप्रथम मानव ने तैजस् धातु के रूप में ताँबे का प्रयोग करना सीखा। औजार, वर्तन और विभिन्न प्रकार के घरेलू उपकरणों में ताम्र धातु का प्रयोग हुआ। पुरातात्विक उत्खननों में मध्यभारत के गुंगेरिया नामक गाँव में 424 ताँबे के औजार तथा 102 चाँदी के गोल टुकड़े पाए गए हैं।[3]

सिन्धु सभ्यता में ताँबा, राँगा, सीसा, चाँदी और सोना इन पाँच धातुओं का प्रयोग हुआ है। इसके सबसे निचले स्तर में काँस्य (मिश्रित धातु) के प्रयोग से अनुमान है कि 3000 ई. पू. से पहले ही यह प्रयोग में आ चुका था। नर्तकी की काँस्य प्रतिमा प्राचीन भारत में धातुवाद या धातु-शिल्प की उन्नत अवस्था को सूचित करती है।

वैदिक साहित्य में निम्न धातुओं का वर्णन हुआ है—

हिरण्य (सोना), रुक्म (चाँदी), अयस् (काँसा), श्यामअयस् (लोहा), लोहित अयस्

या लोह अयस् (ताँबा), सीस, और त्रपु (राँगा या टिन)। स्वर्ण, सिंधु आदि नदियों से प्राप्त होता था[4] या खान से निकाला जाता था।[5] नदी की रेत को जल से धोकर सोना निकालने की कला का उल्लेख शतपथब्राह्मण में हुआ है।[6]

स्वर्ण से निष्क नामक आभूषण (शत., 5/1/2/19); सिक्के (शतमान, शत., 5/5/5/16); योद्धाओं के शिरस्त्राण (हिरण्यशिप्रा, ऋ, 2/43/3); पात्र आदि बनाए जाते थे।

चाँदी के भी आभूषण, पात्र और सिक्के बनाए जाते थे। ताम्बा विशेष रूप से पात्र बनाने के काम आता था (अथर्व., 8/10/22)। सीसे की गोलियों का उपयोग वस्त्र बुनते समय ताने को लटकाने के लिए होता था (यजु., 19/88)।

संस्कृत शास्त्र और साहित्य से इस कला के संबंध में निम्नलिखित तथ्यों का ज्ञान होता है—

स्वर्ण, रजत, ताम्रादि कच्ची धातुओं को शोधन और मिश्रण के द्वारा उपभोग योग्य बनाने की कला धातुवाद थी; जिसके ज्ञाता को 'धातुवादविद्' कहा जाता था। हर्षचरित् में बाणभट्ट की मित्रमण्डली के अंतर्गत धातुवादविद् विहंगम का उल्लेख हुआ है।[7]

किसी भी राष्ट्र की प्रगति के लिए धातुएँ बहुमूल्य सम्पत्ति मानी जाती थीं। इन पर राजकीय स्वत्व होता था। धातुकर्म से प्राप्त लाभ के अर्द्धांश पर राजा का अधिकार होता था[8] धातुओं की प्राप्ति से लेकर उनके संग्रह, उपयोग, क्रय-विक्रय आदि आकर कर्मों की व्यवस्था का दायित्व आकराध्यक्ष का था। उसके अधीन स्वर्णाध्यक्ष, लोहाध्यक्ष आदि उप अधिकारी होते थे। इन सभी को धातु शास्त्र, रसपाक अदि में निपुण होना आवश्यक था।[9] आकारध्यक्ष के पर्यवेक्षण में निम्नलिखित कार्य होते थे—

(1) खान का पता लगाना—

इसके लिए जल-मिट्टी आदि की कई प्रकार से परीक्षा की जाती थी :

(i) जल परीक्षा—

पर्वतों के बिलों, गुफा, ऊँची-नीची भूमि और छिपे हुए गर्तों से बहने वाले जल के रंग को देखकर खान का अनुमान किया जाता था। यदि बहता हुआ जल चिकना, स्वच्छ, भारी, जामुन, आम और ताल के फल के समान रंग वाला, हल्दी, हरिताल, मैनसिल, शहद आदि के समान पीला या केसरिया रंग का अथवा मयूर पंख के समान गहरे हरे रंग का हो तो वहाँ स्वर्ण की खान समझी जाती थी।

इस जल की कई प्रकार से परीक्षा करके स्वर्ण प्राप्ति का निश्चय किया जाता था— इस जल को दूसरे जल में मिलाने पर यदि जल तेल की तरह फैल जाए या निर्मली फल के समान उस जल को साफ कर यह जल नीचे बैठ जाए, सौ पल चाँदी या ताँबे को एक पल

जल सुनहरा बना दे तो निश्चित रूप से स्वर्ण की खान समझी जाती थी।

यदि पानी इसी प्रकार का हो किन्तु उसमें उग्र गँध और उग्ररस हो तो शिलाजीत की खान मानी जाती थी।[10]

(ii) भूमि परीक्षा–

मिट्टी के रंग, संरचना, गन्ध आदि के आधार पर भी खान का पता लगाया जाता था।

यदि किसी भू-भाग में भारी, चिकने और कोमल पत्थर हों, भूमि का रंग पिंगल, हरा, पाटल (कुछ-कुछ लाल) या अधिक लाल हो तो ताम्र धातु जाननी चाहिए।

जो भू-भाग कौए के समान काला, कपोत या गोरोचना के समान भूरे रंग का; बीच-बीच में सफेद रेखाओं से युक्त तथा दुर्गन्ध पूर्ण हो वहाँ सीसे की खान समझनी चाहिए।

जो भू-भाग अनुपजाऊ भूमि के समान कंकड़ पत्थर वाला तथा पकी मिट्टी के समान रंग का हो वहाँ त्रपु (राँगा) की खान होती है।

चिकने पत्थरों वाला, निर्गुण्डी पुष्प के समान श्वेत-लाल भू-भाग लोहे की खान का सूचक है तो कौए के अण्डे या भूर्जपत्र के समान वर्ण वाला भू-भाग इस्पाती लोहे का।[11]

(iii) धातु परीक्षा–

पथरीले स्थानों में प्राप्त धातु खण्ड की परीक्षा करके भी खान का निश्चय किया जाता था। इसके लिए तीन क्रियाएँ होती थी– 1. धातु को गलाना, 2. तोड़ना, 3. तपाना।

कौटिल्य के अनुसार निम्न लक्षणों से स्वर्ण की खान का पता लगाया जाता था–

यदि धातु, पीली, ताम्रवर्णी या लाल मिट्टी अथवा पत्थर से मिश्रित हो। यदि ऐसी धातु को गलाने पर नीली रेखा दिखाई दे, तोड़ने पर छोटी-छोटी रेत सी चमकीली रेखा या बिन्दु दिखाई दें, तपाने पर गोली सी चमकने लगे और टूटे नहीं।

रूप्य या रजत की खान का निश्चय निम्न लक्षणों से होता था–

यदि धातु में सीसा या अंजन का मिश्रण हो, तपाने पर शङ्ख, कर्पूर, स्फटिक आदि के समान सफेद रेखा या बिन्दु दिखाई दें, कोमल होने पर भी टूटे नहीं, तपाने पर बहुत अधिक फेन और धुँआ निकले।[12]

2. धातु-शोधन–

खान से प्राप्त कच्ची धातु को शुद्ध करने के लिए निम्नलिखित क्रियाएँ की जाती थीं–

(i) धातु को गलाना–

कौटिल्य के अनुसार धातु खण्ड को तीक्ष्ण मूत्रक्षार में बुझाकर, अमलतास, बड़, पीलु,

गोरोचना तथा गोबर में रखकर या लपेटकर तपाने से धातु शुद्ध होकर पिघलने लगती है। शहद, मुलहठी, बकरी का दूध, तेल, घृत, गुड़, सूरणकन्द आदि के योग की तीन भावना देने से ही अत्यंत कठोर धातु भी कोमल हो जाती है।[13]

कच्ची धातु को गलाकर लोहा, सोना आदि निकालने की प्रक्रिया वैदिक काल से ही ज्ञात थी शतपथब्राह्मण के एक महत्वपूर्ण सन्दर्भ में इस का उल्लेख हुआ है—

तस्मादश्मनोऽयो धमन्ति अयसो हिरण्यम्।[14]

लोहे को गलाकर खान से निकालने की प्रक्रिया की ओर बाणभट्ट ने भी सङ्केत किया है। हर्षचरित् में शबर युवा की दृढ़ देह की उपमा विन्ध्य पर्वत की खान से गलते हुए लोहे से दी गई है—

अयः सारमिव गिरेर्विन्ध्यस्य गलन्तम्।[15]

स्वर्णादि धातुओं को गलाने के लिए सीसा, क्षार, प्राकृतिक अम्ल आदि का प्रयोग किया जाता था।

कौटिल्य के अनुसार चाँदी को चार भाग सीसा मिलाकर शुद्ध करना चाहिए। जब उसमें चूलिका सी उठ आए, वह स्वच्छ दही के समान वर्ण की स्निग्ध और चमकदार हो जाए तब उसे शुद्ध समझना चाहिए।[16]

(ii) अग्नि में तपाना—

धातु को गलाते समय सीसे के प्रयोग से कभी-कभी धातु फटने लगती थी ऐसी स्थिति में घातु शोधन की इस प्रक्रिया का प्रयोग ही अधिक होता था। अग्नि में तपाने से शुद्ध धातु और मिश्रित का अंश अलग हो जाते थे—

कालिदास ने हेम को अग्नि में तपाकर श्यामिका (खाद या मिश्रण) को अलग करने का सङ्केत किया है—

हेम्नः संलक्ष्यते ह्यग्नौ विशुद्धिः श्यामिकापि वा।[17]

कौटिल्य के अनुसार— उत्तम स्वर्ण को गलाते या साफ करते समय जो पीला-सफेद सा अशुद्ध अंश बचता है; वह अप्राप्तक कहा जाता है। इस अप्राप्तक को स्वर्ण परिमाण से चार गुना सीसा डालकर शुद्ध करना चाहिए। यदि सीसे के योग से स्वर्ण फटने लगे तो उसे जंगली कण्डों से पिघलाना चाहिए। यदि रुक्षता के कारण स्वर्ण फटता है तो उसमें तेल गोबर की भावना देनी चाहिए।

यदि खान से उत्पन्न स्वर्ण भी सीसा मिलाने पर फटने लगता है तो उसे तपाकर उसके पत्र बना लें और घन से कूटें, तत्पश्चात् कन्दली लता और वज्रकन्द के कल्क में डुबोकर

रखें।[18]

स्वर्णादि धातुओं को पकाने के लिए पाकयंत्र का उल्लेख भी कौटिल्य ने किया है। पके हुए स्वर्ण और रजत को उज्ज्वल करने के लिए सैन्धविक (सिन्धु देश की रज) का उपयोग किया जाता था।[19]

लौह आदि धातुओं को तपाने पर उसका वर्ण भी अग्नि के समान चमकीला हो जाता है। बाणभट्ट ने ऋषिकुमार हारीत की जटाओं की उपमा तपाए हुए लोहे के लोहित वर्ण से दी है।[20]

विशाल लौह खण्डों को तपाकर घन की चोट से उसे तोड़ा जाता था। कालिदास ने एक उत्प्रेक्षा के माध्यम से इस क्रिया की ओर सङ्केत किया है जिस प्रकार घन की चोट से तपा हुआ लोहा फट जाता है उसी प्रकार पत्नी की निंदा से श्रीराम का हृदय विदर्ण हो गया—

अयोघनेनाय इवाभितप्तं वैदेहिबंधोर्हृदयं विदद्रे।[21]

(3) मिश्रण

विभिन्न धातुओं को मिश्रित करके एक नई धातु बनाने की कला भी प्राचीन भारत मे ज्ञात थी। ताँबा और राँगा को मिलाकर काँसा या फूल बनाया जाता था। उत्तम काँसे में 96 भर ताँबा और 26 भर राँगा के साथ दो भर चाँदी भी मिलाई जाती थी।[22] काँस्य का उपयोग विभिन्न प्रकार के पात्रों, प्रतिमा, सिक्के आदि को बनाने के लिए किया जाता था।

स्वर्ण में विविध वर्णी शोभा उपन्न करने के लिए भी चाँदी, ताँबा आदि धातुओं का मिश्रण किया जाता था।[23] कौटिल्य ने इस प्रकार के मिश्रित स्वर्ण के कई नामों और वर्णों का उल्लेख किया है; जैसे—

शुद्ध स्वर्ण में दो माशा तक चाँदी मिलाने से श्वेत तार स्वर्ण बनता है। बत्तीस भाग श्वेत तार स्वर्ण में तीन भाग तपनीय स्वर्ण मिलाकर श्वेत-लोहित स्वर्ण बनाया जाता है। तपनीय स्वर्ण में तीन भाग ताम्बे के मिश्रण से स्वर्ण पीत-रक्त हो जाता है; सोने में आधा भाग लोहा मिलाने से कृष्ण वर्ण स्वर्ण बनता है।[24]

सोना चुराने के लिए भी स्वर्णकारों द्वारा स्वर्ण में कई प्रकार के मिश्रण किए जाते थे—

दो भाग चाँदी और एक भाग ताँबा मिलाकर बनाई गई चाँदी त्रिपुटक कही जाती थी, इसे सोने में मिलाकर जो सोना चुराया जाता था उसे 'त्रिपुटकापसारित' कहा जाता था। ताँबे में सोना मिलाकर और फिर उस मिश्रण को शुद्ध स्वर्ण में मिलाकर जो स्वर्ण चुरया जाता था उसकी संज्ञा हेमापसारित थी।[25]

धातुओं में मिश्रण, विभिन्न प्रकार के सिक्कों को बनाने के लिए भी किया जाता था। कौटिल्य ने लक्षणाध्यक्ष (टकसाल का अध्यक्ष) के पर्यवेक्षण में मिश्रित धातुओं से बनी निम्न

प्रकार की मुद्राओं का उल्लेख किया है—

पण—

चार मासा ताँबा, एक मासा तीक्ष्ण त्रपु, सीसा या लोहा तथा ग्यारह मासा चाँदी मिलाकर सोलह मासे का एक पण बनाय जाता था। इसी प्रकार अर्धपण, और अष्ट भाग पण (दो आना) भी बनाए जाते थे।

माषक—

ग्यारह मासा ताँबा, चार मासा चाँदी तथा एक मासा लोहा मिलाकर 'माषक' नाम का सिक्का बनाया जाता था।

काकणी—

काकणी और अर्द्धाकाकणी भी मिश्रित धातुओं से निर्मित मुद्राएँ थीं।[26]

विभिन्न धातुओं को परस्पर मिश्रित करने के लिए अग्नि में तपाकर गलाया जाता था। एक ही धातु के दो खण्डों को जोड़ने के लिए भी यही प्रक्रिया अपनाई जाती थी महाकवि कालिदास 'तप्तेन तप्तमयसा घटनाय योग्यम्'[27] के द्वारा इसी तकनीक की ओर सङ्केत करते हैं।

पिघली हुई धातु को जमाने के लिए विशेषप्रकार के चूर्ण का प्रयोग किया जाता था। कौटिल्य के अनुसार यह चूर्ण गाय के दाँत और सींग से बनाया जाता था।[28]

स्वर्ण और रजत को पिघलाकर द्रव बनाने की कला भी प्राचीन भारत में ज्ञात थी। बाणभट्ट के अनुसार तेजस्वी ऋषिकुमार हारीत की देह प्रभा ऐसी प्रतीत होती थी मानों उसे तपाए हुए कनक द्रव्य से लिप्त कर दिया गया हो।[29] महाश्वेता की श्वेत देह काँति के वर्णन में रजत-द्रव का भी उल्लेख हुआ है।[30] मिट्टी की गुरियों को सुनहरे रंग से रंगा जाता था।[31] हर्षचरित् में शुकसारिकाओं के लिए बने बेंत के पिंजड़े को सुनहरे द्रव से लिप्त करने का वर्णन हुआ है।[32] चाँदी और ताम्बे आदि के आभूषणों पर सोने का पानी और पत्रा चढ़ाने की कला का भी उल्लेख कौटिल्य ने किया है।[33]

मणि-मुक्ता-स्वर्ण-रजत आदि के भस्म का उपयोग आयुर्वैदिक औषधियों में किया जाता था। गेरु आदि धातुओं के वर्ण का उपयोग चित्रकला[34], लेखनकला[35] आदि में होता था।

इस प्रकार धातुवादः, भू-गर्भ और भू-पृष्ठ पर निहित धातुओं का मानवीय हित और समृद्धि के लिए उपयोग का शिल्प था।

सन्दर्भ-सङ्केत

1. अर्थशास्त्र, 2.6.4
2. अमरकोश, 2.9.99
3. हिन्दूसभ्यता, पृ. 31
4. स्वश्वा सिन्धुः सुरथा सुवासा हिरण्ययी, ऋग्वेद, 10.76.8
5. विश्वम्भरा वसुधानी प्रतिष्ठा हिरण्यवक्षसा जगतो निवेशनी, अथर्व., 12.1.6
6. शतपथब्रा., 2.1.1.5
7. हर्षचरित, उ. 1, पृ. 75
8. मनुस्मृति, 8.39
9. आकराध्यक्षः शुल्बधातुशास्त्ररसपाकमणिरागज्ञः . . अर्थशास्त्र, 2.12.1
10. पर्वतानामभिज्ञातोद्देशानां बिलगुहोपत्यकालयनिगूढखातेष्वन्तः प्रस्यन्दिनो जम्बू चूततालफलपक्वहरिद्राभेद . . . शुकमयूरपत्रवर्णाः सवर्णोदकौषधीपर्यन्ताश्चिक्कणा विशदा भारिकाश्च रसाः काञ्चनिकाः। अर्थशास्त्र, 2.12.2-4
11. वही, 2.12.12-16
12. अर्थ., 2.12.5-6
13. वही. 2.12.8-9
14. शतपथब्रा., 5.1.2.19
15. हर्षच., उ. 8, पृ. 416
16. उद्‌गतचूलिकमच्छं भ्राजिष्णु दधिवर्णं च शुद्धम्। अर्थ., 2.13.17
17. रघुवंशम्, 1.10
18. अर्थ., 2.13.11-12
19. पाकयंत्र पक्वं सैन्धविकयोज्वालितम्। वही, 2.13.52
20. उत्तप्तलौहलोहिनीम् . . . जटानां निकरेणोपेतः। काद., पृ. 110
21. रघु., 14.36
22. हिन्दू सभ्यता, पृ. 30, पादटिप्पणी
23. तीक्ष्ण काकणी रूप्यद्विगुणो राग प्रक्षेपः, अर्थ, 2.14.9
24. वही, 2.13.55-61
25. रूप्यस्य द्वौ भागौ एकं शुल्बस्य त्रिपुटकम्। तेनाकरोद्गतमपसार्यते तत्त्रिपुटकापसारितम् . . . शुल्वार्धसारेण हेम्ना हेमापसारितम। आर्थशा., 2.14.21, 22,25

26. वही., 2.12.27–28

27. विक्रमो., 2.15

28. गोदन्तशृङ्गप्रतीवापो मृदुस्तम्भनः। अर्थ.,2.12.11

29. कनकद्रवेणेव बहुरुपलिप्तमूर्तिः। काद. पृ. 109

30. रजतद्रवेणेव निर्मृष्टाम्। वही, 394

31. काञ्चन रसखचितामिव मृण्मयगुटिका कदम्बमालाम्। काद., पृ. 219

32. चामीकररसचित्रवेत्रपिञ्जर, हर्षच., उ. 7, पृ. 388

33. अर्थशास्त्र, 2.14.32

34. त्वामालिख्य प्रणयकुपितां धातुरागैः शिलायाम्। मेघ., 2.47

35. न्यस्ताक्षरा धातुरसेन यत्र भूर्जत्वचः कुञ्जरबिन्दुशोणाः।
व्रजन्ति विद्याधरसुन्दरीणामनङ्गलेखक्रिययोपयोगम्।। कुमारसं., 1.7

卐 卐 卐

९. उपवन लगाने की कला

(वृक्षायुर्वेदयोगाः)

मानव ने प्रकृति की जिस हरी-भरी गोद में जन्म लिया है; पुष्पों की जिस मधु गंध से वह उच्छ्वसित हुआ है; वनस्पति जगत् के जिस अवदान से वह पुष्ट हुआ है; निसर्ग की जिस पावन सुन्दरता ने उसे मन की उदात्तता दी है; जिन हरे भरे कुञ्जों की सघन छाया ने उसे विश्रान्ति दी है— उसी निसर्ग को अपने समीप बसा लेने की; आत्मीय बना लेने की कला है—

'वृक्षायुर्वेदयोगाः'।

आयुर्वेद का अर्थ है— आयु को देने वाला वेद या शास्त्र। वृक्षायुर्वेद वृक्षों को दीर्घायुष्य एवं स्वास्थ्य प्रदान करने वाला शास्त्र है इस शास्त्र का जीवन में उपयोग अर्थात् वृक्षों के रोपण, पोषण, चिकित्सा, दोहद आदि के द्वारा मनचाहे फल और फूलों की समृद्धि को प्राप्त करने की कला है— वृक्षायुर्वेदयोगाः।[1अ]

इस कला का प्रयोजन या उद्देश्य है— मनोरम उद्यान या बगीचे की रचना। संस्कृत भाषा में बगीचे के लिए उपवन, आराम और उद्यान शब्दों का प्रयोग हुआ है। उप-वन वह है जो गुणों में वन के समीप हो या छोटा सा वन ही हो। आ-राम शब्द 'रम्' धातु से बना है जिसका अर्थ है 'रमना'। आराम वे हैं जहाँ मानव-मन रम जाए, विश्रान्ति और आनन्द प्राप्त करे। उद्यान वे हैं जो मनुष्य को वृक्षों के समान उत्-ऊपर, यान-उठने की-बढ़ने की प्रेरणा दें। फल के समान माधुर्य और पुष्पों के समान रूप, रस और गन्ध की शोभा बिखेरने के लिए प्रेरित करें।

प्राचीन भारत में उद्यान; नगर निवेश एवं भवन-वास्तु के अनिवार्य अंग माने गए थे। वराहमिहिर के अनुसार उद्यानों से युक्त नगरों में देवता सर्वदा निवास करते हैं—

रमन्ते देवता नित्यं पुरेषूद्यानवत्सु च।[1ब]

संस्कृत साहित्य में शायद ही कोई ऐसी कृति हो जिसमें नगर एवं प्रासाद वर्णन के

प्रसंग में उपवन का वर्णन न हुआ हो। देवलोक का नन्दनवन; लंकापुरी की अशोकवनिका (रामा., सुन्दरकाण्ड) ; अयोध्या के उद्यान और आम्रवन (रामा., बालका., 5/12); नागरकों के विहार के लिए नगर के समीपवर्ती वन (पुरोपकण्ठवनानि, रघु., 14/30); राजभवनों के प्रमदवन (अभि. शा., अंक 6, विक्रमो., अं. 2), कन्यान्तःपुरों के क्रीडोद्यान (कादम्बरी); अनेक प्रकार के लतामण्डप (विक्रमो, अं. 2, स्वप्नवा., अं. 2) तथा गंधपुष्पों की वीथियाँ इसी कला की देन हैं।

एक विद्या या ज्ञान की शाखा के रूप में प्राचीन भारत में वृक्षायुर्वेद का अपना शास्त्र था जिसका संक्षिप्त विवेचन बृहत्संहिता के 55 वें अध्याय में हुआ है। इस विवेचन तथा साहित्य में प्राप्त संदर्भों के आधार पर इस कला के सम्बन्ध में निम्न तथ्यों का ज्ञान होता है—

(1) वृक्ष एवं उपवन लगाने के योग्य स्थान—

सरोवर, नदी आदि जल स्रोतों के तटवर्ती स्थानों को वृक्षारोपण के लिए उत्तम माना गया था तालाबों के जल से जहाँ वृक्षों को जीवन मिलता था वहीं जलाशय की शोभा भी छायादार वृक्षों से मानी जाती थी—

प्रान्तच्छायाविनिर्मुक्ता न मनोज्ञा जलाशयाः।
यस्मादतो जलप्रान्तेष्वारामान् विनिवेशयेत्।।[2अ]

अतः उपवन प्रायः जलस्रोतों के समीप या तटप्रदेश पर ही लगाए जाते थे। उज्जयिनी में शिप्रा की ठंडी वायु से कंपित उद्‌यानों की कतारें[2ब] दिखाई देती हैं तो हिमालय की वादियों में मालिनी नदी के तट पर लतावलय से युक्त कुञ्ज।[3]

राजभवनों तथा नागरकों के गृहों में जहाँ ये प्राकृतिक जलस्रोत नहीं होते थे वहाँ कुँआ, वापी (चौकोर या गोल आकार का तालाब या बावड़ी) तथा दीर्घिका (आयाताकार लम्बे तालाब) बनावाए जाते थे।[4]

यक्ष के उद्‌यान में मरकत मणि से जड़ी हुई सीढ़ियों वाली एक मनोरम वापी[5] थी तो अग्निमित्र के प्रमदवन में कमलों से युक्त सुंदर दीर्घिका।[6]

(2) वृक्षारोपण के लिए भूमि तैयार करना—

कोमल मिट्‌टी वाली भूमि सभी वृक्षों के लिए हितकारी मानी जाती थी। भूमि को अधिक उर्वर और मृदु बनाने के लिए पहले तिल बोया जाता था। जब पौधे फूलने लगते थे तब उन्हें मसलकर मिट्‌टी के साथ मिला दिया जाता था। यह बगीचा लगाने के लिए भूमि का प्रथम प्रतिकर्म या संस्कार था।

(3) मांगलिक वृक्षों का प्रथम रोपण—

मिट्‌टी तैयार हो जाने पर नगरोद्यानों या गृहोद्यानों में सर्वप्रथम मंगल वृक्ष लगाए जाते थे। अरिष्ट (नीम), अशोक, पुन्नाग, शिरीष और प्रियंगु मंगल वृक्ष माने गए थे।[7]

मेघदूत में यक्षप्रिया द्वारा लगाए गए उद्यान में हम माधवीलता के मण्डप के समीप तरंगित पल्लवों वाले रक्त अशोक को पाते हैं।[8अ] एक कोने में है लाल-लाल गुच्छों वाला मन्दार का छोटा सा वृक्ष जिसकी शाखाओं को हाथ से ही झुकाया जा सकता है—

हस्तप्राप्यस्तबकनमितो बालमन्दारवृक्षः।[8ब]

(4) उपवन की बाड़ लगाना—

उपवन की सुरक्षा के लिए नाना प्रकार के पुष्प युक्त पादपों की बाड़ लगायी जाती थी। यक्ष के उद्यान में माधवी मण्डप के चारों ओर कुरबक[9] वृक्षों की बाड़ लगाई गई थी। दशार्ण देश के उपवनों में केतकी[10] की बाड़ें लगायी गई थीं जो वर्षा ऋतु में खिले हुए पुष्पों से सफेद दिखाई देती थीं। कुरवक की पत्तियों को पशु नहीं खाते तथा यह गुलाबी फूलों के गुच्छों से बड़ा मनोरम दिखाई देता है। केतकी के फूल काँटेदार होते हैं तथा इनकी सुगंध बड़ी तीव्र होती है। अतः बाड़ के लिए इनका प्रयोग किया जाता था। नगरों को घेरने के लिए शाल जैसे विशाल वृक्ष लगाए जाते थे जो ऋतु आने पर मनोहारी फूलों से लद जाते थे। रामायण की अयोध्या शाल वृक्षों[11] से घिरी हुई थी। शाल वृक्षों के पुष्पों को तोड़ने के खेल से भाारतीय मूर्ति शिल्प में 'शालभञ्जिका' मुद्रा का जन्म हुआ है।

शाल्मली (सेमल) शमी, बड़, गूलर आदि वृक्ष ग्रामों या नगरों की सीमा निर्धारण के लिए भी लगाए जाते थे।[12अ] हरे भरे स्निग्ध वृक्षों को देखकर नगर की समीपता का अनुमान कर लिया जाता था—

सोपस्नेहतया वृक्षाणामभितः खल्वयोध्या भवितव्यम्।[12ब]

(5) पादप संरोपण—

वृक्षारोपण की कई विधियाँ थीं— छोटे पौधों का रोपण; वृक्ष की शाखा का रोपण या कलम लगाना तथा शाखा युक्त वृक्ष का रोपण।

छोटे पौधों को लगाने के लिए पौध तैयार कर ली जाती थी। इन्हें शिशिर ऋतु में लगाना उत्तम माना जाता था। शाखा युक्त पौधे को अधिक ठंडे मौसम में अर्थात् हेमन्त ऋतु में तथा शाखा-प्रशाखा से युक्त बड़े पौधे को वर्षा ऋतु में रोपा जाता था। वृक्षारोपण के लिए एक स्थान से पौधे को उखाड़कर दूसरे स्थान पर लगाने की क्रिया पौध प्रतिरोपण कही जाती थी। वराहमिहिर इस संदर्भ में एक महत्वपूर्ण तथ्य का निर्देश करते हैं कि प्रतिरोपण करते समय वृक्ष को पूर्व-वत दिशा में लगाना वृक्ष की समृद्धि और विकास के लिए उत्तम होता है।[13]

पौध प्रतिरोपण से पहले पेड़ को उखाड़ने की क्रिया की जाती थी इसे विरोपण कहा गया है। विरोपण से पूर्व वृक्ष के मूल से लेकर शाखा तक एक विशिष्ट लेप किया जाता था जो घी, खस, तिल, शहद, वायविडंग, दूध और गोबर के मिश्रण से तैयार किया जाता था।

कटहल, अशोक, केला, जामुन, लिकुच, दाडिम (अनार), द्राक्षा (दाख), बिजौरा और अतिमुक्तक वृक्षों की शाखाएँ या कलम लगाई जाती हैं अतः इन वृक्षों की शाखा काटकर गोबर से लेपकर लगाई जाती थी या जड़ के पास से सावधानी से काटकर इसे लगाया जाता था।[14] बहुत पास-पास उत्पन्न हुए, एक दूसरे का स्पर्श करने वाले तथा मिली हुई जड़ों वाले वृक्ष पीड़ित होने के कारण ठीक से फल नहीं पाते अतः वृक्षारोपण के समय समुचित दूरी का ध्यान रखना भी आवश्यक था। दो वृक्षों के मध्य बीस हाथ की दूरी उत्तम, सोलह हाथ की दूरी मध्यम और बारह हाथ की दूरी अधम मानी गई थी।

वृक्षारोपण में नक्षत्रों के प्रभाव का आकलन भी प्राचीन वृक्षायुर्वेद के ज्ञाता विद्वानों ने किया था। तदनुसार उत्तरा, रोहिणी, मृगशिरा, रेवती, चित्रा, अनुराधा, मूल, विशाखा, पुष्य, श्रवण, अश्विनी और हस्त नक्षत्र वृक्षारोपण के लिए उत्तम माने गए थे।[15]

(6) पौधों का सिंचन—

वृक्षायुर्वेद के अनुसार ग्रीष्म ऋतु में प्रातःकाल और सायं काल दिन में दो बार, शीतकाल में एक दिन छोड़कर दूसरे दिन तथा वर्षाकाल में भूमि के सूखने पर वृक्षों को सींचना चाहिए।

वृक्षवाटिका के पौधों को सींचने का वर्णन साहित्य में अनेकशः हुआ है। छोटे-छोटे घड़ों से बाल पादपों को सींचने का कार्य प्रायः किशोरी कन्याएँ ही किया करती थीं। संस्कृत साहित्य की नायिकाओं सीता[16], पार्वती[17], शकुन्तला[18अ] आदि को वृक्षों की यह परिचर्या विशेष प्रिय है।

शकुन्तला और उसकी सखियों का प्रथम दर्शन ही वृक्षवाटिका के पौधों को सींचते हुए होता है—

एतास्तपस्विकन्यकाः स्वप्रमाणानुरूपैः सेचनघटैः बालपादपेभ्यः पयो दातुम् इत एवाभिवर्तन्ते।[18ब]

प्रत्येक पादप को पर्याप्त जल मिल सके इसके लिए मूल भाग में आलवाल (क्यारियाँ) बनी होती थीं जिन्हें घड़े के जल से भर दिया जाता था।[19अ]

बाल पादपों (छोटे पौधों) तथा वृक्षकों (कुछ बड़े पौधों या छोटे वृक्षों) को घड़े के जल से सींचा जाता था। शाखी (शखा युक्त बड़े वृक्षों) को सींचने के लिए नहरें बना दी जाती थीं—

कुल्याम्भोभिः पवनचपलैः शाखिनो धौतमूलाः[19ब]

जामुन, वेतस, वानीर, कदम्ब, उदुम्बर, अर्जुन, वञ्जुल, नक्तमाल, तिलक और कटहल आदि वृक्षों को बहुत अधिक जल की आवश्यकता होती है अतः ये वृक्ष अनूप (बहुत जल वाले) देश में ही लगाए जाते हैं।

(7) **वृक्ष चिकित्सा**—

वृक्षायुर्वेद का एक महत्वपूर्ण अंग रोगी वृक्षों की चिकित्सा है। आवश्यकता से अधिक शीत, वात तथा धूप वृक्षों के रोग के कारण हैं। इनसे वृक्षों के पत्ते पीले हो जाते हैं, शाखाएं सूखने लगती हैं, वृद्धि रुक जाती है तथा शाखाओं से रस टपकने लगता है। इनकी चिकित्सा निम्न विधि से करनी चाहिए—

(1) **शस्त्र-शोधन**— वृक्ष के सूखे और सड़े अंगों को शस्त्र से काट दें।

(2) **लेपन**— वृक्ष की डालियों पर वायविडंग, घी और गीली मिट्टी का लेप करें।

(3) **सिञ्चन**— तत्पश्चात् दूध मिले जल से पौधे को सींचें।

फल-पुष्प से रहित बन्ध्य वृक्ष संतानहीनता के समान दुःख देते हैं।[20] उनकी चिकित्सा के लिए नाना प्रकार के उर्वरकों का छिड़काव किया जाता था। बृहत्संहिता में उर्वरक के छिड़काव हेतु घोल तैयार करने की विधि इस प्रकार बताई गई है—

(1) कुलथ, उड़द, मूँग, तिल और जौ दूध में डालकर उबालें। ठण्डा हो जाने पर उस दूध से वृक्ष की सींचें।

(2) भेड़ ओर बकरी के मेंगन का चूर्ण दो आढक, तिल एक आढक, सत्तू एक प्रस्थ, जल एक द्रोण ओर गोमांस एक तुला; इन सबको एक पात्र में डालकर सात दिन तक रखें फिर इस घोल से वृक्ष, लता और गुल्म को सींचें (55/16-18)।

(8) **बीजोपचार**—

बीजों को सुरक्षित रखने, अधिक फल और पुष्प प्राप्त करने तथा उन्नत किस्म के बीजों को बनाने की कला को बीजोपचार कहा जाता है। कौटिल्य के अर्थशास्त्र में बीजों की सुरक्षा के लिए महत्वपूर्ण जानकारी प्राप्त होती है। तदनुसार-ईख आदि काण्ड बीजों को शहद, घी और सूअर की चर्बी में डुबोकर गोबर में लपेटकर रखना चाहिए। कन्द (वॉल्ब) को शहद और घी से लेपकर तथा गुठली के भीतर से निकलने वाले बीजों को गोबर में मिलाकर रखना चाहिए (2/24/33)। बृहत्संहिता में बीज से पुष्प और फल सहित पौधा उत्पन्न करने तथा वृक्ष के बीजों से वल्ली (लता) बनाने की विधि बताई गई है।

(1) **बीज से पुष्प सहित पौधा उगाना**— दस दिन तक दूध में डूबे हुए बीज को घी के हाथ से चुपड़ें फिर गोबर से उसे बार-बार रूखा करें, सूकर और हरिण के मांस को जलाकर उसकी धूप दें फिर मछली और सूअर की चर्बी के साथ परिकर्म (तिल को बोने एवं मिलाने से मृदुल) युक्त भूमि में बोएँ तथा दूध युक्त जल से सींचे तो उस स्थान से जो वृक्ष उत्पन्न होगा वह फूल के साथ होगा (55/19-20)।

(2) **एक ही दिन में वृक्ष बनकर फल लग जाना**—

अंकोल फल के कल्क या तेल से अथवा लसोड़े के कल्क अथवा तेल से बीज

को सौ भावना देकर (सौ बार गीला कर) ओले से भीगी हुई मिट्टी में बोने पर वह बीज तुरंत अंकुरित होकर फलभार से झुकी हुई शाखा बन जाता है—

वापितं करकोन्मिश्रं मृदि तत्क्षणजन्मकम्।
फलभारान्विता शाखा भवतीति किमद्भुतम्।।[21अ]

(3) वृक्ष के बीज से लता बनाना—

वृक्षायुर्वेद की कला में इस प्रकार के मनोरम प्रयोग भी मिलते हैं।

इमली की लता बनाने के लिए इमली के बीज को-धान, उड़द, तथा तिल का चूर्ण, सत्तू, एवं सड़े माँस के मिश्रण से गीला करें फिर हल्दी की धूप दें। इस विधि से उपचारित बीज को बोने पर इमली की लता बनती है (वही, 55/21)।

बीज से तत्काल लता बनाने के लिए अन्य प्रयोग भी थे। सुन्दर पत्तों वाली, मण्डप को ढक लेने वाली कपित्थ (कैंथ) की लता को तत्काल उगाने की विधि बृहत्संहिता में प्राप्त होती है—

उप्तं च बीजं चतुरंगुलाधो मत्स्याम्भसा मांसजलैश्च सिक्तम्।
वल्ली भवत्याशु शुभप्रवाला विस्मापनी मण्डपमावृणोति।।[21ब]

साहित्य में भी इस प्रकार की लताओं का उल्लेख हुआ हैं अशोक, शमी और आम के वृक्ष ही होते हैं। पर कालिदास अशोक लता[21] और शमीलता[22] का तथा बाणभट्ट सहकार लता [23] का वर्णन करते हैं। संभवतः उस प्राचीन युग में वृक्षायुर्वेद की कला से ऐसी लताएं उगाई जाती थीं, ये काल्पनिक[34] लताएं नहीं थीं।

(9) वृक्षदोहद—

फल-पुष्पों की अत्यधिक समृद्धि और अकाल पुष्पोद्गम (बिना मौसम के फूल खिलाने) के लिए वृक्षदोहद का वर्णन संस्कृत साहित्य में बहुलता से हुआ है।

'दोहद' शब्द का सामान्य अर्थ है इच्छा अथवा लालसा किन्तु गर्भ चिह्न[25] और गर्भिणी स्त्री की लालसा[26] के अर्थ में यह रूढ़ हो गया है। वृक्षों के संदर्भ में यह विशेष रूप से पुष्पोद्गम और कहीं-कहीं फलोद्गम के अर्थ में भी प्रयुक्त हुआ है। शब्दार्णव के अनुसार—

कुशल व्यक्ति द्वारा; तरु, गुल्म और लता में जिन द्रव्यों और क्रियाओं से अकाल पुष्पोद्गम कराया जाता है उसे दोहद कहते हैं।[27]

कौटिल्य दोहद के स्थान पर मूल शब्द 'दौहृद' का प्रयोग करते हैं और समय पर वृक्षों की दौहृद क्रिया को आवश्यक मानते हैं— काले दौहृदं च (अर्थ., 2/24/33)। इस प्रसंग में वे पौधों के कुछ बड़े (प्ररूढ़) हो जाने पर उनके लिए छोटी मछलियों की गीली

खाद और स्नुही (सैंडे) के दूध से सिंचाई आवश्यक मानते हैं।[28]

स्प्ट है कि वर्तमान रासायनिक या प्राकृतिक उर्वरकों या खाद के अर्थ में दोहद शब्द का प्रायोग हुआ है। मोनियर विलियम्स के अनुसार दोहद एक प्रकार का सुगंधित द्रव्य है जिसका प्रयोग खाद की भांति किया जाता है।[29]

कर्पूरमंजरी में हम चम्पकलता के आलवाल को कस्तूरी-कपूर आदि से पूर्ण किए जाने का उदाहरण भी पाते हैं।[30अ]

दोहद धूप—

नैषध महाकाव्य में फलसमृद्धि के लिए दाडिम (अनार) वृक्ष को दोहद धूप दिए जाने का उल्लेख हुआ है—

फलानि धूमस्य धयानधोमुखान स दाडिमे दोहदधूपिनि द्रुमे।[30ब]

इसी संदर्भ में मल्लिनाथ की टीका में दाडिम की फलवृद्धि के लिए कई प्रयोग बताए गए हैं—

(1) भेड़ के माँस से युक्त जल से सींचना तथा उसके बालों और माँस का धूप (धुआँ) देना।

(2) मत्स्यमाँस, घी और त्रिफला का लेप।

(3) बकरी अथवा भेड़ के माँस से लेप और धूप का प्रयोग।

इस प्रकार फल समृद्धि के लिए उर्वरक के साथ धूप का भी प्रयोग किया जाता था। धूप से पौधे कीड़ों और रोगों से मुक्त होते थे।

संस्कृत साहित्य में स्त्रियों की विभिन्न क्रियाओं से अशोक, बकुल, चम्पक आदि के पुष्पोद्गम का वर्णन हुआ है तथा इसे कवि समय या कवि प्रसिद्धि कहा गया है। कवि प्रसिद्धि के अनुसार—सुन्दर स्त्रियों के स्पर्श से प्रियंगु, मुखमदिरा के सिंचन से बकुल, पदाघात से अशोक, वीक्षण अथवा अवलोकन से तिलक, आलिंगन से कुरबक, नर्म वचन से मन्दार, मृदु हास्य से चंपक, मुख वायु से आम्र, गान से नमेरु ओर नृत्य से कर्णिकार पुष्पित होता है।[31अ]

कालिदास यक्षप्रिया के पादाघात से अशोक एवं मुखमदिरा के सिंचन से बकुल वृक्ष के पुष्पित होने का वर्णन करते हैं—

रक्ताशोकश्चलकिसलयः केसरश्चात्रकान्तः
प्रत्यासन्नौ कुरबकरवृत्तेर्माधवीमण्डपस्य।
एकः सख्यास्तव सह मया वामपादाभिलाषी
काङ्क्षन्त्यन्यो वदनमदिरां दोहदछद्मनास्याः।।[31ब]

मालविकाग्निमित्र नाटक की सुखद परिणति में अशोक-दोहद की महती भूमिका है। मालविका के पादाघात से अशोक पुष्पित होता है और महारानी धारिणी प्रसन्न होकर अग्निमित्र से उसका विवाह करवा देती हैं।

साहित्य में दोहद का इस रूप में वर्णन होने पर भी वृक्षायुर्वेद में इस दोहद का उल्लेख नहीं है।

साहित्य में अकाल पुष्पोद्गम के अन्य संदर्भ भी हैं। रत्नावली नाटिका में नायक उदयन द्वारा दोहद क्रिया से नवमल्लिका को पुष्पसमृद्धि से युक्त किए जाने का वर्णन है—

अद्य किल भर्त्ता श्रीपर्वतादागतस्य श्रीखण्डदासनामधेयस्य धार्मिकस्य सकाशादकालकुसुमसंजनन दोहदं शिक्षयित्वा नवमालिकां कुसुमसमृद्धि शोभितां करिष्यति इति।[32अ]

प्रस्तुत कला के संदर्भ में अत्यंत महत्वपूर्ण इस उल्लेख से ज्ञात होता है कि वृक्ष दोहद की कला विशेष रूप से सीखी जाती थी। स्वयं राजा भी इसे सीखते थे। श्री पर्वत से आए हुए धार्मिक से यह कला सीखी गई थी। पाँचवी-छठवीं शताब्दी में श्री पर्वत तंत्र मंत्र और अनेक चमत्कारों का केन्द्र माना जाता था। संभवतः वृक्ष-दोहद के मूल में भी चमत्कार की कल्पना पनपने लगी थी।

इस प्रकार 'वृक्षायुर्वेदयोगाः' वृक्षों की समृद्धि के लिए अनेक प्रकार के प्रयोगों की कला थी। प्राचीन भारत में गृहोद्यानों की देखभाल प्रायः स्त्रियाँ, कुमारी कन्याएँ ही करती थीं। वे इस कला को सीखती थीं। वात्स्यायन ने इसे भार्या (विवाहिता पत्नी) का विशेष कर्त्तव्य बताया है। उनके अनुसार गृहिणी— साफसुथरी जगह में नित्य प्रयोग में आने वाली सब्जियाँ, ईख, जीरा, सौंफ, सरसों आदि मसालों की क्यारियाँ तथा तमाल के गुल्म लगवाए।

बेला, चमेली, मालती, तगर, कदम्ब, जपा आदि पुष्पों के पौधे लगाए तथा बैठने के लिए चबूतरे बनबाए।[32ब]

राजभवनों में भी प्रमदवनों की देख-भाल प्रायः स्त्रियाँ ही करती थीं; इन्हें उद्यानपालिका[33] या उद्यानपाली[34] कहा जाता था। ये प्रमदवन नाना प्रकार के सुगंधित पुष्पों, फलदार वृक्षों, सदाबहार पौधों लताकुञ्जों और कदलीगृहों से शोभित होते थे। इस कला के माध्यम से इन उपवनों को सभी ऋतुओं की पुष्प-शोभा से संपन्न कर लिया जाता था।[35अ]

प्रिय के साथ लता-पादपों की पुष्प समृद्धि को देखना परम आनन्द और सौभाग्य का क्षण होता था—

धारिणी— इच्छाम्यार्यपुत्रेण सहाशोकवृक्षस्य प्रसूनलक्ष्मीं प्रत्यक्षीकर्तुम्।[35ब]

अपने प्रिय को पुष्पों की शोभा दिखाना सम्मान और गौरव का विषय माना जाता था—

पद्मावती— आर्यपुत्र इहागत्येमां कुसुसमृद्धिं दृष्टवा संमानिता भवेयम्।[35स]

वृक्षायुर्वेद की कला से ऐसे समय भी पादप को पुष्पसमृद्धि से युक्त किया जा सकता था जब अन्य पौधों के फूल समाप्ति की ओर होते थे—

राजा-अयम्. . .इदानीमनन्यसाधारणीं शोभामुद्वहति।
सर्वाशोकतरूणां प्रथमं सूचित वसन्तविभवानाम्।
निवृत्तदोहदेऽस्मिन्संक्रान्तानीव कुसुमानि।।[35द]

कृषि विभाग के अध्यक्ष (सीताध्यक्ष) एवं उसके सहयोगियों के लिए भी कृषितंत्र के साथ ही वृक्षायुर्वेद का ज्ञान आवश्यक माना गया था।[36]

यह केवल उपवन लगाने की ही कला नहीं थी अपितु वनस्पति जगत् के साथ हृदय से जुड़ने की; आत्मीय संबंधों को बनाने की कला भी थी तभी तो अपने हाथ से लगाए गए लता पादपों में प्रथम पुष्प का उद्गम जीवन का उत्सव[37] बन जाता है तो ये लता पादप परम सुहृद[38] और आत्मीय। पार्वती पादपों को अपत्य (संतान) स्नेह[39] से सींचती हैं तो शकुन्तला सोदर स्नेह[40] से। ऋषि कण्व को जितनी चिन्ता शकुन्तला के विवाह की है उतनी ही नवमल्लिका के विवाह की भी।[41]

यह आत्मीयता और स्नेह एकतरफा नहीं है। वृक्ष भी मनुष्य के सुख-दुःख, हास-आश्रु के अभिन्न सङ्गी[42], नायक नायिका के प्रणय व्यापारों के साक्षी[43], विषण्ण हृदय के विश्रान्ति स्थल[44] हैं।

यह केवल कोमल हृदय कवि की मञ्जुल कल्पना नहीं है शास्त्रों का भी यही अनुभव है। तभी तो वृक्षायुर्वेद कहता है—

प्रत्यारोपण के लिए वृक्ष को उखाड़ने से पूर्व स्वयं स्नान और चन्दनादि अनुलेप से पवित्र होकर वृक्ष की पूजा करें। ऐसे पौधे उन्हीं पत्तों के साथ लग जाते हैं अर्थात् सूखते नहीं हैं।[45]

मनुष्य और वनस्पति जगत् की इस आत्मीयता को बढ़ाने की कला है— वृक्षायुर्वेद-योगाः। यह विज्ञान और कला, चमत्कार और प्रयोग का रोचक समन्वय है।

सन्दर्भ-सङ्केत

1अ. रोपणपुष्टिचिकित्सावैचित्र्यकृतो गृहोद्यानार्थाः। काम.सू., 1.3.15 पर यशोधर की टीका।

1ब. बृहत्संहिता, 56.8

2अ. वही, 55.1

2ब. सिप्रातरङ्गानिलकम्पितासु विहर्तुमुद्यानपरंपरासु। रघु., 6.35

3. इमामुग्रातपवेलां प्रायेण लतावलयवत्सु मालिनीतीरेषु ससखीजना शकुन्तला गमयति। अभि.शा., अं. 1

4. मध्ये कूपं वापीं दीर्घिकां च खानयेत्। काम. सू., 4.1.8
5. वापी चास्मिन् मरकतशिलाबद्धसोपानमार्गा। उ. मेघ., 16
6. पत्रच्छायासु हंसा मुकुलितनयना दीर्घिकापद्मिनीनाम्। मालवि., 2.12
7. अरिष्टाशोकपुन्नागशिरीषाः सप्रियङ्गवः।
मङ्गल्याः पूर्वमारामे रोपणीया गृहेषु वा। बृहत्सं., 55.3
8अ. रक्ताशोकः चलकिसलयः। उ. मेघ., 18
8ब. वही, 15
9. प्रत्यासन्नौ कुरबकवृत्तेर्माधवीमण्डपस्य। वही., 18
10. पाण्डुच्छायोपवनवृत्तयः केतकैः सूचिभिन्नैः। पू. मेध., 25
11. महतीं सालमेखलाम्.रामा., बाल., 5.12
12अ. शाल्मलीशमीक्षीरवृक्षानन्तेषु सीम्नां स्थापयेत्। अर्थ., 2.1.3
12ब. प्रतिमानाटक, अंक 3
13. अजातशाखांश्छिशिरे जातशाखान् हिमागमे।
वर्षागमे च सुस्कान्धान्यथादिक् प्रतिरोपयेत्।। बृहत्सं., 55.6
14. वही., 55.5
15. वही., 55.31
16. इमानि खलु प्रत्यग्राभिषिक्तानि वृक्षमूलानि अदूरगतां मैथिलीं सूचयन्ति।
योऽस्याः करः श्राम्यति दर्पणेऽपि स नैति खेदं कलशं वहन्त्याः। प्रतिमा., 5.3
17. अतन्द्रिता सा स्वयमेव वृक्षकान्घटस्तनप्रस्रवणैर्व्यवर्धयत्। कुमार., 5.14
18अ. स्रस्तांसावतिमात्रलोहिततलौ बाहू घटोत्क्षेपणात्। अभि., 1.28
18ब. वही, अङ्क 1
19अ. सेकान्ते मुनिकन्याभिस्तत्क्षणोज्झितवृक्षकम्।
विश्वासाय विहंगानामालवालाम्बुपायिनाम्।। रघु., 1.51
19ब. अभिज्ञा., 1.15
20. कथं पश्यन्न दूयसे।
सिक्तं स्वयमिव स्नेहाद्वन्ध्यमाश्रमवृक्षकम्।। रघु., 1.70
21अ. बृहत्संहिता, 55.28
21ब. वही, 55.26
21स. अशोकलताप्रवालम्। रधु., 7.21
22. शमीलतां छेत्तुमृषिर्व्यवस्यति, अभि.शा., 1.18
23. सहकारलता रसानां च . . .। हर्षचरित, उ. 7, पृ. 387
24. श्री भगवतशरण उपाध्याय अशोक और शमीलता को काल्पनिक लता मानते हैं-कालिदास का भारत, भाग 1, पृ. 62
25. सुदक्षिणा दोहदलक्षणं दधौ, रघु., 3.1
26. प्रजावतीं दोहदशंसिनी ते, वही, 14.45
27. तरुगुल्मलतादीनामकाले कुशलैःकृताम्।
पुष्पाद्युत्पादकं द्रव्यं दोहदं स्यात्तु तत्क्रिया।।

28. प्ररूढांश्चाशुष्ककटुमत्स्यांश्च स्नुहिक्षीरेण वापयेत्, अर्थ., 2.24.34
29. मोनियर. कोश., पृ. 499
30अ. कर्पूरमं., जव., 1, पृ. 52
30ब. नैषध, 1.82
31अ. मेघदूत, 2.18, पर मल्लिनाथ की टीका।
31ब. उत्तरमेघ, 18
32अ. रत्नावली, अं. 2, पृ. 55
32ब. कामसू., 4.1.6-7
33. अनयोरेव उद्यानपालिकयोः . . . .अभिज्ञानशा., अं. 6
34. प्रथमकुसुमनिर्गमनिवेदनागताम् उद्यानपालीम् अशेषाभरणदानेन सम्मानयन्तीम्। काद., पृ. 545
35अ. ऋद्धसर्वऋतुवृक्षवाटिका, नैषध., 18.10
35ब. मालविक., अं. 5
35स. स्वप्नवास., अं. 4
35द. मालविका., 5.5
36. सीताध्यक्षः कृषितन्त्रशुल्ववृक्षायुर्वेदज्ञस्तज्ज्ञसखो वा, अर्थशा., 2,24.1
37. आद्ये वः कुसुमप्रसूतिसमये यस्या भवत्युत्सवः, अभि., 4.9
38. अनुमतगमना शकुन्तला तरुभिरियं वनवासबन्धुभिः, वही, 4.9
39. देवदारुं पुत्रीकृतोऽसौ वृषभध्वजेन।
यो . . . स्कन्दस्य मातुः पयसां रसज्ञः।। रघु, 2.36
40. अस्ति मे सोदरस्नेहोऽप्येतेषु, अभिज्ञा., अं., 1
41. भर्तारमात्मसदृशं सुकृतैर्गता त्वम्।
चूतेन संश्रितवती नवमालिकेय—
मस्यामहं त्वयि च संप्रति वीतचिन्तः।। अभिज्ञानशा., अं. 4.13
42. विलपन्निति कोशलाधिपः करुणार्थग्रथितां प्रियां प्रति।
अकरोत्पृथिवीरुहानपि स्रुतशाखारसवाष्पदूषितान्।। रघु., 8.70
43. लतावलय! संतापहारक आमन्त्रये त्वां भूयोऽपि परिभोगाय। अभिज्ञानशा., अं. 3
44. इहागताऽस्मि प्रमदवनम्। यावदिदानीं भगधेयनिर्वृत्तं दुःखं विनोदयामि, स्वप्नवा., अं. 3
45. बृहत्सं., 55.8

卐 卐 卐

चतुर्थ अध्याय

मनोरञ्जनात्मक शिल्पकलाएँ

1. इन्द्रजाल
2. भेड़-मुर्गा-तीतर लड़ाना
3. तोता मैना को पढ़ाने की कला

4-5. जलक्रीड़ा एवं जलवाद्य

6. पुस्तक-वाचन
7. पठन-शिल्प
8. नाटक-आख्यायिका दर्शन
9. संङ्केताक्षरों का अर्थ बताने की कला

1. इन्द्रजाल (इन्द्रजालम्)

प्राचीन भारत की चौंसठ कलाओं में एक महत्वपूर्ण कला है— इन्द्रजाल, मायाजाल या जादू। जादू के क्षेत्र में भारत प्राचीन काल से ही विश्व में श्रेष्ठ रहा है। इसके मूल में निहित है— चमत्कार या अलौकिकता का तत्व। अद्‌भुत को देखकर विस्मित एवं चमत्कृत होने तथा उससे आनन्द प्राप्त करने की नैसर्गिक प्रवृत्ति मनुष्य में अनादिकाल से ही रही है। यह कला विस्मयजन्य आनन्द के द्वारा मानव का मनोरञ्जन करती है।

'इन्द्रजाल' का शाब्दिक अर्थ है इन्द्र का जाल या इन्द्रियों की शक्ति को बाँध लेने वाला जाल। यह शब्द वैदिक आर्यों के महान देवता इन्द्र के नाम से प्रचलित हुआ है जो दिव्य अलौकिक शक्तियों के प्रतीक हैं तथा अपनी माया शक्ति से असंख्य रूपों को धारण कर सकते हैं—

इन्द्रो मायाभिः पुरुरूप ईयते।

बिजली चमकाना, मेघ रूपी अहि या असुर को मारना, धरती पर मूसलाधार पानी और ओले गिराना उनके चमत्कारपूर्ण मायावी कार्य हैं। यह चमत्कार ही इन्द्रजाल है।

शक्तिशाली महान इन्द्र का यह जाल भी महान है।

बृहद्धि जालं बृहतः शक्रस्य वाजिनीवतः।[1]

यह मायावी संसार भी इन्द्र का जाल ही है जिससे वे अपने शत्रुओं को अंधकार से ढक देते हैं—

अयं लोको जालमासीच्छक्रस्य महतो महान्।
तेनाहमेन्द्रजालेनामूंस्तमसाभि दधामि सर्वान्।।[2]

जादूगर या ऐन्द्रजालिका का मायाजाल भी दर्शकों की दृष्टि को आच्छन्न कर सत्य को तिरोहित करता हुआ असत्य की सृष्टि करता है, अतः परवर्ती युग में किसी भी प्रकार के कौशल से चमत्कार की सृष्टि को इन्द्रजाल कहा जाने लगा जो मानव की वाह्य और अंतः इन्द्रिय को जाल के समान ढक देता है।

संस्कृत साहित्य में इस कला के संबंध में सर्वाधिक महत्वपूर्ण जानकारी दण्डी के दशकुमारचरित में प्राप्त होती है।[3]

विद्येश्वर नामक एक ऐन्द्रजालिक उज्जयिनी की राजसभा में इस कला का प्रदर्शन करता है। इस प्रदर्शन को देखने के लिए राजा मानसार के कौतुहलाविष्ट परिजनों और समुत्कंठित अंत:पुरिकाओं की एक बड़ी भीड़ उपस्थित होती है।

सर्वप्रथम समाजिकों के मन को बाँधने के लिए उच्चस्वर में वाद्य बजाए जाते हैं, फिर गायिकाओं द्वारा मधुर गीत गाया जाता है, तत्पश्चात् ऐन्द्रजालिक मोरपिच्छ को घुमाते हुए दर्शकों की दृष्टि को बाँधता है—

परिजनताड्यमानेषु वाद्येषु नदत्सु, गायकीषु मदकलकोकिलाभञ्जुलध्वनिषु, पिच्छिकाभ्रमणेषु सपरिवारं परिवृढं भ्रामयन्मुकुलितनयनः क्षणमतिष्ठत्।

ऐन्द्रजालिक द्वारा दिखाए गए चमत्कार पूर्ण करतब इस प्रकार हैं:—

(i) विष उगलते हुए भयानक सर्प चारों ओर घूमने लगे जिनके फण स्थित मणियों से वह प्रांगण प्रकाशित हो उठा।

(ii) अनेकों गीध अपने मुखों से उन विषधरों को पकड़कर आकाश में उड़ने लगे।

(iii) भगवान नृसिंह द्वारा दैत्यरज हिरण्यकशिपु के वक्ष:स्थल को विदीर्ण किए जाने का दृश्य।

(iv) विवाह दृश्य

इस विशिष्ट संदर्भ तथा अन्य उल्लेखों से इन्द्रजाल के संबंध में निम्नलिखित तथ्यों का ज्ञान होता है—

इन्द्रजाल या जादू का प्रदर्शन एक शिल्प था जिसे विद्या के रूप में अर्जित किया जाता था। दण्डी ने इसे ऐन्द्रजालिका विद्या[4] कहा है। इस विद्या का अपना शास्त्र भी था जिसका उल्लेख यशोधर ने किया है।[5]

कलानिपुण जादूगर संपूर्ण देश मे घूम-घूमकर इस कला का प्रदर्शन करते थे। राजाओं से इन्हें विशेष पुरस्कार, प्रशंसा और प्रोत्साहन प्राप्त था—

ऐन्द्रजालिक विद्याकोविदो विविधदेशेषु राजमनोरञ्जनाय भ्रमन्नुज्जयिनीमागतोऽस्मि। मालवेन्द्रोऽपि तदद्भुतं मन्यमानस्तस्मै वाडवाय प्रचुरतरं धनं दत्वा . . .[6]

ऐन्द्रजालिक की वेशभूषा आकर्षक होती थी। वह कानों में चमकते हुए रत्न कुण्डल तथा रंग-बिरंगे रेशमी वस्त्रों को धारण कर अपने चतुर मनोरम वेश से दर्शकों को आकर्षित करता था। अनेक प्रकार की कृत्रिम क्रियाओं को करने की पटुता और नाना रस और भावों की सृष्टि करने वाले दृश्यों की योजना में नैपुण्य ही उसकी योग्यता थी। ऐन्द्रजालिक के सहयोगी भी इन्हीं विशेषताओं से युक्त होते थे।[7]

इस कला के कुछ विशिष्ट ट्रिक्स या कौशल थे जिनके द्वारा दर्शकों की दृष्टि को

भ्रमित कर असत्य को सत्य के समान दिखाया जाता था, यथा— मयूर पिच्छ को घुमाना, आँखें बन्द कर लेना, आँखों में अंजन लगाता आदि।[8] महाकवि बाणभट्ट प्रकारान्तर से इस कला और कलाकार की इन्हीं विशेषताओं का उल्लेख करते हैं। वे दृष्टि को आकर्षित करने वाले पादपों को ऐन्द्रजालिक की उपमा देते हैं[9] तो पुण्डरीक के प्रेम में भ्रान्त महाश्वेता को ऐन्द्रजालिक के मयूरपिच्छ से भ्रान्त व्यक्ति की।[10]

माघ के अनुसार दृष्टि भ्रम ही इस कला का मूल आधार है। कुशल ऐन्द्रजालिक एक ही रस्सी को कभी साँप के रूप में दिखता है तो कभी पुष्पमाला के रूप में—

कृतिभिः कृतदृष्टिविभ्रमाः स्रजमेके भुजङ्ग यथा परे।[11]

इस कला से अनेक असम्भव चमत्कर दिखाए जा सकते हैं; जैसे— तेजी से उड़ते हुए आकाश को लाँघ जाना, एक ही प्राणी के द्वारा मनुष्य, पशु, पक्षी आदि अनेक रूपों को धारण कर लेना—

क्रमते नभो रभसयैव विरचयति विश्वरूपताम्।
सर्वमतिशयगतं कुरुते स्फुटमिन्द्रजालमिदमेष मायया।।[12]

राजशेखर के अनुसार अविश्वसनीय और अप्रत्याशित की सृष्टि ही जादू की कला है— जैसे कि तरुणियों के आलिंगन से कुरवक पादप में पुष्पोद्‌गम्। यह पुष्पदोहद महान इन्द्रजाल के ही समान है—

विदूषकः— भो पेक्ख पेक्ख महदिन्दजालं जेव—
बालो वि कुरवअतरु तरुणीए गाढमुवगूढो।
सहसत्ति कुसुमणिअरं मअणसरं विअ समुग्गिरई।।।[13]

या फिर अप्रत्याशित रूप से नायिका के सम्मुख नायक की उपस्थिति—

नायिका— सहि कुरङ्गिए! इन्द्रजालं विअ पेक्खामि।[14]

अलौकिक और अद्‌भुत दृश्यों के प्रदर्शन के साथ ही इस कला के द्वारा पौराणिक कथाओं पर आश्रित देवताओं या अवतारों से संबंधित विस्मयजनक घटनाएं भी दिखाई जाती थीं, यथा— दशकुमारचरित में नृहिंस अवतार द्वारा हिरण्यकशिपु के वध का दृश्य। प्रदर्शन का अंत किसी मंगलदृश्य से किया जाता था, यथा— इसी प्रदर्शन में विवाह का दृश्य।[15]

इन दृश्यों के लिए अनेक मायावी पुरुषों की सृष्टि की जाती थी जो प्रदर्शन के अंत में अदृश्य हो जाते थे।[16]

इस कला के प्रदर्शन में प्रकाश व्यवस्था का भी महत्वपूर्ण स्थान था। वैदिक देवता इन्द्र काले मेघों के घने अंधकार के बीच चंचल बिजली की चकाचौंध से लोक को चमत्कृत करते थे। नैषधीयचरित के एक महत्वपूर्ण सन्दर्भ के अनुसार ऐन्द्रजालिक भी प्रकाश और अंधकार की चंचल व्यवस्था के द्वारा एक मायावी लोक की सृष्टि करता है।[17]

इस प्रकार दण्डी के अनुसार यह कृत्रिम क्रियाओं को करने की पटुता थी' तो बाणभट्ट के अनुसार 'दृष्टि हरण का कौशल'। माघ के मत में यह 'दृष्टि-विभ्रम की सृष्टि' थी तो राजशेखर के अनुसार 'महद् आश्चर्यों की प्रस्तुति'। वस्तुतः यह कला-विज्ञान, क्रीड़ा और सम्मोहन का मिला जुला रूप थी जो मनोरम वेश-भूषा, प्रकाश व्यवस्था, वाद्य, संगीत, अभिनय और अद्भुत दृश्यों की सृष्टि के द्वारा मानव को आनन्द देती हुई उन्हें तनाव मुक्त करती थी।

दण्डी ने इस कला को **'रसभावरीतिगतिनैपुण्य'** भी कहा है। रस और भाव का संबंध मानव मन से है। इसमें नैपुण्य के द्वारा ऐन्द्रजालिक जन मानस को सम्मोहित करने की क्षमता अर्जित करता था। 'रीति' ऐन्द्रजालिक क्रियाओं की उस पद्धति की ओर सङ्केत करता है जिन्हें वह विद्या या शास्त्र के रूप में अर्जित करता था। 'गति' इन क्रियाओं के त्वरित सम्पादन से सम्बन्धित हैं पलक झपकते ही दृश्य को परिवर्तित करने का कौशल 'गति' की तीव्रता या शीघ्रता से ही सम्भव है। इस गति के द्वारा ही दृष्टि-भ्रम की सृष्टि की जाती थी।

शिक्षित-अशिक्षित, स्त्री-पुरुष, सामान्य परिजन और सम्राट सभी इस कला का आनन्द लेने के लिए लालायित रहते थे। उत्कण्ठामिश्रित विस्मय के साथ ये प्रदर्शन देखे जाते थे। प्रायः प्रेमी युवा अपनी प्रेमिकाओं को विस्मित करने के लिए इस कला का उपयोग करते थे।[18] कभी-कभी इन के माध्यम से जनसमूह को भुलावे में डाल कर राजनैतिक उद्देश्य भी सिद्ध कर लिए जाते थे, जैसे कि— दशकुमारचरित में इन्द्रजाल के छल से मानसार की पुत्री अवन्तीसुन्दरी का विवाह राजवाहन के साथ करा दिया जाता है।[19]

भारत की यह अनुपम कला आज भी जीवित है। भारत के महान जादूगर पी.सी. सरकार, अमेरिका के हैरी हडनी तथा फ्रांस के हरारे ने अपने इन्द्रजाल से सम्पूर्ण विश्व को सम्मोहित किया है।

सन्दर्भ-सङ्केत

1. अथर्ववेद, 8.8.6
2. वही, 8.8.8
3. दशकुमार च., पूर्वपीठिका, उच्छ्वास, 5, पृ. 135
4. अहम् इन्द्रजालविद्यया मालवेन्द्रं मोहयन् . . . वही, पृ. 132
5. इन्द्रजालादि शास्त्रप्रभवा योगाः, कामसू., 1.3.15 पर यशोधर की टीका
6. दश.च., पूर्वपी., उ. 5, पृ. 131, 137
7. वही, पृ. 130, 133
8. सकलमोहनकमञ्जनं लोचनयोर्निक्षिप्य परितो व्यलोकयत्। वही, पृ. 136
9. इन्द्रजालिकैरिव दृष्टिहारिभिः पादपैः। कादम्बरी, पृ. 368

10. इन्द्रजालिकपिच्छिकयेवातत्त्वदर्शिन:, वही पृ. 446
11. शिशु. 6.64
12. वही, 15.20
13. कर्पूरमञ्जरी, 2.45
14. वही, जवनिका, 3, पृ. 139
15. अवसानसमये भवता शुभसूचकं द्रष्टुमुचितम्, दश., पृ. 135
16. क्रियावसाने सति 'इन्द्रजालपुरुषाः सर्वे गच्छन्तु भवन्तः' इति . . . उच्यमाने सर्वे मायामानवा यथायथमन्तर्भावं गताः। वही, पृ. 137
17. कुत्रचित्कनकनिर्मिताखिलः क्वापि चास्थिरविधैन्द्रजालिकः, नैषध, 18.11
18. इन्द्रजालैः प्रयोगैर्विस्मापयेत्, काम., 3.3.20
19. सर्वेषु 'तदैन्द्रजालिकमेव कर्म' इति साद्भुतं पश्यत्सु . . .राजवाहनेन . . . अवन्तिसुन्दरीं वैवाहिकमंत्रतंत्रनैपुण्येन . . . संयोजयामास, दश., पृ. 136

卐 卐 卐

2. भेड़-मुर्गा-तीतर लड़ाना

(मेषकुक्कुटलावक-युद्धविधिः)

प्राचीन भारत की मनोरंजक कलाओं में से एक कला है—**'मेष-कुक्कुट-लावक-युद्ध-विधिः'** अर्थात भेड़ मुर्गा और तीतर लड़ाने की कला। वात्स्यायन इसे **'कलाक्रीडा'**[1] या कलात्मक विनोद कहते हैं। पशु-पक्षियों को लड़ाकर उनके युद्ध, घात-प्रतिघात, हार और जीत से उत्तेजना प्राप्त करने की प्रवृत्ति मानव में चिरन्तन काल से रही हैं। चीन-तुर्किस्तान की चंगबाजी और रोमन पशु युद्ध का उन्माद विश्व प्रसिद्ध रहा है। भारत में तीतर, बटेर और मुर्गों को लड़ाने की परम्परा हजारों वर्ष पूर्व से लेकर अभी तक रईसों में देखी जाती है।

प्राचीन भारत में इस प्रकार की मनोरंजक क्रीड़ाओं के लिए हाथी, घोड़े आदि के साथ मेढ़े तथा शुक-सरिकाओं के साथ तीतर, लाव आदि पक्षी भी पाले जाते थे। राजभवनों के द्वितीय प्रकोष्ठ में इन पशुओं को तथा छठे प्रकोष्ठ में इन क्रीड़ा पक्षियों को रखा जाता था।

मृच्छकटिक में वसन्तसेना के भवन में ऐसे पशुओं की खतिरदारी देखी जा सकती है जहाँ एक मल्ल (कुश्ती लड़ने वाले पहलवान) के समान मेष की गर्दन पर मालिश की जा रही है।[2] लावक पक्षियों को युद्ध का अभ्यास कराया जा रहा है।[3]

नागरक के भवनों में इन पशु पक्षियों की देख-भाल का दायित्व भार्या (पत्नी) का होता था।[4] नागरक मध्याह्न भोजन के बाद इन क्रीड़ाओं का आनन्द लेता था। इन क्रीड़ाओं में विट (सभी कलाओं में निपुण) पीठमर्द और विदूषक उसके सहायक होते थे।[5]

उद्यान यात्रा (बगीचे की सैर) में भी कुक्कुट-युद्ध आदि की क्रीड़ाएं होती थीं। नागरक लोग सज-धज कर गणिकाओं और परिचारकों के साथ प्रातःकाल ही उद्यान में पहुँचते थे। वहाँ अनेक प्रकार की मनोरंजक क्रीड़ाओं में मेष-कुक्कुट युद्ध आदि का भी आनन्द लेते थे।[6]

गणिकाओं के भवनों में भी ये आकर्षक आयोजन होते थे। इन खेलों को दिखाने के बहाने पीठमर्द नागरकों को गणिकाओं के घर ले जाते थे।[7अ]

राजभवनों में राजकुमारों, सामन्त राजाओं में इस प्रकार की क्रीड़ाएं चलती रहती थीं। कादम्बरी में उज्जयिनी के राजकुल में हम मेष-कुक्कुट और लावक के साथ ही कुरर-कपिञ्जल

और वर्तिका (बटेर) पक्षियों का भी युद्ध देखते हैं—

आवद्ध मेषकुक्कुटकुररकपिञ्जललावकवर्तिका युद्धम्।

हाट-बजारों में इस प्रकार के युद्ध जन-सामान्य के मनोरंजन और कौतुहल का केन्द्र होते थे। ऐसे स्थानों पर लोगों की एक बड़ी भीड़ इकट्ठी हो जाती थी। दोनों पक्षों से उठता हुआ महान कोलाहल हार-जीत की उत्तेजना को और बढ़ा देता था।

दशकुमारचरित में व्यापारियों की हाट में होने वाले कुक्कुट युद्ध का एक रोचक वर्णन प्राप्त होता है जिसमें क्रोध से भरे हुए मुर्गे आपस में टक्कर लेते हैं। जो मुर्गा जबाबी हमले के लिए उद्यत होता है, उसके पक्ष वाले सिंहनाद करते हैं।[8]

पशु-पक्षी के युद्ध अनेक प्रकार के पण, शर्त या बाजी लगाकर लड़े जाते थे अतः इन खेलों को **'प्राणि-द्यूत'**[9] कहा जाता था। यशोधर इसे **'सजीव द्यूत'**[10] कहते हैं क्योंकि इसमें जीवित प्राणी पर दाँव या बाजी लगाई जाती थी।

किसी चुनौती या शर्त को रखकर प्रतिपक्ष को ललकारते हुए खेली जाने वाली इस प्रकार की प्रतिस्पर्धाओं को 'समाह्वय' भी कहा जाता था। समाह्वय कई प्रकार के होते थे। कौटिल्य ने **'विद्या'** और **'शिल्प समाह्वय'**[11अ] का उल्लेख किया है। इन पर शासकीय कर नहीं लगाए जाते थे। मेष, कुक्कुट आदि के युद्ध को प्राणि समाह्वय कहा जाता था। यह भी एक प्रकार की द्यूत-क्रीड़ा ही थी। मनुस्मृति के अनुसार—

अप्राणिभिर्यत्क्रियते तल्लोके द्यूतमुच्यते।
प्राणिभिः क्रियते यस्तु स विज्ञेयः समाह्वयः[11ब]

वात्स्यायन के समय में इस प्रकार की क्रीड़ाओं का उद्देश्य मनोरञ्जन और प्रतिस्पर्धा ही थी। यशोधर ने इनके दो प्रयोजन बताए हैं— क्रीड़ा और वाद (स्पर्धा) (क्रीडार्थं वादार्थं च)। परवर्ती युग में संभवतः इनमें हिंसा, उन्माद और धन का लोभ बढ़ने लगा फलतः मनु ने ऐसी क्रीड़ाओं पर प्रतिबन्ध लगाया। द्यूत और समाह्वय को वे आँखों के सामने की जाने वाली चोरी और राष्ट्र के विनाश का कारण मानते हैं।[12]

कौटिल्य के युग में प्राणि-समाह्वय प्रतिबन्धित नहीं था किन्तु उन पर सरकारी नियंत्रण और जीत की राशि पर पाँच प्रतिशत कर निर्धारित था।[13] शासकीय नियंत्रण के होते हुए भी मेष-कुक्कुट आदि के युद्ध मनुष्य की लड़ाकू वृत्ति को उत्तेजनात्मक तुष्टि देते रहे और ऐसी क्रीड़ाओं में भीड़ इकट्ठी होती रही।

इन पशु-पक्षियों को लड़ाई के लिए प्रशिक्षित करना, पैंतरेबाजी सिखाना, आक्रमण और बचाव के तरीके सिखाना अपने आप में एक रोचक कार्य था। प्रशिक्षण का परिणाम देखना, हार और जीत के साथ स्वयं को हारा या जीता हुआ अनुभव करना निश्चय ही एक मनोरञ्जक अनुभूति थी।

मुर्गों, मेढ़ों आदि के युद्ध में इनकी नस्ल, आकार-प्रकार बलाबल का ज्ञान एवं सही निर्धारण के बाद स्वपक्ष को मैदान में उतारना महत्वपूर्ण था। दशकुमारचरित में वर्णित मुर्गों की लड़ाई में नारिकेल जाति के अधिक शक्तिशाली और आकार में बड़े प्रच्यवाट मुर्गे के सामने बलाका जाति के प्रतीच्यवाट कुक्कुट को लड़ने के लिए छोड़ दिया गया था।

अत: संस्कृत शास्त्रों में इनकी नस्ल तथा शुभ-अशुभ लक्षणों का विचार भी किया गया है। बृहत्संहिता के अनुसार जौ के आकार के समान गर्दन वाले, बड़े सिर के, पके हुए बेर के समान लाल रंग के अनेक रंगों से युक्त सुन्दर मुर्गे और शहद के समान रंग वाले अथवा भौंरे के समान चमकीले काले रंग के मुर्गे युद्ध में विजय दिलाने वाले होते हैं।[14]

इस प्रकार शास्त्र और कौशल द्वारा पशु-पक्षियों को साध कर उनके युद्ध से उत्तेजना, जोश और वीर रस का आनन्द प्राप्त करने की कला है—**मेष-कुक्कुट-लावक-युद्धविधि।**

सन्दर्भ-सङ्केत

1. लावकुक्कुटमेषयुद्धानि तास्ताश्च कलाक्रीडा:, कामसू., 1.4.8
2. अपनीतयुद्धस्य मल्लस्येव मर्दयते ग्रीवा मेषस्य, मृच्छ, अं., 4, पृ. 232
3. योध्यन्ते लावका:, वही, अं. 4, पृ. 242
4. मेषकुक्कुटलावकशुकसारिका: . . .मृगाणामवेक्षणम्, काम., 4.1.33
5. भोजनान्तरं . . . लावककुक्कुटमेषयुद्धानि, पीठमर्दविटविदूषकायत्ता व्यापारा:, वही, 1.4.8
6. दैवासिकीं च यात्रां तत्रानुभूय कुक्कुटयुद्धद्यूतै: . . .कालं गमयित्वा, वही, 1.4.25

7अ. लावककुक्कुटमेषयुद्ध . . .कलाव्यपदेशेन पीठमर्दो नायकं तस्य उद्वसितमानयेत्, वही, 6.1.25

7ब. कादम्बरी, पृ. 271

8. महति निगमे निगमानां ताम्रचूडयुद्धकोलाहलो महानासीत्। . . . प्रायुध्यत चातिसंरब्धमनुप्रहारप्रवृत्तस्वपक्ष मुक्तकण्ठीरवरवं विहङ्गमद्वयम्। जितश्चासौ प्रतीच्यवाट कुक्कुट:, दशकु., म.पी. उ. 5, पृ. 154
9. प्राणिद्यूतं समाह्वय:, अमरकोश, द्वि. काण्ड, शूद्रवर्ग, 46
10. सजीवद्यूतविधानमेतत्, कामसू., 1.3.15 पर टीका

11अ. अन्यत्र विद्याशिल्पसमाह्वयाद्, अर्थ., 3.20.16

11ब. मनुस्मृति, 9.223

12. प्रकाशमेतत्तास्कर्यं यद् देवनसमाह्वयौ, मनु, 9.222
द्यूतं समाह्वयं च राजा राष्ट्रान्निवारयेत्।
राजान्तकरणावेतौ द्वौ दोषौ पृथिवीक्षिताम्।। वही, 9.221
13. जितद्रव्यादध्यक्ष: पञ्चकं शतमाददीत्। तेनसमाह्वयो व्याख्यात:. अर्थ., 3.20.12, 15
14. बृहत्सं., 63.2

卐 卐 卐

3. तोता-मैना को पढ़ाने की कला

(शुकसारिका-प्रलापनम्)

आकशचारी विहग और इस धरती पर बसने वाले मानव के स्नेह संबंध से जो कला विकसित हुई है; उसे 'शुकसारिका-प्रलापनम्' अर्थात् तोता-मैना को पढ़ाने की कला कहा गया है। असंख्य प्रकार के पक्षियों में से तोता-मैना इस प्रकार के पक्षी हैं जिनमें मनुष्य के समान ध्वनियों के उच्चारण की क्षमता पाई जाती है; अतः इन पक्षियों को बोलना सिखाना और उनसे बात करना भी एक कला मानी गई है।

प्राचीन काल से लेकर आज तक भारतीय घरों में जिन पक्षियों को पाला जाता है उनमें से प्रमुख हैं— शुक और उसकी संगिनी सारिका। प्राचीन भारत में इन वाक्-निपुण पक्षियों ने राजभवनों, गणिका-वाटों और नागरकों के गृह के साथ ही गुरुकुलों और आश्रमों की शाोभा भी बढ़ाई है।

रामायण में राजकुल में रहने वाले उन पञ्जरबद्ध शुकों का वर्णन है जो प्रातःकाल सूत और मागध की स्तुतियों से जागकर मधुर शब्द करने लगते थे।[1]

उज्जयिनी के राजभवनों में निशा का अवसान ही शुक-सारिकाओं के मंगल गीतों से होता था।[2]

मृच्छकटिक की नायिका गणिका वसन्तसेना के विशाल भवन के सातवें प्रकोष्ठ में एक ऐसा पक्षिगृह (विहङ्गवाटी) था जहाँ हाथी दाँत की खूँटियों पर पिंजरों की कतारें टंगी रहती थीं।[3]

नागरक के घरों में बाह्यप्रकोष्ठ (बैठक) के बाहर पिंजड़ों में ये पक्षी रखे जाते थे[4] तो क्रीड़ोद्यानों में इन्हें मुक्त रूप से विचरण करने की स्वतन्त्रता थी।[5]

कन्या अन्तःपुरों में सुन्दरियों के कोमल हाथों पर प्रेम से बैठे हुए पक्षियों को भी देखा जा सकता था।[6]

इन्हें पालने का मुख्य उद्देश्य इनके साथ क्रीड़ा या मनोविनोद था अतः इन्हें प्रायः क्रीडाशकुन, क्रीडापतत्री, केलिशुक, लीलाशुक आदि भी कहा गया है।[7]

मानव की स्मृतियों, सुख-दुःख और संयोग-वियोग से घनिष्ठ रूप से जुड़े हुए थे, ये पक्षी। यही कारण है कि वनवास के समय श्री राम को माता कौशल्या द्वारा पाली गई उस सारिका का स्मरण आता है जो हमेशा कहा करती थी— 'अरे शुक! शत्रु के पैर में काट लो।'[8अ]

मेघदूत की यक्षप्रिया के विरह-व्याकुल दिन पिंजड़े की सारिका के साथ प्रिय की स्मृतियों को ताजा करते हुए बीतते हैं—

पृच्छन्ती वा मधुरवचनां सारिकां पञ्जरस्थां।
कच्चिद्भर्तुः स्मरसि रसिके त्वं हि तस्य प्रियेति।[8ब]

तो कादम्बरी और दमयन्ती के अंतःपुर की कन्यकाओं के दिन शुक-सारिका के साथ हास परिहास करते हुए।[9]

शयन गृह का वाचाल शुक वर-वधू के विश्रम्भालाप को जब प्रातःकाल गुरुजनों के सामने यथावत् दोहरने लगता है तब लज्जित वधू को अपने कर्णफूल का माणिक तोते की चोंच के सामने रख; किसी प्रकार उसका मुख बंद करना पड़ता है।[10]

इस प्रकार शुक-सारिका में मनुष्य के समान बोलने की क्षमता देखी जाती है यशोधर के अनुसार-मनुष्य की भाषा में पढ़ाए जाने पर शुक-सारिका सुभाषित पढ़ते हैं और संदेश कहते हैं।[11]

शुकों की इस योग्यता का वर्णन साहित्य में अनेकशः हुआ है। वसन्तसेना के गृह में हम शुक को ब्राह्मण के समान सूक्त पढ़ते हुए देखते हैं—

दधिभक्तपूरितोदरो ब्रह्मण इव सूक्तं पठति पञ्जरशुकः।[12अ]

कादम्बरी में प्रणय प्रसंगों में गुप्त रूप से दौत्य कर्म करते हुए पाते हैं।[12ब]

नैषधकार श्री हर्ष भले ही शुक के स्थान पर हंस को दूत बनाते हैं पर शुक की इस योग्यता को उन्हें मानना ही पड़ता है। इनका हंस तोते के समान मनुष्य की वाणी में बोलता है—

कीरवन्मनुष्यवागवादीत्।[12स]

शुक सारिकाओं की इस विशेषता का समर्थन संस्कृत की अनेक सूक्तियाँ और सुभाषित भी करते हैं। उनकी वाचालता को दोष भी माना गया है।

आत्मनो मुखदोषेन बद्ध्यन्ते शुकसारिका
वकास्तत्र न वद्ध्यन्ते मौनं सर्वार्थ साधनम्।

इस योग्यता के लिए पोषित शुकों को विधिवत् शिक्षा दी जाती थी। नागरक मध्याह्न भोजन के बाद अपने शयन गृह में आराम करता हुआ इन्हें बोलना सिखाता था।[13अ] कन्यान्तःपुरों में इन्हें उपदेश दिया जाता था—

हरिणिके, देहि पञ्जरशुकसारिकामुपदेशम्।[13ब]

ऐसे पक्षियों को सुनहले पिञ्जरे में भरकर उपहार देने की प्रथा थी।[13स]

इस योग्यता के तीन कारण माने गए थे—

1. पूर्व जन्मों के सञ्चित संस्कार, 2. पुरुष का प्रयत्न अर्थात् शिक्षा और 3. निरन्तर श्रवण

एते हि शुकसारिकाप्रभृतयो विहङ्गविशेषा यथाश्रुतां वाचमुच्चारयन्ति . . . अन्यजन्मोपात्तसंस्कारानुबन्धेन वा पुरुषप्रत्यत्नेन वा संस्कारातिशय उपजायत इति नातिचित्रम्।[14अ]

पूर्व जन्म के संस्कारों का उदाहरण है— कादम्बरी का वैशम्पायन नामक शुक है जो पूर्व जन्म में पुण्डरीक नामक ऋषि कुमार था तथा महाश्वेता के शाप से शुक-योनि को प्राप्त हुआ था। पूर्व जन्म में पढ़े गए शास्त्रों वेद-वेदाङ्गों का संस्कार उस शुक में था। वह शूद्रक की राजसभा में अत्यंत स्पष्ट शब्दों में राजा की स्तुति में एक आर्या का पाठ करता है। कादम्बरी कथा इसी शुक से कहलाई गई है। हमेशा सुनते रहने के कारण गुरुकुलों और ऋषि मुनियों के आश्रमों में बटुओं के साथ शुक भी वेद मंत्र सीख जाते थे।[14ब]

बौद्धभिक्षु दिवाकरमित्र के आश्रम में शुक-सारिकाएं धर्मदेशना[15] करती थीं तो मीमांसक मण्डनमिश्र के घर में स्वतः प्रमाण और परतः प्रमाण पर शास्त्रार्थ—

स्वतः प्रमणं परतः प्रमाणं कीराङ्गना यत्र गिरो गिरन्ति।
द्वारस्थनीडान्तरसन्निरुद्धा, जानीहि तं मण्डनमिश्रधाम्।।

बाणभट्ट के पूर्वज कुबेर के गृह में समस्त वाङ्मय में पारङ्गत शुक यजुष् और साममंत्रों का अशुद्ध पाठ करने पर बटुओं को टोक देते थे[16अ] तो कभी-कभी शुक-सारिकाएं विद्यार्थियों को पढ़ाकर अध्यापकों को विश्राम देते थे—

शुकसारिकारब्धाध्ययन-दीयमानोपाध्यायविश्रान्तिसुखानि।[16ब]

राजाओं के अंतःपुर में यही पक्षी काम शास्त्र में विशारद हो जाते थे।—

यत्र पुष्पसरशास्त्रकारिका सारिकाध्युषितनागदन्तिका।।[17अ]

कादम्बरी के अंतपुर में प्रणय व्यापारों में निपुण परिहास नामक शुक और कालिन्दी नामक सारिका का प्रसंग आता है जो सबके मनोविनोद के कारण बनते हैं।[17ब]

इस प्रकार संस्कृत साहित्य में शुक-सारिकाओं की भाषण क्षम्ता और पाण्डित्य का भूरिशः वर्णन हुआ है। वासुदेवशरण अग्रवाल इसे एक साहित्यिक अभिप्राय मानते हैं।[18अ] फिर भी इसमें कोई संदेह नहीं कि शुकों में अनुवाद (कही गई बात को सुनकर दोहाराने) की अद्भुत क्षमता होती है—

अयमपि च गिरं नस्त्वत्प्रबोधप्रयुक्ताम्।
अनुवदति शुकस्ते मञ्जुवाक्पञ्जरस्थः।।[18ब]

मञ्जुवाक् शुक और मधुरवचना सारिका ने चिरकाल से मानव को आकर्षित किया है और फिर ; इनका सौन्दर्य भी तो कुछ कम नहीं है— कण्ठदेश में इन्द्रधनुष के समान नील, पीत और लोहित तीन रंगों के कुण्डल, विद्रुम (मूँगे) के अङ्कुर के समान चमकदार लाल चोंच, और मरकत मणि के समान हरे पंख वाला शुक तथा कुमुद पुष्प के केसर (पराग) के समान पीले पैर, चम्पे की कली के समान मुख और नीलकमल की पङ्खुड़ियों के समान नीले पंखों वाली सारिका[19] क्यों न आकर्षित करेगी सौन्दर्य प्रेमी मानव को।

यही कारण है कि शुक-सारिका प्राचीन भारत में घर-घर की शोभा बन गए और इनका आलाप अंत:पुर का एक विशिष्ट लक्षण।[20] मानव के पक्षी प्रेम और इन विहगों को विशिष्ट योग्यता से विकसित हुई यह मनोरम कला-शुकसारिका-प्रलापनम्।

निश्चय ही यह कला पक्षी मनोविज्ञान का ज्ञान, धैर्य, स्नेह और आत्मीयता की अपेक्षा रखती थी। जीव जगत् का यह सुन्दरतम् अंग मानव जीवन का भी अनिवार्य अंग, प्रिय बन्धु और परम आत्मीय बन गया था। यही कारण है कि अनुमरण (सती होने) के लिए तत्पर यशोमती[21] और वन की ओर प्रस्थान करती हुई सीता[22] भरे हुए हृदय से अपने प्रिय पक्षियों से विदा लेती हैं।

वात्स्यायन ने इस कला को 'क्रीडाकला'[23] (कलात्मक विनोद) कहा है। वस्तुत: यह मानव की पक्षी जगत् के साथ अंतरंग संबंधों की कला थी जिसे मूर्तिशिल्प में भी आकर्षक आयाम मिला है। गुप्तकालीन मिट्टी के टीकरों में युवतियों को शुक को पढ़ाते हुए अङ्कित किया गया है। खजुराहो के विश्वनाथ मंदिर, भुवनेश्वर के मुक्तेश्वर मन्दिर तथा कोणार्क मन्दिर के शिल्पों में भी शुकों के साथ क्रीड़ा करती हुई स्त्रियों का अंकन हुआ है।

सन्दर्भ-सङ्केत

1. तेन शब्देन विहगा: प्रतिबुद्धाश्च सस्वनु:।
   शाखास्था: पञ्जरस्था: ये राजकुलगोचरा:।। रामा., अयो., 65.5
2. यस्यां च निशावसाने प्रबुद्धस्य . . . पञ्जरभाज: शुकसारिकासमूहस्य प्रभातमङ्गलगीतय:। काद., पृ. 165
3. शुश्लिष्टविहङ्गवाटीसुखनिषण्णानि पारावतमिथुनानि . . . ब्राह्मण इव सूक्तं पठति पञ्जरशुक:। अधिकं कुरकुरायते मदनसारिका। . . . आलम्बिता नागदन्तेषु पञ्जरपरंपरा:। मृच्छ., अं. 4, पृ. 241–42
4. तस्य बहि: क्रीडाशकुनपञ्जराणि। कामसू., 1.4.4
5. कर्पूरमं., जव. 4, पृ. 155
6. नारीकरवर्तिशारीमुखात्। नैषध., 6.60
7. कामसू., 1.4.4; क्रीडापतत्रिणोऽप्यस्य पञ्जरस्था: शुकादय:।। रघु., 17.20

8अ. मन्ये प्रीतिविशिष्टा सा मत्तो लक्ष्मण सारिका।
यत्तस्या: श्रूयते वाक्यं शुक पादमरेर्दश।। रामा., अयो., 53.22

8ब. उत्तरमेघ., 25

9. कादम्बरी, पृ. 533, 564; नैषध, 6.60

10अ. शुकसारिकाप्रकाशितसुरतविश्रम्भालापलज्जितावरोधजननेन। काद., पृ. 273

10ब. दम्पत्योर्निशि जल्पतो गृहशुकेनाकर्णितं यद्वचः
तत्प्रातर्गुरुसन्निधौ निगदतः श्रुत्वैव तारे वधूः।
कर्णावलम्बितपद्मरागशकलं विन्यस्य चञ्च्वोः पुरं
क्रीडार्ता प्रकरोति दाडिमफलव्याजेन वाग्रोधनम्।। अमरुक.,

11. शुकसारिका हि मानुषभाषया प्रलापिताः सुभाषितं पठन्ति संदेशं च कथयन्ति। कामसू., 1.3.15 पर यशोधर की टीका।

12अ. मृच्छक., अं. 4, पृ. 241

12ब. रहस्यसन्देशेषु निपुणधूर्तः पञ्जरशुकसारिका दूतीः करोति। उत्तर काद., पृ. 661

12स. नैषध., 3.12

13अ. भोजनान्तरं शुकसारिका प्रलापनव्यापाराः। काम., 1.4.8

13ब. कादम्बरी, पृ. 533

13स. चामीकररसचित्रवेत्रपञ्जरान्तर्गतान् बहुसुभाषितजल्पाकजिह्वांश्च शुकसारिकाप्रभृतीन्पक्षिणः हर्षचरित, उ. 7, पृ. 388

14अ. कादम्बरी, पृ. 40

14ब. अनवरतश्रवणगृहीतवषट्कार-वाचालशुककुलम्, अनेकसारिकोद्घुष्यमाण सुब्रह्मण्यम्। काद., जाबालि आश्रमवर्णन, पृ. 119

15. शुकैरपि शाक्यशासनकुशलैः कोशं समुपदिशद्भिः . . . शारिकाभिरपि धर्मदेशनां दर्शयन्तीभिः। हर्षच., उ. 8, पृ 423

16अ. जगुर्गृहेऽभ्यस्तसमस्तवाङ्मयैः
सांसारिकैः पञ्जरवर्तिभिः शुकैः।
निगृह्यमाणाः बटवः पदे पदे
यजूंषि सामानि च यस्य शङ्किता।। काद., 12

16ब. हर्षचरित, उ. 2, पृ. 79

17अ. नैषध., 18.15

17ब. काद., पृ. 561-64

18अ. हर्षचरित एक सांस्कृतिक अध्ययन, पृ. 31

18ब. रघुवंश, 5.74

19. काद., पृ. 561

20. आलप्यमान शुकसारिकम् . . . राजकुलम्, वही, पृ. 272

21. भ्रातः पञ्जरशुक! यथा न विस्मरसि माम्, शारिके! स्वप्ने नः समागमः पुनर्भूयात्। हर्षच., उ. 5, पृ. 284

22. बालरामायण, 6.27

23. काम., 1.4.8

卐 卐 卐

4-5. जलक्रीड़ा एवं जलवाद्य

(उदकवाद्यम्, उदकघातम्)

उदकवाद्य और उदकघात ये दोनों ही कलाएं जलक्रीड़ा से संबद्ध हैं—

तदुभयं जलक्रीडाङ्गम्।[1]

विधाता की आद्या सृष्टि और इस सृष्टि का प्रथम कारण जल; अष्टमूर्ति शिव की ही एक तनु है। वारि, नीर, आपः, पयः आदि जल के अनेक पर्य्यायों में से एक हैं— उदक। सृष्टि का प्रथम कारण जीवन का अनिवार्य तत्व और समस्त मलों का प्रक्षालक होने के कारण निसर्ग के इस शिव रूप के प्रति अनन्त काल से ही मानव का आकर्षण रहा है; अतः जलस्रोतों (नदियों ओर सरोवरों) में आवगाहन (डूबकर स्नान) दैनन्दिन जीवन का अनिवार्य नित्य कर्म भी है और मनोरंजन का साधन भी। प्राचीन भारत के कलात्मक विनोदों में इसकी गणना हुई है। वात्स्यायन ने उद्यानगमन या वनविहार के साथ ही जलक्रीड़ा को भी ग्रीष्म ऋतु का विनोद माना है।[2]

(1) उदकवाद्य

वात्स्यायन की चौंसठ कलाओं में परिगणित उदकवाद्यम् का संबंध इसी जलक्रीड़ा से है। उदकवाद्य का शाब्दिक अर्थ है— जलवाद्य, अर्थात् हाथ आदि से जल पर इस प्रकार आघात करना कि जलप्रवाह से मुरज आदि वाद्य[3] के समान स्वर लहरियाँ उत्पन्न हों।

साहित्य में जलक्रीड़ा का वर्णन अत्यंत प्राचीन काल से ही हुआ है। यह संस्कृत महाकाव्यों का एक प्रिय वर्णनीय विषय है। रामायण में, वनवास के समय श्री राम सीता को प्रेरित करते हैं कि वे मन्दाकिनी में जलक्रीड़ा का आनन्द लें—

सखीवच्च विगाहस्व सीते मन्दाकिनीं नदीम्।
कमलान्यवमज्जयन्ती पुष्कराणि च भमिनि।।[4]

महाकवि कालिदास ने भी इस विनोद और कला के प्रति अभिरुचि दिखाई है। महाराज कुश की कलानिपुण अंतःपुरिकाएँ सरयू नदी में जलक्रीड़ा करती हुई; हाथों से

जलधारा पर इस प्रकार आघात करती हैं कि मृदङ्ग के समान गम्भीर ध्वनि उठती है। यह ध्वनि उनके द्वारा गाए गए गीत की लय-ताल का भी पूर्णतः अनुगमन करती है। इस वरि-मृदङ्ग-ध्वनि का अभिनन्दन तटवर्ती मयूर अपनी केकाध्वनि से करते हैं—

तीरस्थलीबर्हिभिरुत्कलापैः प्रस्निग्धकेकैरभिनन्द्यमानम्।
श्रोत्रेषु संमूर्च्छति रक्तमासां गीतानुगं वारिमृदङ्गवाद्यम्।[5]

इस वारि-मृदङ्ग-वाद्य से मूर्च्छनाओं और रागों को उत्पन्न करने की क्षमता प्रमदाओं द्वारा दीर्घ अभ्यास से अर्जित की जाती थी अतः उजड़ी हुई अयोध्या के वर्णन में यह ध्वनि केवल स्मृति शेष ही रह जाती है—

आस्फालितं यत्प्रमदाकराग्रैर्मृदङ्गधीरध्वनिमन्वगच्छत्।
वन्यैरिदानीं महिषैस्तदम्भः शृङ्गाहतं क्रोशति दीर्घिकाणाम्।।[6]

महाकवि माघ को यह ध्वनि मड्डुक वाद्य के समान प्रतीत होती है—

जग्मुर्जलानि जलमड्डुकवाद्यवल्गु—
वल्गद्घनस्तनतटस्खलितानि मन्दम्।।[7]

वस्तुतः जल-प्रवाह में स्वयं ही एक नाद और छन्द होता है अतः सरिताओं की संज्ञा नादिनी या नदी है। जल की नैसर्गिक ध्वनि मृदङ्ग ध्वनि के समान गम्भीर होती है अतः साहित्य में बहुधा मेघ ध्वनि की उपमा-मृदङ्ग[8], पटह[9] आदि की ध्वनि से दी गई है। जल की इस नाद जन्य विशेषता को राग और लय में बाँध लेना ही मानवीय कौशल है जिसे प्राचीन भारत की नागरिकाओं ने जलक्रीड़ा के माध्यम से अधिगत किया था। उदकवाद्यम् की यह कला वर्तमान युग में जलतरङ्ग वाद्य के रूप में विकसित हुई है।

जलक्रीड़ा से ही संबंधित एक अन्य कला है-उदकघातम्-जल से आघात; अर्थात् मनोरंजन के लिए एक दूसरे पर जल से छींटे मारना। यह दो प्रकार से सम्भव है— हाथ से अथवा यंत्र (पिचकारी) से—

हस्तयंत्रमुक्तैरुदकैस्ताडनम्।[10]

वस्तुतः जलक्रीड़ा में सच्चा विनोद या मनोरंजन तो इसी क्रिया से होता है। मोती के समान स्थूल जलकणों से जब प्रहार किया जाता है तब विलासिनियों को अपने टूटते हुए मुक्ताहारों का भी बोध नहीं रहता—

आसां जलास्फालनतत्पराणां मुक्ताफलस्पर्धिषु शीकरेषु।
पयोधरोत्सर्पिषु शीर्यमाणः संलक्ष्यते न च्छिदुरोऽपि हारः।।[11]

कालिदास को प्रमदाओं के कराघात से उत्पीड़ित जल बिन्दु मुक्ताफल के समान प्रतीत होते हैं तो बाणभट्ट को असंख्य चंद्रों के समान–

अनवरत करास्फालन सफुरतत्फेनबिन्दुचंद्रकितम् . . .
जलक्रीडया गृहदीर्घिकाणामम्भश्चकार।[12]

जल से मोती की लड़ियों या चाँद की कतारों को बनाना तभी सम्भव है जब निरंतर एक लय में; हाथ से पानी उछाला जाए और यही इस विनोद का कलात्मक पक्ष है।

इस कला का दूसरा रूप है। पिचकारी से जलाघात। पिचकारी की संज्ञा 'शृङ्ग' थी जिसे कोशग्रंथों में 'क्रीडाम्बु यंत्र' (जलक्रीड़ा का यंत्र) कहा गया है। सम्पन्न वर्ग के विलासी स्त्री-पुरुष सोने के शृङ्गों में वर्णोदक (रंग मिश्रित जल) भरकर एक दूसरे पर जल की फुहारें छोड़ते थे। राजाओं के अंत:पुर का यह प्रिय विनोद था। कालिदास ने वर्णोदक से रंगे हुए महाराज कुश की उपमा ऐसे पर्वतराज से दी है जिससे गेरु की धाराएं बह रही हों–

वर्णोदकैः काञ्चनशृङ्गमुक्तैस्तमायताक्ष्यः प्रणयादसिञ्चयन्।
तथागतः सोऽतितरां बभासे स धातुनिष्यन्द इवाद्रिराजः।।[13]

बाणभट्ट ने कादम्बरी में इस कला का एक सुन्दर चित्र प्रस्तुत किया है। उदकघात के लिए जल का रंगना भी एक कला थी। कुंकुम (केसर), लाक्षा, कस्तूरी आदि के मिश्रण से जल को केसरिया, लाल, पीला, आदि रंगों का बनाया जाता था। कामिनियों के हाथों से छूटती हुई केसरिया बौछारें कामदेव के स्वर्णिम बाणों के समान प्रतीत होती थीं।

कदाचिन्मकरकेतु कनकनाराचपरंपरामिव कामिनीकरपुटविनिर्गताभिः कुङ्कुमजलधाराभिः पिञ्जरीक्रियमाणकायो लाक्षाजलच्छटाप्रहार पाटलीकृतदुकूलो मृगमदजलबिन्दुशबलचन्दनस्थासकः कनकशृङ्गकोशैश्चिरं चिक्रीड।[14]

माघ के अनुसार इस कलात्मक विनोद की साधन सामग्री है– तपाए हुए स्वर्ण से निर्मित चमकते हुए शृङ्ग, कस्तूरी-कुंकुम आदि सुगन्धित द्रव्य, कुसुम्भी रंग के वस्त्र, मादक मदिरा और प्रिय का सानिध्य–

शृङ्गाणि द्रुतकनकोज्ज्वलानि गन्धाः
कौसुम्भं पृथकुचकुंभसङ्गि वासः।
मार्द्वीकं प्रियतमसंनिधानमास
न्नारीणामिति जलकेलिसाधनानि।।[15]

इस कला का एक सुन्दर चित्र श्री हर्ष की रत्नावली में भी मिलता है। राज प्रासादों और सामन्तों के भवनों में प्रांगण के फब्बारों से निरंतर सुगंधित रंगीन जल फूटता रहता था–

धारायन्त्रविमुक्तपयःपरिप्लुते सर्वतः।[16]

जिसे फणाकृति (साँप के फण के समान आकार वाले) शृङ्गको[17] में भरने के लिए युवक-युवतियों में होड़ सी मची रहती थी। इस उदकक्रीड़ा के साथ नृत्य और गीत भी जुड़ जाते थे।

हाथ से उदकघात किसी भी समय; विशेष रूप से ग्रीष्म ऋतु में; नदी, सरोवर या गृहदीर्घिकाओं में जलक्रीड़ा के समय हो सकता था किन्तु शृङ्गक्रीड़ा मदनोत्सव के अवसर पर ही होती थी। इसे ही वात्स्यायन ने 'उदकक्ष्वेडिका' कहा है। इसकी गणना प्राचीन भारत के कलात्मक विनोदों-सहकारभञ्जिका, विसखादिका आदि के साथ हुई है। उदकक्ष्वेडिका को वसन्त ऋतु की क्रीड़ा कहा गया है। यह कई दिनों तक चलने वाले मदनोत्सव का एक अनिवार्य अंग था। वात्स्यायन ने इसे देश्य (प्रादेशिक)[18] और यशोधर ने मध्यदेश की क्रीड़ा कहा है जिसमें बाँस की नलियों में जल भरकर; पुरुष परस्पर या स्त्रियों पर फेंकते थे।[19] यह एक सामूहिक विनोद था जिसमें स्त्री-पुरुषों के कई समूह सहभागी होते थे।[20]

प्रतीत होता है कि; इस देश्य विनोद ने ही संभ्रान्त वर्गों में कला का रूप धारण कर लिया था।

इस कारण कलापूर्ण कोमल भंगिमा में जल की शीतल सुगंधित धाराओं से प्रिय को आनन्दित करने और स्वयं आनन्दित होने की कला थी— उदकघात। वर्तमान 'होली' या 'फाग' के रूप में यह कला आज भी जीवित है।

सन्दर्भ-सङ्केत

1. कामसूत्र, 3.1.15, पर यशोधर की टीका
2. एतेन रचितोद्ग्राहोदकानां ग्रीष्मे जलक्रीडागमनं व्याख्यातम्, कामसू., 1.4.26
3. उदके मुरजादिवाद्यम्, कामसू., 3.1.15 पर यशोधर की टीका
4. रामायण, अयो., 95.13
5. रघुवंश, 16.64
6. वही, 16.31
7. शिशु., 5.29
8. निह्लादस्ते मुरज इव चेत्कन्दरेषु ध्वनिः स्यात्। पूर्वमेघ. 60
9. कुर्वन्संध्याबलिपटहतां . . . वही. 38
10. कामसू., 3.1.15 पर यशोधर की टीका

11. रघु., 16.62
12. काद., राजभोगविलासवर्णनम्, पृ. 182
13. रघु., 16.70
14. काद., पृ. 181
15. शिशु., 8.30
16. रत्नावली, 1.12
17. वही. अं. 1, पृ. 12
18. काम., 1.4.28
19. वंशनाडीसंभृताक्ष्वेडा. . . उदकपूर्णा क्ष्वेडा यस्यां क्रीडायां सा मध्यदेश्यानां यस्याः शृङ्गक्रीडेति प्रसिद्धिः। वही, 1.4.28 पर यशोधर की टीका, पृ. 144-45
20. इति संभूय क्रीडाः, वही, 1.4.28

卐 卐 卐

6. पुस्तक-वाचन

वाक् सौन्दर्य पर आश्रित वाचिक कलाओं में से एक है—'पुस्तकवाचनम्' अर्थात् पुस्तक बाँचने की कला। मधुर और स्पष्ट स्वर में करुण-हास्य, वीर-शृङ्गार आदि रसों के अनुकूल स्वर के उतार चढ़ाव के साथ पुस्तक वाचन की कला भी लोकानुरंजन और आत्मविनोद के लिए ही थी।[1] मनोरञ्जन के साथ ज्ञान वर्धन भी इसका उद्देश्य था। ज्ञान-विज्ञान, धर्म-दर्शन, कला और शिल्प की महनीय विरासत को एक पीढ़ी से दूसरी पढ़ी तक पहुँचाती हुई पुस्तकें हजारों वर्षों से शिक्षा का एक अनिवार्य अंग रही हैं।

प्राचीन भारत में कला प्रेमी प्रबुद्ध नागरक के भवन में चित्रफलक, वीणा आदि के साथ पुस्तकें भी वाह्य प्रकोष्ठ की शेभा बढ़ाती थीं। मृच्छकटिक का चोर शर्विलक जब सेंध लगाकर चारुदत्त के घर में प्रवेश करता है, तब वहाँ इसी प्रकार की सज्जा पाता है—

अये! कथं मृदङ्गः, अयं पणवः, इयमपि वीणा .. . अमी पुस्तकाः।[2]

नागरक वीणा वादन आदि के साथ प्रतिदिन पुस्तक वाचन का भी आनन्द लेता था। कोई न कोई पुस्तक उसके सिरहाने रखी ही रहती थी—

तस्य शिरोभागे . . . यः कश्चित् पुस्तकः।[3]

यहाँ तक कि गणिका-भवनों में भी कुलपुत्रों के मनोविनोद के लिए पुस्तकें उपलब्ध होती थीं।[4]

देव मन्दिरों, नागरक के गृहों और राजभवनों में धार्मिक ग्रंथों यथा-रामायण, महाभारत और पुराणों के पाठ और वाचन की परम्परा थी। पाठ में पुस्तक का सस्वर पाठ होता था जबकि वाचन में बीच में गीतों की योजना और पुस्तक वाचक की व्याख्या भी सम्मिलित होती थी।

बाणभट्ट के अनुसार महाकाल के मंदिर में महाभारत की कथा बाँची जाती थी—

अद्य तु चतुर्दशीति भगवन्तं महाकालम् अर्चितुम् इतो गतया तत्र महाभारते वाच्यमाने श्रुतम् . . .।[5]

गीता के श्रवण से मिलने वाले आनन्द का उल्लेख भी बाणभट्ट ने किया है।[6]

अंतःपुरों में रामायण और महाभारत जैसे शिक्षाप्रद ग्रंथों का वाचन प्रायः वृद्धा परिव्राजिकाएं करती थीं—

इतिहासान् वाचयन्तीभिः पुस्तकानि दधतीभिः धर्मोपदेशान् निवेदयन्तीभिः जरत्प्रव्राजिताभिः विनोद्यमानाम्।[7]

बाण के युग में महाभारत की कथा अत्यंत मंगलमयी मानी जाती थी—

पठ्यमाने च सर्वमङ्गलमहीयसि महाभारते दत्तावधानम्।

इष्ट की प्राप्ति के लिए पुण्यकथाओं का श्रवण किया जाता था—

अनवरतवाच्यामानाः पुण्यकथाः सुश्राव।[8]

इस कला में विशेष रूप से निपुण 'पुस्तकवाचक' होते थे। बाणभट्ट की मित्रमण्डली में पुस्तकवाचक सृदृष्टि[9] भी था। इनके व्यक्तित्व, वेशभूषा और वाचन पद्धति का रोचक वर्णन हर्षचरित् में प्राप्त होता है—

"शरीर पर दुकूल पट्ट से रचित धवल वस्त्र युगल, ललाट (माथे) पर तीर्थमृत्तिका और गोरोचना का तिलक, सिर के बालों में आँवले के तेल की चिकनाहट, शिखा में कुसुम-माला, निरन्तर पान चबाने से रंगे हुए ओंठ, आँखों में काजल, विनीत आर्य वेश . . .।

धागे से बँधे हुए पुस्तक को शरशलाका-यंत्र (सरकण्डे का बना हुआ पीढ़ा) पर रखकर, कुछ पृष्ठों को हल्की कपाटिका (दफ्ती) में लेकर;दाँतों की धवल कान्ति से पुस्तक के काले अक्षरों को भी धवल करते हुए, सरस्वती की नूपुर ध्वनि के समान गमक नमक मधुर स्वर में, श्रोताओं के चित्त को आकर्षित करते हुए वायुपुराण का वाचन करने लगे।"[10]

वागाश्रित कला होने के कारण **'पुस्तक-वाचनम्'** की; स्वर और उच्चारण संबंधी विशेषताएं भी वही थीं जो 'संपाठ्यम्' की; अन्तर यह था कि— संपाठ्यम् पुस्तक से भी हो सकता था और पुस्तक के बिना भी जबकि पुस्तक वाचनम् पुस्तक से ही होता था। सरस गीतों के साथ वंशी आदि वाद्यों की संगत इस कला-प्रस्तुति को अत्यंत मनोरम और श्रुति सुभग बना देती थी—

पृष्ठतः सनीडसंनिविष्टाम्यां मधुकरपारावताभ्यां वांशिकाभ्यां दत्ते स्थानके गमकैर्मधुरैः आक्षिपन् मनांसि श्रोतृणां गीत्या पवमानप्रोक्तं पुराणं पपाठ। तस्मिंश्च तथा श्रुतिसुभगगीतिगर्भं पठति सुदृष्टौ।[11]

वाङ्माधुर्य और पुस्तकवाचन की सरस पद्धति एक ऐसे भावमय लोक की सृष्टि करती थी जहाँ श्रोता कवि निबद्ध पात्रों के सुख-दुःख के साथ समरस होता हुआ, दृश्यों और घटनाओं को प्रत्यक्ष सा करता हुआ अलौकिक आनन्द का अनुभव करता था।

तच्छ्रुत्वा मुनयः सर्वे वाष्पपर्याकुलेक्षणः।
प्रशशंसुःप्रशस्तव्यौ गायमानौ कुशीलवौ
अहो गीतस्य माधुर्यं श्लोकानां च विशेषतः
चिरनिवृत्तमप्येतत् प्रत्यक्षमिव दर्शितम्।।[12]

पूर्वजन्म के पुण्य और संस्कारों तथा इस जन्म के सतत अभ्यास से ही पुस्तक वाचक इस मनोहारिणी कला को अधिगत करते थे। कथा की रोचकता और सरसता भी इस कला को जन प्रिय बनाती थी रामायण महाभारत और पुराणों की कथाएं उस युग में अत्यंत लोकप्रिय थीं आज भी भारतीय जन-मानस इन कथा वाचकों की वाङ्माधुरी और पवित्र कथा की रसमाधुरी का पान करने की लिए लालायित रहता है; ऐसा अद्भुत आकर्षण है— इस कला और इन पुस्तकों में—

पाप्मभ्यश्च पुनाति वर्धयति च श्रेयांसि सेयं कथा।
माङ्गल्या च मनोहरा च जगतो मातेव गङ्गेव च।।[13]

मनोरंजन[14] और शिक्षण[15] दोनों ही उद्देश्यों को पूर्ण करती है— यह कला। वाचन के कौशल द्वारा श्रव्य से ही दृश्य का भी आनन्द देने की कला है—पुस्कवाचनम्।

सन्दर्भ-सङ्केत

1. शृङ्गारादिरसापेक्षया गीततः स्वरेण वाचनम्। अनुरागजननार्थं आत्मविनोदार्थं च। कामसू., 1.3.15 पर यशोधर की टीका।
2. मृच्छक., अं. 3, पृ. 167
3. कामसूत्र, 1.4.4
4. इमानि तावत् कुलपुत्रजनोपवेशननिमित्तं विरचितानि आसनानि, अर्द्धवाचितं पाशकपीठे तिष्ठति पुस्तकम्। मृच्छ., अं. 4, पृ. 234
5. कादम्बरी, पृ. 192
6. महाभारतमिवानन्तगीताकर्णनानन्दिततरम्। काद., पृ. 277
7. वही, पृ. 288
8. वही, पृ. 220
9. हर्ष., उ. 1, पृ. 74
10. विनीतमार्यं च वेशं दधानः पुस्तकवाचकः सुदृष्टिराजगाम। हर्ष., उ. 3, पृ. 145
11. वही, उ. 3, पृ. 146
12. रामायण-बालकाण्ड, 4.15-18
13. उत्तरामच., 2.21
14. इतिहासपुराणाकर्णनेन् . . . दिवसमनैषीत्। काद., पृ. 20
15. पश्चिममितिहासश्रवणे। अर्थ., 1.3.13

卐 卐 卐

7. पठन-शिल्प (संपाठ्यम्)

वाक् या वाणी से संबंधित वाचिक कलाओं में से एक है—'संपाठ्यम्' अर्थात् भली भाँति पढ़ने की कला। यशोधर ने इसे किसी पढ़े हुए श्लोक को सुनकर ज्यों का त्यों दोहराने या साथ मिलकर पढ़ने की कला कहा है।[1] पाठ्यम् के साथ जुड़ा हुआ 'सम्' उपसर्ग—'भली भँति' और 'साथ' इन दोनों अर्थों का ही बोधक है।

वाक् शक्ति या भाषण क्षमता के विकास के साथ ही मानव ने इस कला में भी नैपुण्य प्राप्त किया है। इसका उद्देश्य-शिक्षा, ग्रंथ की सुरक्षा, स्मरण शक्ति का विकास, प्रतिस्पर्धा तथा सामूहिक मनोरञ्जन या विनोद रहा है।

हजारों वर्षों से भारतीय शिक्षा पद्धति का यह एक महत्वपूर्ण अङ्ग रहा है। प्राचीन भारत में जब मुद्रित ग्रंथ नहीं थे; ज्ञान की धारा इस संपाठ्यम् की कला के माध्यम से ही आगे बढ़ी है। वेदों की 'श्रुति' संज्ञा इस कला से ही सार्थक हुई है। इस कला का अध्ययन निम्न शीर्षकों के अंतर्गत किया जा सकता है—

(1) मंत्र पाठ—

एक साथ मिलकर वेद मंत्रों के पाठ की परम्परा अत्यन्त प्राचीन है। गुरु मुख से मंत्रों को सुनकर शिष्यगण शुद्ध उच्चारण, लय और आरोह-अवरोह के साथ मंत्रपाठ का अभ्यास करते थे। इसका एक रोचक साक्ष्य हम ऋग्वेद के मण्डूक सूक्त में पाते हैं।

वर्षा ऋतु के आते ही सब मण्डूक (मेंढक) एक साथ मिलकर जोर से बोलने लगते हैं जैसे बाह्मण मिलकर मंत्रपाठ करते हैं।

शिष्य जिस प्रकार गुरु के वचनों को दोहराता है या स्वर मिलाकर साथ ही मंत्रपाठ करता है उसी प्रकार मण्डूक भी परस्पर स्वर मिलाकर बोलने लगते हैं।[2]

मंत्रपाठ की यह परम्परा हम बाणभट्ट के युग (छठवीं-सातवीं शताब्दी) में भी पाते हैं। बाणभट्ट के पूर्वज कुबेर के गुरुकुल में बटुओं द्वारा मंत्रपाठ में अशुद्धि करने पर शुकासारिकाओं द्वारा टोके जाने का उल्लेख हुआ है—

> जगुर्गृहेऽभ्यस्तसमस्तवाङ्मयैः ससारिकैः पञ्जरवर्त्तिभिः शुकैः।
> निगृह्यमाणा वटवःपदे-पदे यजूंषि सामानि च यस्य शङ्किताः।।

स्वर्गलोक में ब्रह्मा की विद्या गोष्ठी में भी ऋक्-यजुष् और साम मंत्रों के पाठ का एक सुन्दर आयोजन देखा जा सकता है—

'केचिदृचः स्तुतिचतुराः समुदचारयन्। केचिदपचितिभाञ्जि यजूंष्यपठन। केचित्प्रशंसासामानि सामानि जगुः।[3अ]

वेद मंत्रों की सुरक्षा के लिए अनेक प्रकार के पाठों की परम्परा भी हम पाते हैं। इन्हें अष्टविकृतियाँ[3ब] कहा गया है। इनमें पदों को अनुलोम-विलोम आदि क्रमों में कई बार पढ़ा जाता था।

बाणभट्ट ने मंजुल स्वर में पदपाठ और क्रमपाठ करने वाले विनम्र शिष्यों की उपमा देवी सरस्वती के चरणों में बजने वाले नूपुर युगल से दी है—

शिष्यद्वयेनेव पदक्रममुखरेण नूपुरयुगलेन वाचालितचरणा।[4अ]

(2) स्वाध्याय में संपाठ्यम्—

गुरु मुख से विद्या ग्रहण करते समय सम्पाठ्यम् का महत्व तो था ही स्वाध्याय के अवसर पर भी इसी पाठ-पद्धति को अपनाया जाता था। किसी भी पाठ को जोर से पढ़कर ही स्मरण करने या अभ्यास करने की परम्परा हम सम्पूर्ण संस्कृत साहित्य में पाते हैं। पाठ की आवाज या अध्ययन मुखरता गुरुकुलों[4ब] और ब्रह्मचारियों[5] का समान लक्षण मानी गई थीं।

इनकी पाठध्वनि से भोर होने का अनुमान कर लिया जाता था—

तच्छिष्याध्ययननिवेदितावसानां निशाम्।[6अ]

निरंतर सुनते रहने के कारण शुक-सारिका भी इन पाठों को सीख जाते थे।

(3) भाटों, चारणों और वैतालिकों का स्तुति पाठ—

युद्ध के समय रणभूमि में वीर रस तथा देशभक्ति से पूर्ण काव्य पाठ के द्वारा योद्धाओं का उत्साह बढ़ाने वाले भाटों, राजभवनों में प्रातः काल मंगल उद्‌बोधन करने वाले सूतपुत्रों तथा राजस्तुति के द्वारा उत्साह बढ़ाने वाले वैतालिकों की कला भी 'संपाठ्यम' का ही उदाहरण है। कालिदास ने इनकी उदार वाणी (**वाग्भिरुदारवाचः**, रघु., 5/65) बाणभट्ट ने उच्च स्वर (**प्रबोधमङ्गलपाठकानामुच्चैर्वाचोऽश्रूयन्त**, हर्ष., उ. 4, पृ. 211) तथा माघ ने ओजस्वी वर्ण तथा प्रसाद गुण की (शिशु., 12/35) प्रशंसा की है।

(4) नाट्य अभिनय में संपाठ्यम्—

नाट्य के संवादों को प्रभावी ढंग से बोलने के लिए 'संपाठ्यम्' का विशेष महत्व हैं आंगिक, वाचिक, आहार्य और सात्विक इन चार प्रकार के नाट्य अभिनयों में वाचिक अभिनय का आधार 'पाठ्य' ही है। पाठ्य का संबंध 'वाक्' से है आचार्य भरत इसे नाट्य का शरीर मानते हैं—

वाचि यत्नस्तु कर्त्तव्यो नाट्यस्यैषा तनुः स्मृता।[6ब]

भरत के अनुसार पाठ्य की छह विशेषताएं या गुण हैं—

1. स्वर 2. स्थान, 3. वर्ण, 4. काकु, 5. अलंकार, 6. अंग।[6स]

क्रमशः इनका विवेचन प्रस्तुत है—

1. **स्वर :** संपाठ्यम् की कला में प्रयुक्त स्वर सात हैं— षड्ज, ऋषभ, गान्धार, मध्यम, पंचम, धैवत तथा निषाद। इनका रसानुकूल प्रयोग किया जाना चाहिए।

षड्ज तथा ऋषभ— वीर, रौद्र तथा अद्‌भुत रस में

गांधार एवं निषाद— करुण रस में

मध्यम एवं पंचम— हास्य तथा शृङ्गार रस में

धैवत— वीभत्स और भयानक रस में प्रयुक्त होने चाहिए।[7अ]

2. **स्थान :** स्वरों के तीन स्थान हैं उरस्थल, कण्ठ तथ शीर्ष।

बहुत दूर स्थित व्यक्ति के साथ शीर्ष स्थान से उच्चरित स्वर से, थोड़ी दूर स्थित व्यक्ति से कण्ठ स्थान से उच्चरित स्वर से तथा समीप स्थित से वक्षः स्थल से उच्चरित स्वर से संवाद करना चाहिए—

आभाषणञ्च दूरस्थे शिरसा सम्प्रयोजयेत्।
नातिदूरे च कण्ठेन ह्युरसा चैव पार्श्वतः।।[7ब]

इन्हें ही क्रमशः तार, मध्य और मन्द्र स्वर कहा जाता है।

3. **वर्ण :** पाठ्य में चार प्रकार के स्वरों का प्रयोग होता है— उदात्त, अनुदात, स्वरित तथा कम्पित। आचार्य भरत के अनुसार— हास्य तथा शृङ्गार रस में स्वरित और उदात्त स्वर, वीर रौद्र तथा अद्‌भुत रसों में उदात्त तथा कम्पित स्वर; करुण, वात्सल्य और भयानक रस में अनुदात्त, स्वरित और कम्पित स्वर रहने चाहिए।

तत्र हास्यशृङ्गारयोः स्वरितोदात्तैः, वीररौद्राद्‌भुतेषूदात्तकंपितैः,
करुणवीभत्सभयानकेष्वनुदात्तस्वरितकंपितैरिति।[8अ]

4. **काकु :** कण्ठ के विभिन्न ध्वनि विकारों को काकु कहा जाता है इसके दो प्रकार हैं—

(क) साकाङ्क्ष (ख) निराकाङ्क्ष।

जहाँ वाक्य का आशय पूर्ण रूप से प्रगट न हो उसे साकांक्ष काकु कहते हैं। इसमें कण्ठ और वक्षःस्थल से स्वर उत्पन्न होता है तथा तार स्वर से प्रारम्भ होकर मन्द्र स्वर में समाप्त होता है।

निराकाँक्ष में वाक्य का अर्थ पूर्ण रूप से प्रकट होता है यह मन्द्र स्वर से प्रारम्भ होकर तार स्वर में समाप्त होता है।[8ब]

आचार्य राजशेखर काकु को '**अभिप्रायवान्पाठधर्म**' अर्थात् कवि और वक्ता के विशिष्ट अभिप्राय को बताने वाली पढ़ने या बोलने की चमत्कारपूर्ण पद्धति (काव्यमी., अ. 7, पृ. 75) तथा काव्य का जीवित (**काव्यस्याप्येष जीवितम्**, पृ. 79) मानते हैं।

5. **अलङ्कार :** स्वरों की लय और वौल्यूम को आचार्य भरत अलंकार कहते हैं। ये अलंकार

छह हैं—

(क) **उच्च :** मूर्धा (सिर) से उत्पन्न स्वर को 'उच्च' स्वर कहते है। यही जब थोड़ी ऊँची आवाज में बोला जाता है तब 'तार' स्वर कहलाता है। इसका उपयोग दूरस्थ व्यक्ति से संभाषण, विस्मय, परस्पर उत्तर-प्रत्युत्तर, दूरस्थ व्यक्ति को पुकारने, त्रास (भय) बाधा आदि में किया जाता है।

(ख) **दीप्त :** मूर्धा से उत्पन्न अधिक ऊँची आवाज में उच्चरित 'तारतर' स्वर दीप्त स्वर कहा जाता है इसका संयोजन आक्षेप, युद्ध, कलह, विवाद (झड़प), अमर्ष, जोर से खींचना (आघर्षण), क्रोध, शौर्य, अहंकार (दर्प), तेज या रूखा उत्तर देना, डाँटना तथा रोना आदि के प्रसंगों में किया जाता है।

(ग) **मन्द्र :** मन्द्रस्वर वक्षः स्थल से उत्पन्न होता है। इसकी योजना निर्वेद, ग्लानि, शङ्का, चिन्ता, औत्सुक्य, दैन्य (आवेग), व्याधि, पीड़ा, शस्त्रों के गहरे घाव, मूर्च्छा, मद तथा गूढ़ार्थक शब्दों के कहने आदि में की जाती है।

(घ) **नीच :** नीच स्वर वक्षःस्थल से उत्पन्न होने वाला अत्यन्त मन्द्र (मन्द्रतर) स्वर होता है। इसकी योजना स्वाभाविक संभाषण, व्याधि, मार्ग चलने से थके, त्रस्त व्यक्ति के गिरने, मूर्च्छित होने आदि दशा में की जाती है।

(ङ) **द्रुत :** द्रुत स्वर कंठ स्थान से शीघ्रतापूर्वक उच्चारित किया जाता है। इसकी योजना स्त्रियों द्वारा बालकों को सांत्वना देने या चुप कराने तथा प्रिय के प्रस्ताव को अस्वीकृत करने; भय, शीत, ज्वर, त्रास, आवेग, गुप्त एवं आवश्यक या शीघ्र किए जाने वाले कार्य को बतलाने आदि में करनी चाहिए।

(च) **विलंबित :** विलंबित स्वर कण्ठ स्थान से उच्चारित होता है तथा थोड़ा मन्द्र स्वरूप वाला होता है। इसका प्रयोग प्रणय (शृङ्गार), वितर्क, विचार, अमर्ष, असूया, अटपटी बात कहने, लज्जा, चिन्ता, तर्जन, आश्चर्य (विस्मय), दोष कथन या निंदा, लम्बी बीमारी तथा पीड़ा आदि में करना चाहिए।[9]

स्वरों के इन अलंकारों को काकु से संयोजित कर नाना भावों और रसों की अभिव्यक्ति के लिए 'काकुस्वर' की योजना की जाती थी। यथा—

हास्य, शृङ्गार तथा करुण रस में 'विलंबित' काकु स्वर और वीर, रौद्र तथा अद्भुत रसों में 'दीप्त' काकु स्वर प्रशस्त माना गया है।[10]

6. **अंग :** उच्चारण के छः अंग हैं—

1. विच्छेद, 2. अर्पण, 3. विसर्ग, 4. अनुबन्ध, 5. दीपन तथा 6. प्रशमन

विराम को 'विच्छेद कहते हैं। लीला या सौकुमार्य से पूर्ण स्वरों में प्रेक्षागृह को भरते हुए जिस शब्दावली का पाठ किया जाए उसे 'अर्पण' कहते हैं। वाक्य को पूण करना 'विसर्ग' कहलाता है। दो अथवा अधकि पदों (शब्दों) के बीच विच्छेद न करना या उनके उच्चारण

की दशा में सांस का न टूटना 'अनुबंध' तीनों (उरः, कंठ, मस्तक) स्थान से उच्चारित स्वर का क्रमशः बढ़ते जाना 'दीपन' कहलाता है। ऊँचे चढ़ाए हुए स्वरों को धीरे-धीरे नीचे की ओर बिना वैस्वर्य के लाना 'प्रशमन' कहलाता है। भरत के अनुसार — हास्य और शृङ्गर रस में पाठ्य को अर्पण, विच्छेद, दीपन और प्रशमन नामक अंगों से युक्त रखना चाहिए। वीभत्स और भयानक रस में विसर्ग तथा विच्छेद युक्त पाठ्य रखना चाहिए।''[11अ]

इस प्रकार पाठ्य की बारीकियों को समझते हुए स्वर की साधना से वाचिक अभिनय के द्वारा रस और भाव की मार्मिक अभिव्यक्ति संपाठ्यम् की कला से ही सम्भव है।

(5) काव्य पाठ—

संपाठ्यम् का सबसे सुन्दर उदाहरण हम काव्य-पाठ के रूप में पाते हैं। इस कला का विशेष महत्व विभिन्न प्रकार की मनोरञ्जक काव्य गोष्ठियों में है जहाँ काव्य पाठ के सौन्दर्य से कविगण यश पाते हैं। काव्य वही उत्तम माना जाता है जो सभा में पढ़ा जाता है—

तत् कव्यं यत् सभायां पठ्यते।[11ब]

गोष्ठी समवायों (जो नागरक या गणिकाओं के भवनों में आयोजित होते थे), कौमुदी महोत्सव, सुवसन्तक आदि उत्सवों तथा उद्यान यात्रा आदि मनोविनोदों के अवसर पर प्रहेलिका, समस्यापूर्ति आदि काव्य कलाओं के साथ ही संपाठ्यम् की भी प्रतिस्पर्धाएं आयोजित होती थीं।

कर्पूरमञ्जरी में राजा, महारानी, दासी विचक्षणा तथा विदूषक द्वारा वसंत ऋतु को विषय बनाकर काव्य पाठ किए जाने का वर्णन प्राप्त होता है। (जव, 1)

कादम्बरी के राजकुल में द्विपदी (दो पदों वाली गाथा) का पाठ करते हुए सामन्तों[12] तथा कन्यान्तःपुर में मनोरञ्जन के लिए सुभाषित पाठ करती हुई कन्यकाओं[13] का वर्णन पाते हैं। मांगल्य के लिए विष्णुसहस्रनाम के अखण्ड पाठ का भी उल्लेख हुआ है।

अविच्छिन्नपठ्यमाननारायणनामसहस्रम्।[13ब]

महाभारत का पाठ भी मांगलिक माना जाता था—

पाठ्यमाने च सर्वमंगलमहीयसि महाभारते दत्तावधानम्।[14अ]

आचार्य राजशेखर ने काव्यमीमांसा (अ. 7) में काव्य पाठ के गुण दोषों, भारतवर्ष के विभिन्न प्रदशों में काव्य पाठ की प्रणालियों तथा पाठक के गुणों पर विस्तृत प्रकाश डाला है।

उनके अनुसार कवि जैसे-तैसे काव्य रचना तो कर लेता है किन्तु काव्य पाठ करना वही जानता है जिसे सरस्वती सिद्ध होती है—

करोति काव्यं प्रायेण संस्कृतात्मा यथा तथा।
पठितुं वेत्ति स परं यस्य सिद्धा सरस्वती।।

जैसे पूर्वजन्म के संस्कार से किसी का गला सुरीला होता है, उसी प्रकार काव्य पाठ का सौन्दर्य भी अनेक जन्म के अभ्यास से प्राप्त होता है—

यथा जन्मान्तराभ्यासात्कण्ठे कस्यापि रक्तता।
तथैव पाठसौन्दर्यं नैकजन्मविनिर्मितम्।।

काव्य गुणों के अनुसार काव्य पाठ–

प्रसाद गुण वाली कविता को गंभीरता के साथ ओजमयी कविता को ऊँचे स्वर से तथा उभय गुण वाली रचना को आवश्यकतानुसार गंभीर और उच्च स्वर से पढ़ना चाहिए।

पाठ के गुण–

गंभीरता, सस्वरता, ऊँचे-नीचे स्वर का भली-भाँति निर्वाह और संयुक्ताक्षरों को पढ़ने में लावण्य-ये पाठ के गुण हैं–

गंभीरत्वमनैश्वर्यं निर्व्यूढिस्तारमन्द्रयोः।
संयुक्तवर्णलावण्यमिति पाठगुणाः स्मृताः।

प्रशंसनीय पाठ–

ललित स्वर से, काकु से युक्त, सुस्पष्ट, अर्थ के अनुसार विराम करते हुए, कल मधुर ध्वनि से और एक-एक अक्षर को स्पष्ट रूप से पढ़ना प्रशंसनीय कहा गया है।[14]

उत्तम पाठ–

जिस पाठ में विभक्तियाँ, समास और संधियाँ स्पष्ट हों वह उत्तम पाठ माना गया है–

विभक्तयः स्फुटा यत्र समासाश्चाकदर्थितः।
अम्लानः पदसन्धिश्च तत्र पाठः प्रतिष्ठितः।।

पाठ-दोष–

अतिशीघ्रता या अतिविलम्ब से, बहुत जोर से या चिल्लाकर अथवा अतिमंद स्वर से, बिना पदच्छेद किए हुए एवं अतिमृदुता या अतिकठोरता से पढ़ना निंदनीय कहा जाता है।

अक्षरों का उच्चारण–

पाठ में सर्वाधिक महत्वपूर्ण होता है अक्षरों का सावधानी से शुद्ध और स्पष्ट उच्चारण।

पाणिनि के अनुसार–

अक्षरों का उच्चारण ऐसे ढंग से करना चाहिए, जैसे व्याघ्री कोमल बच्चों को दाँतों से पकड़ते हुए भी उन्हें गिरने और कटने से बचाती है।

यथा व्याघ्री हरेत्पुत्रान्दंष्ट्राभिश्च न पीडयेत्।
भीता पतनभेदाभ्यां तद्वद्वर्णान्प्रयोजयेत्।।

भिन्न-भिन्न देशों की पाठ प्रणाली–

भारत वर्ष के भिन्न-भिन्न भागों में काव्य पाठ की अपनी विशेषताएं हैं।

वाराणसी से पूर्व मगध आदि देशों के कवि, संस्कृत-काव्यों को तो सुन्दर ढंग से पढ़ते हैं; परन्तु प्राकृत-कविता-पाठ में वे कुंठित ही रहते हैं।

गौड देश के कवियों का पाठ सभी प्रकार से मध्यम होता है। वह न स्पष्ट न अति अस्पष्ट, न रुक्ष न कोमल, न अति तार और न ही मन्द्र स्वर वाला होता है।

कर्णाट देश के कवियों का पाठ टंटनाहट के साथ होता है। कोई भी रीति हो, कोई भी रस हो या कोई भी गुण हो, वे सर्वत्र बड़ी कड़कड़ाहट के साथ गर्वान्वित होकर काव्य-पाठ करते हैं।

द्रविड़ देश के कवि-काव्यमर्मज्ञ होते हुए भी गद्य या मिश्र भाषा-सभी को गाकर पढ़ते हैं।

लाट देश के कवि, संस्कृत के शत्रु होते हैं; परन्तु प्राकृत-भाषा के काव्यों को सुंदरता के साथ पढ़ते हैं।

सौराष्ट्र, गुर्जर आदि देशों के कवि, अपभ्रंश तथा संस्कृत दोनों भाषाओं की कविताओं को सुन्दर और स्पष्ट रूप से पढ़ते हैं।

काश्मीर के कवि, कवि तो अच्छे होते हैं; किन्तु उनका काव्य पाठ ऐसा प्रतीत होता है जैसे कानों में गुरुच के रस का कुल्ला किया जा रहा हो। अर्थात् उनका कविता-पाठ अतिशय कर्ण-कटु होता है।

उत्तरापथ के कवि, व्याकरण-शास्त्र के कितने ही विद्वान और सुसंस्कृत क्यों न हों; लेकिन वे सानुनासिक पाठ ही करते हैं।

पाञ्चाल देश के कवियों का पाठ अत्यंत मधुर तथा दोषहीन होता है।[15]

सन्दर्भ-सङ्केत

1. तत्र पूर्वधारितमेको ग्रंथं पठति द्वितीयस्तमेव-अश्रुतपूर्वं तेन सह तथैव पठति। कामसू., 1.3.15 पर टीका।
2. संवत्सरं शशयाना ब्राह्मणा व्रतचारिणः।
   वाचं पर्जन्यजिन्वितां प्रमण्डूका अवादिषुः।।
   पृश्निः संपृङ्क्ते हरितेन वाचम्।
   यदेषामन्यो अन्यस्य वाचं
   शक्तस्येव वदति शिक्षमाणः। ऋग्वे., 7.103.1, 4, 5

3अ. हर्षचरित, उ. 1, पृ. 12

3ब. जटामालाशिखा रेखा ध्वजो दण्डो रथो घनः।
अष्टौ विकृतयः प्रोक्ताः क्रमपूर्वा महर्षिभिः।।

4अ. हर्षचरित, उ. 1, पृ. 13

4ब. अध्ययनमुखरबटुजनम्, काद., जाबालि आश्रमवर्णन, पृ. 119

5. अध्ययनमुखरशिष्यानुगतैः मुनिभिः, वही, पृ. 118

6अ. रघुवंश, 1.94

6ब. नाट्यशास्त्र, 15.2

6स. पाठ्यगुणानिदानीं वक्ष्यामः। तद्यथा-सप्तस्वराः, त्रीणि
स्थानानि, चत्वारो वर्णाः, द्विविधा काकुः, षडलङ्कारा षडङ्गानीति। नाट्यशा., अ. 19

7अ. हास्यशृङ्गारयोः कार्यौ स्वनौ मध्यमपञ्चमौ।
षड्जर्षभौ तथा चैव वीररौद्राद्भुतेष्वथ।।
गान्धारश्च निषादश्च कर्तव्यौ करुणे रसे।
धैवतश्चैव कर्तव्यो बीभत्से सभयानके।। वही, अ. 19.38-39

7ब. नाट्यशास्त्र, 19.41-42

8अ. वही, अ. 19

8ब. तत्र साकाङ्क्षं नाम-तारादिमन्द्रान्तमनियुक्तार्थमनिर्यातित–
वर्णालङ्कारं कण्ठोरःस्थलस्थानगतम्। निराकाङ्क्षं नामनियुक्तार्थनिर्यातितवर्णालङ्कारं शिरस्थानगतं मन्द्रादितारान्तमिति। वही, अ. 19 पृ. 360

9. उच्चो नाम-शिरःस्थानगतस्तारस्वरः, स च दूरस्थाभाषण–
विस्मयोत्तरोत्तरसञ्जल्पदूराह्वानत्रासनाबाधाद्येषु।
दीप्तो नाम-शिरःस्थनगतस्तारतरः, स चाक्षेपकलह–
विवादामर्षक्रुष्टाघर्षणक्रोधशौर्यदर्पतीक्ष्णरुक्षाभिधाननिर्भर्त्सनाक्रन्दितादिषु।
मन्द्रो नाम-उरःस्थानगतो निर्वेदग्लानिचिन्तौत्सुक्य-दैन्यव्याधि-क्रीडागाढशस्त्रक्षतमूर्च्छामदगुह्यार्थवचनादिषु। नीचो नाम उरःस्थानस्थो मन्द्रतरः, स च स्वभावाभाषणव्याधिशमश्रमार्त-त्रस्त-पतितमूर्च्छितादिषु द्रुतो नाम कण्ठगतः। स च त्वरितः लल्लनमन्मनभयशीतज्वर-त्रासायस्तात्ययिककार्यावेदनादिषु। विलम्बितो नाम कण्ठगतस्थानगतस्तनुमन्द्रः, स च शृङ्गारकरुणवितर्कितविचारामर्षासूयिता व्यक्तार्थप्रवादलज्जा-चिन्तातर्जन-विस्मयदोषानुकीर्तनदीर्घरोग-निपीडनादिषु। वही, अ. 19

10. हास्य शृङ्गारकरुणेष्विष्टा काकुर्विलम्बिता।
वीररौद्राद्भुतेषूच्चा दीप्ता वापि प्रशस्यते।
भयानके सबीभत्से द्रुता नीचा च कीर्तिता।
एवं भावरसोपेता काकुः कार्या प्रयोक्तृभिः।। वही, अ. 19.58-59

11अ. वही, 19, पृ. 367

11ब. कर्पूरमं., 1, पृ. 24

12. पठता द्विपदीम् सामन्तलोकेनाधिष्ठिताम्, काद., पृ. 270

13अ. वही, पृ. 565

13ब. कादम्बरी, पृ. 220

14अ. वही, पृ. 232

14ब. ललितं काकुसमन्वितमुज्ज्वलमर्थवशाकृतपरिच्छेदम्।
श्रुतिसुखविविक्तवर्णं कवयः पाठं प्रशंसन्ति।। काव्यमी, अ. 7, पृ. 80

15. काव्यमी., अ. 7, पृ. 82-83

卐 卐 卐

8. नाटक-आख्यायिका का रसास्वादन

(नाटक-आख्यायिका-दर्शनम्)

जनमानस का समाराधन करने वाली कलाओं में से एक कला है-'नाटक-आख्यायिका-दर्शनम्'। देखना अर्थवाली दृश् धातु से निष्पन्न 'दर्शन' शब्द यहाँ केवल प्रत्यक्ष दर्शन या अवलोकन का पर्याय नहीं है अपितु चिंतन-दृष्टि, समझ, सूझ-बूझ और परिज्ञान का भी वाचक है। अतः इस कला का अर्थ हुआ नाटक और आख्यायिका को देखने-परखने और रसास्वादन करने की कला।

'नाटक' और 'आख्यायिका' काव्य शास्त्र के परिभाषिक शब्द हैं। नाटक, रूपक या नाट्य का एक प्रमुख भेद है किन्तु यहाँ यह शब्द एक भेद या प्रकार का वाचक न होकर समग्र रूपक (Drama) या नाट्य साहित्य का बोधक है।

गद्य में रची जाने वाली उच्छ्वासों में बँटी हुई ऐतिहासिक कथा को आख्यायिका कहा जाता है किन्तु यहाँ आख्यायिका विशिष्ट प्रकार का बोधक न होकर सामान्य रूप से आख्यान, उपाख्यान आदि का वाचक भी है। काव्य की इन विधाओं से आनन्द प्राप्त करने की कला अर्थात् सहृदय सामाजिक बनने की कला ही-नाटकाख्यायिका-दर्शनम् है।

नाटक—

साहित्य में नाटक के लिए नाट्य[1], नाटक[2], प्रेक्षण[3], प्रेक्षणक[4], प्रेक्षणीयक[5] प्रेक्षाविधि[6], रसप्रबंध[7], काव्यबन्ध[8], एवं अभिनेय काव्य[9] आदि संज्ञाओं का प्रयोग हुआ है।

आचार्य अभिनव गुप्त नाटक शब्द की व्युत्पत्ति दो प्रकार से करते हैं—

1. नट् नतौ— नति (झुकना) अर्थ वाली नट् धातु से— नाट्य प्रयोग मानव की कठोरता, रुक्षता, तनाव आदि को दूर कर मन को कोमल, स्निग्ध और नम्र बनाता है।

2. नट् नृतौ— नृत्य (नाचना) अर्थ वाली नट् धातु से— नाट्य मे प्रदर्शित भाव, रस आदि हृदय में प्रवेश कर मन और शरीर को आनन्द से नचा देते हैं अतः यह नाट्य या नाटक कहा जाता है।[10अ]

रामचन्द्र-गुणचन्द्र 'नर्तन' अर्थ वाली नट् धातु को ही अधिक उचित मानते हैं—

नटयति . . . सभ्यानां हृदयं नर्तयति इति नाटकम्।[10ब]

दृष्टि ग्रह्य आकार को रूप कहते हैं। कवि निबद्ध भावों को रूपित (अभिनय द्वारा ग्राह्य) बनाने के कारण नाट्य को भी रूप कहा जाता है–

(i) **रूप्यन्ते अभिनीयन्ते इति रूपाणि नाटकादीनि।**[10स]

(ii) **रूपं दृश्यतयोच्यते**[11अ]—

अथवा इस काव्य में रूप (अभिनेताओं में राम, कृष्णादि चरित्रों) का आरोप होने के कारण ये रूपक कहलाते हैं–

रूपारोपात्तु रूपकम्।[11ब]

ये संज्ञाएं नाट्य के दो पक्षों पर प्रकाश डालती हैं–

(1) आस्वाद पक्ष– नाट्य और नाटक का संबंध आस्वाद से है जो नाट्य प्रदर्शन का फल या उद्देश्य है।

(2) अभिनय पक्ष– रूप और रूपक नाट्य प्रयोग और अभिनय से संबद्ध हैं, जो नाट्य का स्वरूप या लक्षण है।

नाट्य को काव्य की उत्कृष्टतम विधा माना गया है–'नाटकान्तं कवित्वम्' तथा 'काव्येषु नाटकं रम्यम्' जैसी प्रसिद्धियाँ इस का प्रमाण हैं। काव्य के अन्य प्रकार-महाकाव्य, कथा आदि केवल श्रव्य हैं जबकि नाटक दृश्य और श्रव्य दोनों ही। आचार्य भरत नाट्य को दृश्य श्रव्य क्रीडनीयक[11स] (क्रीड़ा य मनोरञ्जन का साधन); सार्ववर्णिक वेद[12] तीनों लोकों का भावानुकीर्तन[13] हितकारी उपदेश को देने वाला[14] तथा विश्रान्ति का उपादान[15] मानते हैं तो धनञ्जय आनन्द का निष्यन्द।[16]

वामन के अनुसार चित्रपट के समान समस्त विषयों को सुन्दर रंगों में चाक्षुष दिखाने के कारण रूपक श्रेष्ठ है।[17]

कहा जाता है कि ब्रह्मा ने वेदों और उपवेदों से पाठ्य, रस, गीत अभिनय आदि तत्वों को लेकर नाट्य वेद की सृष्टि की है–

जग्राह पाठयमृग्वेदात् सामभ्यो गीतमेव च।
यजुर्वेदादभिनयान् रसानाथर्वणादपि।।
वेदोपवेदैः सम्बद्धो नाट्यवेदो महात्मना।
एवं भगवता सृष्टो ब्रह्मणा सर्ववेदिना।।[18अ]

इस नाट्य की सफलता और सिद्धि प्रयोग[18ब] या प्रदर्शन में मानी गई है। नाट्य का प्रयोग या प्रस्तुति केवल एक कला या शिल्प ही नहीं है अपितु शास्त्र और विज्ञान[19] भी है। आचार्य भरत ने ठीक ही कहा है–

न तज्ज्ञानं न तच्छिल्पं न सा विद्या न सा कला।
नासौ योगो न तत्कर्म नाट्येऽस्मिन् यन्न दृश्यते।।[20अ]

अतः इस महनीय कला के दर्शन से आनन्द प्राप्त करना भी एक कला ही है।

साहित्य में नाट्य-प्रस्तुति एवं सामाजिकों द्वारा नाट्य के अवलोकन एवं आस्वादन के संदर्भ अत्यंत प्राचीन काल से ही प्राप्त होते हैं।

शुक्ल यजुर्वेद में शैलूष[20ब] (नट) के उल्लेख एवं अष्टाध्यायी में शिलालि और कृशाश्व रचित 'नटसूत्र'[21] के साक्ष्य से नाट्य प्रयोग एवं शास्त्र की प्राचीनता प्रमाणित होती है। वाल्मीकि **'नटनर्तकसंघ'**[22] और स्त्रियों की पृथक् नाट्यमण्डली (**वधूनाटकसंघ**)[23] का उल्लेख करते हैं। राज-समाज और जन-समाज दोनों में ही नाट्य अभिनय लोकप्रिय थे। विवाह, पुत्रजन्म, राज्याभिषेक, शत्रु पर विजय आदि के उपलक्ष्य में राजभवनों में नाटकों का प्रदर्शन मनोरञ्जन के लिए किया जाता था। धार्मिक उत्सवों तथा देवताओं से संबद्ध कुछ विशिष्ट तिथियों[24] में देव मंदिरों में निर्मित नाट्य मण्डपों में नाट्य प्रस्तुति का आनन्द जनसामान्य के लिए सुलभ होता था।

वात्स्यायन के युग में पक्ष अथवा मास के किसी प्रसिद्ध दिन में सरस्वती के मंदिर में समाज का आयोजन होता था जहाँ स्थानीय तथा बाहर से आए हुए नट अपनी कला का प्रदर्शन करते थे।[25]

कालिदास के प्रसिद्ध नाटक अभिज्ञानशाकुन्तल का अभिनय राजा विक्रमादित्य की अभिरूपभूयिष्ठा (विशेष रूप से नाट्य मर्मज्ञ) परिषद में हुआ था तो भवभूति के नाटकों का प्रदर्शन कालप्रियनाथ (भगवान शिव के) यात्रा-उत्सव में। महाराज दशरथ के पुत्रों के जन्मोत्सव पर अयोध्या नगरी नट-नर्तकों से संकुल उठी थी—

उत्सवश्च महानासीदयोध्यायां जनाकुलाः।
रथ्याश्च जनसम्बाधा नटनर्तकसंकुलाः।।[26अ]

शिव पार्वती के विवाह पर अप्सराओं द्वारा एक ललित नाट्य का अभिनय किया गया था जो रसों के प्रयोग से मनोरम था।[26ब]

कविराज राजशेखर रचित 'विद्धशालभञ्जिका' नामक नाटिका का मञ्चन, कलचुरिनरेश युवराज देव की विजय के उपलक्ष्य में किया गया था।[27]

इस प्रकार आनन्द और मंगल के अवसर पर नाटक देखने की लोकप्रिय परम्परा, प्राचीन काल से ही भारत में रही है।

स्वयं नाट्य के भीतर नाट्य दर्शन के संदर्भ भी साहित्य में प्राप्त होते हैं। विक्रमोर्वशीयम् में देवी सरस्वती द्वारा रचित 'लक्ष्मी-स्वयंवर' नामक नाट्य का उल्लेख है जिसका अभिनय आचार्य भरत के निर्देशन में देवसभा में किया गया था इसमें लक्ष्मी की भूमिका उर्वशी ने तथा वारुणी की भूमिका मेनका ने की थी।[28]

मालविकाग्निमित्रम् में देवी शर्मिष्ठा की कृति 'छलिक नाट्य' का उल्लेख है। द्रुत भावपरिवर्तन के कारण इसका अभिनय या प्रयोग अत्यंत कठिन माना गया था।[29अ]

गुरु की शिक्षा और शिष्य के नाट्य कौशल की परीक्षा लेने के लिए ऐसे नाट्यों को विषय बनाकर प्रतिस्पर्धाएं करवाई जाती थीं। सर्वाङ्गसौष्ठव और अभिनय की बारीकियों को परखने के लिए कभी-कभी पात्र नेपथ्य (मेकअप) के बिना भी अभिनय करते थे। निर्णय के लिए पीरक्षक नियुक्त किए जाते थे इन्हें 'प्राश्निक' या रङ्गप्राश्निक कहा जाता था। ये नाट्य शास्त्र और प्रयोग के मर्मज्ञ होते थे। तटस्थता इनका विशेष गुण माना जाता था।[29ब] प्रतिस्पर्धा के न होने पर भी नाट्य प्रदर्शन में रङ्गप्राश्निक उपस्थित रहते थे। उत्तररामचरितम् में वाल्मीकिकृत नाट्य के प्रदर्शन में विशाल जनसमुदाय के साथ प्रश्नकर्ता समालोचक भी उपस्थित थे।[30] उत्तररामचरितम् तथा 'बालरामायणम्' के गर्भाङ्क (नाट्य के भीतर नाट्य की योजना) के माध्यम से नाट्य अभिनय के संबंध में कतिपय महत्वपूर्ण तथ्यों का ज्ञान होता है।

नाटकों के मंचन के लिए शासन की ओर से समाजों का आयोजन होता था जिसमें सभी वर्गों के लोग आमंत्रित होते थे। पद और प्रतिष्ठा के अनुरूप दर्शकों के बैठने की समुचित व्यवस्था की जाती थी। ये अभिनय पहले से ही बने हुए स्थायी रंग मण्डपों या किसी खुले स्थान में नदी तट आदि पर बनाए गए स्थायी रंगमंचों पर किए जाते थे।[31] साहित्य में रंग मंडप के लिए रङ्ग[32], प्रेक्षागार[33], आतोद्यस्थान[34] आदि पदों का प्रयोग हुआ है, तो अभिनय के लिए रंगप्रवेश, रंगकर्म[35] आदि का। **जन समाज को रञ्जित या रागयुक्त करने के कारण इनकी 'रंग' संज्ञा सार्थक थी।**

नाट्य अभिनय या रंग कर्म की शिक्षा देने वाली नाट्य संस्थाएं थीं। राजभवनों में अपनी नाट्य शालाएं या संगीत शालाएं होती थी जहाँ मालविका, इरावती जैसी शिल्पनिपुण राजकन्याएं नाट्याचार्यों से संगीत, नृत्य अभिनय आदि कलाओं की शिक्षा प्राप्त करती थीं।[36] राजभवनों में अभिनय करने एवं शिक्षा देने वाले रंगकर्मियों का उल्लेख नाट्यकार भास ने भी किया है।[37]

नाट्यकला की शिक्षण-परंपरा आचार्य भरत तथा उनके शिष्यों के माध्यम से आगे बढ़ी थी। इसे कुल (वंश परंपरा से चली आती हुई) विद्या[38] माना जाता था। यह विद्या सुदीर्घ साधना, तप और विदग्धता की अपेक्षा रखती थी अतः ऋषियों को ही इस विद्या के ग्रहण, धारण, ज्ञान और प्रयोग के योग्य माना गया था—

ग्रहणे धारणे ज्ञाने प्रयोगे चास्य सत्तम।
अशक्ता भगवन् देवा अयोग्या नाट्यकर्मणि।।
य इमे वेदगुह्या ऋषयः संश्रितव्रता।
एतेऽस्य ग्रहणे शक्ताः प्रयोगे धारणे तथा।।

नाट्य प्रदर्शन समाजों में किए जाते थे। समाज राष्ट्र की सुख-समृद्धि, शांति-व्यवस्था और संस्कृतिक अभिरुचि के प्रतीक थे। आदिकवि समाजोत्सवशालिनी अयोध्या नगरी (रामा., अयो., 51/23) तथा वहाँ के विशाल समाजों (समाजेषु महत्सु च, वही, 57/13) का उल्लेख करते हैं जिसमें श्रीराम भी सम्मिलित होते थे। उस युग में **'सामाजिक'** शब्द का प्रयोग इन

समाजों में सम्मिलित होने वाले 'दर्शकों और श्रोताओं के लिए' ही होता था। महाकवि कालिदास तथा शङ्कुक, अभिनवगुप्त आदि नाट्यशास्त्र के आचार्य 'सामाजिक' पद का प्रयोग नाट्य अभिनय का रसास्वादन करने वाले दर्शक के लिए ही करते हैं।[39] आचार्य आनन्दवर्धन सहृदय शब्द का प्रयोग ही अधिक उचित समझते हैं।[40]

आख्यायिका–

गद्य काव्य का एक मुख्य भेद हैं–आख्यायिका। आचार्य दण्डी के अनुसार-पाद रहित रचना को गद्य कहते हैं। उसके दो भेद हैं– 1. आख्यायिका और 2. कथा।

यद्यपि नायक के द्वारा आत्मकथा के रूप में कही गई कहानी को आख्यायिका कहा जाता है तथा इससे भिन्न को कथा, तथापि आख्यायिका और कथा में स्पष्ट भेद नहीं है वस्तुतः ये एक ही जाति की दो संज्ञाएं हैं। आख्यान, उपाख्यान आदि अन्य गद्य भेद इन्हीं में समाहित होते हैं।[41अ]

आचार्य वामन इसे दशरूपकों से ही निःसृत मानते हैं–

दशरूपकस्यैव हीदं सर्वं विलसितम्, यच्च कथाख्यायिके महाकाव्यमिति।[41ब]

सामान्य रूप से इतिहास आश्रित कथा को आख्यायिका कहा जाता है। इस पृथ्वी पर मानव जाति का गौरवशाली इतिहास रहा है। हमारे पूर्वजों ने सदैव ही अपने पराक्रम से आसुरी शक्तियों को परास्त किया है। अथर्ववेद के पृथिवी सूक्त में इस गौरवमयी परम्परा का स्मरण करते हुए कहा गया है–

यस्यां पूर्वे पूर्वजना विचक्रिरे यस्यां देवा असुरानभ्यवर्तयन्। (12/1/52)

महान वीरों के अलोकसामान्य साहसपूर्ण कार्य या लोकमंगल के लिए संपन्न दिव्यशक्तियों, अवतार पुरुषों और ऋषि मुनियों के अद्‌भुत कार्य तथा उदात्त चरित पुराकथाओं और आख्यानों को जन्म देते हैं। सत्य घटनाएं या तथ्य ही देश काल और व्यक्ति के अनुरूप कल्पनाओं से जुड़कर कथा या आख्यायिका का रूप ले लेते हैं। संस्कृत वाङ्मय में पूर्व पुरुषों के पराक्रम और जीवन के प्रेरक प्रसंगों को आख्यानों, उपाख्यानों और आख्यायिकाओं के माध्यम से ही संजोया गया है। फलतः ऋग्वेद से लेकर उपनिषदों तक सम्पूर्ण वैदिक साहित्य में ऐसे असंख्य आख्यान प्राप्त होते हैं जो इतिहास को ललित शैली में प्रस्तुत करते हुए शिक्षा और मनोविनोद दोनों ही उद्देश्यों को पूर्ण करते हैं।

स्वयं महर्षि यास्क ने प्रीति या आनन्द रूप इस प्रयोजन की ओर संकेत करते हुए कहा है कि– ऋषि को अपने दृष्ट अर्थ को आख्यानों, के माध्यम से बताने मे आनन्द मिलता है–

ऋषेर्दृष्टार्थस्य प्रीतिर्भवत्याख्यानसंयुक्ता।

ऋग्वेद में वर्णित इन्द्र और वृत्र का युद्ध, ऐतरेय ब्राह्मण का हरिश्चन्द्रोपाख्यान, राजा जनक की परिषद् में श्रेष्ठ ब्रह्मवेत्ता के रूप में याज्ञवल्क्य की ख्याति तथा उनकी पत्नी मैत्रेयी की आत्मा की अमरता संबंधी जिज्ञासा (बृहदारण्यक उपनिषद्), छान्दोग्य उपनिषद् की

सत्यकामजाबाल कथा तथा कठोपनिषद् का नचिकेतोपाख्यान इसके प्रसिद्ध उदाहरण हैं। यहाँ तक कि निरुक्त और अर्थशास्त्र जैसे शास्त्रीय ग्रंथ भी अनेक रोचक आख्यानों से भरे पड़े हैं।[42]

निरुक्त में इन आख्यानों का उल्लेख **तत्रेतिहासमाचक्षते**[43]— कहकर किया गया है तो अथशास्त्र में ये 'यथा' पद के द्वारा उदाहरण के रूप में प्रस्तुत हुए हैं। जैसे कि राजा के लिए इन्द्रिय जय और कमक्रोध आदि के परित्याग के महत्व को प्रतिपादित करते हुए भोजवंश के दाण्डक्य, विदेह राज कराल, राजा जनमेजय, पुरुरवा, रावण, दुर्योधन, कार्तवीर्य अर्जुन आदि इतिहास पुरुषों के संदर्भ जो इन्द्रियों पर विजय प्राप्त न कर पाने के कारण विनाश को प्राप्त हुए थे।[44]

रामायण, महाभारत और पुराण तो ऐसे आख्यानों के अक्षय भण्डार ही हैं। यही कारण है कि बाणभट्ट ने हर्षचरित् नामक आख्यायिका की प्रस्तावना में कहा है—

करोम्याख्यायिकाम्भोधौ जिह्वाप्लवनचापलम्। (19)

'आख्यायिका के समुद्र में मैं अपनी जीभ रूपी चप्पू को चलाने की चपलता कर रहा हूँ।'

साहित्य या शास्त्र में स्थान पाने से पूर्व ये आख्यान सूतों, मागधों ओर कुशीलवों के माध्यम से जन-मन का अनुरंजन करते रहे हैं।

स्वयं महर्षि वाल्मीकि ने कुश और लव के द्वारा अयोध्या की गलियों, राज-मार्गों, मुनियों के समुदाय और राज सभा में राम कथा के गायन का उल्लेख किया है—

तौ राजपुत्रौ कात्स्न्र्येन धर्म्यमाख्यानमुत्तमम्।
वाचोविधेयं तत्सर्वं कृत्वा काव्यमनिन्दितौ।।
ऋषीणां च द्विजातीनां साधूनां च समागमे
यथोपदेशं तत्त्वज्ञौ जगतुः सुसमाहितौ।।
प्रशस्यमानौ सर्वत्र कदाचित् तत्र गायकौ।
रथ्यासु राजमार्गेषु ददर्श भरताग्रजः।[45अ]

महाकवि कालिदास ने भी अवन्ती जनपद के उन ग्राम वृद्धों का उल्लेख किया है जो उदयन-कथा में कोविद (विशेष रूप से निपुण) माने जाते थे।[45ब]

वीण, वंशी आदि वाद्यों[46] के साथ ये कथाएं गाई तो जाती ही थीं नटों द्वारा अभिनय प्रसंगों का अभिनय भी किया जाता था।[47] ऐन्द्रजालिक (जादूगर) भी अनेक प्रकार के अद्भुत करतब दिखाते हुए पौराणिक प्रसंगों का अभिनय करते थे।[48] इस प्रकार के अभिनय के लिए विष्णु के दशावतारों का चरित[49] और कृष्ण लीला[50] विशेष लोकप्रिय थे। बाणभट्ट विस्मयकारी हरलीला का भी उल्लेख करते हैं।[51] मदन महोत्सवों पर मदन-लीला का भी अभिनय होता था—

मदनलीलां नाट्यन्त्यौ द्विपदीखण्डं गायन्त्यौ चेट्यौ।[52]

अंत:पुरों में मनोविनोद के लिए राजाओं के यशस्वी चरित का अभिनय में अनुकरण किया जाता था।[53]

अनुकरण से आनन्द प्राप्त करने की सहज प्रवृत्ति भी मानव में पाई जाती हैं और सम्भवत इस प्रवृत्ति ने भी नाट्यकला को जन्म दिया है। धनञ्जय का नाट्य लक्षण—

'अवस्थानुकृतिः नाट्यम्।'[54]

इसी तथ्य को रेखाङ्कित करता है।

इस प्रकार नाट्य आख्यान और आख्यायिका चिरन्तन काल से ही आनन्द के अक्षय स्रोत रहे हैं।

श्रव्य के साथ ही दृश्य होने के कारण इस आनन्द की और भी अभिवृद्धि हुई है। नाटक तो दृश्य हैं ही आख्यायिकाओं के कुछ प्रसंग भी लीला, नृत्य, नाट्य आदि के रूप में दृश्य रहे हैं। आचार्य वामन आख्यायिका को दशरूपक का ही विलास मानते हैं जो कुछ अंशों में इन्हें भी दृश्यता गुण से संयुक्त करता है यही कारण है कि वात्स्यायन ने नाटक के साथ 'आख्यायिका दर्शनम्' को भी कला माना है। इनके दर्शन और श्रवण से प्राप्त आह्लाद की चर्चा साहित्य में भूरिशः हुई है।

ह्लादयत् सर्वगात्राणि मनांसि हृदयानि च।
श्रोत्राश्रयसुखं गेयं तद् बभौ जनसंसदि।।[55]

मनोरंजकता का दूसरा कारण है इनकी रसमयता। शृङ्गार, करुण, वीर, रौद्र, हास्य आदि नाना रसों से पूर्ण होने के कारण ये सामाजिक को अलौकिक आनन्द की अनुभूति कराते हैं। सामाजिकों की रसभाव तन्मयता और प्रबंध की रसमयता का वर्णन भी साहित्य और शास्त्र में अनेकशः हुआ है; यथा विक्रमोर्वशीयम् में लक्ष्मी स्वयंवर की प्रस्तुति के प्रसंग में—

दिव्या परिषद् . . . सरस्वतीकृतकाव्यबन्धे लक्ष्मीस्वयंवरे तेषु तेषु रसान्तरेषु तन्मयी आसीत्।[56]

अथवा शाकुन्तल की प्रस्तुति में—

अहो रागबद्धचित्तवृत्तिरालिखित इव सर्वतो रङ्गः।[57]

निषधराज नल की कथा[58] राम कथा[59] और महाभारत की रसमयता भी कुछ कम नहीं है। एक अपने रस से अमृत को भी नितरस्कृत करती है—

रसैः कथा यस्य सुधावधीरिणी।[60]

दूसरी गंगा के समान भुवनतल का कल्याण करती है—

माङ्गल्या च मनोहरा च जगतो मातेव गङ्गेव च।[61]

तो तीसरी सरस्वती के समान भारत वर्ष को पवित्र करती है।—

चक्रे पुण्यं सरस्वत्या यो वर्षमिव भारतम्।[62]

यही कारण है कि राजा महाराजा भी **नाटक आख्यायिका दर्शनम्** की कला से अपनी दिनचर्या को सरस बनाते हैं— जैसे कि कादम्बरी के महाराज शूद्रक—

कदाचिद् आख्यान आख्यायिका इतिहास पुराणाकर्णनेन. . . दिवसमनैषीत्।

यहाँ तक कि कौटिल्य जैसे कूटनीतिज्ञ भी इतिहास की दृष्टि से आख्यायिका के महत्व को स्वीकार करते हुए गुरुकुलों के पठ्यक्रम में इसे स्थान देते हैं।[63]

कुमार चन्द्रापीड़ ने अनेक विद्याओं और शास्त्रों के साथ ही कथा, नाटक आदि में भी कौशल प्राप्त किया था—

कथासु, नाटकेषु, आख्यायिकासु, काव्येषु, महाभारत-पुराणेतिहास-रामायणेषु . . . परं कौशलमवाप।[64]

स्त्रियाँ भी इस कला में निपुण होती थीं। मालविकाग्निमित्रम् में वर्णित नाट्य-स्पर्धा में पण्डिता कौशिकी ने प्राश्निक और निर्णायक का कार्य किया था तो राजशेखर की पत्नी अवन्तीसुन्दी ने कर्पूरमञ्जरी नामक सट्टक का निर्देशन।

नाट्य निर्देशिका 'सूत्रधारी' का उल्लेख बाणभट्ट ने भी किया है—

सेयं मुक्तिका . . . नाटकसूत्रधारी।[65]

काव्य की जिस महनीय विधा को स्वयं शिव ने अपने अर्द्धनारीश्वर रूप में (ताण्डव और लास्य के रूप में) स्थान दिया है, जिसे मुनियों ने देवताओं का शमप्रधान चाक्षुष यज्ञ कहा है, जो नाना रुचियों का समान रूप से समाराधन करता है—

देवानामिदमामनन्ति मुनयः शान्तं क्रतुं चाक्षुषं
रुद्रेणेदमुमाकृतव्यतिकरे स्वाङ्गे विभक्तं द्विधा।
त्रैगुण्योद्भवमत्र लोकचरितं नानारसं दृश्यते
नाट्यं भिन्नरुचेर्जनस्य बहुधाप्येकं समाराधनम्।।[66]

जो— **'सुखप्रबोधललिता सुवर्णघटनोज्ज्वला'**[67] सुन्दर मनोरम शय्या के समान आनन्ददायिनी है, ऐसे नाट्य और आख्यायिका का दर्शन एवं श्रवण भी निश्चय ही एक आनन्ददायिनी कला है। यह सहृदय सामाजिक बनने की, कविहृदय के साथ संवाद स्थापित करने की और काव्य के पावन मंगलमय रस से जीवन को पवित्र मंगलमय बनाने की कला है।

सन्दर्भ-सङ्केत

1. नाट्यं भिन्नरुचेर्जनस्य बहुधाप्येकं समाराधनम्। माल., 1.4
2. लक्ष्मण-आर्य, नाटकमिदम्, उत्तरराम., 7, पृ. 126
3. प्रेक्षणावसाने सा एवं भणिता। विक्रमो., अं. 3, पृ. 183
4. प्रेक्षणक कृते कृतक्षणः क्षणदाचरचक्रवर्ती, बालरा., अं. 3, पृ. 68
5. प्रेक्षणीयकमिव क्षणमासन्। शिशु., 10.82

6. पर्यवसिताप्रायः प्रेक्षाविधिः। बालरा., अं. 3
7. सूत्रधारः— परिषदेषा पूर्वेषां कवीनां दृष्टरसप्रबन्धा। विक्रमो., अं. 1, प्रस्तावना
8. सरस्वतीकृत काव्यबन्धे, वही, अं. 3, पृ. 182
9. 1. नाट्यदर्पण, 1.2
   2. काव्यस्यप्रभेद . . . अभिनेयार्थम् . . . आदयः। ध्वन्या., उ. 3, पृ. 182

10अ. नाटकं नाम तच्चेष्टितं प्रह्वीभावदायकं भवति तथा हृदयानुप्रवेश-रञ्जन-उल्लासनया हृदयं शरीरं च . . . नर्तयति इति नाटकम्। अभिनवभारती, अ. 18, पृ. 413

10ब. नाट्यदर्पण, प्रथमविवेक, पृ. 23

10स. वही, पृ. 23

11अ. दशरूपक, 1.7

11ब. वही, 1.7

11स. नाट्यशा. 1.11

12. वही, 1.12
13. वही, 1.107
14. वही, 1.113
15. वही, 1.115
16. आनन्दनिष्यन्दिषु रूपकेषु व्युत्पत्तिमात्रं फलमल्पबुद्धिः। दशरूपक, प्र. 1.6
17. सन्दर्भेषु दशरूपकं श्रेयः। तद्धि चित्रं चित्रपटवद् विशेषसाकल्यात्। काव्यालङ्कार सूत्र, 30-31

18अ. नाट्यशा., 1.17-18

18ब. 1. प्रयोगप्रधानं हि नाट्यशास्त्रम्। मालवि. - अं. 1
2. प्रयोगमाद्यं ललिताङ्गहारम्। कुमा., 7.91
3. गुरोः प्रयोगेण दिव्या परिषद् आराधिता। विक्रमो., अं. 3

19. आपरितोषाद् विदुषां न साधु मन्ये प्रयोगविज्ञानम्। अभिज्ञा., 1.2

20अ. नाट्यशा., 1.117

20ब. गीताय शैलूषम्, यजु., 30.6

21. पाराशर्यं शिलालिभ्यां भिक्षुनटसूत्रयोः। अष्टाध्यायी, 1
22. नटनर्तकसंघानां गायकानां च गायताम्
    मनः कर्णसुखावाचः सुश्राव जनता ततः।। रामा., अयो., 6.14
23. बधूनाटकसंघैश्च संयुक्ता सर्वतः पुरीम्। वही. बाल., 5.12
24. सरस्वती की पंचमी तिथि, गणेश की चतुर्थी, शिव की अष्टमी आदि। कामसू., 1.4.15 पर यशोधर की टीका
25. पक्षस्य मासस्य च प्रज्ञातेऽहनि सरस्वत्या भवने नियुक्तानां नित्यसमाजः। कुशीलवाश्चागन्तवः प्रेक्षणकमेषां दद्युः। काम., 1.4.15, 18

26अ. रामा., बालकाण्ड, 18.18

26ब. तौ संधिषु व्यञ्जितवृत्तिभेदं रसान्तरेषु प्रतिबद्धरागम्।
अपश्यतामप्सरसां मुहूर्तं प्रयोगमाद्यं ललिताङ्गहारम्।। कुमा., 7.91

27. तदभिनये श्री युवराजदेवस्य परिषदाज्ञा। विद्धशा., अं. 1, प्रस्तावना, खलचुरितिलको वर्तते चक्रवर्ती,

वही, 4.25

28. मुनिना भरतेन यः प्रयोगो भवतीष्वष्टरसाश्रयो नियुक्तः। विक्रमो., 2.7
सरस्वतीकृतकाव्यबन्धे लक्ष्मीस्वयंवरे तेषु तेषु रसान्तरेषु तन्मयी आसीत् . . . लक्ष्मीभूमिकायां वर्तमानोर्वशी वारुणीभूमिकायां वर्तमानया मेनकया . . .। विक्रमो., अं. 3, पृ. 183

29अ. परिव्राजिका — देव! शर्मिष्ठायाः कृतिं चतुष्पादोत्थं छलिकं दुष्प्रयोज्यमुदाहरन्ति।

29ब. परिवा. — निर्णयाधिकारे ब्रवीमि। सर्वाङ्गसौष्ठवाभिव्यक्तये विगतनेपथ्ययोः पात्रयोः प्रवेशोऽस्तु।

राजा — हरदत्तगणदासयोः परस्परं विज्ञानसङ्घर्षिणोः भगवत्या प्राश्निकपदमध्यासितव्यम्। पक्षपातिनौ अहं देवी च।

आचार्यौ — मध्यस्था भगवती नौ गुणदोषतः परिच्छेत्तुमर्हति। मालवि, अं. 1

30. रामः — वत्स लक्ष्मण, अपि स्थिता रङ्गप्राश्निकाः। उत्तरराम., अं. 7, पृ. 322

31. 'भगवता वाल्मीकिना स्वकृतिमप्सरोभिः प्रयुज्यमानां द्रष्टुमुपनिमन्त्रिताः स्मः। गङ्गा तीरमातोद्यस्थानमुपगम्य क्रियतां समाज संनिवेशः इति। कृतश्च मर्त्यामर्त्यस्यभूतग्रामस्य समुचितस्थानसंनिवेशो मया। वही, अं. 7, पृ. 322

32. अहो रागनिबद्धचित्तवृत्तिरालिखित इव सर्वतो रङ्गः। अभिज्ञा., अं. 1, प्रस्तावना

33. तेन हि प्रेक्षागृहे संगीतरचनां कृत्वा . . . दूतं प्रेषयतम्। मालवि., अ. 1 पृ. 268

34. उत्तरराम., अ. 7, पृ. 322

35. एषा रङ्गप्रवेशेन कलानां चैव शिक्षया। चारु., 1.24

36. शिल्पाधिकारे योग्येयं दारिका। माल., अं. 1
छलिकं नाम नाट्यमन्तेरण कीदृशी मालविकेति नाट्याचार्यमार्यगणदासं प्रष्टुम् . . . संगीतशालां गच्छामि। वही, अं. 1

37. नेपथ्यपालिनी आर्या रेवा। प्रतिमानाटक, अं. 1

38अ. सर्वस्यापि कुलविद्या बहुमता। न पुनरस्माकं नाट्यं प्रति मिथ्या गौरवम्। मालवि., अं. 1

38ब. नाट्यशास्त्र, 1.22-23

39. 1. राजा—देवि तस्याः सामाजिका भवामः। मालवि., अं, 1
2. 'सामाजिकानां वासनया चर्व्यमाणो रस' इतिश्रीशंकुकः।
3. सामाजिकानया वासना स्थितः स्थायी रत्यादिको . . . इति श्रीमदाचार्य अभिनवगुप्त पादाः। काव्यप्रकाश उल्लास 4, पृ. 103, 108 पर उद्धृत।

40. तेन ब्रूमः सहृदयमनः प्रीतये तत्स्वरूपम्। ध्वन्यालोक, 1.1

41अ. अपादः पदसंतानो गद्यमाख्यायिका कथा।
इति तस्य प्रभेदौ द्वौ . . .।
तत्कथाख्यायिकेत्येका जातिः संज्ञाद्वयाङ्किता।
अत्रैवान्तर्भविष्यन्ति शेषाश्चाख्यानजातयः।। काव्यादर्श., 1.23, 28

41ब. काव्यालङ्कारसूत्रवृत्ति, 1.32

42. पुराणमितिवृत्तम्-आख्यायिका उदाहरणं . . च इतिहासः। अर्थशास्त्र, 1.5.13

43. तत्रेतिहासमाचक्षते-देवापिश्चार्ष्टिषेणः शन्तनुश्च कौरव्यो भ्रातरौ बभूवतुः। . . . ततः शन्तनोराज्ये

द्वादशवर्षाणि देवो न बवर्ष। निरुक्त, अ. 2, पाद 3

44. यथा दाण्डक्यो नाम भोजः कामाद् ब्राह्मणकन्याम् अभिमन्यमानः सबन्धुराष्ट्रो विननाश . . . कोपाज्जन्मेजयो। अर्थशा., 1.6.6-13

45अ. रामा., बालका., 4.12-13, 27-28

45ब. प्राप्यावन्तीनुदनकथाकोविदग्रामवृद्धान्। मेघ., 1.30

46. तौ चापि मधुर रक्तं स्वचित्तायतनिःस्वनम्।
तन्त्रीलयवत्यर्थं विश्रुतार्थमगायताम्।। रामा., बालका, 4.33

47. गेये वचनमभिनयन्त्याः स्वाङ्गनिर्देशपूर्वकम्। मालवि. 2.5

48. नरसिंहस्य हिरण्यकशिपोर्दैत्येश्वरस्य विदारणमभिनीय। दशकु, पू. पी. उ. 5. पृ. 135

49. दशरूपानुकारेण यस्य माद्यन्ति भावकाः। दशरूपक, 1.2

50. कैश्चित् कृष्णचरितमिव दर्शयद्भिः। काद. पृ. 94

51. हरलीलेव नो कस्य विस्मयाय बृहत्कथा। हर्षचरित, पृ., .17

52. रत्नावली, अं. 1, पृ. 27

53. अंतःपुरिका जनप्रस्तुतनरपति-चरितविडम्बनक्रीडेन। हर्षचरित, पृ. 273

54. दशरूपक, 1.7

55. रामा., बालका., 4.34

56. विक्रमो0, अं. 3, पृ. 182

57. अभिज्ञानशा., अंक 1

58. निपीय यस्य क्षितिरक्षिणः कथां तथाद्रियन्ते न बुधास्सुधामपि। नैषध., 1.1

59. रसैः शृङ्गारकरुणहास्यरौद्रभयानकैः।
वीरादिभी रसैर्युक्तं काव्यमेतदगायताम् ।। रामा.। बाल, 4!9

60. नैषध., 1.2

61. उत्तररामच., 7.21

62. हर्षचरित, उ. 1, श्लोक 3

63. पुराणमितिवृत्तम् आख्यायिकोदाहरणं . . . चेतिहासः। पश्चिमम् इतिहासश्रवणे। अर्थ., 1.5.13

64. कादम्बरी, पृ. 232

65. हर्षचरित, पृ. 442

66. मालविका., 1.4

67. हर्षचरित, 1.20

卐 卐 卐

९. सङ्केताक्षरों का अर्थ बताने की कला

(अक्षरमुष्टिका-कथनम्)

मानवीय भावों की अभिव्यक्ति का सर्वाधिक सशक्त माध्यम है— भाषा। मनुष्य ने अभिव्यक्ति के इस माध्यम का मनोरञ्जन के लिए भी प्रयोग किया है। भाषा के साथ क्रीड़ा करते हुए उसने अपने बुद्धि चातुर्य और कल्पना-कौशल से जिन कलाओं को विकसित किया है उनमें से एक है—

'अक्षरमुष्टिका— कथनम्' अर्थात् संकेताक्षरों का अर्थ बताने की कला।

'अक्षरमुष्टिका' की व्याख्या दो प्रकार से की जा सकती है—

प्रथम : अक्षरमुष्टिका अर्थात् अक्षरों की मुट्ठी। जिस प्रकार किसी वस्तु को छिपाने के लिए उसे मुट्ठी में बंद कर लिया जाता है और वह वस्तु बाहर से सहज रूप से दिखाई नहीं देती उसी प्रकार पदों को छिपाने के लिए उन्हें अक्षरों की मुट्ठी में बंद कर दिया जाता है। वे बन्द पद दिखाई नहीं देते। अक्षरों के माध्यम से उनका अनुमान करते हुए, उन पदों को बताना होता है।

द्वितीय : अक्षरमुष्टिका अर्थात् अक्षरों को बताने वाली मृट्ठी। इसमें मुट्ठी बन्द करना, खोलना, अंगुली उठाना, हथेली को किसलय के समान बनाना आदि हाथ की मुद्राओं से अक्षरों को जानकर उनसे पद बनाकर, उनका अर्थ बताना होता है।

इन दो व्याख्याओं के आधार पर इस क्रीड़ा के दो रूपों[1] का ज्ञान होता है—

(1) साभासा

अक्षरमुष्टिका की इस पद्धति में पदों का आभास अक्षरों के माध्यम से हो जाता है। इसमें सांकेतिक अक्षर या पद के प्रथम संक्षिप्त अक्षर के द्वारा पद एवं उसका अर्थबोध होता है ; अत: इसे 'अक्षरमुद्रा' भी कहा जाता है। जैसे मुद्रा के संक्षिप्त अक्षर या संकेत व्यक्ति अथवा वस्तु के सूचक होते हैं; उसी प्रकार ये संक्षिप्त अक्षर पद के सूचक होते हैं।

इस का उदाहरण आचार्य रविगुप्त के 'चन्द्रप्रभाविजय' काव्य में इस प्रकार दिया गया

है—

मेवृमिकसिंकतुवृधमकुंमी
मूधसबांसुशकनिधकआव्याः
फाचैवैज्येआश्राभाआकामापौमा चैव।।

प्रथम चरण में मे.वृ.मि.क. सिं आदि अक्षरों के द्वारा क्रमशः-मेष, वृष, मिथुन, कर्कट, सिंह आदि बारह राशियों को सूचित किया गया है। द्वितीय चरण में क्रमशः उनके फल-मूर्ति, धन, सहजता, बांधव, सुत (पुत्र) शत्रु, कलत्र (पत्नी); निधन, धर्म, कर्म, आय और व्यय—

मू. ध. स. बां. सु. श. क. नि. ध. क. आ. और व्य अक्षरों के द्वारा बताए गए हैं। पद्य के दूसरे आधे भाग में-फा. चै. वै. ज्ये. आ. आदि अक्षर समूहों के द्वारा क्रमशः-फाल्गुन, चैत्र, वैशाख, ज्येष्ठ, आश्विन आदि बारह महिनों को बताया गया है। सूत्र शैली में लिखे जाने वाले शास्त्रीय ग्रंथों में; इस कला का प्रयोग हम अति प्राचीन काल से ही पाते हैं।पाणिनि की अष्टाध्यायी में प्रत्याहारों की योजना इसी कौशल से हुई है वहाँ 'अच्' कहने से 'अ, इ, उ, ऋ, लृ, ए. ओ, ऐ, औ' इन नौ स्वरों का बोध होता है। इसी प्रकार 'कु, चु, टु, तु, पु' ये पाँच वर्गों-कवर्ग, चवर्ग, टवर्ग, तवर्ग एवं पवर्ग के पच्चीस वर्णों के बोधक हैं। छंद शास्त्र में भी 'अक्षर मुष्टिका' की शैली अपनाई गई है। इन्द्रवज्रा छंद का लक्षण है—

तौ जगौ गः।

'तौ' का अर्थ है— दो तगण (SSI, SSI), ज— एक जगण (ISI), और गौगः आर्थात् दो गुरु। इस प्रकार इस छंद में प्रत्येक चरण में क्रमशः दो गुरु एक लघु, दो गुरु एक लघु, एक गुरु एक लघु, तथा दो गुरु वर्ण— कुल ग्यारह वर्ण होते है। इस कला से ग्रंथ संक्षेप और स्मरण की सुविधा; ये दो प्रयोजन सिद्ध होते थे। आज भी विज्ञान-ग्रंथों में विषय प्रतिपादन की यही पद्धति अपनाई जाती है।

इस प्रकार अनेक पदों को संक्षिप्त अक्षरों की मुट्ठी में बंद कर दिए जाने तथा इन अक्षरों से ही पदों का आभास होने के कारण इसे साभासा अक्षरमुष्टिका कहा गया है।

(2) निराभासा

इसमें पदों का आभास अक्षरों से नहीं होता पहले मुट्ठी अदि हाथ की मुद्राओं से अक्षर को समझना होता है तत्पश्चात् उस अक्षर से पद का सङ्केत प्राप्त करना होता है अथवा हाथ की मुद्राओं से समझे गए अक्षरों को क्रम से जोड़कर पद बनाना होता है। अक्षरमुष्टिका का यह रूप अधिक कठिन होने के कारण तथा पूर्व में पद का कोई आभास न देने के कारण 'निराभासा' कहा गया है। अक्षरों को बताने वाले हाथ की कुछ मुद्राओं का सङ्केत यशोधर की टीका में उद्घृत निम्न श्लोक में प्राप्त होता है—

मुष्टिः किसलयं चैवच्छटा च त्रिपताकिका।
पताकांकुशमुद्राश्च मुद्रा वर्गेषु सप्तसु।।

क वर्ग, च वर्ग आदि व्यञ्जनों के पाँच वर्गों के लिए क्रमशः मुष्टि, किसलय (पत्ता) छटा, त्रिपताकिका और पताका (ध्वजा) के समान हस्त संकेत थे। अन्तःस्थों के लिए अंकुश और ऊष्म (श, ष, स, और ह) के लिए मद्रा (अंगूठी) के समान हाथ की मुद्रा बनाई जाती थी।

क्रमशः कनिष्ठिका, अनामिका, मध्यमा, तर्जनी और अंगुष्ठ इन पाँच अंगुलियों के द्वारा वर्ग के पाँच अक्षरों का बोध कराया जाता था। अंगुलि के पोरों के स्पर्श से स्वर का बोध होता था–

अङ्गुल्यश्चाक्षराण्येषां स्वराश्चाङ्गुलिपर्वसु।

उदाहरण स्वरूप यदि मुट्ठी बाँध कर फिर छोटी अंगुली उठाई जावे तो इसे कवर्ग के प्रथम अक्षर 'क' का संकेत माना जाता था। यह संकेत अक्षरों के माध्यम से न होकर व्यक्ति के हाथों की मुद्राओं से होता था अतः इसे '**भूतमुद्रा**' कहा गया है।

इस 'अक्षरमुष्टिका कथनम्' कला का उद्देश्य मनोरञ्जन के साथ ही गुप्त संदेश का संप्रेषण भी था। भरी सभा में इसके माध्यम से अपने लक्ष्य तक बात पहुँचाई जा सकती थी। अपनी बात को संक्षेप में कहने के लिए या ग्रंथ संक्षेप के लिए भी इस कला का प्रयोग किया जाता था। आज भी हम लेखन या व्यवहार में इस अक्षर संकेत या संक्षेपाक्षरों का प्रयोग करते हैं। साभासा अक्षरमुष्टिका का प्रयोग भाषा लेखन और व्यवहार (बोलना) दोनों में ही हो सकता था, निराभासा का केवल व्यवहार में।[2]

इष्ट मित्रों की गोष्ठियों ओर कविसमवायों में इस प्रकार की क्रीड़ाओं द्वारा मनोविनोदके साथ ही बुद्धि की धार को तेज किया जाता था। इस पर प्रतिस्पर्धाएं भी आयोजित होती थीं। इसके महत्व के संबंध में रविगुप्त का यह कथन उल्लेखनीय है–

गहनप्रसन्नसर्वां कतिपयसूत्रामिमामनन्तमुखीम्।
अनधीत्याक्षरमुद्रां वादसमुद्रे परिप्लवते।।

अर्थात् अक्षरमुष्टिका की यह कला अत्यंत गूढ़ होते हुए भी सब को प्रसन्न करने वाली है। इसके कुछ संक्षिप्त सूत्र हैं। जिन्हें जानना होता है। इस क्रीड़ा के अन्नतमुख अर्थात् अनेक रूप या प्रकार हैं। जो व्यक्ति इस कला को भली-भाँति अधिगत नही करता वह वाद के समुद्र में (अर्थात् प्रतिस्पर्धा और प्रतियोगिताओं के सागर में) डूब जाता है। ज्ञाता व्यक्ति ही इस वाद-समुद्र को पार कर पाता है।

यह कला भी एक प्रकार की संकेत भाषा या संकेत लिपि ही थी किन्तु इसमें अक्षर ही भाव बोध का मुख्य माध्यम होने के कारण इसे 'अक्षरमुष्टिका' कहा गया है।

सन्दर्भ-सङ्केत

1. अक्षराणां मुष्टिरिव मुष्टिका गुप्तिरिति। सा साभासा निराभासा च।
2. साभासा अक्षरमुद्रा इत्युच्यते। तया कथनं गूढ़वस्तु मन्त्रणार्थं ग्रंथसंक्षेपार्थं च। . . . निराभासा (भूत) मुद्रेत्युच्यते तया कथनं गुह्यवस्तुमन्त्रणार्थम्।

   यशोधर, कामसू., 1.3.15 पर टीका, पृ. 91

卐 卐 卐

पञ्चम अध्याय

विविध

1. पाक कला
2. पेय रस एवं आसव की योजना
3. शकुन-अपशकुन का ज्ञान
4. लोक-भाषाओं का ज्ञान
5. गुप्त-भाषा का ज्ञान
6. कोश-ज्ञान

1. पाककला

(चित्रशाकयूषभक्ष्यविकारक्रिया)

भोजन या आहार बनाने का कौशल भी एक कला है जिसे वात्स्यायन ने 'चित्रशाकयूषभक्ष्यविकारक्रिया' अर्थात् विभिन्न प्रकार की सब्जियों, रसा या शोरबा तथा नाना प्रकार के भक्ष्य पदार्थों को बनाने की कला कहा है।

सृष्टि की रचना जिन पञ्च महाभूतों से हुई है; उनमें से दो मुख्य तत्व हैं— अग्नि और जल। अग्नि तत्व जीव-जगत् को गति, ऊर्जा ओर ऊष्मा प्रदान करता है तो जल तत्व एक श्रेष्ठ वाहक के रूप में जीवन रस को सम्पूर्ण शरीर के कण-कण तक पहुँचाता है। ऊर्जा की सृष्टि के लिए अग्नि को हवि की आवश्यकता होती है अतः इसे 'हविर्भुक्' कहा जाता है। सृष्टि प्रक्रिया में; अग्नि में सोम की निरन्तर आहुति दी जाती है। मनुष्य भी अपनी जठराग्नि में भक्ष्य और पेय पदार्थों की हवि देता है। इस हवि को ही आहार कहा गया है।

आहार की सामान्य संज्ञा-'अन्न' है। तैत्तिरीय उपनिषद् के अनुसार अन्न ही जीवन का आधार है—

अन्नाद्ध्येव खल्विमानि भूतानि जायन्ते। अन्नेन जातानि जीवन्ति।[1]

मानव ने सृष्टि कर्ता द्वारा प्रदत्त नैसर्गिक अन्न को; अपने कौशल से सुसंस्कृत कर पाक कला का विकास किया है।

ग्रहण करने की पद्धति के आधार पर आहार पाँच प्रकार के हो सकते हैं—

भक्ष्य, भोज्य, लेह्य, चोष्य और पेय। भक्ष्य वे हैं जिन्हें दाँतों से काटकर खाना होता है; जैसे-रोटी। भोज्य वे हैं जिनमें दाँतों को बहुत परिश्रम नहीं करना पड़ता; यथा-भात, खिचड़ी, पायस आदि। लेह्य-में चाटकर खाए जाने वाले चटनी आदि, चोष्य में-चूसकर खाए जाने वाले गन्ना, अचार आदि तथा पेय में विविध प्रकार के पानीय-सूप आदि की गणना होती है।

संस्कृत साहित्य में इन का उल्लेख अत्यंत प्राचीन काल से ही प्राप्त होने लगता है। भरद्वाज मुनि के आश्रम में कुमार भरत और उनकी सेना के स्वागत में जो भोजन प्रस्तुत किया गया था उसमें ये पाँचों प्रकार के पदार्थ थे—

भक्ष्यं भोज्यं च लेह्यं च विविधं बहु।[2]

इसे दिव्य रसों से युक्त 'दिव्य भोजन' कहा गया है।[3]

कालिदास के अनुसार राजप्रासादों के महानस (पाकशाला) में इन पंचविध आहारों को बनाने की विपुल सामग्री और सुनियोजित तय्यारी को देखकर ही विदूषक जैसे भोजन प्रिय लोग आनन्दित हो उठते थे—

तत्र पञ्चविधस्याभ्यवहारस्योपनतसंभारस्य योजनां प्रेक्षमाणाभ्यां शक्यमुत्कण्ठा विनोदयितुम्।[4]

आहार का संबंध मानवीय जिह्वा द्वारा ग्रहण किए जाने वाले आस्वाद या रस से है; अतः किसी विशिष्ट रस की प्रधानता के आधार पर ये भोज्य पदार्थ छह प्रकार के कहे गए हैं—

मधुर (मीठे), अम्ल (खट्टे), लवण (नमकीन), कटु (कड़वे), कषाय (कषैले) और तिक्त (तीखे मिर्चवाले)।

अन्न के आस्वाद[5] और स्वादिष्ट रस[6] का वर्णन ऋग्वेद से ही प्राप्त होने लगता है। रामायण में भोजन के षड्-रसों का स्पष्ट उल्लेख हुआ है। महर्षि वशिष्ठ ने कामधेनु के प्रभाव से उत्पन्न भोज्य पदार्थों से; विश्वामित्र की सेना को; यथारुचि षड्रसों से तृप्त किया था—

यस्य यस्य यथाकामं षड्रसेष्वभिपूजितम्।[7]

नैषधीयचरितम् में नल की पाक कला की प्रशंसा करते हुए; श्लेष के माध्यम से इन षड्रसों का उल्लेख हुआ है।[8]

महाकवि माघ ने समस्त भोज्य पदार्थों को दो वर्गों में रखा है—

(1) प्राकृत — जो प्रकृति प्रदत्त नैसर्गिक रूप में ही ग्रहण किए जाते हैं; यथा-फल, कच्ची सब्जियाँ आदि।

(2) संस्कृत — जिन्हें पकाकर संस्कार पूर्वक ग्रहण किया जाता है।[9]

वात्स्यायन द्वारा परिगणित 'चित्र . . . भक्ष्यविकारक्रिया' का संबंध इस दूसरे प्रकार के भोजन से ही है। इसे उत्तम भोजन बनाने की कला भी कहा जा सकता है।

मनु के अनुसार उत्तम भोजन में— अन्न, सूप, शाक, दूध , दही, घृत, मधु, फल, रुचिकर माँस और सुगन्धित पेय की गणना होती है।[10]

संस्कृत साहित्य में निम्नलिखित भोज्य पदार्थों के संदर्भ प्राप्त होते हैं—

भात—

तण्डुल (चावल) से बनाए गए भात की संज्ञा भक्त[11] या ओदन[12] है। रामायण में इसे 'शुक्ल-अन्न' कहा गया है।[13] यह दोपहर का मुख्य भोजन था जिसका आस्वादन गरीब ब्राह्मण से समृद्ध सम्राट तक सभी वर्ग के लोग करते थे।

'मृच्छकटिक' का निर्धन मैत्रेय चावलों को धोने के जल से ही आनन्दित हो उठता है[14] तो निषधपति नल अमृतोपम ओदन के आस्वादन से।[15]

सामान्य रूप से उष्ण-ओदन[16] ही परोसा जाता था किन्तु ग्रीष्म में जल में डूबा हुआ ठण्डा जल-भात[17] भी रुचिकर होता था।

भास के अनुसार भात को सूप (दाल, सब्जियों का रसा), उपदंश (अचार), घृत, गुड़, दधि आदि किसी भी पदार्थ के साथ खाया जा सकता था।[18]

भात को पकाना भी निश्चित रूप से एक कला थी। श्री हर्ष के अनुसार महीन चावल का वह सुगन्धित सरस भात उत्तम माना जाता था जिसमें चावल के दाने पक कर नरम तो हो जाएं किन्तु टूटे नहीं, परस्पर जुड़े नहीं, एक-एक दाना खिला हुआ; सफेद हो और भात से गरम भाप उठ रही हो—

अमी लसद्बाष्पमखण्डिताखिलं वियुक्तमन्योन्यममुक्तमार्दवम्।
रसोत्तरं गौरमपीवरं रसादभुञ्जतामोदनमोदनं जनाः।।[19अ]

राजशेखर ऐसे खिले हुए सफेद भात की उपमा सिन्दुवार के पुष्पों से देते हैं।[19ब]

विवाहादि के अवसर पर वारातियों को ऐसा ही भात परोसा जाता था।

सुगंध और स्वाद को बढ़ाने के लिए भात में, पकाते समय थोड़ा सा घी भी डाल दिया जाता था।[20]

भात के पक जाने पर उसका, माँड (पानी) निकाल लिया जाता था। इसमें नमक और सुगंधित पदार्थ मिलाकर उत्तम पेय तैयार किया जाता था।[21] आश्रम के मृग भी नीवार से बने ओदन के उष्ण-मधुर माँड को अत्यंत रुचि से पीते थे।[22]

संस्कृत साहित्य में गेंहूँ से बनी हुई रोटी का उल्लेख नहीं है। ओदन या भात ही उस समय का मुख्य भोजन था। गुड़-ओदन, दधि-ओदन, क्षीरौदन, तिलौदन, क्षीरपाकौदन (दूध में पकाया गया भात) तथा 'पयसा ओदनं भुङ्क्ते' (दूध से भात खाता है) जैसे उदाहरण भात के सार्वभौम लोकप्रिय रूप को उजागर करते हैं।

शाक

शाक से अभिप्राय विभिन्न प्रकार की सब्जियों से है। 'शाक' शब्द की व्युत्पत्ति— 'शक्यते अत्तुम अनेन' (इसके द्वारा खाया जा सकता है) के रूप में की गई है; अर्थात् शाक वह सहायक भोजन है जिसके साथ मुख्य-भोजन-भात, रोटी आदि को खाया जाता है।

शाक के दस प्रकार कहे गए हैं—

1. मूल-मूली, गाजर आदि, 2. पत्र- सभी हरी पत्तेदार सब्जियाँ, पालक आदि, 3. करीर-बाँस का अंकुर, 4. अग्र-बाँस की नरम टहनी, 5. फल-कुम्हड़ा, मटर-फल्ली आदि, 6. काण्ड-कमल नाल, 7. अधिरूढ़-केले के तने का बीच का भाग जिसे बंगला भाषा में थोड़ कहा जाता है, 8. त्वक्-मातुलुङ्ग की छाल, 9. पुष्प-गोभी का फूल, केले का फूल जिसे 'मोचा' कहते हैं। और 10. करक या कण्टक-छत्रिका (कुकुरमुत्ता) आदि।[23]

कामसूत्र में निम्नलिखित शाकों के नाम प्राप्त होते हैं— जिन्हें गृहिणियाँ अपनी गृह-वाटिका में ही उगा लेती थीं।[24]

मूलक, आलुक, पालंकी (पालक), दमनक, आम्रातक (आमड़ा), एर्वारुक (ककड़ी), त्रपुस, वार्ताक (बैंगन), कूष्मांड (कुम्हड़ा), अलाबु (लौकी), सूरन, सोनपाठा, केवाँच, खँभारी,

अरणी, लशुन और पलाण्डु (प्याज)।[25]

नल रचित पाकदर्पण में नाना प्रकार के शाकों की पाकविधि एवं गुण बताए गए हैं, जैसे कि चने के शाक को बनाने की विधि—

'चने के कोमल पत्तों को तोड़कर साफ कर लें। बटलोही में ताजा घी गरम कर लहसुन ओर हींग की बधार दें फिर चने के शाक को छोड़ें। पापड़ के टुकड़े तथा बड़ी डालकर पकावें। यह चणकपत्र शाक अति स्वादिष्ट, वीर्यवर्द्धक पित्त एवं कफ का नाशक होता है—

तरुणं दलमानीय शोधयेच्चणकस्य च
चुल्यां निधाय प्रवर्णीं तत्र सिञ्चेद् घृतं नवम्
सम्यक्तप्ते घृते तत्र लसुनस्य कणान् क्षिपेत्।
रामठं तत्र निक्षिप्य तद्दलं शोधितं क्षिपेत्।।
पर्पटस्य कणान् क्षिप्त्वा कुष्माण्डवटकांस्ततः।
एभिः साकं समालोड्य दर्व्या पाकं च योजयेत्।।
इयं स्वादुतरं वृष्यं पित्तघ्नं कफनाशनम्।।[26अ]

पुराणों में 'शाकम्भरी देवी' (शाक से संपूर्ण संसार का भरण करने वाली दुर्गा) तथा व्याकरण शास्त्र में 'शाकपार्थिवः' (शाक प्रिय राजा) के उल्लेख शाक के महत्व को प्रतिपादित करते हैं तथापि साहित्य में प्राप्त संदर्भ अत्यल्प ही हैं।

उत्तररामचरितम्' में महर्षि वाल्मीकि के आश्रम में जनक जैसे विशिष्ट अतिथि के आगमन पर बेर के फल के साथ शाक को पकाए जाने का उल्लेख हुआ हैं।[26ब]

काव्यमीमांसा के अनुसार हेमन्त ऋतु में, लोग सरसों के कोमल डण्ठलों का साग बड़ी रुचि से खाते थे।[27]

शाक को प्रायः निम्न-माध्यम वर्ग का ही भोजन माना गया था अतः राजसी समृद्धि और वैभव का वर्णन करने वाले संस्कृत साहित्य में इसके उदाहरण विरल ही हैं। पण्डितराज जगन्नाथ का निम्न पद्य इसका प्रमाण है—

दिल्लीश्वरो वा जगदीश्वरो वा मनोरथान् पूरयितुं समर्थः।
अन्यैः नृपालैः परिदीयमानं शाकाय वा स्याल्लवणाय वा स्यात्।।

यूष—

सूप, रसा या शोरबा को 'यूष' कहा गया है। यशोधर ने इसे अग्निनिष्पाद्य (अग्नि में पकाकर तय्यार किया गया) पेय कहा है।[28]

सूप—

संस्कृत साहित्य में भोज्य पदार्थों में सर्वाधिक उल्लेख 'सूप' के ही प्राप्त होते हैं। 'सूप' शब्द की व्युत्पत्ति 'सुखेन पीयते' के अर्थ में की गई है। सूप की मुख्य विशेषता है रसमयता या तरलता। इसके रस और स्वाद की परख कर पाना भी एक कला ही है—

न स जानाति शास्त्रार्थं दर्वी सूपरसानिव।

नाना प्रकार के सूपों के संदर्भ इस प्रकार हैं।

(i) भात के माँड से बनाया गया सूप—

यह निर्धन वर्ग का उत्तम पेय था जो पुष्टिकर, थकान और ताप को दूर करने वाला माना जाता था। दशकुमार चरित में इसे बनाने की विधि भी बताई गई है—

भात के गरम माँड को नए शकोरे में भरकर पहले गीली रेत पर रखकर ठण्डा कर लिया जाता था, फिर नमक मिलाकर, अंगार पर हींग आदि डालकर उसके धुँए से वासित किया जाता था।[29] भात की मीठी गन्ध और हींग की भूख को बढ़ाने वाली तेज गंध के साथ मिलकर सकोरे की सौंधी गन्ध, निश्चय ही पेय को स्वादिष्ट बना देती थी। यह पेय भोजन से पहले लिया जाता था।[30अ]

आयुर्वेद में इसे शिव, तृषा (प्यास), ग्लानि एवं वायु को दूर करने वाला धातुओं में साम्य लाने वाला तथा जठराग्नि को प्रदीप्त करने वाला माना गया है—

यथा पूर्वं शिवस्तत्र मण्डो वातानुलोमनः
तृड्ग्लानिदोषशोषघ्नः पाचनो धातुसाम्यकृत्।।
स्रोतोमार्दवकृत्स्वेदी सन्धुक्षयति चानलम्।[30ब]

अतिथि के सत्कार के लिए सूप को विशेष रूप से धूपित किया जाता था। ऐसे 'धूपित सूप'[301] का उल्लेख महाकवि भास ने भी किया है। सूप को धूपित करने वाला मुख्य मसाला 'हींग' था अतः इसे 'सूपधूपनम्' या 'सूपधूपकम्' भी कहा गया है। आज भी भारत में दाल कढ़ी और विभिन्न प्रकार की रसेदार सब्जियों में हींग की बघार दी जाती है।

(ii) फलों के रस और गूदे से बनाया गया सूप—

विशिष्ट विधि से बनाए गए (संसिद्ध) फलों के सूप का उल्लेख रामायण में हुआ है। फल की अपनी गंध और रस इसमें सुरक्षित रहते थे। भरद्वाज ऋषिद्वारा भरत की सेना के स्वागत में ऐसे सूप प्रयुक्त किए गए थे।[32]

(iii) माँस का सूप—

प्राचीन भारत में राजघरानों और संपन्न वर्गों में माँस के सूप का विशेष प्रचलन था। सम्राट अशोक के अभिलेखों से ज्ञात होता है कि राजाओं के रसोईघरों में सूप बनाने के लिए प्रतिदिन सैंकड़ों पशु मारे जाते थे। पक्षियों में मोर और पशुओं मे मृग-माँस का सूप ही अधिक रुचिकर होता था।[33]

आयुर्वेद में माँस का सूप दुर्बल, कृश कुछ समय पूर्व ही रोगमुक्त, धातु क्षय से पीड़ित, दुर्बल इंद्रियों वाले लोगों के लिए पुष्टि कारक, आयु, बल एवं कान्ति की वृद्धि करने वाला माना गया है—

शुष्यतां व्याधिमुक्तानां शुद्धानां शुद्धिकांक्षिणाम्।
कृशक्षामक्षतोरस्कक्षीणधात्विन्द्रियौजसाम्।

हृद्यः पथ्यः परं वृष्यो बृंहणः प्रीणनो रसः।[34अ]

(iv) दाल से बने सूप—

संस्कृत साहित्य में सामान्य रूप से 'दाल' के लिए ही सूप शब्द का प्रयोग हुआ है। वर्तमान युग की भाँति प्राचीन काल में भी दाल-भात भोजन का एक अनिवार्य अंग था। माँस, मछली, शाक आदि के साथ दाल भी परोसा जाता था।[34ब] दाल के पतले पानी या रसे को 'यूष' कहा जाता था। मूँग की दाल का यूष शरीर के घावों कण्ठ और नेत्र के रोगों के लिए हितकारी माना जाता था—

मौद्गस्तु पथ्यः संशुद्धव्रणकण्ठाक्षिरोगिणाम्।[34स]

नाना प्रकार के स्वादिष्ट सूपों को तयार करना निश्चय ही पाक कला की कसौटी थी। रसोईये की 'सूपकार' संज्ञा[35] इसका प्रमाण हैं

चावल का यूष—

पाकदर्पण के यूषपाक निर्माण प्रकरण में नाना प्रकार के यूष बनाने की विधि बताई गई हैं। इनमें से शालि अन्न (जडहन धान का चावल) से यूष बनाने की विधि इस प्रकार है—

एक प्रस्थ स्वच्छ शालि अन्न को भली-भाँति धोकर, पीसकर काञ्जी के साथ मिला लें। तत्पश्चात् पाँच गुने जल के साथ पकावें। पक जाने पर उतार कर ठण्डा कर लें। उसी में फिर सम मात्रा में दही मिलाएं, भली-भाँति श्वेत वस्त्र से छान कर पात्रों में रखें। प्रत्येक पात्र के यूष को केतकी पुष्प, बिजौरा नींबू के टुकड़े, हेम पुष्प, अनार पुष्प, कह्लार आदि से सुवासित करें। यूष को अच्छी तरह चलाकर पुष्पों को निकाल दें। यह यूषामृत पित्त को शान्त करने वाला तथा थकान को दूर करने वाला होता है। (1-14)

सुगन्धित योग—

विभिन्न प्रकार की औषधियों एवं मसालों के मिश्रण से पेय 'योग' भी बनाए जाते थे। मृच्छकटिक में हींग, सफेद जीरा, नागरमोथा, बच की गाँठ, गुड़ और सोंठ के मिश्रण से सिद्ध सुगंधित योग का उल्लेख हुआ है जिसके सेवन से स्वर में माधुर्य आता है।[36]

विविध प्रकार के माँस—

मानवीय भोजन में मत्स्य और माँस का उपयोग पुरा-पाषाण काल से ही होता रहा है। अग्नि की खोज के साथ मनुष्य ने माँस को पकाकर खाने की कला विकसित की है।

कालक्रम के साथ मत्स्य-माँस सम्पन्न वर्ग का भोजन माना जाने लगा। मृच्छकटिक का चेट वसन्तसेना से कहता है—'यदि राजा के कृपापात्र शकार के साथ रमण करोगी तो मत्स्य-माँस खा सकोगी।[37]

पशुओं के माँस में हिरन का माँस अधिक स्वादिष्ट होता था। विक्रमोर्वशीयम् के विदूषक को हरिणी का मीठा माँस विशेष प्रिय था।[38] पक्षियों में मयूर, कुक्कुट, तीतर, कोयल आदि का माँस खाया जाता था।

कोयल का माँस तेल और घी के मिश्रण में पकाया जाता था; इसमें हींग और

कालीमिर्च के चूर्ण से बघार दी जाती थी।[39]

खटाई और मिर्च डालकर बनाए गए चटपटे माँस[40] को तामसिक वृति के लोग चटखारे लेकर[41] खाते थे।

मसालों से संस्कारित माँस को मृष्टमाँस[42] कहा जाता था। कोमल माँस के रसेदार सुगंधित व्यञ्जन को **'तेमन'** कहते थे। तेमन, मत्स्य, मृग, बकरे, पक्षियों आदि किसी के भी माँस से बनाया जा सकता था किन्तु मृग का तेमन ही अधिक स्वादिष्ट होता था।[43]

हेमन्त ऋतु में वन शूकर का माँस[44] तथा ग्रीष्म में मृग और लावा (पक्षी) का माँस अधिक पुष्टि कारक और कामोद्दीपक माना जाता था।[45]

माँस को पकाने की तीन विधियाँ थीं—

(1) शूली पर भूनकर—

लोहे की सलाखों में माँस को फँसाकर आग में भूना जाता था। शिकार आदि के अवसर पर इस विधि से पके हुए माँस का अधिक उपयोग होता था।[46] वर्तमान 'सींक कबाब' इसी का परिमार्जित रूप है।

(2) गरम कुण्ड (ओवन) में भूनकर—

विशेष रूप से तपे हुए कुण्डों में भूनकर पकाए गए (रोस्टेड) माँस का उल्लेख रामायण काल से ही प्राप्त होने लगता है। इस विधि से पके हुए मृग, मयूर और मुर्गे के माँस से विशिष्ट अतिथियों को दावत दी जाती थी।[47]

(3) तेल और घी में तलकर—

तेल और घी में तलकर विविध मसालों के योग से चटपटा माँस तैयार किया जाता था। इस प्रकार के मृष्ट माँस से भरद्वाज ऋषि द्वारा भरत की सेना का स्वागत किया गया था।[48]

उपदंश या अचार—

दाँतों से काटकर खाए जाने वाले उपदंश या अचार भी भारतीय भोजन का अभिन्न अंग रहा है। दाल, भात, घी, दही आदि के साथ अचार भी परोसा जाता था।[49अ] भोजन में अम्ल रस की पूर्ति और भोजन को चटपटा बनाने में इसकी विशिष्ट भूमिका थी।

उपदंश के बिना मधु भी अच्छा नहीं लगता ऐसी मान्यता थी—

मध्वपि नानवदंशं स्वदते।[49ब]

चटपटे, कड़वे और खट्टे उपदंश सुरा, आसव आदि के साथ भी खाए जाते थे।[49स]

खट्टी काञ्जी के साथ भी भात खाया जाता था।[50]

दूध एवं दूध से बने हुए भोज्य पदार्थ

प्राचीन काल से ही भारतीय भोजन में दूध का महत्वपूर्ण स्थान रहा है। इसके महत्व का आकलन इसी से किया जा सकता है कि प्राणिमात्र को पोषण देने वाली इस धरती तथा उसकी प्राकृतिक संपदा की कल्पना क्रमशः गाय और उसके दुग्ध के रूप में की गई है।[51] अथर्ववेद का ऋषि; माता भूमि से प्रार्थना करता है कि वह अपने पय से अपनी संतानों का

निरन्तर पोषण करती रहे—

सा नो भूमिर्वि सृजतां माता पुत्राय मे पयः।[52]

भारतीय पाककला ने दुग्ध के रूप में प्राप्त इस शक्तिवर्धक पोषक तत्व का विविध रूपों में उपयोग किया है। दूध को अधिक स्वादिष्ट और मीठा बनने के लिए औंटाकर गाढ़ा कर लिया जाता था। ग्रीष्म ऋतु में, इस प्रकार का दूध काम की सञ्जीवनी औषधि माना गया था।[53]

दूध से मक्खन और घी बनाना भी एक कला थी। मक्खन बनाने की दो विधियाँ थीं— प्रथम : दही को मथ कर मक्खन निकालना। इस प्रकार के ताजे मक्खन की संज्ञा नवनीत थी कोमलता, माधुर्य और स्निग्धता के कारण साहित्य में यह कोमल हृदय का उपमान बन गया था।[54]

द्वितीय : एक दिन पुराने दूध को मथ कर मक्खन निकालना इस मक्खन को 'हैयंगवीन' कहा जाता था। ग्रामों से यात्रा करते हुए महाराज दिलीप के लिए वृद्ध ग्वाले भेंट में 'हैयंगवीन' लेकर उपस्थित हुए थे।[55अ]

मक्खन से घी बनाया जाता था। ताजे घी का रंग अशोक पुष्प के समान कुछ लाल होता था—

तत्कालकल्पितघृतमञ्जिष्ठेषु अशोकस्तवकेषु।[55ब]

घी के विभिन्न रूपों और प्रयोगों का वर्णन वैदिक साहित्य से ही प्राप्त होने लगता है। सद्यः निकाला गया घी 'नवनीत', कुछ पिघला हुआ 'अयुत', पूर्ण रूप से पिघला हुआ 'आज्य' तथा जमा हुआ घनीभूत 'घृत' कहा जाता था। आज्य देवताओं को प्रिय था तो घृत मनुष्यों को। आयुत पितरों के लिए रुचिकर था तो नवनीत गर्भ के लिए स्वास्थ्य वर्धक माना जाता था।[56]

सूप, शाक, ओदन, माँस और पायस (खीर) सभी भोज्य पदार्थों को घी के द्वारा स्वादिष्ट बनाया जाता था। ऋग्वेद में प्रचुर घी में पकाए गए मालपूये (घृतवन्तं अपूप, 10/45/9) का उल्लेख हुआ है तो बृहदारण्यक उपनिषद् में पुत्रमन्थ (गुणवान पुत्र की प्राप्ति के लिए विधान) के संदर्भ में पति-पत्नी के लिए क्षीरौदन (दूध-भात), दधि-ओदन, तिलौदन (खिचड़ी) और माँस-ओदन को सर्पिष् (घी) के साथ खाने का विधान किया गया है।[57]

घी, स्वाद, पौष्टिकता और दीर्घायुष्य का पर्याय माना जाता था अतः व्याकरण शास्त्र में 'सर्पिषो जानीते' (घी के कारण भोजन में प्रवृत्त होता है।), 'सर्पिषोऽपि स्यात्' (घी की एक बूंद भी होती) तथा काव्यशास्त्र में 'आयुर्घृतम्' (घी ही आयु है) जैसे उदाहरण प्रसिद्ध हो गए थे।

दूध से बने दधि (दही) का मीठे, नमकीन, चटपटे और खट्टे चार रूपों में उपयोग होता था। रामायण में श्वेत दधि, केसर मिश्रित पीत दधि, सुगंधित द्रव्यों के योग से सुसंस्कृत दधि, तथा करम्भ का उल्लेख हुआ है।[58]

करम्भ ऋग्वैदिक काल से ही भारतियों का प्रिय भोजन रहा है। यह सत्तू (भुने हुए

जौ का आटा) को दही में मिलाकर तैयार किया जाता था।[59]

दही में इलायची, कपूर, केसर, शक्कर और दूध मिलाकर 'शिखरिणी' नामक स्वादिष्ट डिश तैयार की जाती थी। महाराष्ट्र में प्रचलित श्रीखण्ड इसी शिखरिणी का परिवर्तित रूप है।

शर्करा मिश्रित मीठा गाढ़ा दही भी बडे ही चाव से खाया जाता था।[60]

भोजन के अंत में 'दहीबड़ा' खाने की परम्परा थी। दही-बड़े के किनारों को गोल छल्लों से सजाया जाता था तथा लाल होने तक इन्हें तला जाता था।[61]

दही में मिर्च और राई की बघार से चटपटा रायता भी बनया जाता था। जिसे लोग सीत्कार करते हुए खाते थे।[62]

दही को मथ कर मन्था (मठा) तैयार किया जाता था। ग्रीष्म ऋतु में इसका अधिक उपयोग होता था।[63] इसमें जातक का चूर्ण मिलाकर शीतल 'कालशेय' बनाया जाता था इसके साथ भी भात खाया जाता था।[64]

मिष्ठान्न—

ईख (गन्ने के रस) से गुड, खाण्ड और शर्करा (शक्कर) बनाने की कला अत्यंत प्रचीन काल से ही भारत में रही है। इन के प्रयोग से विविध प्रकार से मिष्ठान्न बनाए जाते थे।

गुड़ विकार—

गुड़ से बने हुए भोज्य पदार्थों की सामान्य संज्ञा गुड़विकार थी इनका उपयोग विशेष रूप से शिशिर ऋतु में होता था। **प्रचुरगुडविकारा:।**[65अ]

मत्स्यण्डिका—

इसका उल्लेख महाकवि कालिदास ने किया है। इसकी निर्माण विधि भावप्रकाश निघण्टु में इस प्रकार है—

ईख के रस को भली-भाँति पकाने पर जब द्रव भाग बहुत थोड़ा रह जाता था तब उस गाढ़े रस को खाञ्ची में डालकर उस पर सिवार बिछा दी जाती थी उसमें से धीरे-धीरे जो द्रव रिस कर निकलता था उसे मत्स्यण्डी कहा जाता था।

संभवत: इसमें बारीक दाने या रवा रहने के कारण इसे मत्स्यण्डिका कहा गया था।

इसका उपयेग प्राय: मद्यपान के नशे को उतारने के लिए किया जाता था।[65ब]

खण्ड सिता या शर्करा—

इसके पीछे खाञ्ची में जो बालू जैसे कण रह जाते थे उसे 'खण्ड' तथा खण्ड के ऊपर अधिक श्वेत भाग को सिता या 'शर्करा' कहा जाता था।

खण्डं तु सिकता रूपं सुश्वेतं शर्करा मता।

आयुर्वेद में इन्हें रतिशक्तिवर्धक क्षयरोग एवं घावों के लिए लाभदायक, रक्त पित्त तथा वात के विकारों को नष्ट करने वाला तथा उत्तरोत्तर अधिक गुणकारी माना गया है—

वृष्या: क्षीणक्षतहिता रक्तपित्तानिलापहा।
मत्स्यण्डिकाखण्डसिता: क्रमेण गुणवत्तमा:।[65स]

अपूप—

मालपुये, इन्हें घी में तलकर बनाया जाता था।[66]

मोदक—

विविध प्रकार के लड्डुओं को 'मोदक' कहा जाता था भोजन का विशेष आनन्द या मोद देने के कारण ही इनकी संज्ञा 'मोदक' थी। ये घी और खाण्ड के योग से बनाए जाते थे अतः मधुरता और कोमलता इनका विशेष गुण था। विवाहादि उत्सवों में 'प्रकृतिमधुरसुकुमारमोदक' अतिथियों का मन मोह लेते थे।[67] चाँद के समान गोल मोदक बनाना भी एक कला थी।[68] आज के ही समान डेढ़ हजार वर्ष पूर्व भी मोदक हाथ से बाँधकर ही बनाए जाते थे।[69] इलायची जायफल आदि सुगंधित द्रव्यों से उन्हें सुरभित किया जाता था।[70]

संस्कृत के समग्र नाट्य साहित्य में विदूषक के मोदक-प्रेम का चित्रण हुआ है। भास के 'चारुदत्त' नाटक का विदूषक गले तक भोजन करने के बाद भी मोदक का आनन्द लेता है।[71]

मोदक को बाँधने का दृश्य इतना रुचिकर था कि मूर्तिशिल्प में भी इसे अंकित किया गया है। लड्डू बनाती हुई स्त्री की आकर्षक प्रतिमा खजुराहो के पार्श्वनाथ मंदिर में गर्भगृह के भीतर दाहिनी भित्ति पर उत्कीर्ण है।

पायस—

दूध में चावल डालकर पकाए गए 'क्षीरपाकौदन' या पायस[72] के उल्लेख प्राचीन काल से ही प्राप्त होते हैं।

सेंबई—

धागे के समान बारीक सूत्रिका (सेंवई) भी एक प्रसिद्ध मिष्ठान्न था। इसे घी और खाण्ड में पकाया जाता था।[73]

भोजन को सुन्दर ढंग से सजाकर प्रस्तुत करने की कला भी ज्ञात थी। रामायण के एक संदर्भ के अनुसार विशिष्ट अतिथियों के आगमन पर, भोजन-पात्रों को पुष्प मालाओं और रंगविरंगी ध्वजाओं से सजाया जाता था।[74]

भोजन को परोसना भी एक कला मानी जाती थी। मनुस्मृति के अनुसार— परोसने वाले को प्रसन्नचित्त से एक-एक व्यञ्जन के गुणों की प्रशंसा करते हुए, सावधानी के साथ धीरे-धीरे भोजन कराना चाहिए।[75]

रोते हुए, क्रोध करते हुए, पैर से अन्न को छूते हुए, उछालकर या दूर से फेंककर नहीं परोसना चाहिए।[76अ]

अष्टांगहृदय में भोज्य पदार्थों के स्थान एवं पात्रों के संबंध में भी रोचक जानकारी मिलती है। तदनुसार— भक्ष्य (रोटी, पुड़ी आदि) को दाहिनी ओर, पेय (दूध, जल आदि(को बाँई ओर तथा भोज्य (दाल, भात आदि) को मध्य में रखना चाहिए।[76ब]

पेय यूष-सूप, दाल, रसेदार सब्जी आदि को चाँदी के पात्र में; सूखे पदार्थ पापड़, कबाब, पकौड़े तथा गरम दूध को स्वर्ण या स्फटिक (विल्लौर) पात्र में; भात को विस्तीर्ण पात्र में तथा शीतल जल ताम्र पात्र में परोसना चाहिए अन्यथा उनके वर्ण, रस और गंध में विकार आ जाता है।[76स]

मृच्छकटिक में कच्चे और पक्के भोजन के संरक्षण के संबंध में भी महत्वपूर्ण जानकारी मिलती है। तदनुसार–

कुम्हड़े की डंठल में गोबर का लेप कर, शाक के सुखाकर, माँस को तलकर तथ भात को ठण्डे स्थान में रखकर अधिक समय तक सुरक्षित रखा जा सकता है।[77]

कभी-कभी भोजन को इस कौशल से भी पकाया जाता था कि सामिष भोजन-निरामिष का और निरामिष, सामिष का स्वाद देता था।

यथामिषे जग्मुरनामिषभ्रमं निरामिषे चामिषमोहमूहिरे।[78]

अनेक वस्तुओं के संयोग से ऐसी '*डिश*' भी बनाई जाती थी, जो असमय की अद्‌भुत वस्तु प्रतीत होती थी।[79अ]

स्त्री और पुरुष दोनों ही इस कला में नैपुण्य प्राप्त करते थे। निषधरज नल अपनी 'सूपकार' (पाक) कला के लिए प्रसिद्ध थे। उनके द्वारा पकाए गए अन्न, मछली आदि अमृत से भी अधिक स्वादिष्ट होते थे–

सधितमन्नमीनरसादिपीयूषातिशायि।[79ब]

अन्य कलाओं के साथ यह कला भी, कन्याओं के लिए विवाह की कसौटी मानी जाती थी। दशकुमारचरित की गामिनी ने इस कला के आधार पर ही शक्ति कुमार जैसा धनवान वर प्राप्त किया था।[80अ] भोजन में घर के लोगों की रुचि, पथ्य-अपथ्य का भी ध्यान रखा जाता है।[80ब]

सम्राटों, सेठों और संपन्न गणिकाओं के भवनों में दिन-रात नाना प्रकार के भोजन को प्रस्तुत करने की तैयारी चलती रहती थी। इनके रसोई धर सुगंधित बघारों का धुँआ उगलते किए मैत्रेय जैसे निर्धन ब्राह्मणों को व्याकुल बना देते थे।[81]

विवाह, राज्याभिषेक, उत्सव आदि के अवसर पर असंख्य प्रकार के भोज्य पदार्थ बनाये जाते थे। दमयन्ती के विवाह में इतने प्रकार के भोजन बने थे कि बरातियों के लिए उन्हें जीमना (खाना) तो दूर गिनना भी कठिन हो गया था।

इस प्रकार 'परम् ब्रह्म' के उपासक इस देश ने 'अन्नब्रह्म' की साधना भी पूर्ण मनोयाग से की थी। वस्तुतः पाक-कला एक साधना ही थी, अतः साहित्य में पके हुए भोजन के लिए 'साधित' (नैषध, 14/78); 'पर्याप्तसंसिद्ध' (चारु., अं. 1) तथ पाक क्रिया के लिए 'साध यमान' 'उपसाधयति' (मृच्छ., अं. 4/पृ. 237) जैसे पद प्रचलित हो गए थे।

पाक कला से साधित इस अन्न देवता की स्तुति करते हुए ऋग्वेद के ऋषि कहते हैं–

'हे अन्न! महान देवताओं का मन तुम्ही में रमा है। तुम्हारी ही ध्वजा के नीचे शोभन

कार्य हुए हैं। तुम्हारी ही शक्ति से इन्द्र ने असुर का वध किया है।[82]

देवताओं के ही समान मानव मन को भी अन्न में रमाने, शक्ति और ऊर्जा पाने के लिए है— यह पाक कला।

सन्दर्भ-संङ्केत

1. तैत्तिरीय उप., 3.2
2. रामायण, अयो., 91.20
3. वही, अयो., 92.4
4. विक्रमो., अं. 2, पृ. 161
5. प्रस्वाद्यानो रसनां तुविग्रीवा इवेरते, ऋग्वेद., 1.187.10
6. स्वादिष्ट ते पितो, वही, 1.187.5
7. रामायण, बालका., 53.22
8. अमुष्य विद्या रसनाग्रनर्तकी त्रयीव नीताङ्गगुणेन विस्तरम्, नैषध., 1
9. स्वादयन्समनेकसंस्कृतप्राकृतै . . भोजनैः, शिशु., 14.50
10. मनुस्मृति, 3.224-227
11. इष्टं भुज्यतां भक्तमार्येण, चारुदत्त, 1.1
12. तण्डुलैः ओदनं पचति।
13. रामा., अयो., 91.68
14. आश्चर्यम्! किं न खलु अस्माकं गृहे अपरमिव संविधानकं वर्त्तते।।
    आयामिततण्डुलोदकप्रवाहा रथ्या। मृच्छ., अं. 1, पृ. 12
15. माध्यंदिनादनुविधेर्वसुधासुधांशुरास्वादितामृतमयमोदनमोदमानः। नैषध., 21.120
16. उष्णाढ्यौदनस्यात्र राशयः। रामा., बाल., 54.3
17. काव्यमी., अ. 18, पृ. 256
18. घृतगुडदधिसमृद्धं धूपितसूपोपदंशसम्भिन्नम्।
    सत्कारदत्तमिष्टं भुज्यतां भक्तमार्येण।। चारु., 1.1

19अ. नैषध, 16.68

19ब. विद्धशा., अं. 1, पृ. 17

20. गन्धेन स्फुरता मनागनुसृतो भक्तस्य सर्पिष्मतः। उत्तरराम्., 4.1
21. तदन्नमण्डं . . . पीत्वा चापनीताध्वक्लमः प्रहृष्टः . . .। दशकु., उ. 6, पृ. 193-94
22. नीवारौदनमण्डमुष्णमधुरं . . . तपोवनमृगः पर्याप्तमाचामति। उत्तरराम., अं. 4.1
23. मूलपत्रकरीराग्रफलकाण्डप्ररूढ़कम्।
    त्वक्पुष्पं कण्टकं चेति शाकं दशविधं स्मृतम्।।
    कामसूत्र, 1.3.15, पर यशोधर की टीका
24. हरितशाकवप्रान् . . . कारयेत्। कामसू., 4.11.6
25. वही, 4.1.29

26अ. पाकदर्पण, 348-353

26ब. कर्कन्धूफलमिश्रशाकपचनामोदः परिस्तीर्यते। उत्तरराम. 4.1

27. सुकोमलाः सर्षपकन्दलीश्च भुक्त्वा जनो निन्दन्ति वैद्यविद्याम्।।। काव्यमी., अ. 18, पृ. 245

28. पेयं द्विविधम्, अग्निनिष्पाद्यमितरञ्च। तत्र पूर्वं यूषाख्यम्।
काम..!.3.15 पर यशोधर की टीका।
29. तदन्नमण्डमार्द्रवालुकोपहितनवशरावगतमिति . . . सलवणसंभारं दत्ताङ्गारधूपवासं च संपाद्य, दश., उ. 6, पृ. 193
30अ. तां पेयामेवाग्रे समुपाहरत्। पीत्वा चापनीताध्वक्लमः प्रहृष्टः प्रक्लिन्नसकलगात्रः स्थितोऽभूत्, वही, उ. 6, पृ. 194
30ब. अष्टाङ्गहृदय, सुत्रस्थान, 6.40–41
31. चारुदत्त, 1.1
32. फलनिर्यूहसंसिद्धै सूपैर्गन्धरसान्वितैः। रामा., अयो., 91.67
33. पुरा महानसम्हि देवानं प्रियस प्रियदसिनो राञो अनुदिवसं बहूनि प्राणसतसहस्रानि आरभिसु सूपाथाय। से अज यदा अयं धम्मलिपि लिखिता ती एव प्राणा आरभरे सूपाथाय द्वो मोरा एको मगो। गिरनार शिलालेख, प्रथम।
34अ. अष्टाङ्गहृदय, सूत्रस्थान, 7.45–47
34ब. मांसेन तिक्ताम्लेन भक्तं शाकेन सूपेन समत्स्यकेन। मृच्छ., 10.29
34स. वही, 1.7.48
35. बहुविधाहारविकारमुपसासधयति सूपकारः। मृच्छ, अं. 4,पृ. 237
36. हिङ्गगूज्ले जीलकभद्दमुश्ते वचाह गण्ठी शगुडा अ शुण्ठी।
एशे मए शेविद गन्धजुत्ती कधं ण हग्गे मधुलश्शलेत्ति।। मृच्छ., 8.13
37. लामेहि अ लाअवल्लहं तो क्खाहिशि मच्छमंशकम्। मृच्छ., 1.26
38. यदा मिष्ठहरिणीमांसभोजनं न लभे। विक्र., अं. 3, पृ. 201
39. हिंगूज्जले दिण्णमरीचचुण्णे बग्घालिदे तेल्लघियण मिश्शे।
मत्ते मये पालहुदीअमंशे . . .। मृच्छ., 8.14
40. मंशेण तिक्खामिलकेण। वही, 10.29
41. जदिच्छशे . . . मंशं च खादु तह तुट्ठि कादुं चुहू चुहू चुक्कु चुहू चूहू त्ति। वही, 8.72
42. रामा., अयो., 92.70
43. मृगमांससाधितं रसादशित्वा मृदु तेमनं मनः। नैष., 16.76
अराधि यन्मीनमृगाजपत्रिजैः पलैर्मृदुस्वादु सुगन्धि तेमनम्। वही, 16.87
44. वराहवध्राणि . . . भुक्त्वा जनो निन्दन्ति वैद्यविद्याम्। काव्यमी., अ. 18, पृ. 247
45. मृगलावरसा स्मरसञ्जीवनमौषधं निदाघे। वही, अ. 18 , पृ. 256
46. शूल्यमांसभूयिष्ठो आहारो भुज्यते। अभिज्ञा., अं. 2
47. प्रतप्तपिठरैश्चापि मार्गमायूरकौक्कुटैः। रामा., अयो., 91.70
48. रामा., अयो., 91.70
49अ. उपदंश संभिन्नं . . . भक्तं, चारु., 1.1
49ब. काव्यमी., अ. 10, पृ. 134
49स. कामसू., 1.4.23
50. ततस्तस्य शाल्योदनस्य दर्वीद्वयं दत्वा सूपमोपदंशं चोपजहार। इमं च दघ्ना त्रिजातकावचूर्णितेन सुरभिशीतलाभ्यां च कालशेयकाञ्जिकाभ्यां शेषभन्नमभोजयत्। दशकु., उ. 6, पृ. 194
51. सहस्रं धारा द्रविणस्य मे दुहां ध्रुवेव धेनुरनुपस्फुरन्ति। अथर्व., 12.1.45

52. वही, 12.1.10
53. सृतं च दुग्धं स्मरसंञ्जीवनमौषधं निदाघे। काव्यमी., अ. 18, पृ. 256
54. अहो नवनीतकल्पहृदय आर्यपुत्रः। मालवि. अं. 3
55अ. रघु., 1.45
55ब. विद्धशा., अं., 1, पृ. 17
56. आज्यं वै देवानां सुरभि घृतं मनुष्याणामायुतं पितृणां नवनीतं गर्भाणां। ऐत. ब्रा., 1.3
57. बृहदा. उप., 6.4.14-18
58. रामा., अयो., 91.72-73
59. ऋग्वेद, 1.187.9-10
60. तुषारधारामृदितैव शर्करा . . . सुधाहृदात्पंकमिवोद्धृतं दधि। नैषध., 16.98
61. वही, 16.98
62. सीत्कारकृता दधद्दधि। नैषध., 16.73
63. काव्यमी., अ. 18
64. दशकु., उ. 6, पृ. 194
65अ. ऋतु., 5.16
65ब. सीधुपानोद्वेजितस्य मत्सयण्डिकोपनता, मालवि., अंक 3, पृ. 285
66. ऋग्वेद., 10.45
67. स्वप्नवासवदत्तम्, अं. 4. पृ. 29
68. एष खलुखण्डमोदकसश्रीक उदितो राजा द्विजातीनाम्, विक्रमो., अ. 3, पृ. 197
69. बध्यन्ते मोदकाः। मृच्छ., अं. 4, पृ. 237
70. प्रयत्नसिद्धैरुद्गारसुरभिगन्धिमोदकैः। वही, अं. 1
71. आकण्ठमात्रमशित्वा चत्वरवृषभ इव मोदकखाद्यै रोमन्थायमानो दिवसं क्षिपामि। चारुदत्त, अं. 1 पृ. 11
72. रामा., अयो., 9.173; रघु., 10.51
73. सूत्रिकाघृतखण्डसंयुक्ता भोजने दत्ता, पंचतंत्र, तंत्र 5, कथा. 5
74. पुष्पध्वजवतीः पूर्णाः शुक्लस्यान्नस्य चाभितः। रामा., अयो., 91.68
75. मनु., 3.233
76अ. वही, 2, 230
76ब. अष्टाङ्गहृदय, 1.10.38-39
76स. वही, 1.10.35-37
77. मृच्छकटिक, 1.51
78. नैषध., 16.81
79अ. अनेक संयोजनया . . . कृताकालिकवस्तुविस्मयं जना, वही, 16.83
79ब. वही, 14.78
80अ. दशकु., उ. 6
80ब. कामसू.,, 4.1.10
81. विविधसुरभिधूमोद्गारैः . . . निःश्वसतीव महानसं द्वारमुखैः। मृच्छ., अं. 4, पृ. 237
82. ऋग्वेद, 1.187.7

卐 卐 卐

2. पेय रस एवं आसव की योजना

(पानकरस-राग-आसव-योजनम्)

जल ही जीवन है। इस जीवन-रस से स्वयं को जीवन्त करने के लिए मानव ने विभिन्न प्रकार के पानक रसों (पेय पदार्थों) को बनाने की कला विकसित की है। इसे ही वात्स्यायन ने 'पानक-रस-राग-आसव योजनम्' कहा है।

यशोधर के अनुसार पेय दो प्रकार के हैं[1]—

1. **अग्नि निष्पाद्य**— आग में पकाकर तैयार किए गए, यथा-सूप आदि।

2. **अनग्नि निष्पाद्य**— आग में बिना पकाए तैयार किए गए, जैसे कि— शरबत, फलों का रस, गन्ने का रस आदि।

ये सभी दो प्रकार के हो सकते हैं—

1. संधान कृत— विभिन्न प्रकार के पदार्थों को मिलाकर, अधिक समय तक रखकर मादक बनाए गए पेय; जैसे कि — आसव, सुरा आदि। पेय से मद्य के समान गन्ध का आना ही संधान का मुख्य लक्षण है। इनके भी दो वर्ग हैं—

(क) द्रावित— इमली, बेल का गूदा आदि को पानी में घोलकर (तरल बना कर) बनाया गया पेय।

(ख) अद्रावित— ताल, द्राक्षा आदि फलों को जल में द्रावित किए बिना रस निकालकर बनाए गए पेय।

असंधानकृत— संधन के बिना प्राकृतिक रूप से लिए जाने वाले पेय, यथा— जल, नारियल पानी, फलों का रस, पानक आदि।

संस्कृत साहित्य में निम्न प्रकार के पानक रसों एवं आसवों के वर्णन प्राप्त होते हैं—

(1) **फलों के रस से बने पानक**— ग्रीष्म ऋतु में इस प्रकार के पेयों का प्रयोग अधिक होता था। ऐसे पेयों में मुख्य था—

रसाल— भारत में आम के रस से बने 'रसाल' का प्रचलन रामायण काल से ही रहा है। भरद्वाज मुनि द्वारा भरत की सेना के स्वागत में अनेक भक्ष्य पदार्थों के साथ रसाल नामक पेय भी प्रस्तुत किया गया था। रसाल को ग्रीष्म में काम को संजीवित करने वाली औषधि माना जाता था।[2अ] आयुर्वेद में रसाल को पुष्टिकारक, वृष्य (कामशक्ति को बढ़ाने वाला) स्निग्ध, बलबर्धक तथा रुचिकर माना गया है—

रसाला बृंहणी वृष्या स्निग्धा बल्या रुचिप्रदा।[2ब]

सहकार भंग—

कच्चे आम को उबालकर या भूनकर नमक, कालीमिर्च, गुड़ या शक्कर मिलाकर बनाया जाने वाला एक दूसरा पेय 'सहकार भंग' कहा जाता था। इसे 'महारहस्यं शिशिरक्रियायाः' (चामत्कारिक ढंग से शीतलता प्रदान करने वाला) पेय माना गया था।[3]

तिन्तिका पानक—

इमली के गूदे को जल में द्रावित कर गुड़ नमक आदि मिलाकर यह शर्बत तैयार किया जाता था।[4अ]

नाना प्रकार के फलों से सुगन्धित रस बनाने की विधि नल के 'पाकदर्पण' में विस्तार से प्राप्त होती है, जैसे—

कटहल फल के रस के साथ केतकी पुष्प का योग, गन्ने के रस के साथ कमल का, अंगूर के साथ कह्लार (श्वेत कमल) का अनार के रस के साथ वह्लिका पुष्प का, कैंथ के रस के साथ अजवायन या जीरे के पुष्प का योग। ये पुष्प रस पात्रों में डाल दिए जाते थे।[4ब]

पाक द्वारा इनका एसेन्स भी बनाया जाता था जिसका उपयोग जल में मिलाकर किया जाता था।[4स]

प्रपाणक—

कई प्रकार के फलों के रस, मधु, शर्करा, खाण्ड आदि मधुर पदार्थ, सुगंधित पुष्प, इमली, नीबू, आँवला आदि के अम्ल रसों एवं जायफल, इलायची, सोंठ, कलीमिर्च जीरा, आदि मसालों, कर्पूर, कस्तूरी केसर के सुगंधित कल्क तथ हिमजल से विशेष पात्रों, नलिका आदि यंत्रों में विशेष विधि से निर्मित पेय की विशेष संज्ञा प्रपाणक थी। प्रपाणक का प्रचलन लोक जीवन में इतना अधिक था कि काव्यशास्त्र में अनुभाव, विभाव, व्यभिचारी भाव के संयोग से निष्पन्न काव्य रस के आस्वाद की उपमा प्रपाणक रस से दी गई थी।[5अ]

आयुर्वेद में पानक (शरबत-ठण्डाई आदि) को श्रम (शारीरिक थकान), भूख, प्यास तथा क्लम (मानसिक थकान) को शान्त करने वाला, हृदय को बल देने वाला प्रीति कारक तथा जिन द्रव्यों के संयोग से बना हो, उसके समान गुण वाला कहा गया है—

श्रम क्षुत्तृट्क्लमहरं पानकं प्रीणनं गुरु।
विष्टम्भि मूत्रलं हृद्यं यथाद्रव्यगुणं च तत्।[5ब]

पानक पात्रों को मंद पवन संचार वाले पानागार में सिकता (बालू) युक्त वेदी (चबूतरे) पर शुद्ध वस्त्र से ढककर रखा जाता था तथा खस के पंखे से इन्हें हवा की जाती थी—

मन्दमारुतसंचार पानागारे ततः सुधीः।
सिकतानिर्मितायाञ्च वेदिकायां पङ्क्तितः
निधाय तानि पात्राणि शुद्धवस्त्रेण वेष्टयेत्
उशीरनिर्मितेनाथ तालवृन्तेन बीजयेत।[5स]

पानक रस की विशेषता— उसकी शीतलता तथा स्फूर्ति और ताजगी देने वाली सुगंध होती थी जो नाना प्रकार के योगों से मिलकर बनती थी।[6]

जल को भी शीतल और सुवासित कर पिया जाता था। सुगन्धित पेय जल का एक मनोरम संदर्भ दशकुमारचरित में प्राप्त होता है। यह जल अगर के धुँऐ से धूपित, ताजे पाटल (गुलाब) के फूलों से सुवासित तथा खिले हए उत्पल (नीलकमल) से सुरभित किया गया था।[7] जहाँ ताजे पुष्प नहीं मिलते थे वहाँ पुष्पों से सुवासित ठीकरों (घड़े के छोटे छाटे टुकड़ों) का प्रयोग किया जाता था।

ताजगी देने वाले पानकों के साथ ही नाना प्रकार के मादक पेयों को बनाने की कला भी उस युग में विकसित थी इन्हें सामान्य रूप से आसव या मधु कहा जाता था।

आसव—

साहित्यक संदर्भों से सूचित होता है कि पुष्प, फल, लता शाखादि के रस को चुआकर बनाए गए कुछ गाढ़े पानीय की संज्ञा आसव थी। इसमें रस को कुछ अधिक समय तक रख कर संधान (विशिष्ट विधि) से मादक बना लिया जाता था।

कौटिल्य ने आसव को 'सुरा' का ही एक प्रकार माना है और इसकी गणना मेदक, प्रसन्न, अरिष्ट, मैरेय और मधु नामक सुरा भेदों के साथ की है।[8] अमरकोश में 'मैरेय' 'आसव' और 'मधु ' को सुरा का पर्य्याय माना गया है।[9]

तथापि साहित्य में आसव और मधु सुरा से भिन्न माने गए हैं। महाकवि वाल्मीकि ने एक ही प्रसंग में तीनों का पृथक्-पृथक् ग्रहण किया है—

इक्षून् मधूंस्तथालाजान् मैरेयांश्च वरासवान्।[10] **अन्याः स्रवन्तु मैरेयं सुरामन्याः सुनिष्ठिताम्।**[11]
वात्स्यायन भी सुरा और आसव का भिन्न अर्थों में प्रयोग करते हैं।[12]

साहित्य में निम्न प्रकार के आसवों का वर्णन हुआ है—

सोम रस या आसव

वैदिक युग में **सोमरस** का प्रयोग आसव के रूप में ही होता था। सोम से रस निकालने की क्रिया 'सवन' और सोम का रस 'सव' कहा जाता था। सोमयाग में देवताओं के लिए इस रस से आहुति दी जाती थी। ऋग्वेद का नवम मण्डल सोम की प्रशंसा में ही रचा गया है। वैदिक आर्यों के प्रमुख देवता इन्द्र के सोम प्रेम[13] तथा उसके पान से मिलने वाले आनन्द, उल्लास[14] उत्तेजना और शक्ति[15] की अनेकशः चर्चा हुई है। इन्द्र का प्रिय पेय होने के कारण सोम को 'इन्द्रपान'[16] भी कहा गया है।

सोम की मिठास और मादक प्रभाव को कम करने के लिए उसमें दूध और यव (जौ का आटा) मिलाकर क्रमशः 'गवाशिर' और 'यवाशिर' नामक पौष्टिक पेय बनाऐ जाते थे।[17]

पुष्पासव—

पुष्पों के रस से बने पुष्पासव का उल्लेख रामायण काल से ही प्राप्त होने लगता है।[18]

इस मधुर, पौष्टिक एवं मादक आसव के सर्वाधिक संदर्भ कालिदास साहित्य में प्राप्त होते हैं। पुष्प रस से रचित हाने के कारण यह विशेष रूप से सुगन्धित आसव था। कवि इसकी गन्ध के लिए 'आमोद' ओर 'सुरभि' शब्दों का प्रयोग करते हैं—

पुष्पासवामोदसुगन्धि वक्त्रो।[19]

पुष्पासवामोदितवक्त्रपङ्कजाः।[20]

आसवसुरभिरसशल्लकीभङ्गम्।[21]

अमरकोश में 'अतिनिर्हारी' (अत्यन्त आकर्षक) गन्ध को 'आमोद' और घ्राणतर्पण (नासिक को तृप्त करने वाली) गन्ध को 'सुरभि' कहा गया है।[22]

आसव की बकुल पुष्प के समान मीठी और मादक गन्ध का भी वर्णन हुआ है।[23] सम्भवतः यह बकुल रस से बनाया जाने वाला आसव था। इस आसव से सुगन्धित मुख वाली प्रियायें प्रिय की रति को और बढ़ा देती थीं।[24]

पुष्पासव मादक[25], कामरस को बढ़ाने वाला[26] गर्मतासीर का पेय था अतः शिशिर[27] और हेमन्त[28] ऋतु में ही इसका अधिक प्रयोग होता था। कैलाश पर्वत पर बसी अलकापुरी और गन्धमादन पर्वत जैसे शीतल पहाड़ी स्थानों में सभी ऋतुओं में इसका पान किया जाता था।[29]

फलासव—

फलों के रस से बने आसव में; कालिदास ने 'नारिकेलासव' का उल्लेख किया है, यह कच्चे नारिकेल का पानी था जिसे बंगला में 'डाब' कहा जाता है। वर्तमान युग की भाँति प्राचीन काल में भी समुद्रतटवर्ती क्षेत्रों में इस रस या आसव का बहुत अधिक प्रयोग होता था। इस मधुर, शीतल और स्पूर्तिदायक पेय को पीकर रघु की सेना ने, भारत के दक्षिण तट पर, मानों शत्रुओं के यश को भी पी लिया था।[31]

बाणभट्ट हर्षचरित में अत्यंत आकर्षक गन्ध वाले उल्लक[32] नामक विशेष पेय का उल्लेख करते हैं। टीकाकार शंकर कवि के अनुसार यह एक विशेष प्रकार के सुगंन्धित फल का रस था अन्य टीकाकारों ने इसे आसव का ही एक प्रकार माना है।[33]

शर्करावस—

इस आसव का उल्लेख वाल्मीकि ने किया है।[34] यह सम्भवतः गन्ने के रस से या शक्कर की चासनी से बनाया जाने वाला मीठा आसव था।

आसव को विशेष रूप से सुगन्धित तथा गुणयुक्त करने के लिए, इसमें सहकार (आम्रपल्लव या आम्रमंजरी) तथा रक्त पाटल (लाल गुलाब) के फूल डाले जाते थे। इस प्रकार का आसव कामशक्ति को पुनर्जीवित करने वाला माना जाता था।[35]

मधु—

आसव की तुलना में यह कुछ अधिक मादक पेय था। यद्यपि अमरकोश में मधूक (महुआ) पुष्प के रस से बने आसव की संज्ञा मधु है[36] तथापि साहित्य में किसी भी प्रकार के पुष्प के मकरन्द से बने हुए पेय को मधु कहा गया है। कौटिल्य मृद्वीका (दाख या मुन्नका)

से बनाई गई सुरा को मधु कहते हैं।[37]

मादक पेय के रूप में मधु का वर्णन ऋग्वेद काल से ही प्राप्त होता है—

पिबन्तो मदिरं मधु। (ऋग्वे., 5/61/11)

वाल्मीकि ने महार्ह (बहुमूल्य) पानों में मधु की गणना की है।[38]

मधु पान संस्कृत महाकाव्यों का एक प्रमुख वर्णनीय विषय रहा है और काव्यशास्त्रीय ग्रंथो में महाकाव्य के लक्षण प्रसंग में उल्लिखित हुआ है।[39]

कालिदास ने रतिप्रसंग में बारम्बार मधु के प्रभाव और महत्व का वर्णन किया है। वे इसे ' 'स्त्रीजनस्य विशेष मण्डनम्[40] मद्यं मदनीयमुत्तमम्[41] स्मरसखम्[42], अनंगदीपनम्[43] और कामरति प्रबोधकम्[44] कहते हैं।

इस पान को स्वयं भगवान शिव ने अपने हाथों से अम्बिका को पिलाया था।[44ब]

मद्य या मधु को और अधिक सुवासित करने के लिए इसमें खिले हुए नीलोत्पल डाल दिए जाते थे। पानपात्रों में सजे हुए ये नीलोत्पल पान के समय सुगंधित निःश्वास से हिलने लगते थे—

सुगन्धिनिःश्वासविकम्पितोत्पलम।[45अ]

मधु की मादक गन्ध केसर (बकुल) पुष्प से भी तीव्र होती थी—

सुरभिगन्धपराजितकेसरम्।[45ब]

साहित्य में मधु के कई प्रकार वर्णित हैं—

(1) **कल्पवृक्ष प्रसूत मधु**—

गन्धमादन की वनदेवी यह दिव्य मधु पार्वती के लिए उपहार में लाई थीं।[45स] इसका सेवन अलकापुरी के यक्ष भी करते थे।[46]

(2) **कादम्बर मधु**—

महाकवि माघ ने कदम्ब पुष्प के आसव से रचित कादम्बर-मधु का उल्लेख[47] किया है। इसी कादम्बर मधु से 'कादम्बरी' नाम की सुरा बनाई जाती थी। इसका प्रथम उल्लेख कालिदास ने किया है।[48] बाणभट्ट के अनुसार यह उत्कृष्ट कोटि की मदिरा मानी जाती थी जिसके रस का आस्वाद निश्चय ही बखान करने योग्य होता था। इसके मादक प्रभाव से उबरना बहुत ही कठिन था।[50]

द्राक्षा मधु—

कालिदास अंगूर से बने हुए, स्फूर्तिदायक द्राक्षा-मधु का उल्लेख करते हैं, जिसे पीकर रघु के योद्धा अपनी थकान को दूर करते हैं।[51]

बाणभट्ट इसे 'मधुरसा' नाम देते हैं। शंकर कवि के अनुसार मधुरसा द्राक्षा को कहा जाता है।[52] यह मधु अत्यन्त मधुर और आकर्षक गन्ध से युक्त होता था। कौटिल्य के अनुसार यही मधु; कपिशा नदी के तट पर अधिक बनने के कारण 'कापिशायन' और हरहूर नगर में

बनने के कारण 'हारहूरक' कहा जाता था।[53]

कापिशायन का उल्लेख शिशुपालवध में भी हुआ है। इसकी मादक गन्ध भ्रमरों को आकर्षित कर लेती है।[54]

आसव और मधु के अतिरिक्त साहित्य में 'मैरेय', 'शीधु' और 'वारुणी' के सन्दर्भ भी प्राप्त होते हैं मैरेयक का उल्लेख रामयण में अनेकशः हुआ है।[55]

शीधु के संदर्भ भी रामायण से ही प्राप्त होने लगते है[56] यह ईख के रस से बना हुआ मदक पेय था कालिदास के अनुसार वसन्त ऋतु में, रात्रि के समय शीघु-पान काम को जगाने वाला रसायन माना जाता था [57] पुराने शीधु का पान ग्रीष्म के दोषों को दूर करता था।[58]

राजशेखर के अनुसार जल में मिलाकर पी गई वारुणी ग्रीष्म ऋतु को भी हेमन्त बना देती है।[59]

कौटिल्य ने इनके अतिरिक्त सहकार सुरा (आम के रस से बनाई गई) रसोत्तरा (गुड़ की चासनी से बनी), बीजोत्तरा (बीज बन्ध आदि द्रव्यों के योग से बनी); महासुरा (अनेक प्रकार की सुगन्धित औषधियों के मिश्रण से बनी, तथा संभारिकी (अधिक मसालेवाली) इन पाँच प्रकार की सुराओं का उल्लेख किया है।[60]

अर्थशास्त्र में मैरेय, मधु, आसव आदि पेयों में प्रयुक्त होने वाली सामग्री का विवरण भी प्राप्त है तदनुसार 'आसव' का योग इस प्रकार है—

सौ पल कैंथ के फल का सार, पांच सौ पल गुड़ का रस और एक प्रस्थ (सेर) मधु।

इस अनुपात में मधु का योग एक पाद (चौथाई) बढ़ाने पर उत्तम कोटि का तथा एक पाद घटाने पर हीन कोटि का आसव होता है।[61]

आज के ही समान पुरातन युग में भी पानक या आसव आदि को बनाने की दो विधियाँ थीं—

(1) फल पुष्प आदि के ताजे रस से आसव बनाना।

(2) इनके एसेन्स या कौन्सन्ट्रेट (अर्क) से आसव बनाना।

इस एसेन्स के साथ ही प्रयुक्त होने वाले मसालों को भी मिला दिया जाता था। इस मसाले या मूल द्रव्य को सुरा-बीज अथवा 'किण्व' कहा जाता था। आसव का किण्व—

दालचीनी, चीता, वायविड़्ग और गजपीपल एक-एक कर्ष (कुल पाँच तोला); सुपारी, मुलहठी, मोथा और लोध (दो-दो कर्ष) (कुल आठ तोला) को मिला कर तैयार किया जाता था।

आसव या सुरा के रंग को निखारने के लिए भी अनेक प्रकार के योग या चूर्ण तैयार किए जाते थे।।[62अ]

आसव य मधु पान का प्रचलन समाज के सभी वर्गों में था किन्तु सुरा निन्दित समझी

जाती थी।

आसव मोहक मद को उत्पन्न करता था तो सुरा दुर्मद को। ऋग्वेद के अनुसार सुरापान कर लोग सभा-समितियों में आपस में लड़ बैठते थे—

पीतासो युध्यन्ते दुर्मदासो न सुरायाम्।[62ब]

कौटिल्य के अनुसार सुरापान पर कठोर नियन्त्रण था। सरकारी नियंत्रण में चलने वाले पानागारों में ही सुरा पी जा सकती थी। उत्सव, समाज, यात्रा आदि के अवसर पर सुराध्यक्ष की अनुमति से ही सुरापान् के लिए छूट दी जाती थी।

प्राचीन साहित्य में आसव और मधु पान के असंख्य सन्दर्भ इस तथ्य को सूचित करते हैं कि आसव का प्रभाव हानिकारक नहीं था और यह निन्दित या निषिद्ध पेय नहीं था। आयुर्वेद में विभिन्न प्रकार के आसव-गुणों की विस्तार से चर्चा हुई है। अतः वात्स्यायन के अनुसार 'पानक रस राग-आसव योजनम्, भी एक कला थी—फलों, पुष्पों और लताओं के रस को अपने कौशल से नाना योगों से और अधिक मादक बनाकर, सुगंधित और मोहक बनाकर, आस्वाद लेने की।

इस शिल्प के द्वारा मनुष्य ने सृष्टि की— ऋतु अनुसारी नाना प्रकार के पेयों की; शिशिर और हेमन्त में-आसव और मधु तो ग्रीष्म में—रसाल, शीधु और वारुणी। राजभवनों में इन्हें स्वर्ण, रजत और मणिमय कलशियों में सुरक्षित किया[63] गया तो मध्यम वर्ग के घरों में कलात्मक घड़ों में[64]। चोलक कलशी[65] (कपड़ा चढ़ी हुई सुराहियों) का प्रयोग भी होता था।

आसव या मधुपान के लिए स्वर्ण, रजत, मणि[66] सीपी, शंख और हकीक पत्थर के सुन्दर कलात्मक चषकों (पान पात्रों) का प्रयोग होता था। कुशल शिल्पियों द्वारा इन पर कलात्मक आकृतियाँ उत्कीर्ण कर तूलिका से रंग भरे जाते थे।[67]

ऐसे पात्रों का संग्रह सम्पन्नता और विलासिता के साथ ही कलात्मक अभिरुचि और आभिजात्य का प्रतीक समझा जाता था।[68]

गन्ध-माल्य से सज्जित ऋतु के अनुकूल सुखदायी[69] आकर्षक पान भूमि[70] की रचना और समापान[71] 'सामूहिक पानगोष्ठिओं' का आयोजन भी इस कला का एक अंग था।

पानक को सुन्दर ढँग से प्रस्तुत करना भी एक कला थी। आसव को सहकार और लाल गुलाब की पंखुड़ियों से सजा कर उपस्थित किया जाता था तो मधु को नील कमल से।

मधु, मैरेय और आसव के साथ विभिन्न प्रकार के नमकीन, चटपटे खाद्य (उपदंश) फल और शाक भी परोसे जाते थे।[22] विशिष्ट अतिथियों का सत्कार बहुमूल्य पेयों से होता था। वशिष्ठ ने विश्वामित्र की सेना का स्वागत-मधु, मैरेय, आसव आदि से किया था।[73]

बहुमूल्य पान पात्र और आसव उपहार में दिए जाते थे। प्राग्ज्योतिष्पुर के कुमार ने सम्राट हर्ष के लिए ये वस्तुएं उपहार में भेजी थीं।[74]

प्रिया के मुख आसव का पान रति की चरम सीमा मानी जाती थी।[75] बकुल वृक्ष के

साथ ही कामी पुरुष भी प्रिया के मुख आसव की कामना करते थे।[76]

अनुपान (भोजन पश्चात् पेय) के रूप में भी विविध प्रकार के पानक रसों एवं आसव आदि का विशेष महत्व था। चरक के अनुसार अनुपान— तृप्ति देने वाला, शीघ्र भोजन को पचाने वाला, आयु और बल को देने वाला होने के कारण हितकारी होता है—

अनुपानं हितं युक्तं तर्पत्याशु मानवम्।
सुखं पचति आहारं आयुषः च बलाय च।।

आयुर्वेद में नाना प्रकार के भोजन और रोगों के लिए अलग-अलग अनुपानों का विधान किया गया है। सामिष भोजन में आसव, मदिरा एवं सुरा के अनुपान का भी विधान है।[77]

सहकार और उत्पल से अंकित आसव, अरिष्ट, सीधु, मार्दीक (अंगूरी शराब) और मधु पान के लिए वसंत ऋतु को सर्वोत्तम माना जाता था।[78]

इस प्रकार पानक रस के आस्वाद के साथ ही जीवन-रस के उपयोग की भी कला थी— 'पानक रस-राग-आसवयोजनम्।'

सन्दर्भ-सङ्केत

1. कामसूत्र, 3.15 पर यशोधर की टीका, पृ. 89
2अ. सहकाररसार्चित रसाला . . . फलपानकानि . . . स्मर सञ्जीवनमौषधं निदाघे।। काव्यमी., अ. 1
2ब. अष्टाङ्गहृ., 1.7.56
3. वही, अ. 8, पृ. 255
4अ. यद्गुडतिन्तिकादिजलेन संयोज्य क्रियते तद्द्रावितंपानकाख्यम्। कामसू., 3.15 पर यशोधर की टीका।
4ब. पाकदर्पण, फलपुष्पपानक निर्माणविधिः, 21-26
4स. वही, 28-29
5अ. पानकरसन्यायेन चर्व्यमाणः अलौकिक चमत्कारकारी शृङ्गरादिको रसः। काव्यप्रकाश, उ. 4, पृ. 109
5ब. अष्ट्र., 1.7.57
5स. पाकदर्पण, पानकभेद निरूपण - 16-17
6. पानानि सुरभीनि। मनु. 3.227
7. नवभृङ्गारसंभृतं अगुरुधूपधूपितम्-अभिनव पाटल कुसुम वासितम्उत्फुल्लोत्पलग्रथितसौरभं वारि। दशकुमार. उ. 7.पृ. 194
8. अर्थ., 2.25.17
9. अमर., 2.10.41
10. रामा., बाल., 54.2
11. वही., अयो., 91.15
12. सुराकुम्भीनामासवकुम्भीनां च स्थापनम्। कामसू., 4.1.35
13. वृषायमाणोऽवृणीतसोमं त्रिकद्रुकेष्वपिबत्सुतस्य। ऋग्वेद., 8.48.3
14. सुतं मधोर्धाराभिरज्यसे, सामवे., 1.1.2
15. अपाम सोमममृता अभूमागन्म ज्योतिरविदाम देवान्, ऋग्वेद., 8.48.3
16. सामवेद, 6.1.4.10
17. ऋग्वेद, 1.187.9

18. रामा., सुन्दरकाण्ड, 6.23
19. ऋतु., 4.12
20. वही., 5.5
21. विक्रमो., 4.44
22. अमर., 1.5.10-11
23. सुवदना वदनासव संभृतस्तदनुवादि गुणः कुसुमोद्गमः, रघु., 9.30
24. तासां मुखैरासवगंधगर्भैः वही, 7.11
25. पुष्पासवाघूर्णितनेत्रशोभि प्रियामुखम्। कुमा., 3.38
26. कामरसानुविद्धः। ऋतु., 4.12
27. वही, 4.12
28. वही, 5.5
29. उत्तर मेघ., 5; कुमा., 8.75
30. रामा., सुन्दर, 6.23
31. ताम्बूलीनां दलैस्तत्र रचिताऽऽपानभूमयः।
नारिकेलासवं योधः शात्रवं च पपुर्यशः।। रघु. 4.42
32. आमोदनिर्हाणीश्चोल्लक कलशीः हर्षच, उ. 7. पृ. 387-88
33. उल्लकः सुगन्धिफलविशेषरसः। आसवभेद इत्यन्ये.वही
34. शर्करासव माध्वीकान् पुष्पाऽऽसव फलाऽऽसवान्। रामा, सुन्दर 6.23
35. यत्संलग्नसहकारमासवं रक्तपाटलसमागमं पपौ
. . . .रभवत्पुनर्नवः।। रघु., 19.46
36. मध्वासवो माधवको मधु माध्वीकम्। अमर., 2.10.4
37. मृद्वीका रसो मधु., अर्थ. 2.25
38. रामा. बाल., 54.2
39. काव्यालंकार, भामह. 1.18-23; काव्यादर्श., 1.14-22
40. मालवि., अं. 3
41. ऋतुसं., 5.10
42. रघु., 9.36
43. 8.77
44अ. ऋतु., 5.10
44ब. कुमार., 8.77
45अ. ऋतुसं., 5.10
45ब. रघु., 9.36
45स. कुमार., 8.75
46. आसेवन्ते मधु रतिफलं कल्पवृक्षप्रसूतम्। उ. मेघ., 5
47. निषेव्य मधु माधवाः सरसमत्र कादम्बरम्। शिशु., 4.66
48. कादम्बरीसाक्षिकमस्माकं प्रथमसौहृदमिष्यते। अभिज्ञा., अंक., 6
49. कादम्बरी-रसविशेषवर्णनाकुलम्। काद., राजकुलवर्णना, पृ. 282
50. कादम्बरी रसभरेण समस्त एव मत्तो
न किञ्चिदपि चेतयते जनोऽयम्। उत्तरकाद., प्रस्तावना, श्लोक 5

51. विनयन्ते स्म तद्योद्धा मधुभिर्विजयश्रमम्। रघु., 4.42
52. अतिमधुर-मधुरसामोद निर्हारिणी. हर्षच., उ. 7,पृ. 387
53. अर्थशास्त्र, 2.25.24-25
54. कापिशायन सुगन्धि . . .। शिशु., 10.4
55. वाट्यो मैरेयपूर्णाश्च। रामा., अयो., 91.70
56. वही, सुन्दरकाण्ड,6.24
57. निशि सीधुपानं . . . रसायनमिदं कुसुमायुधस्य। ऋतु., 6.35
58. रघु., 16.52
59. कान्तोच्छिष्ट वारुणी वारिमिश्रा
सद्यो ग्रीष्मं हेमन्तयन्ति। काव्यमी., अ. 18
60. अर्थशास्त्र 2.25.32
61. वही, 2.25.19-20
62अ. वही, 2.25.29,33
62ब. ऋग्वेद, 8.2.12
63. सोऽपश्यच्छातकौम्भानि शीधोर्मणिमयानि च।
राजतानि च मुख्यानि भाजनानि महाकपिः। रामा. सुन्दर., 6.24
64. कामसूत्र., 4.1.35
65. हर्षच., उ. 7, पृ. 388
66. लोहितार्कमणिभाजनार्पितं कल्पवृक्षमधु. कुमार सं., 8.75
67. कुशलशिल्पिलोकोल्लिखितानां च शुक्तिशङ्खगल्वर्क प्रमुखानां पानभाजनानां निचयान्। हर्ष., उ., 7, पृ. 386
68. नानासवपात्र संकुलम्। काद., राजकुलवर्णना, पृ. 279
69. पानोद्देशानि गन्धमाल्योदकवन्ति ऋतुसुखानि कारयेत्।। अर्थ., 2.25
70. घ्राणकान्तमधुगन्धकर्षिणीः पानभूमिरचनाः। रघु., 19.11
71. कामसू., 1.4.14,22;नागानन्द, अंक 3, आपानकोत्सव
72. कामसू., 1.4.23
73. रामा., बाल., 54.2
74. हर्षच. उ. 7, पृ. 386, 388
75. मदाननार्पितं मधु पीत्वा, रघु., 8.68
76. मुखासवं सोऽपिबद्बकुलतुल्यदोहदः। वही, 19.12
77. अष्टाङ्गहृदय, सूत्रस्थान - 10.46-52
78. वही, 4.26.27

卐 卐 卐

3. शकुन-अपशकुन का ज्ञान

(निमित्तज्ञानम्)

मनुष्य ने अपने सूक्ष्म प्रकृति निरीक्षण और सुदीर्घ अनुभव से जिन कलाओं को विकसित किया है उनमें से एक है— निमित्तज्ञानम् अर्थात् शकुन-अपशकुन के विचार की कला।

मानव के अदृष्ट या नियति के सूचक निम्न तत्व माने गए हैं—

(1) नक्षत्रों और ग्रहों की गति।

(2) प्राकृतिक परिदृश्य-उल्कापात आदि।

(3) पशुपक्षियों की ध्वनियाँ एवं चेष्टाएं।

(4) मनुष्य के शारीरिक लक्षण, हस्तरेखा, तिल, मसा आदि।

(5) मनुष्य की मनोदशा और शरीर के अंगों में होने वाले स्पन्दन।

(6) मनुष्य द्वारा देखे गए स्वप्न तथा

(7) मनुष्य द्वारा प्रयोग में लाई जाने वाली-आसन, शय्या, छत्र, शस्त्र, रत्न आदि वस्तुएं।

इनमें से कुछ संकेत ऐसे हैं जो आसन्न (तुरन्त या निकट भविष्य में घटने वाली) घटनाओं, शुभ और अशुभ की सूचना देते हैं, इन्हें ही निमित्त कहा गया है।

निमित्त शब्द का मुख्य अर्थ है— कारण, हेतु अथवा प्रयोजन। पशुपक्षियों की ध्वनियाँ अंग-स्पंदन आदि शुभ या अशुभ घटनाओं के सूचक हेतु या कारण बन जाते हैं अतः इन्हें भी उपचार से **निमित्त**[1] कहा गया है।

निमित्त के लिए '**शकुन**'[2] शब्द का भी प्रयोग हुआ हैं शकुन का मुख्य अर्थ है— पक्षी[3]। पक्षियों की ध्वनियाँ, शुभ-अशुभ या मंगल-अमंगल की मुख्य सूचक होती हैं अतः कालान्तर में सभी प्रकार के शुभाशुभ सूचकों को शकुन कहा जाने लगा। इसके मूल में अवधारणा यह है कि मनुष्य ने पूर्वजन्म में जो शुभ-अशुभ कर्म किए हैं, उनके पाक (परिणाम या फल प्राप्ति) को ही यात्रा आदि के समय; ये शकुन सूचित करते हैं।[4]

इन शकुनों के फल का विचार ही 'निमित्तज्ञानम्' की कला है। इसके अंतर्गत उन सूचकों का समावेश होता है जो शीघ्र फल देने वाले हैं। दीर्घकाल में फल देने वाले ग्रह नक्षत्रों,

शरीर-लक्षण आदि का विवेचन क्रमशः ज्योतिष् और सामुद्रिक शास्त्र के अंतर्गत पृथक् रूप से हुआ है।

फल के आधार पर समस्त निमित्तों को मोटे तौर पर दो वर्गों में रखा जा सकता है—

1. शुभ, 2. अशुभ।

(क) शुभनिमित्त—

द्युलोक, अंतरिक्ष और पृथ्वी पर सभी प्रकार की निर्मलता और प्रसन्नता शुभ सूचक होती है। इनका विवेचन निम्न शीर्षकों के अंतर्गत किया जा सकता है—

(1) प्राकृतिक परिदृश्य—

(i) पवन की अनुकूलता—

यात्रा के समय पवन का अनुकूल होना शुभ और यात्रा के उद्देश्य को सफल करने वाला माना गया है। कालिदास इस निमित्त का अनेकशः वर्णन करते हैं यथा— जिस समय राजा दिलीप और सुदक्षिणा पुत्र प्राप्ति की कामना से वशिष्ठ के आश्रम की ओर यात्रा कर रहे हैं—

पवनश्चानुकूलत्वात्प्रार्थनासिद्धिशंसिनः।[5अ]

जब मेघ यक्ष के संदेश को लेकर अलकापुरी की ओर यात्रा कर रहा है—

मन्दं मन्दं नुदति पवनश्चानुकूलो यथा त्वम्।[5ब]

(ii) दिशाओं का धूलिरहित होकर निर्मल हो जाना

महापुरुषों के जन्म के समय यह लक्षण दिखाई देता है। श्रीराम-भरतादि के जन्म के समय इस निमित्त का वर्णन कालिदास ने किया है।[5स]

(iii) वनों का पुष्पों से समृद्ध और सरोवरों का कमलों से पूर्ण होना

यात्रा के समय मार्ग में दिखाई देने वाले ये निमित्त भी शुभ माने गए हैं।

(i) सेव्यमानौ सुखस्पर्शैः शालनिर्यासगन्धिभिः।
पुष्परेणूत्किरैर्वातैराधूतवनराजिभिः।।[6अ]

(iv) सरसीष्वरविन्दानां वीचिविक्षोभशीतलम्।
अमोदमुपजिघ्रन्तौ . . .।[6ब]

(2) पशु-पक्षियों की गतिविधियाँ—

(i) दुग्ध बहाती हुई गाय को देखना—

भारतीय संस्कृति में गाय को अत्यंत पवित्र एवं शुभ माना गया है। वराहमिहिर के अनुसार भीगे अंगों वाली तथा हर्षित रोमों वाली गाएं शुभ होती हैं।[6स] महाराज दिलीप के मनोरथ सिद्धि के लिए होने वाले इस निमित्त का वर्णन महाकवि कालिदास ने किया है—

(i) भुवं कोष्णेन कुण्डोघ्नी मेध्येनावभृथादपि।

प्रस्नवेनाभिवर्षन्ती वत्सालोकप्रवर्तिना।।

(ii) अदूरवर्तिनीं सिद्धिं राजन्विगणयात्मनः।

उपस्थितेयं कल्याणी नाम्नि कीर्तित एव यत्।।[7अ]

बाणभट्ट के अनुसार, यात्राकाल में पूर्व की ओर मुख करके खड़ी हुई शुक्ल गौ का दर्शन भी शुभ माना गया है।[7ब]

(ii) मृगदर्शन : कालिदास ने यात्रा पथ में शान्तचेष्टा वाले मृग-मिथुन का दर्शन शुभ माना है।[8]

(iv) पक्षियों की ध्वनियाँ (शकुनिरुतम्) : वराहमिहिर के अनुसार

श्यामा, श्येन (बाज) बंजुल, मोर, चातक, नीलकण्ठ, खंजन, शुक, काक, कपोत (कबूतर), भारद्वारज, मुर्गा, हारीत, चटका आदि शकुन सूचक पक्षी हैं।[9] इनका विभिन्न स्थितियों में दर्शन तथा इनकी विभिन्न प्रकार की ध्वनियाँ शुभ-अशुभ फलों की सूचक होती हैं। जैसे कि— पवित्र हरे भरे खेत पर बैठा हुआ खंजन पक्षी राज्य देने वाला और मंगलकारी होता है। इसके विपरीत, हड्डी, काष्ठ, भस्म, बाल और तिनकों पर बैठा हुआ खंजन अशुभ और एक वर्ष तक दुःख देने वाला होता है।

तीतर का 'किलिकिल्किली' शब्द शान्त और शुभ फल देने वाला होता है।[10]

नीलकण्ठ बाँई ओर 'केका' शब्द करे तो जयदायी होता है किन्तु उसकी 'क्र-क्र ध्वनि दीप्त है और मंगलदायी नहीं है किन्तु नीलकण्ठ का दर्शन सर्वदा ही यात्रा के लिए शुभ होता है।[11]

सभी पक्षियों की पूर्ण ध्वनियाँ शुभ और दीप्त ध्वनियाँ. अशुभ मानी जाती हैं।[12]

ध्वनियों में मध्यम, षड्ज और गान्धार रूप तीन ग्राम अत्यंत शुभ तथा षड्ज, मध्यम गांधार तथा ऋषभ स्वर हितकारी माने गए हैं।[13]

साहित्य में शुभ शकुन के रूप में पक्षि ध्वनियों के कुछ उदाहरण देखे जा सकते हैं— वन्य पक्षियों का कूजन-अभय का सूचक

यादृशा इह कूजन्ति पक्षिणो वनचारिणः।

अग्रतो नोऽभयं प्राप्तम् . . .। (रामा., अरण्य., 24/6)

वञ्जुल पक्षी की ध्वनि-युद्ध में विजय की सूचक—

एष वञ्जुलको नाम पक्षी परमदारुणः।

आवयोर्विजयं युद्धे शंसन्निव विनर्दति।। (वही, अरण्य., 69/23)

सारसों की कल-मधुर ध्वनि-मनोरथ पूर्ति की सूचक—

सारसैः कलनिर्ह्रादैः क्वचिदुन्नमिताननौ।। (रघु., 1/41)

मयूरों की केकाध्वनि-कार्यसिद्धि की सूचक—

षड्जसंवादिनीः केका द्विधा भिन्नाः शिखण्डिभिः। (वही, 1/39)

(3) **पूर्णकुम्भ का दर्शन**—

यात्रा के समय शुभ माना गया है। ऐसे कलशों को विशेष रूप से सजाया जाता था। कण्ठ में श्वेत पुष्पों की माला, चावल की पिट्ठी से लगाए गए पाँचों अंगुलियों के थापों से युक्त और मुख भाग में आम्र पल्लवों से शोभित पूर्ण कलश को देखकर बाणभट्ट ने सम्राट हर्षवर्धन से मिलने के लिए यात्रा प्रारम्भ की थी।[14अ]

(4) **मुख का प्रसन्न एवं कांतियुक्त होना**—

रामायण में उज्जवल एवं प्रसन्न मुखच्छवि को शुभ संकेत माना गया है। खर के आक्रमण के समय लक्ष्मण की मुखकांति को देखकर श्रीराम को अपनी विजय का विश्वास हो जाता है—

सन्निकर्षे तु नः शूर जयं शत्रोः पराजयम्।
सुप्रभं च प्रसन्नं च तव वक्त्रं हि लक्ष्यते।।[14ब]

(5) **अंग स्पन्दन**—

मानव शरीर के कुछ विशिष्ट अंग फड़ककर भावी शुभ-अशुभ की सूचना देते हैं।

(i) **आँख का फड़कना**—

स्त्रियों के लिए बाँई आँख का फड़कना शुभ माना गया है। महारानी धारिणी के कोप से भयभीत मलविका का हृदय काँप रहा है किन्तु बार-बार फड़कती हुई बाँई आँख शुभ संकेत भी दे रही है।

मालविका : **मे हृदयं विसनीपत्रगतमिव सलिलं वेपते। अपि च दक्षिणेतरमपि मे नयनं बहुशः स्फुरति।**[15अ]

शीघ्र ही इसका फल भी मिलता है-मालविका और अग्निमित्र का विवाह स्वयं देवी धारिणी ही करवाती हैं।

यक्ष का संदेश लेकर मेघ के पहुँचने पर विरहिणी यक्षिणी की बाँई आँख ऊपर की ओर फड़कने लगती है।[15ब]

(ii) **भुज- स्पन्दन**—

पुरुषों के लिए दाँई भुजा का फड़कना शुभ माना गया है। कालिदास के अनुसार इसका फल श्रेष्ठ स्त्री रत्न की प्राप्ति है। दुष्यन्त जब कण्व के आश्रम में प्रवेश करते हैं सहसा उनकी दाहिनी भुजा फड़क उठती है। वे अत्यंत विस्मित हो कर कहते हैं—

शान्तमिदमाश्रमपदं स्फुरति च बाहुः कुतः फलमिहास्य।
अथवा भवितव्यानां द्वाराणि भवन्ति सर्वत्र।।[15स]

ऋषि के तपोवन में भुजस्पन्दन का फल कैसे मिल सकता है? किन्तु शकुन्तला के रूप में उन्हें वह फल मिलता ही है।

पुरुरवा और उर्वशी के मिलन-पथ में कई बाधाएं हैं, वे दुःखी और निराश हैं; उसी समय दाहिनी भुजा में स्पन्दन होता है—

राजा— (निमित्तं सूचयन्)

वचोभिराशाजननैर्भवानिव गुरुव्यथकम्।

अयं मां स्पन्दितैर्वाहुराश्वासयति दक्षिणः।। (विक्रमो., अं., 3/9)

राजा मिलन के प्रति आश्वस्त होते हैं।

स्वयंवर सभा में बैठे हुए कुमार अज व्याकुल हैं— इन्दुमति वरण करेगी या नहीं? तभी दाहिनी भुजा का स्पन्दन उनके संशय को दूर कर देता है।

वृणीत मां नेति समाकुलोऽभूत।

वामेतरः संशयमस्य बाहुः केयूरबन्धोच्छ्वसितैर्नुनोद। (रघु., 6/88)

इसी प्रकार राम-रावण युद्ध के प्रारम्भ में ही राम की दाहिनी भुजा स्फुरण के द्वारा सीता समागम का संदेश दे देती है। (रघु, 12/90)

(iii) **ऊरु (जाँघ) स्पन्दन —**

स्त्रियों की वाम ऊरु में स्पन्दन प्रिय-संकेत माना गया है। यक्ष का संदेश लेकर मेघ के आगमन की सूचना यक्षिणी को इस निमित्त से भी दी गई—

यास्यत्यूरुः सरसकदलीस्तम्भगौरश्चलत्वम्। (उ. मेघ., 38)

(6) **अन्य—**

बाणभट्ट ने इन के अतिरिक्त कुछ अन्य सौभाग्य सूचक शुभ निमित्तों का उल्लेख किया है जो सम्राट हर्ष के जन्म के समय होते हैं (हर्ष., उ. 4, पृ. 219)

(i) बिना बजाए ही शंख, दुन्दुभि और मंगल तुरही का तार-मधुर-धीर शब्द में बज उठना-

स्वयमेवानाध्माता अपि तारमधुरं शङ्खा विरेमुः। अताडितोऽपि क्षुभित

जलनिधिजलध्वनिधीरं जुगुञ्जाभिषेकदुन्दुभिः. . .।

वराहमिहिर के अनुसार ये ध्वनियाँ पुरुषवत् (धीर-गम्भीर) होने पर शुभ होती हैं।

(ii) घोड़ों का प्रसन्न होकर हिनहिनाना—

प्रशस्तैर्मुखपुटैः समह्रेषन्त हृष्टा वाजिनः।

(iii) हाथियों की श्रवण-सुभग गर्जना।

(iv) बिना ईंधन के ही यज्ञाग्नि का दक्षिणामुख शिखाओं से जल उठना—

'प्रदक्षिणशिखाकलापकथितकल्याणागमाः प्रज्ज्वलुरनिन्धना वैतानवह्नयः।

(v) भूमि-तल से निधि से भरी हुई कलशियों का निकलना।

(7) **स्वप्न—**

साहित्य में गर्भ सूचक कुछ शुभ स्वप्नों का वर्णन निमित्त के रूप में हुआ है।

(i) दशरथ की रानियों द्वारा स्वप्न में लघुकाय विष्णुमूर्तियों एवं गरुड़, लक्ष्मी, सप्तर्षि आदि

का दर्शन (रघु., 10/60-63)

(ii) सूर्य मण्डल से निकले हुए दो तेजस्वी कुमारों और सुषुम्ना रश्मि से निकली हुई चन्द्रमूर्ति के समान एक कन्या का महारानी यशोमती के गर्भ में प्रवेश। (हर्षच., उ. 3, पृ. 211)

(iii) महारानी विलासवती के मुख में समस्त कलाओं से पूर्ण चन्द्रमण्डल का प्रवेश तथा मनोरमा की गोद में श्वेत कमल का रखा जाना। (काद., पृ. 202-3)

ये समस्त स्वप्न भावी पुत्रजन्म के सूचक हैं।

(ख) अशुभनिमित्त–

(1) प्राकृतिक उत्पात –

अशुभ निमित्तों में प्राकृतिक उत्पात[16] मुख्य हैं। वराहमिहिर के अनुसार प्रकृति या स्वभाव के विपरीत होना ही उत्पात है। मानव के दुराचार से जो पाप सञ्चित होते हैं उनसे ये उत्पात होते हैं– स्थान के आधार पर ये उत्पात तीन प्रकार के हैं–

(i) **दिव्य :** नक्षत्रों का विकार (दिन में तारे दिखाई देना, रात्रि में आकाश के मेघहीन होने पर भी तारे न दिखाई देना), उल्का, निर्घात (हवाओं का आपस में टकराकर धरती पर गिरना) पवन (तेज आँधी का चलना) और परिवेश (सूर्य और चंद्र के पास नाना प्रकार के घेरों का दिखना) दिव्य उत्पात हैं।

(ii) **आन्तरिक्ष :** आकाश में गंधर्वनगर और असमय (ग्रीष्मादिऋतु) में इन्द्रधनुष का दिखाई देना।

(iii) **भौम :** पृथ्वी के चर-अचर पदार्थों से उत्पन्न उत्पात।[17]

रामायण में, खर नामक राक्षस जब श्रीराम से युद्ध करने के लिए अपनी सेना के साथ प्रस्थान करता है तब निम्नलिखित प्राकृतिक उत्पातों का वर्णन हुआ है[18]–

1. आकाश में धूसर मेघों का घिरना, मेघों की भयंकर गर्जना तथा रक्त की वर्षा होना
2. संपूर्ण दिशाओं का अंधकार से ढक जाना।
3. सूर्य मण्डल के चारों ओर अलातचक्र के समान काले रंग का घेरा (जिसके किनारे लाल रंग के थे) दिखाई देना।
4. सूर्य के निकट कबंध (बिना सिर का धड़) दिखाई देना।
5. अमावस्या न होने पर भी राहु द्वारा सूर्य को ग्रसना।
6. सूर्य की कांति फीकी पड़ जाना।
7. रक्त से भीगे वस्त्र के समान अकाल संध्या का उपस्थित होना।
8. रात्रि के न होने पर भी आकाश में तारों का उदित होना।
9. धूल और कंकड़ पत्थरों से भरी हुई तेज हवा का बहना।
10. घोर गर्जन के साथ भयानक उल्काओं का पृथ्वी पर गिरना।
11. पर्वतों और वनों के साथ भूमि का काँप उठना।

12. वृक्षों के फूल-फल का झड़ना तथा सरोवरों के कमलों का सूखना।
13. लाल रंग की धूल आकाश में छा जाना—

उत्पेतुश्च विना रात्रिं तारा: खद्योतसप्रभा:।
संलीनमीनविहगा नलिन्य: शुष्कपङ्कजा:।।
तस्मिन् क्षणे बभूवुश्च विना पुष्पफलैर्द्रुमा:।
उद्धूतश्च विना वातं रेणुर्जलधरारुणा:।। (रामा., अरण्य., 23/13-14)

14. बाणभट्ट ने उपवन वृक्षों में अकाल पुष्प का उद्‌गम तथा दिग्दाह को अशुभ माना है। (हर्ष., उ. 6, पृ. 356)

बाणभट्ट इन अपशकुनों को भूतों (पंचमहाभूतों) का महोत्पात[19] कहते हैं। तथा इनके साथ ही कुछ अन्य दुर्निमित्तों का भी वर्णन करते हैं—

(i) सप्तर्षि तारों द्वारा उगले गए धुंए से समस्त नक्षत्रों का धुंधला हो जाना।
(ii) प्रतिदिन भयंकर दिग्दाह होना, आकाश से तारों का गिरना।
(iii) चंद्रमा का निष्प्रभ हो जाना।
(iv) उल्काओं का जलना (हर्षच., उ. 6, पृ. 328)
(v) उपवन वृक्षों में अकाल पुष्प का दिखाई देना (वही, पृ. 356)

बृहत्संहिता में इन अपशकुनों का फल राजा, देश और सुभिक्ष का नाश[20] माना गया है।

(2) पशु-पक्षियों की गतिविधियाँ—

रामायण में उपर्युक्त प्राकृतिक उत्पातों के साथ ही जीव जगत् के द्वारा सूचित निम्न अपशकुनों का वर्णन हुआ है[21]—

1. रथ में जुते घोड़ों का समतल भूमि पर गिर पड़ना।
2. ध्वज दण्ड पर गीध का बैठना।
3. कंक (सफेद चील), सारिका और अग्निमुखी गीदड़-गीदड़ियों का चीत्कार।
4. माँसभक्षी पशु-पक्षियों का सूर्य की दिशा में; विकृत स्वर में अनेक प्रकार के विकट शब्द करना।
5. सरोवरों का मत्स्य और जलचर पक्षियों से रहित हो जाना।

बाणभट्ट ने इनके अतिरिक्त कुछ अन्य अपशकुनों का भी वर्णन किया है। जो पिता के अस्वास्थ्य का समाचार पाकर सैन्य शिविर से प्रस्थान करते समय हर्षवर्धन को दिखाई देते हैं—

(1) हिरनों का बाँई ओर से निकलना—

प्रस्थितस्य चास्य प्रदक्षिणेतरं प्रयान्तो विनाशमुपस्थितं राजसिंहस्य हरिणा: प्रकटयाम्बभूवु:।

(2) दावाग्नि से सूखे पेड़ पर बैठे कौए का सूर्य की ओर मुख कर दारुण शब्द करना।

इन दुर्निमित्तों से हर्ष पिता के स्वास्थ्य के संबंध में आशंकित हो उठते हैं[22]

प्रभाकरवर्धन की मृत्यु से पूर्व होने वाले कुछ अन्य अपशकुन इस प्रकार हैं—

(i) कौओं का अंतःपुर के ऊपर उड़ते हुए काँव-काँव करना।

(ii) राजसिंहासन के समीप भौंरों का मंडराना।

(iii) राजछत्र में लगे हुए माणिक्य को माँसखण्ड समझकर गीध द्वारा झपट लेना। (हर्ष., उ. 5, पृ. 281-82)

हर्ष के प्रयाण के समय शत्रुओं में होने वाले दुर्निमित्तों की लम्बी सूची में कुछ नवीन अपशकुन इस प्रकार हैं:

(i) यमदूत की तरह काले हिरनों का इधर-उधर मंडराना।

(ii) आंगन में मधुमक्खियों का भनभनाना।

(iii) लाल पंखों वाले जंगली कबूतरों का शव-माँस की इच्छा से घर पर बैठना।

(iv) हाथियों के गण्डस्थल का भौंरों से रहित हो जाना।

(v) घोड़ों का हरे धान से विमुख हो जाना।

(vi) रात्रि में कुत्तों का मुँह उठाकर रोना। (हर्ष., उ. 6, पृ. 356)

3. अन्य—

भौम उत्पातों के अंतर्गत कुछ अन्य उत्पात इस प्रकार हैं—

(i) मैले-कुचैले नग्न क्षपणक (साधु) का दर्शन (हर्ष., उ. 5, पृ. 261)

(ii) रास्तों में कोटवी (अनावृतस्त्री) का घूमना। (मृत्यु की सूचक)

(iii) योद्धओं को दर्पण में अपना सिर धड़ से अलग होता हुआ दिखाई देना।

(iv) वीरों के शरीर पर (वध की सूचक) रक्त की बूँदें दिखाई देना।

(v) राजमहीषियों की चूड़ामणि में पैरों के निशान प्रगट होना।

(vi) मधुपात्र में पड़ते हुए प्रतिविम्ब में विधवाओं के समान एक वेणी का दिखाई देना।

(vii) चेटियों के हाथों से चँवर का छूटकर गिर जाना।

(viii) भवन के फर्श में घास उगना (राजभवनों के उजड़ने का सूचक)

(ix) सभाभवन की स्तंभशालभंजिकाओं (स्त्री प्रतिमाओं) का छाती पीटकर रोना। (हर्ष., उ. 6, पृ. 356-57)

(x) कुल देवताओं की प्रतिमाओं में केशों से धुआँ उठना। (वही, उ. 5, पृ. 281)

(4) अंगस्पंदन—

पुरुषों के लिए बाँई आँख में स्फुरण अशुभ माना गया है। माया मृग को मारकर श्री राम जब कुटी की ओर लौटते हैं तब सीता के अमंगल की सूचना देती हुई अनकी बाँई आँख

फड़क उठती है—

चक्षुश्च सव्यं कुरुते विकारम्।
अंसशयं लक्ष्मण नास्ति सीता।
हृता मृता वा पथि वर्तते वा।। (रामा, अरण्य., 57/23)

पिता की मृत्यु से पूर्व यह अपशकुन हर्ष को भी होता है—

'मुहुर्मुहुर्दक्षिणेतरमक्षि पस्पन्दे। (हर्ष., उ. 5, पृ. 258)

स्त्रियों के लिए दाहिनी आँख में स्पन्दन अशुभ होता है। शकुन्तला जब ऋषिकुमारों और गौतमी के साथ दुष्यन्त के राजभवन में प्रवेश करती है ; सहसा उसकी दाहिनी आँख फड़क उठती है।

शकुन्तला— अहो! किं मे वामेतरं नयनं विस्फुरति। (अभि., अंक 5)

शकुन्तला का हृदय भावी अमंगल की आशंका से काँप उठता है और शीघ्र ही इसका फल भी मिल जाता है; दुष्यन्त उसे पहचान नहीं पाता।

श्री राम के आदेश से लक्ष्मण सीता को वन में छोड़ने के लिए जा रहे हैं। राम के वज्रपात के समान कठोर निर्वासन के आदेश को उन्होंने छुपा रखा है, किन्तु फड़कती हुई दाहिनी आँख मानों सीता को भावी अमंगल की सूचना दे रही है।

जुगूह तस्याः पथि लक्ष्मणो यत्सव्येतरेण स्फुरता तदक्ष्णा।
आख्यातमस्यै गुरुभावि दुःखम् . . .।। (रघु., 14/49)

वाम भुजा में स्पन्दन : पुरुषों के लिए यह अमंगल का सूचक है। सूर्पणखा के नाक-कान काट दिए जाने के बाद लक्ष्मण की बाँई भुजा फड़कने लगती है जो सीताहरणरूपी भावी अनिष्ट का संकेत है—

स्पन्दते मे दृढं बाहुरुद्विग्नमिव मे मनः।
प्रायश्चाप्यनिष्टानि निमित्तानयुपलक्षये।। (रामा., अरण्य. 69/2)

इसी प्रकार राम से युद्ध के लिए प्रस्थान करते समय खर की बाँई भुजा काँपने लगती है।[23]

(5) मन की उद्विग्नता, हृदय की व्याकुलता—

किसी कारण के न होने पर भी मन का व्याकुल और उद्विग्न होना भावी अनिष्ट का सूचक होता है। सीता हरण से पूर्व लक्ष्मण और श्रीराम का व्याकुल मन किसी अनजाने अनिष्ट का मानो आभास देता है।[24]

पिता के अस्वास्थ्य का समाचार पाने से पहले ही हर्षवर्धन का हृदय व्याकुल हो उठता है।[25] शरीर का काँपना, आँखों से आँसू गिरना भी अनिष्ट के संकेतक होते हैं।[26]

(6) छींक—

यात्रा के समय या कहीं जाते समय छींक को अपशकुन माना गया हैं इसका उल्लेख

माघ के शिशुपाल वध में हुआ है। कोई स्त्री पहले तो उपने प्रेमी का क्रोध के कारण तिरस्कार कर देती है और जब वह चलने लगता है तो छींककर अपशकुन के बहाने उसे रोक लेती है।[27]

(7) स्वप्न–

दुःस्वप्न भी अमंगल की सूचना देते हैं। प्रभाकर वर्धन की मृत्यु और महारानी यशोमती के सती होने की सूचना हर्ष के स्वप्न से दी जाती है। रात्रि के चौथे प्रहर में हर्ष स्वप्न में देखते हैं कि सभी दिशाओं को लाल बना देने वाली वन की अग्नि में एक सिंह जल रहा है और सिंहनी अपने बच्चों को छोड़कर उसी आग में छलाँग लगा रही है।[28]

इसी प्रकार राज्यवर्धन की मृत्यु से पूर्व हर्ष स्वप्न में एक आकशचुम्बी लौह स्तंभ को टूटता हुआ देखते हैं।

स्वप्ने चाभ्रंलिहं लोहस्तम्भं भज्यमानमपश्यत्। उत्कम्पमानहृदयश्च पुनः प्रत्यबुध्यत। (उ. – , पृ. 327)

इस प्रकार नाना प्रकार के शुभ और अशुभ निमित्तों की एक लम्बी सूची संस्कृत साहित्य में प्राप्त होती है। प्राकृतिक उत्पातों के पीछे अवधारणा यह थी कि जब पृथ्वी पर मनुष्य का अत्याचार, दुराचार और अन्याय बहुत बढ़ जाता है तो देवता अप्रसन्न होकर इन उत्पातों की सृष्टि कर दृष्कृत्य का फल देते हैं–

मनुजानामपचारादपरक्ता देवताः सृजन्त्येतान्। (बृहत्सं., 64/3)

मनुष्य की अपेक्षा पशु–पक्षियों में इष्ट–अनिष्ट के पूर्वानुमान की क्षमता अधिक होती है। वे मानव के पूर्वजन्मों के कर्मफल पाक को अपनी गतिविधियों और ध्वनियों से सूचित करते हैं।

मनुष्य का निर्मल अन्तःकरण[29] भी इनका आभास पा जाता है।

इनके मूल में विज्ञान भी है और अन्धविश्वास भी। पूर्वपाषणयुग से चले आते हुए मानव के सुदीर्घ अनुभव ने इनके फल की पुष्टि भी की है। बाणभट्ट के अनुसार–

जैसे वृक्ष का विकार (शाखा का झुकना आदि), भू गर्भ में छिपे धन का, सब ओर छिटकता हुआ प्रकाश– श्रेष्ठ मणि का, लाली–सूर्योदय का तथा तेज हवा का झोंका वर्षा के आगमन का सूचक होता है उसी प्रकार निमित्त शुभ–अशुभ के सूचक होते हैं।

निधिस्तरुविकारेण सन्मणिः स्फुरता धाम्ना
शुभागमो निमित्तेन स्पष्टमाख्याते लोके।
अरुण इव पुरः सरो रविं पवन इवातिजवो जलागमम्।
शुभाशुभमथापि वा नृणां कथयति पूर्वनिदर्शनोदयः।।

(हर्ष., उ. 4/3-4)

इसके साथ यह भी विश्वास देखा जाता है कि शुभ शकुन भले ही अकेले आएं, अपशकुन दुर्निमित्तों की एक पूरी परम्परा को लेकर आते हैं। महाविनाश की सूचना एक साथ कई अपशकुनों से लगातार दी जाती है।[30]

संस्कृत वाङ्मय में उत्पातों के विचार के लिए एक सम्पूर्ण शास्त्र है जिसे 'शाकुन शास्त्र' कहा गया है शुक्र, इन्द्र, बृहस्पति, कपिष्ठल, गरुड़, ऋषभ, भागुरि, भारद्वाज तथा गर्ग इसके आचार्य माने गए हैं। संस्कृत और प्राकृत में लिखे गए शास्त्रों, शाकुनविदों के मतों तथा लोकोक्तियों को भली-भाँति विचारकर वराहमिहिर ने 'सर्वशाकुनसंग्रह' की रचना की थी जिसका उल्लेख बृहत्संहिता में हुआ है (अ. 86/1-3)। बृहत्संहिता में उत्पात, दिग्दाह, परिवेश, निर्घात, उल्कापात आदि के लक्षण एवं फलों का विचार स्वतंत्र अध्यायों में हुआ है। इसी प्रकार काक, अश्व, गौ, हस्ती, शृगाल, श्वा (कुत्ता) मृग आदि की चेष्टाओं और ध्वनियों के फलों का विचार भी पृथक्-पृथक् अध्यायों में विस्तार से किया गया है।

इनके फल का विचार करने के लिए-दिक् (दिशा), चेष्टा, देश (स्थान), स्वर, दिवस, नक्षत्र, मुहूर्त, होरा, करण, उदयांश, इनकी चिर, स्थिर और मिश्र स्थिति तथा बलाबल का विचार करना आवश्यक होता था (बृह., 96/1)

निश्चय ही यह एक पूर्ण वैज्ञानिक पद्धति थी। अन्य विद्याओं और कलाओं के साथ इस कला का भी अध्ययन और अभ्यास किया जाता था। कुमार चंद्रपीड ने यह कला सीखी थी।[31]

अंग स्पन्दन आदि सामान्य निमित्तों का ज्ञान तो जन साधारण भी कर लेता था किन्तु विशेष फल विचार के लिए आचार्य[32] होते थे। विलासवती पुत्र प्राप्ति के लिए निमित्तज्ञों से शुभ-अशुभ पूछती थीं।[33] भोर के स्वप्नों को सच माना जाता था—

अवितथफला हि प्रायो निशावसानसमयदृष्टाः भवन्ति स्वप्नाः, (काद. पृ. 204)

वाल्मीकि के अनुसार श्रीराम और लक्ष्मण में निमित्त ज्ञान की योग्यता थी।[34] रघुवंश के कुलगुरु वशिष्ठ निमित्तज्ञ थे।[35]

वन में रहने वाली शबर आदि जातियाँ इस कला में विशेष निपुण होती थीं। बाणभट्ट के अनुसार शिवारुत (सियारों की आवाज) ही उनका शास्त्र था और शकुनिज्ञान ही उनकी प्रज्ञा (बुद्धिमानी)।[36] वे पक्षियों की आवाज से ही मृगया के लिए उचित-अनुचित समय का ज्ञान प्राप्त कर लेते थे। प्राकृतिक उत्पातों पर विश्वास आज भी वन्य जातियों में अधिक देखा जाता है।

प्राचीन भारत में भवनों में माङ्गलय के लिए शकुन सूचक पक्षी पाले जाते थे। भवन द्वारों पर माङ्गल्य विहग (पक्षी), घट, स्वस्तिक, शङ्ख आदि शुभ चिह्न अंकित किए जाते थे[37] यात्रा[38], गृह-प्रवेश[39] आदि के समय शुभ-शकुनों की विशेष रूप से योजना की जाती थी। शुभ निमित्तों को भावी आनन्द का कारण माना जाता था।

आवेदयन्ति हि प्रत्यासन्नमानन्दमग्रजातानि शुभानि निमित्तानि।[40]

इस प्रकार प्रकृति और जीव-जगत के इंगित को समझकर अनिष्ट के निवारण, इष्ट की प्राप्ति तथा अवश्यंभावी मंगल-अमंगल के लिए स्वयं को मानसिक रूप से तैयार करने का शिल्प था— निमित्त ज्ञानम्; यह निसर्ग की भाषा को समझने की कला थी। 21वीं सदी में पहुँचा हुआ विश्व-मन आज भी कहीं न कहीं इस पुरातन शिल्प से जुड़ा हुआ है।

सन्दर्भ-सङ्केत

1. (i) निमित्तानि घोराणि दृश्यन्तेऽद्य बहूनि च।
इत्येवं चिन्तयन् रामः श्रुत्वा गोमायुनिःस्वनम्, रामा., अरण्य., 58.10
(ii) शकुन्तला-(निमित्तं सूचयन्) अहो। किं मे वामेतरनयनं विस्फुरति। अभि., अंक 5
2. अवतस्थेऽपशकुनेन स्खलितः किलेतरोऽपि, शिशु., 9.83
3. कूजन्मुखरशकुनो यत्र रम्यो वनान्तः। उत्तरा., अं. 2.25
4. अन्यजन्मान्तरकृतं कर्म पुंसा शुभाशुभम्।
यत्तस्य शकुनः पाकं निवेदयति गच्छताम्।। बृहत्सं., 86.5

5अ. रघु., 1.42
5ब. पूर्वमेघ, 9
5स. तस्योदये चतुर्मूर्तेः . . .।
विरजस्कैर्नभस्वद्भिर्दिश उच्छ्वसिता इव।। रघु,, 10.73
6अ. रघु., 1.38
6ब. वही, 1.43
6स. बृहत्सं., अ. 92.3, गवेङ्गितं नाम अध्यायः।
7अ. वही, 1.84, 87
7ब. प्रदक्षिणीकृत्य प्राङ्मुखीं नैचिकीम्, हर्षच., उ. 2, पृ. 96
8. परस्पराक्षिसादृश्यमदूरोज्झितवर्त्मसु।
मृगद्वन्द्वेषु पश्यन्तौ स्यन्दनाबद्धदृष्टिषु। रघु, 1.40
9. बृहत्सं., 88.1, 'शकुनरुत' नाम अध्यायः।
10. वही, 88.20-21
11. के केति . . . यदि वामपार्श्वे चाषः करोति विरुतं जयकृत्तदा स्यात्।
क्रेक्रेति तस्य विरुतं न शिवाय दीप्तं सन्दर्शनं शुभदमस्य सदैव यातुः।। वही, 88.25
12. येऽन्ये स्वरास्ते कथिताः प्रदीप्ताः पूर्णाः शुभाः पापफलाः प्रदीप्ताः। वही, 88.33
13. वही, 86.40
14अ. स्थण्डिल स्थापितमसितेतर कुसुममालापरिक्षिप्तकण्ठं दत्तपिष्टपञ्चाङ्गुलपाण्डुरं मुखनिहित नवचूतपल्लवं पूर्णकलशमीक्षमाणः . . . प्रीतिकूटान्निरगात्। हर्ष च., उ. 2, पृ. 97
14ब. रामा., अरण्य., 24.8
15अ. मालविका., अं. 5
15ब. त्वय्यासन्ने नयनमुपरिस्पन्दि शङ्के मृगाक्ष्या, उ. मेघ., 37
15स. अभिज्ञा., 1.96
16. तान्समीक्ष्य महोत्पातानुत्थितान् रोमहर्षणान्। रामा., अरण्य., 23.18
17. प्रकृतेरन्यत्वमुत्पातः। अपचारेण नराणामुपसर्गः पापसञ्चयाद्भवति।
संसूचयन्ति दिव्यान्तरिक्षभौमास्तदुत्पाताः। बृहत्सं., 64.1-3
18. रामा., अरण्य., अं. 23.1-16
19. भूपतेरभावाय भयमुत्पादयन्तो भूतानां महोत्पाताः, हर्ष., उ. 5, पृ. 280

20 (i) कथयन्ति पार्थिववधं रजसा घनतिमिरसञ्चयनिभेन, बृहत्सं., 28.1
(ii) दीप्तविहङ्गशिवामृगघुष्टा दण्डरजः परिघादियुता च।
प्रत्यहमर्कविकारयुता वा देशनरेशसुभिक्षवधाय।। वही, 30.30

21. रामा., अरण्य., सर्ग. 23

22. दुर्निमित्तैरनभिनन्द्यमानगमनश्च नितरामशङ्कत, वही, उ. 5, पृ. 216

23. प्रकम्पत भुजः सव्यः, रामा., अरण्य., 23.17

24. रामा., अरण्य., 69.2;57.23

25. गात्रेषु च अकस्मादेव वेपथुर्विपप्रथे, निर्निमित्तमेव. . . चचाल हृदयम्, हर्ष. उ. 5, पृ. 258

26. सास्रा सम्पद्यते दृष्टि, रामा., अरण्य., 23.17

27. अपयाति सरोषया निरस्ते कृतकं कामिनी चुक्षुवे मृगाक्ष्या।
कलयन्नपि सव्यथोऽवतस्थेऽपशकुनेनस्खलितः किलेतरोऽपि।। शिशु., 9.83

28. दुर्निवारेण दवहुतभुजा दह्यमानं केसरिणमद्राक्षीत्। तस्मिन्नेव च दावदहने समुत्सृज्य शावकानुत्प्लुत्य चात्मानं पातयन्तीं सिंहीमपश्यत्। हर्ष, उ. 5, पृ. 258

29. सतां हि संदेहपदेषु वस्तुषु प्रमाणमन्तःकरणप्रवृत्तयः।। अभि., 1.21

30. (i) दृष्ट्वा च पूर्वनिमित्तपरम्पराभिः भावितभीतिः अभिद्यत हृदयेन, हर्ष., उ. 5, 268
(ii) किं नु खलु मामेवम् अमी सततमनुबध्नन्ति दुःस्वप्नाः। स्फुरति च दिवानिशम् अकल्याणाख्यान विचक्षणमदक्षिणमक्षि। . . . क्षणमपि न शाम्यन्ति पुनरुत्पाताः। हर्ष., उ. 6, पृ. 327-28

31. शकुनिरुतज्ञाने परं कौशलमवाप। काद., पृ. 231

32. स्वप्नदर्शनाश्चर्य्याणि आचार्याणामचचक्षे। वही., पृ. 202

33. निमित्तज्ञानमुपचचार। शकुनज्ञानविदामादरमदर्शयत्, वही., पृ. 201

34. ममैव हि निमित्तनि सद्यः शंसन्ति सम्भ्रमम्।। रामा., अरण्य., 69.22

35. तां पुण्यदर्शनां दृष्टवा निमित्तज्ञत्रस्तपोनिधिः, रघु., 1.86

36. काद., पृ. 98

37. माङ्गल्यविहगैः श्रीवृक्षस्वस्तिकैः घटैः . . . उपशोभयेत्, बृहत्सं., 56.15

38. पितुः कनीयस्या स्वस्त्रा . . . कृतसकलगमन मङ्गलः, मौहूर्तिकमतेन कृत नक्षत्रदोहदः, शोभने मुहूर्ते . . . मुखनिहितनवचूतपल्लवं पूर्णकलशमीक्षमाणः . . . कुसुमफलपाणिभिः . . . जपद्भिर्निजद्विजैरनुगम्यमानः प्रथमचलितदक्षिणचरणः प्रीतिकूटान्निरगात् हर्ष., उ. 2, पृ. 97

39. भूरिपुष्पनिकरं सतोरणं तोयपूर्णकलशोपशोभितम्।
धूपगन्धबलिपूजितामरं ब्राह्मणध्वनियुतं विशेद्गृहम्।। बृह., 53.125

40. कादम्बरी, पृ. 203

4. लोकभाषाओं का ज्ञान (देशभाषाविज्ञानम्)

देश-भाषाओं का विशेष ज्ञान भी एक कला हैं संस्कृत में देश भाषा शब्द का प्रयोग जातिभाषा, लोकभाषा या क्षेत्रीय बोलियों के अर्थ में हुआ है।[1]

'भाषा' शब्द बोलना अर्थ वाली भाष् धातु से बना है जिसका अर्थ है 'भाष्यते इति' अर्थात् जो बोली जाए वह भाषा है। इस प्रकार भाषा का संबंध 'वाक्' या वाणी से है इस वाक् की महिमा अपार है। विश्व के प्राचीनतम् ग्रंथ ऋग्वेद में वाक् स्वयं अपनी शक्ति का बखान करते हुए कहती है-

अहं राष्ट्री संगमनी वसूनाम्। चिकितुषी प्रथमा यज्ञियानाम्।
यं कामये तं तमुग्रं कृणोमि तं ब्रह्माणं तमृषिं तं सुमेधाम्॥[2]

"मैं राष्ट्र की शक्ति हूँ। मैं मनुष्य को वसु (ऐश्वर्य) से सम्पन्न करने वाली, सृष्टि कर्ता कवि, भूत-भविष्य का द्रष्टा ऋषि और मेधावी बनाने वाली हूँ।"

धरती पर रहने वाले मानव ने इस वाक् शक्ति के प्रयोग से ही नाना प्रकार की भाषाओं का विकास किया है। किसी भी भाषा के सामान्यत: दो रूप होते हैं-

(i) परिनिष्ठित-मानक-साहित्यिक भाषा

(ii) बोलचाल या व्यवहार की भाषा - या लोक भाषा।

परिनिष्ठित भाषा का रूप संपूर्ण राष्ट्र में एक सा होता है जबकि बोल-चाल की भाषा देश या क्षेत्र के प्रभाव से नाना रूपों वाली होती है। इन अनेक प्रकार की लोक भाषाओं का ज्ञान ही 'देशभाषाविज्ञानम्' की कला कही गई है।

भरत मुनि के नाट्यशास्त्र में नाट्यप्रयोग के संदर्भ (अ. 18) में भाषाओं के विविध रूपों पर विस्तार से चर्चा हुई है। उनके अनुसार भाषाओं के चार[3] प्रकार है-

(i) अतिभाषा- देवताओं की भाषा

(ii) आर्यभाषा - संस्कार गुण से युक्त भाषा जिसे राजा लोग बोलते हैं तथा जो सातों द्वीपों में प्रतिष्ठित हैं।

(iii) जाति भाषा - 1. अनार्य या म्लेच्छ शब्दों से युक्त भाषा तथा
2. भारत वर्ष के विभिन्न भागों में बोली जाने वाली भाषा

(iv) योन्यन्तरी भाषा - मानव से भिन्न योनियों अर्थात् पशु, कीट-पतंगों की भाषा।

इन चार प्रकार की भाषाओं में से जाति भाषा को ही देशभाषा कहा गया है। प्राचीन भारत में सात देश भाषायें मुख्य मानी गई थीं-

(1) मागधी (2) आवन्ती (3) प्राच्या (4) शौरसेनी (5) अर्धमागधी, (6)

बाह्लीका और (7) दक्षिणात्या।

इनके अतिरिक्त विभिन्न जातियों की कुछ विभाषायें भी थीं-शाकारी, आभीरी, चाण्डाली, शाबरी, द्रामिड़ी, आन्ध्री तथा वन्य जातियों की भाषायें।[4]

अपनी मातृभाषा और राष्ट्रभाषा के अतिरिक्त इन अनेक प्रकार की लोकभाषाओं का ज्ञान विशेष अभ्यास और कौशल से अधिगत किया जाता था अतः इसे भी चौंसठ कलाओं में से एक कला माना गया था। विभिन्न प्रकार की काव्य-कथा आदि गोष्ठियों में अनेक भाषाओं का जानकार ही लोगों के मनोरंजन की क्षमता से प्रिय बन पाता था। अतः वात्स्यायन कहते हैं-

नात्यन्तं संस्कृतेनैव नात्यन्तं देशभाषया
कथां गोष्ठीषु कथयंल्लोके बहुमतो भवेत्।।[5अ]

संस्कृत नाटकों में विविध श्रेणी के पात्र विविध प्राकृत भाषाओं का प्रयोग करते हैं।[5ब] यह देश भाषा प्रयोग जहाँ लोगों के बहुभाषा ज्ञान का परिचय देता है, वहीं भिन्न-भिन्न रुचि वाले लोगों को समान रूप से आनन्द देने[6अ] का भी एक कारण बन जाता है।

कवि कर्म की सफलता और महान कवि बनने के लिये भी संस्कृत के साथ ही देश भाषाओं का ज्ञान भी आवश्यक माना जाता था। [6ब] राजशेखर के अनुसार-

एकदेशीय कवि किसी क्षेत्र विशेष की भाषा में काव्य रचना करते हैं किंतु स्वतंत्र कवि तो सभी भाषाओं पर समान अधिकार रखते हैं।[7]

कवि के अंतःपुर की स्त्रियाँ संस्कृत और प्राकृत भाषा की ज्ञाता; कवि के मित्र-सर्व भाषा कुशल होते थे।

प्राकृतसंस्कृतभाषाविद् आन्तःपुरिका, मित्राणि चास्य सर्वभाषाविन्दि भवेयुः।... सर्वभाषाकुशलः च लेखकः स्यात्।[8]

मध्य युग में विभिन्न देशों के कवियों में देश भाषाओं में काव्य रचना करने की प्रवृति का रोचक परिचय राजशेखर के इस उद्धरण से प्राप्त होता है-

गौडाद्याः संस्कृतस्थाः परिचितरुचयः प्राकृते लाट्यदेश्याः
सापभ्रंशप्रयोगाः सकलमरुभुवष्टक्कभादानकाश्च।
आवन्त्याः पारियात्राः सहदशपुरजैर्भूतभाषां भजन्ते
यो मध्ये मध्यदेशं निवसति स कविः सर्वभाषानिषण्णः।[9]

''गौड आदि देशों के कवि संस्कृत में विशेष रुचि रखते हैं। लाट देशवासी प्राकृतप्रिय होते है। मरुभूमि और पंजाब के कवि अपभ्रंश भाषा में अधिक रुचि रखते हैं। अवन्तिका के कवि भूत (पैशाची) भाषा का अधिक प्रयोग करते हैं। मध्यदेश के कवि सभी भाषाओं में समान रुचि रखते हैं।''

देश भाषाओं में काव्य रचना करने वाले कवि को भाषा कवि कहा जाता था।

बाणभट्ट की मित्रमण्डली में भाषाकवि ईशान का उल्लेख हुआ है।[10]

इस प्रकार प्राचीन भारत के नागरिक, राजकुमार, राजकुमारियाँ, गाणिकाएँ, कवि और अभिनेता देश भाषाओं की विधिवत शिक्षा प्राप्त करते थे। बाणभट्ट ने कादम्बरी में उज्जयिनी के प्रधान पुरुषों को **'शिक्षित-अशेष-देशभाषा'** तथा **'सर्वलिपिज्ञ'**[11] कहा है। राजकुमार चंद्रापीड़ ने भी सभी भाषाओं और लिपियों में कौशल अर्जित किया था।[12] भाषा के मौखिक या वाचिक रूप के ज्ञान के साथ ही लिपि ज्ञान या अक्षर ज्ञान भी प्राप्त किया जाता था। किसी भी भाषा के वाङ्मय रूपी समुद्र में प्रवेश करने के लिये लिपि ज्ञान को नदी का मुख (मुहाना) माना जाता था।[13] विद्धशालभञ्जिका के नायक विद्याधरमल्ल को अठारह लिपियों का ज्ञाता कहा गया है।[14]

भाषा शिक्षा में निम्न उपायों का विशेष महत्व था - व्याकरण, उपमान, कोश, आप्तवाक्य (विश्वसनीय व्यक्ति के वचन) व्यवहार, वाक्य शेष, विवृत्ति (व्याख्या) और सिद्ध पद का सानिध्य। इनमें से व्यवहार (भाषा प्रयोग को निरन्तर सुनना और बोलना) सबसे अधिक महत्वपूर्ण था।

इस प्रकार नाना देशों और जातियों की भाषाओं को सीखकर उनके साथ आत्मीय संबंधों की स्थापना भी इस कला का उद्देश्य था। अथर्ववेद के ऋषि ने नाना भाषा - भाषी लोगों के लिये पृथ्वी के रूप में जिस 'एक घर' की कल्पना की थी-

जनं बिभ्रती बहुधा विवाचसं
नानाधर्माणं पृथिवी यथौकसम्।[15]

उसी घर के स्वप्न को साकार करने की कला है-

'देशभाषाविज्ञानम्'।

सन्दर्भ-सङ्केत

1. (i) अथवा छन्दतः कार्या देशभाषा प्रयोक्तृभिः नाट्यशा., 18.46
   (ii) नात्यन्तं संस्कृतेनैव नात्यन्तं देशभाषया.कामसू., 1.4.37
2. ऋग्वेद, 10.40.3, 52
3. अतिभाषा तु देवानामार्यभाषा तु भूजुजाम।
   संस्कारगुणसंयुक्ता सप्तद्वीपप्रतिष्ठिता।।
   द्विविधा जातिभाषा च प्रयोगे समुदाहृता।
   म्लेच्छशब्दोपचारा च भारतं वर्षमाश्रिता।। नाट्यशा..18.27, 28
4. मागध्यवन्तिजा प्राच्या शौरसेन्यर्द्धमागधी।
   वाह्लीका दाक्षिणात्या च सप्तभाषाः प्रकीर्तिताः।।
   शकाराभीर - चाण्डालशबरद्रमिलान्ध्रजाः।
   हीना वनेचराणञ्च विभाषा नाटके स्मृताः।। वही.18.47, 48.

5अ. कामसूत्र, 1.4.37

5ब. अथवा छन्दतः कार्या देशभाषा प्रयोक्तृभिः।
नानादेशसमुत्थं हि काव्यं भवति नाटके। नाट्यशा., 18.42

6. (अ) नाट्यं भिन्नरुचेर्जनस्य बहुधाप्येकं समाराधनम्.मालवि..1.4.
(ब) संस्कृतवत्सर्वास्वपि भाषासु यथासामर्थ्यं यथारुचि यथाकौतुकं चावहितः स्यात्। .काव्यमी..अ. 9, पृ. 120

7. 'एकदेशकवेरियं नियमतंत्रणा स्वतन्त्रस्य पुनरेकभाषावत्सर्वा अपि भाषाःस्युः' इति यायावरीयः.काव्यमी., अ. 10, पृ. 124

8. काव्यमी., अ. 10, पृ. 122-23

9. वही, अ. 10, पृ. 124

10. हर्षच., उ. 2, पृ. 74

11. कादम्बरी.उज्जयिनी वर्णना.पृ. 158

12. चन्द्रापीडोऽपि....अचिरेणैव कालेन...सर्वलिपिषु, सर्वदेशभाषासु...परं कौशलमवाप.काद..पृ. 232

13. लिपेर्यथावद्ग्रहणेन वाङ्मयं नदीमुखेनेव समुद्रमाविवेश.रघु..3.28

14. राजा-अष्टादशलिपिविदो वयं न त्वदीयाक्षरग्रहणेविचक्षणाः। विद्धशा..अं. 2.पृ. 37

15. अथर्ववेद, 12.1.45

卐 卐 卐

5. गुप्तभाषा-ज्ञान (म्लेच्छितविकल्पाः)

भाषा बोध के ही एक कौशल का नाम है 'म्लेच्छितविकल्पाः' अर्थात् गुप्तभाषा का ज्ञान। भाषा के पदों का प्रयोग जब किसी अभिप्राय से; प्रचलित सर्वमान्य अर्थ में न होकर स्वकल्पित अर्थों में किया जाता है, तब उसे गुप्त भाषा कहा जाता है। ऐसे प्रयोगों में साधु शब्दों को स्वर-व्यंजन, विसर्ग-अनुस्वार आदि के विपर्यय द्वारा अस्पष्ट अर्थों वाला बना दिया जाता है।

यशोधर के अनुसार साधु शब्दों की; अक्षर विन्यास के कारण अस्पष्टता म्लेच्छित कही जाती है, इसके विकल्प या प्रकारों को **म्लेच्छित-विकल्पाः** कहते हैं। इस प्रकार के भाषा प्रयोग या अक्षर विन्यास का उद्‌देश्य अपनी बात को गुप्त रूप से कहना है।[1]

म्लेच्छित शब्द 'म्लेच्छ्' धातु से बना है जिसका अर्थ है-अव्यवस्थित रूप से, अस्फुट स्वर में या बर्बरतापूर्वक बोलना। इस प्रकार म्लेच्छित विकल्पाः उच्चारण या लेखन में अस्पष्टता के द्वारा अपनी बात को रहस्यमय या गुप्त बनाने की कला है। ऐसी भाषा को समझना और उसका स्वयं प्रयोग करना दोनों ही इस कला के अंतर्गत आते हैं।

ऐसी भाषा का प्रयोग मनोविनोद के लिए भी हो सकता है और गुप्त संदेश को संप्रेषित करने के लिये भी जैसे - कमल का अर्थ देने के लिये इस शब्द को उल्टे क्रम में 'लमक' लिखना या बोलना या बीच-बीच में अन्य वर्ण के संयोजन के साथ 'लकलमलल' बोलना।

इस प्रकार की गुप्त भाषा का प्रयोग विशेष रूप से गुप्तचरों की संस्था के लिये होता था। कौटिल्य इसके लिखित रूप को **संज्ञा लिपि**[2] **या गूढ़ लेख**[3] कहते हैं।

इसका एक रूप वह भी है जिसमें संख्या को सूचित करने के लिये एक, दो आदि संख्यावाचक शब्दों का प्रयोग न कर उनके स्थान पर उस संख्या के लिये प्रसिद्ध पद का प्रयोग करते हैं। जैसे-दो की संख्या बताने के लिये 'नयन' शब्द का प्रयोग, एक संख्या को बताने के लिये 'रवि' शब्द का प्रयोग आदि। ऐसे प्रयोग छंदों के लक्षणों में तथा शास्त्रीय ग्रंथों में विशेष रूप से पाये जाते हैं। उदाहरण स्वरूप शिखरिणी छंद में छह और ग्यारह अक्षर पर यति होती है, इसे बताने के लिये 'रसै रुद्रैश्च्छन्ना' कहा गया है, 'रस' छह संख्या का वाचक है और रुद्र ग्यारह का क्योंकि अम्ल, मधुर, कटु, कषाय और तिक्त ये छह रस होते हैं तथा भव, शर्व, ईशान आदि ग्यारह रुद्र माने गये हैं।

इसी प्रकार ध्वनि भेदों की 10455 संख्या[4] को बताने के लिये-

'शर-इषु-युग-ख-इन्दवः' कहा गया है। यह इकाई, दहाई, सैंकड़ा और हजार के क्रम में हैं। शर और इषु का अर्थ है बाण। कामदेव के बाणों की संख्या पाँच है अतः ये दोनों पद पाँच-पाँच के वाचक हैं। युग चार हैं- सत्, त्रेता, द्वापर और कलि अतः यह चार संख्या का बोधक हैं ख अर्थात् आकाश - शून्य। इन्दु अर्थात् चंद्रमा एक संख्या का बोधक हैं इस प्रकार यह संख्या होती है एक हजार चार सौ पचपन। इस प्रकार की गुप्त भाषा को जानकार व्यक्ति ही समझ सकता है। इसे 'कोड लैंग्वेज' या कूटभाषा भी कहा जा सकता है। आज भी गोपनीय प्रसंगों में इस कूट-भाषा से कार्य किया जाता है। अपने निजी संकेतों और व्यवस्थाओं से कूट भाषा बनाई जा सकती है। इसमें चमत्कार जन्य आनन्द भी है और प्रयोजन की सिद्धि भी अतः 'म्लेच्छित विकल्पाः' (गुप्तभाषा ज्ञान) को भी कला माना गया है।

सन्दर्भ-सङ्केत

1. यत्साधुशब्दोपनिबद्धमप्यक्षरविन्यासादस्पष्टार्थं तन्म्लेच्छितं गूढवस्तुमंत्रार्थम्। यशोधर की टीका
2. संज्ञालिपिभिश्चारसंचारं कुर्युः। अर्थ..1.12.13.
3. गूढ़लेख्यसंज्ञाभिर्वा चारं निर्हारयेयुः। वही.1.12.15
4. काव्यप्रकाश.उल्लास 4.सू. 65

卐 卐 卐

6. शब्दकोश का ज्ञान (अभिधानकोशः)

अभिधानकोश का ज्ञान भी एक कला है। 'अभिधान' शब्द का अभिप्राय वे नाम है जिनके द्वारा किसी साक्षात् संकेतित अर्थ का अभिधान या कथन किया जाता है। इस नाम रूपात्मक जगत् के असंख्य रूपों और उनकी क्रियाओं को अलग-अलग भाषाओं में अलग-अलग नामों से कहा गया है। इन नामों या पदों के संग्रह तथा इनका अर्थ बताने वाले शास्त्र को ही अभिधानकोश कहते है।

मानवीय भाषा और वाङ्मय के विकास के साथ ही शब्दकोश की भी आवश्यकता हुई है क्योंकि लोक व्यवहार को संपन्न कराने वाले अनिवार्य घटक शब्द ही रहे हैं। अतः कहा गया है-

वाचामेव प्रसादेन लोकयात्रा प्रवर्तते।

वस्तुतः शब्द ही वह दिव्य ज्योति है जिससे तीनों लोक प्रकाशित हुये है।-

इदमन्धंतमःकृत्स्नं जायेत भुवनत्रयम्
यदि शब्दाह्वयं ज्योतिरासंसारं न दीप्यते॥[1अ]

शब्दों की उपयोगिता अर्थ के प्रकाशन में ही है क्योंकि शब्द अर्थ के वाचक सङ्केत है।[1ब] शब्द अपनी मुख्य शक्ति अमिधा के द्वारा मुख्य अर्थ का अभिधान करते हैं।[2] इस अर्थ और उसके वाचक शब्द के संग्रह का नाम ही शब्दकोश है।

किसी भी शब्द से अर्थ का ज्ञान सङ्केतग्रह के द्वारा ही होता है। संकेतग्रह की प्रक्रिया में व्यवहार, व्याकरण, उपमान, आप्तवाक्य (विश्वसनीय व्यक्ति के वचन) आदि के साथ कोश को भी अर्थबोध का उपाय माना गया है।[3] कोश; शब्द के व्याकरण सम्मत अभिध य अर्थ का कथन तो करते ही है; उसके लोक एवं साहित्य में प्रचलित अर्थों, प्रयोगों तथा पर्यायवाची शब्दों का संग्रह भी करते हैं।

एक राजा के लिये वित्तकोश की जितनी अनिवार्यता है उतनी ही विद्वान और कवि के लिये शब्द कोश की-

विदुषां भूभुजां वापि शब्दविद्या तथा प्रजा।
संसारे वशतामेति न विना कोषसंग्रहम्॥

क्योंकि शब्द और अर्थ का संयुक्त रूप ही भाषा या काव्य है अतः कवि, विद्वान और सामान्य मनुष्य सभी के लिये शब्द के साथ ही अर्थ को भी जानना आवश्यक है।

यहाँ तक कि वेदमंत्र जिनका उपयोग पाठ या गान के रूप में ही होता है; उनका अर्थ ज्ञान भी आवश्यक है। यास्क के मत में जैसे अग्नि के बिना ईंधन भी प्रज्जवलित नहीं होता उसी प्रकार अर्थज्ञान के बिना शब्द ज्ञान भी प्रकाशित नहीं होता-

यद्गृहीतमविज्ञातं निगदेनैव शब्द्यते।
अनग्नाविव शुष्कैधो न तज्ज्वलति कर्हिचित्।।[4]

केवल शब्दों को रट लेने वाला व्यक्ति बोझा ढोने वाले खम्भे की तरह होता है। इस लोक और परलोक का कल्याण उसी को प्राप्त होता है जो अर्थ का ज्ञाता होता है-

स्थाणुरयं भारहारः किल अभूत्
अधीत्य वेदं न विजानाति योऽर्थम्।
योऽर्थज्ञ इत् सकलं भदुमश्नुते
नाकमेति ज्ञानविधूतपाप्मा।।[5]

अतः शब्द और अर्थ दोनों का ज्ञान आवश्यक है महाकवि माघ के शब्दों में-

शब्दार्थौ सत्कविरिव द्वयं विद्वानपेक्षते[6]

व्याकरण शास्त्र केवल शब्द का अनुशासन[7] करता है जबकि अभिधान कोश शब्द और अर्थ दोनों का अतः यह व्याकरण का सर्वस्व एवं विद्या स्थान है। वस्तुतः शब्द की संरचना धातु आदि का ज्ञान भी अर्थ ज्ञान से ही संभव होता है।[8]

कोशविद्या वेदों का अंग तो है ही; शब्दार्थ के सहभाव रूप काव्य का भी उपकारक अंग है-

नामधातुपारायणे अभिधानकोशः छन्दोवीचितिः अलंकारतंत्र च काव्यविद्याः।[9]

भामह, वामन, मम्मट जैसे काव्य शास्त्रियों ने कवि की व्युत्पत्ति या निपुणता को बढ़ाने वाले काव्यहेतुओं में अभिधान कोश की गणना भी की है।[10]

कोश विद्या का सबसे प्राचीन उदाहरण हम 'निघण्टु' नामक पदकोष के रूप में पाते हैं जिसमें वैदिक पदों का संग्रह किया गया है-

छन्दोभ्यः समाहृत्य समाहृत्य समाम्नाताः।[11]

निघण्टु में तीन काण्ड हैं जो पाँच अध्यायों में विभक्त हैं। प्रथम, द्वितीय और तृतीय अध्याय का नाम नैघण्टुक काण्ड है जिसमें पर्यायवाची शब्दों का संग्रह है, यथा–पृथ्वी के गौ, ग्मा, क्ष्मा, क्षमा, क्षोणी, क्षितिः, अवनिः, उर्वी, पृथ्वी, मही, अदितिः, इडा आदि 21 नाम।

जल के - अर्णः, क्षोदः, नभः, अम्भः, वनम्, घृतम्, मधु, तृप्तिः, रसः, उदकम्, पयः, सरः, वनम्, भुवनम्, भेषजम् आदि 100 नाम।

चतुर्थ अध्याय को नैगम काण्ड या ऐकपदिक काण्ड कहा गया है जिसमें जहा, निधा, मेहना, दमूना:, उर्वशी, उराण:, बर्हणा जैसे स्वतंत्र पदों का संग्रह किया गया है।

पञ्चम अध्याय दैवत काण्ड है जिसमें देवताओं के नामों का संग्रह है। निघण्टु में कुल 1967 पदों का संकलन किया गया है।

निघण्टु की विशेषता यह है कि इसमें नाम के साथ ही क्रियापदों का भी संकलन है। निघण्टु के पदों का निर्वचन एवं विस्तृत व्याख्या यास्क के निरुक्त में हुई है। निरुक्त को षड् वेदाङ्गों के अंतर्गत एक महत्वपूर्ण वेदाङ्ग और वेदपुरुष का श्रोत्र (कान)[12] माना गया है जो श्रवण परंपरा से चले आती हुई श्रुति (वेदों) के अध्ययन-अध्यापन के लिये अत्यंत महत्वपूर्ण है।

संस्कृत वाङ्मय में अभिधान कोशों की एक सुदीर्घ परम्परा ईसा से लगभग सात सौ वर्ष पूर्व से लेकर आधुनिक युग तक रही है जिसकी संख्या और काल का निर्धारण एक दुरूह कार्य है तथापि कतिपय प्रसिद्ध कोशकारों के नाम एवं ग्रंथ इस प्रकार है-

1. व्याडि-उत्पलिनी
2. कात्य-नाममाला
3. भागुरि-त्रिकाण्ड
4. वाचस्पति-शब्दार्णव
5 धन्वन्तरि-वैद्यक निघण्टु (अमर ने अपने वनौषधिवर्ग की सामग्री इसी कोष से ली है)
6. महाक्षपणक-अनेकार्थमञ्जरी या अनेकार्थध्वनिमञ्जरी।
7. अमरसिंह-अमरकोश या नामलिङ्गानुशासन।
8. शाश्वत-अनेकार्थसमुच्चय।
9. धनञ्जय-नाममाला।
10. पुरुषोत्तमदेव-त्रिकाण्डशेष तथा हारावली।
11. हलायुध-अभिधानरत्नमाला।
12. यादवप्रकाश-वैजयन्ती।
13. महेश्वर-विश्वप्रकाश।
14. अजय या अजयपाल-नानार्थसंग्रह।
15. मेदिनी-मेदिनीकोश।
16. मंख-अनेकार्थ कोश।
17. हेमचंद्र-अभिधान-चिन्तामणि (समानार्थ शब्दों का कोष) अनेकार्थ संग्रह, निघुण्टु-कोश (वैद्यक कोष) तथा देशीनाममाला (प्राकृतकोश)।
18. केशवस्वामी-नानार्थार्णवसंक्षेप।
19. केशव-कल्पद्रुमकोश (अभी तक उपलब्ध समानार्थक कोशों में सबसे बड़ा है

इसमें लगभग चार हजार श्लोक है)

20. शाहजी महाराज-शब्दरत्न-समन्वय कोश

21. रामावतार शर्मा-वाङ्मयार्णव (1967 में प्रकाशित) यह संस्कृत के प्रसिद्ध शब्दों के साथ ही अप्रसिद्ध, अज्ञात तथा अप्रयुक्त शब्दों का एक विशाल समुद्र है।

ये कोश ग्रंथ प्राचीन परंपरा के अनुसार श्लोकों में लिखे गये हैं। अंग्रेजी भाषा के संपर्क में आने पर अर्वाचीन पद्धति से रचे गये ग्रंथों में निम्न प्रसिद्ध एवं महत्वपूर्ण है-

22. राजा राधाकान्तदेव - शब्दकल्पद्रुम (1822-1858 ई.)

23. सुखानंदनाथ-शब्दार्थचिन्तामणि (1864-1858 ई.)

24. तारानाथतर्कवाचस्पति-वाचस्पत्यम् (1873-1884 ई.)

प्राचीन पद्धति से रचे गये कोश ग्रंथ मुख्यतः तीन प्रकार के हैं-

(1) **समानार्थक कोश-** इनमें एक अर्थ वाले या पर्यायवाची शब्दों का संग्रह विभिन्न वर्गों में किया गया है। जैसे स्वर्ग, दिक्, शब्द, वारि, नाट्य, वनौषधि, मनुष्य आदि वर्ग। भागुरि का त्रिकाण्डकोश, वाचस्पति का शब्दार्णव, धनञ्जय की नाममाला आदि समानार्थक कोश हैं।

(2) **अनेकार्थकोश-** एक शब्द के अनेक अर्थों का संग्रह। इनमें प्रायः अंतिम वर्ण के आधार पर संग्रह किया गया है; यथा-क में अंत होने वाले 'कान्त' शब्द-अर्क, पिक, नाक, लोक, श्लोक आदि। महेश्वर का विश्वप्रकाश, मंख का अनेकार्थकोश तथा हेमचंद्र का 'अनेकार्थसंग्रह' इसी पद्धति से रचे गये हैं।

(3) **मिश्रित-** अमरसिंह का अमरकोश; हलायुध की अभिधानरत्नमाला, यादवप्रकाश की 'वैजयन्ती' इसके उदाहरण हैं। अमरकोश अर्थ के साथ ही स्त्री, पुमान् क्लीब आदि पदों के द्वारा शब्दों के लिङ्ग का भी निर्देश करता है। यथा-

स्वरव्ययं स्वर्गनाकत्रिदिवत्रिदशालयाः।
सुरलोको द्यो दिवौ द्वे स्त्रियां क्लीवे त्रिविष्टपम्।[13]

स्वर्ग के नौ नाम हैं-स्वः (यह अव्यय पद है), स्वर्ग, नाक, त्रिदिव, त्रिदशालय, सुरलोक (ये पुंलिंग शब्द है), द्यु, दिव (स्त्रीलिंग) तथा त्रिविष्टप (नपुंसकलिंग)।

शब्दों के **अर्थ निर्देश** की कई पद्धतियाँ हैं-

(i) **निर्वचन या निरुक्ति-** शब्द में निहित धातु के अर्थ तथा शब्द की बनावट के आधार पर अर्थ का निर्धारण। निरुक्त में इसी पद्धति को अपनाया गया है। यथा - 'निघण्टु' शब्द का अर्थ - **निघण्टवः कस्मात्-निगमा इमे भवन्ति।** (अर्थ के निगम - पूर्ण रूप से ज्ञापक या गमक होने के कारण इन्हें निघण्टु कहते हैं) **'अध्वर्यु' शब्द का अर्थ - अध्वरं युनक्ति। अध्वरस्य नेता। अध्वरं कामयते इति वा।** (अध्वर को जोड़ने वाला, नेता अथवा कामना करने वाला)। इसी प्रसंग में अध्वर शब्द का अर्थ भी बताया

गया है। **अध्वरः इति यज्ञ नाम। ध्वरतिः हिंसा कर्मा। तत्प्रतिषेधः।** अध्वर यज्ञ का नाम है। ध्वर् धातु हिंसा के अर्थ में आती है। अध्वर में हिंसा का निषेध है।

(ii) **समान अर्थ वाले शब्दों का संग्रह-**

यह पद्धति ही अधिक प्रचलित रही है यथा-चंद्रमा शब्द का अर्थ-पर्य्यावाची शब्दों के द्वारा इस प्रकार बताया गया है-

हिमांशुश्चन्द्रमाश्चन्द्रः शशी चन्दो हिमद्युति। (शब्दार्णव)

सूक्ष्म अर्थभेद से युक्त इन पर्यायवाची शब्दों ने ही कवियों के लिये अनेक अर्थच्छायायों की सृष्टि में स्रोत का कार्य किया है।

(iii) **पदार्थ का विवरण और वर्णन-**

पदार्थ की स्वरूपगत विशेषताओं को बताते हुये भी अर्थ को स्पष्ट किया गया है; यथा तितऊ (चलनी) शब्द का अर्थ बताते हुये कहा गया है-

क्षुद्रछिद्रसमोपेतं चालनं तितउ पुमान्। (कात्य की नाममाला)

अर्थात् छोटे छेदों से युक्त चलनी को 'तितउ' कहते हैं। यह शब्द पुंलिंग में प्रयुक्त होता है।

या फिर 'पाञ्चालिका' शब्द का अर्थ-

पाञ्चालिका पुत्रिका स्याद् वस्त्रदन्तादिभिः कृता।[14]

कपड़े, हाथी दाँत आदि से बनाई गई गुड़िया (खिलौने) को पाञ्चालिका कहते हैं-इसी प्रकार-

'अव्यक्तरागस्त्वरुण' जिसकी लालिमा अभी फूटी नहीं है वह अरुण वर्ण कहा जाता है।

'श्वेतरक्तस्तु' लाल और सफेद का मिश्रण 'पाटल' वर्ण है।

(iv) **उपमान और उदाहरण-**

अमूर्त अर्थ को स्पष्ट करने के लिये उपमानों की सहायता भी ली गई है जैसे कि लाल रंग के भेदों को बताने के लिये-

बन्धुजीव-जवा-सन्ध्याच्छवौ वर्णो मनीषिभिः।
शोण-लोहित-रक्तानां प्रयोगःपरिकीर्तितः॥

शोण बन्धुजीव के फूल के समान, लोहित-जवा पुष्प के समान तथा रक्त सन्ध्याकाल के वर्ण के समान होता है। काले रंग के कई प्रकार हैं।-कृष्ण, नील, असित, श्याम, श्यामल और मेचक।

शब्दार्णव के अनुसार 'मेचक' अतसी पुष्प के समान कृष्ण-नील रंग को कहते हैं।

दुर्ग के अनुसार - यह मोर के कण्ठ के समान (मेचकः शिखिकण्ठाभः) होता है।

(v) **शास्त्रीय एवं साहित्यिक संदर्भ-**

अर्थ की पुष्टि के लिये कोश ग्रन्थों में साहित्य और शास्त्र से उद्धरण भी प्रस्तुत

किये जाते हैं। यह पद्धति निरुक्त से ही प्राप्त होने लगती है। यास्क वेद मंत्रों को प्रमाण के रूप में उद्धृत करते हैं। यथा - 'च' यह निपात पद जोड़ने के अर्थ में आता है-

च इति समुच्चयार्थः। अहं च त्वं च वृत्रहन् (ऋ./8/62/11)

अमरकोश में मेघ से ढके दिन (मेघच्छन्नेऽह्नि/दिग्वर्ग./79) को दुर्दिन कहा गया है। टीकाकार रायमुकुट 'पदचन्द्रिका' में मेघाच्छन्न रात्रि को भी दुर्दिन मानते हैं और प्रमाण के रूप में कुमारसम्भव का निम्न उदाहरण प्रस्तुत करते हैं-

अनभिज्ञास्तमिश्राणां दुर्दिनेऽभिसारिकाः। (6/43)

शब्दकल्पद्रुम और वाचस्पत्यम् में पुराण, धर्मशास्त्र, महाभारत, आयुर्वेद, सामुद्रिक शास्त्र एवं लौकिक साहित्य आदि से उद्धरण संकलित किये गये हैं।

एक शब्द की अनेक वर्तनियों, लोक प्रचलित रूपों और शब्द-प्रयोग की हजारों वर्ष की सुदीर्घ परंपरा पर भी इनकी दृष्टि गई है।

शब्दार्णव में विरिञ्चि और विरिञ्च (ब्रह्मा), द्रुहिण तथा द्रुघण (ब्रह्मा) नारायण तथा नरायण, चन्द्र और चन्द दोनों ही रूपों को शुद्ध और संस्कृत का माना गया है।

पं. रामावतार शर्मा के वाङ्मयार्णव में शब्द प्रयोग के आधार पर अप्रसिद्ध और अज्ञात अर्थों पर भी प्रकाश डाला गया है। उदाहरण के लिये 'वामी' शब्द का अर्थ घोड़ी समझा जाता है पर यह शब्द वामा और वामिः के ही समान स्त्रीत्व का द्योतक हैं अतः कालिदास ने ऊँटनी के लिये 'उष्ट्रवामी' (रघु./5/32) शब्द का प्रयोग किया है।

इसी प्रकार 'धेनु' शब्द का प्रारम्भिक अर्थ सद्यः प्रसूता गौ या दूध देने वाली (पयस्विनी) गौ है। पर वाद में यह स्त्रीमात्र का वाचक बन गया जैसे कि अश्व-धेनुः (घोड़ी), गजधेनुः (हथिनी) आदि। इसी प्रकार तलवार के छोटे रूप 'छुरी' को असिधेनुका (अमर./2/8/92) कहा गया।

कुछ कोश नवीन शब्द निर्माण की सुन्दर-सरल पद्धति भी बताते हैं। यथा-धनञ्जय की नाममाला। इसके अनुसार - पृथ्वी वाचक शब्द से 'धर' शब्द जोड़कर पर्वत के नाम बनाये जा सकते हैं-

जैसे कि - भूधर, क्षितिधर, क्ष्माधर, धराधर आदि। मनुष्यवाची शब्द से पति शब्द जोड़कर राजा के नाम - जैसे कि नरपति, मनुजपति, नृपति आदि। वृक्षवाचक शब्द से 'चर' जोड़कर बंदर के नाम, दिनवाचक शब्द से 'कर' जोड़कर सूर्य के नाम आदि बनाये जा सकते हैं।

इस प्रकार अभिधान कोश हजारों वर्षों की वाग्धारा में प्रचलित, अप्रचलित, ज्ञात-अज्ञात शब्दों की एक अक्षय अथाह निधि को स्वयं में संजोये हुये हैं। वाक् के असंख्य रूप और रस की सम्भावनायें इनमें उसी प्रकार निहित हैं जैसे कि कुड्मल (पुष्पकोश या कली) में पुष्प के रूप, रस और गन्ध की सम्भावनायें अतः अभिधान कोश का ज्ञान भी एक कला है।

शुद्ध और संस्कृत वाणी ही पुरुष का सच्चा आभूषण है-

वाण्येका समलङ्करोति पुरुषं या संस्कृता धार्यते।

इस सुसंस्कृत वाणी पर अधिकार, शब्द और अर्थ की 'अन्यूनानतिरिक्तमनोहारिण्यवस्थितिः' की साधिका 'अभिधानकोष-ज्ञानम्' की कला मनुष्य को कवि, मनीषी और वाग्मी बनाने का साधन भी है।

यही कारण है कि महान कवि कालिदास वाग्-अर्थ की प्रतिपत्ति के लिये शब्द और अर्थ की तरह मिले हुये पार्वती-परमेश्वर से प्रार्थना करते हैं-

वाग्र्थाविव सम्पृक्तौ वागर्थप्रतिपत्तये।
जगतः पितरौ वन्दे पार्वतीपरमेश्वरौ॥[15]

सन्दर्भ-सङ्केत

1अ. काव्यादर्श, 1.4

1ब. येनोच्चारितेन सास्नालाङ्गूलककुदखुरविषाणिनां सम्प्रत्ययो भवति स शब्दः। महाभाष्य.आ. 1

2. साक्षात्संकेतितं योऽर्थमभिधत्ते स वाचकः।
स मुख्योऽर्थस्तत्र मुख्यो व्यापारोऽस्याभिधा उच्यते। काव्यप्र..2 सूत्र-9, 11

3. शक्तिग्रहं व्याकरणोपमानकोशाप्तवाक्याद् व्यवहारतश्च।
वाक्यस्य शेषाद् विवृतेर्वदन्ति सान्निध्यतः सिद्धपदस्य वृद्धाः।
– काव्यप्र., उ. 2 में विश्वेश्वर द्वारा उद्धृत

4. निरुक्त, अ. 1

5. वही, अ. 1

6. शिशुपाल., 2.86

7. शब्दानामन्वाख्यानं व्याकरणम्। काव्यमी..अ. 2.पृ. 7.

8. अर्थम् अप्रतियतो नात्यन्तं स्वरसंस्कारोद्देशः तदिदं विद्यास्थानम्। व्याकरणस्य कात्स्न्र्यम् – निरुक्त. अ. 1.पाद. 5

9. काव्यमी., अ. 10, पृ. 121

10अ. शब्दामिधेये विज्ञाय कृत्वा तद्विदुपासनम्। भामह.काव्या..1.10.

10ब. लोको विद्या प्रकीर्णञ्च काव्याङ्गानि। शब्दस्मृति-अभिधानकोश........विद्याः॥
वामन.काव्या..1.3.1,3.

10स. शास्त्राणां छन्दो-व्याकरण-अभिधानकोश... आदीनां च विमर्शनाद् व्युत्पत्तिः।
काव्यप्र..उ. 1.कारिका-3 की वृत्ति

11. निरुक्त, 1.1

12. निरुक्तं श्रोत्रमुच्यते.पाणिनीय शिक्षा.42

13. अमरकोश, 1.1.16

14. वही, 2.10.29

15. रघुवंश, 1.1

卐 卐 卐

सन्दर्भ-ग्रन्थानुक्रमणिका

संस्कृत ग्रन्थ

अग्निपुराण

अथर्ववेद

अपराजितपृच्छा

अभिज्ञानशाकुन्तल

अभिनवभारती

अभिषेकनाटक

अमरकोश

अर्थशास्त्र

अविमारक

अष्टाङ्गहृदय

अष्टाध्यायी

ईशावास्योपनिषद्

अत्तररामचरित

ऋग्वेद

ऋतुसंहार

ऐतरेयब्राह्मण

कठोप्रनिषद

कर्पूरमञ्जरी

कादम्बरी

कामसूत्र

कालिदास ग्रन्थावली

काव्यप्रकाश

काव्यमीमांसा

काव्यादर्श

काव्यालङ्कार (भामह)

काव्याङ्कारसूत्रवृत्ति

किरातार्जुनीय

कुन्दमाला

कुमारसम्भव

कौषीतकिब्राह्मण

चरकसंहिता

चारूदत्त

छान्दोग्योपनिषद्

तैत्तिरीयारण्यक

तैत्तिरीयोपरिषद्

तैत्तिरीयब्राह्मण

दशकुमारचरित

दशरूपक

ध्वन्यालोक

नागानन्द

नाट्यदर्पण

नाट्यशास्त्र

निरूक्त

नैषधीयचरित

पञ्चदशी

प्रतिमानाटक

प्रश्नोपनिषद्

पाकदर्पण

पाणिनीयधातुपाठ

पाणिनीयशिक्षा

प्रासादमण्डन

बालभारत

बालरामायण

बुद्धचरित

बृहत्संहिता
भावप्रकाशनिघण्टु
मनुस्मृति
महाभारत
महाभाष्य
मालतीमाधव
मालविकाग्निमित्र
मानसार वास्तुशास्त्र
मृच्छकटिक
मेघदूत
यजुर्वेद
रघुवंश
रत्नावलीनाटिका
राजनिघण्टु
रामायण
ललितविस्तर
वासवदत्ता
विक्रमोर्वशीय
विद्धशालभञ्जिका
विष्णुधर्मोत्तरपुराण
शतपथब्राह्मण
शिल्परत्न
शिशुपालवध
शुक्रनीति
श्वेताश्वतरोपनिषद्
समराङ्गणसूत्रधार
स्वप्नवासवदत्तम्
सुश्रुतसंहिता
हर्षचरित

अन्य ग्रन्थ

कला— हंसकुमार तिवारी, विश्वविद्यालय प्रकाशन, वाराणसी, 1999

कादम्बरी एक सांस्कृतिक अध्ययन— वासुदेव अग्रवाल, चौखम्बा प्रकाशन

कालिदास का भारत, भाग 1, 2— भगवतशरण उपाध्याय, भारतीय ज्ञानपीठ प्रकाशन

प्राचीन भारत के कलात्मक विनोद— डॉ० हजारीप्रसाद द्विवेदी, राजकमल प्रकाशन, नई दिल्ली, 1994

भारतीय कला— वासुदेव शरण अग्रवाल, पृथिवी प्रकाशन, वाराणसी, 1977

भारतीय कला का अध्ययन— नीहाररञ्जन राय, दि मैकमिलन कम्पनी ऑफ इण्डिया लिमिटेड, दिल्ली, 1978

भारतीय कला की भूमिका— भगवतीशरण उपाध्याय, पीपुल्स पब्लिशिंग हाउस, नई दिल्ली, 1991

भारतीय कला का विकास— राधाकमल मुखर्जी, सरस्वती प्रेस, इलाहाबाद, 1982

भारतीय सौन्दर्यशास्त्र की भूमिका— डॉ० नगेन्द्र, नेशनल पब्लिशिंग हाऊस, नई दिल्ली, 1993

ललितकला-मीमांसा— गोविंद चिमणाजी भाटे, सारस्वत प्रसारक मण्डली, पुणे, 1925

वैदिक इण्डॅक्स, भाग-1, 2-मैक्डोलन एवं कीथ, अनु०रामकुमार राय, चौखम्बा विद्याभवन, वाराणसी, 1962

शिल्पकथा— नन्दलाल वसु, साहित्यभवन लिमिटेड, इलाहाबाद, 1952

सम्मेलन पत्रिका— कला अङ्क, प्रयाग

सौन्दर्य— डॉ० राजेन्द्र वाजपेयी, मध्यप्रदेश हिन्द्री ग्रन्थ अकादमी, 1998

हर्षचारित एक सांस्कृति अध्ययन— वासुदेवशरण अग्रवाल, बिहार राष्ट्रभाषा परिषद्, पटना

हिन्दू सभ्यता— रधामुकुद मुखर्जी, राजकमल प्रकाशन, नई दिल्ली 1996

शब्दानुक्रमणिक

ब

भ

ह

शालभञ्जिका

भरहुत पुष्पवतंस छह लड़ियों का हार प्रालम्ब, अंगद, कंकण, वलय, नूपुर, कटक मेरवला

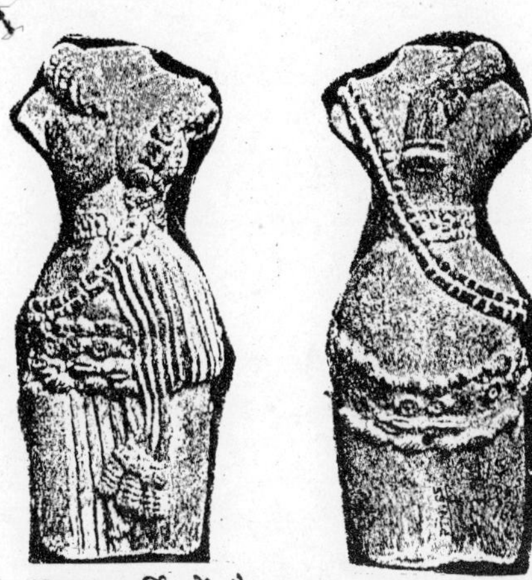

मृण्मयमूर्ति में वैकक्ष्यक माला गोकलपुर, पटना से प्राप्त तृतीय श० ई० पू०

कल्पवृक्ष से लटकते हुऐ आभूषण, स्तम्भ शीर्ष वेसनगर तृतीय श० ई० पू० भारतीय संग्रहालय, कलकत्ता

नेप्थय
(केशसज्जा एवं अलङ्करण)

भारतीय शिल्प के अलंकरण

ईहामृग (काल्पनिक पशु)

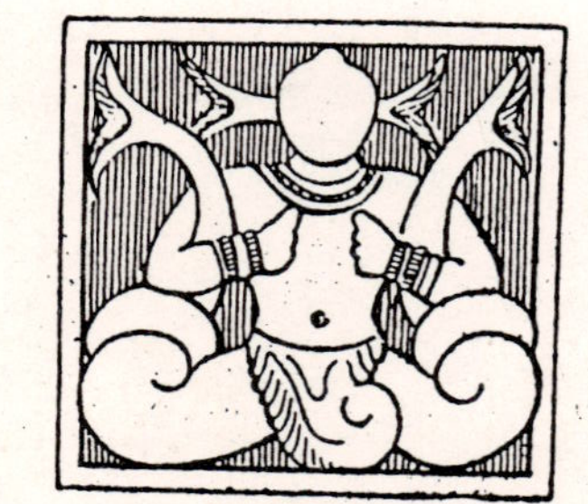

महोरग, मथुरा

श्येनव्याल साँची

सपक्षसिंह, अमरावती

किन्नर, साँची

सुपर्ण, साँची

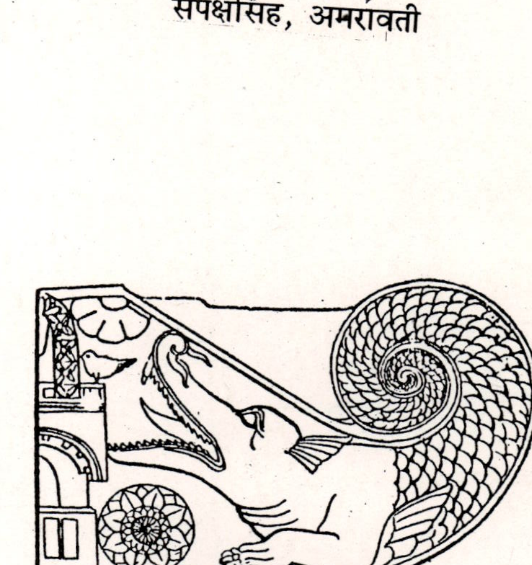

शिंशुमार-शिरः, भरहुत तोरण

अजन्ता

पूर्णघट, अमरावती

शालभंजिका • राजरानी मन्दिर, भुवनेश्वर • ग्यारहवीं शती ई०

भारतीय शिल्प के अलंकरण

पद्मलता

गजलक्ष्मी

श्रीलक्ष्मी

वनलता

शुंगकला

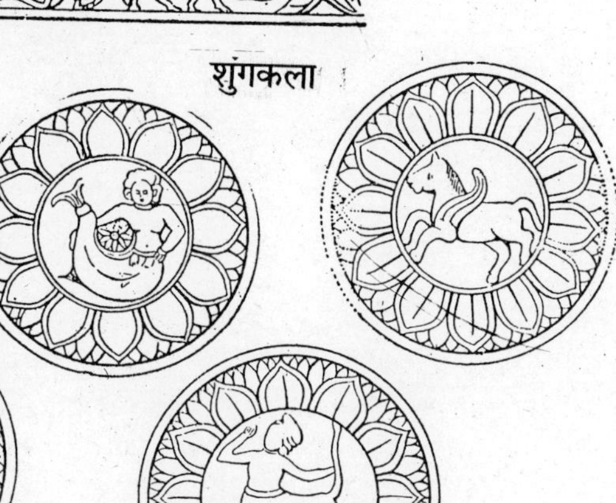

शृङ्गार • नालन्दा • सातवीं शती ई०